Mario Candeias/Rainer Rilling/
Bernd Röttger/Stefan Thimmel (Hrsg.)
Globale Ökonomie des Autos

D1723459

Mario Candeias/Rainer Rilling/
Bernd Röttger/Stefan Thimmel (Hrsg.)
Globale Ökonomie des Autos
Mobilität I Arbeit I Konversion

VSA: Verlag Hamburg

www.vsa-verlag.de

www.auto-mobil-krise.de

Diese Veröffentlichung erfolgt mit freundlicher Förderung
der Rosa-Luxemburg-Stiftung, Berlin.

© VSA: Verlag 2011, St. Georgs Kirchhof 6, 20099 Hamburg
Alle Rechte vorbehalten
Umschlagfoto: José María Pérez Nuñez
(www.flickr.com/photos/jmpznz/4078943929/sizes/o/)
Druck und Buchbindearbeiten: Idee, Satz & Druck, Hamburg
ISBN 978-3-89965-458-5

Inhalt

Ökologie und Macht des Autos

Globale Expansion und Arbeiterbewegung

Zwischen Krise, Expansion und Konversion

Konversion? Zur Kritik des E-Autos

Den Faden nicht abreißen lassen...
Vorwort

Mit der größten Krise des Kapitalismus seit Ende der 1920er Jahre geriet auch die Automobilindustrie ins Straucheln. Angesichts der ökologischen Krise und den seit Jahren immer weiter ansteigenden Überkapazitäten schien nun der Moment gekommen, wieder über Alternativen zur »automobilen Gesellschaft« und zur exportorientierten Produktion neu nachzudenken. Es schien der Moment gekommen, an die Konversionskonzepte der 1980er und 1990er Jahre anzuknüpfen und neue Perspektiven für Beschäftigung, Wirtschaftsdemokratie und Umweltschutz zu entwerfen. Es schien der Moment gekommen, Gewerkschaftsbewegung und ökologische Bewegung zusammenzubringen, eine Mosaiklinke (vgl. *Luxemburg* 1/2010) für eine sozial-ökologische Transformation zu formieren.

Diese Analyse war der Ausgangspunkt der internationalen Konferenz »Auto.Mobil.Krise.« der Rosa Luxemburg Stiftung und der Fraktion DIE LINKE im Bundestag vom 28.-30. Oktober 2010 in der Autostadt Stuttgart, die in Kooperation mit der Fraktion SÖS/DIE LINKE im Gemeinderat Stuttgart, dem Wissenschaftlichen Beirat von ATTAC und TIE/Netzwerk Auto durchgeführt wurde (www.auto-mobil-krise.de). Über 400 Beschäftigte aus der Automobil- und Bahnindustrie, Gewerkschafterinnen und Gewerkschafter, Vertreter und Vertreterinnen von sozialen und ökologischen Bewegungen, lokalen Initiativen aus 14 Ländern – von China, über Indien, Südafrika, ganz Europa, bis Mexiko und Brasilien – nahmen daran teil. Sie diskutierten den Stand und die skizzierten Optionen einer nachhaltigen Krisenüberwindung: Konversion der Autoindustrie, die Transformation der kapitalistischen Autogesellschaft und ihres Produktions-, Wachstums- und Exportmodells sowie Alternativen zu der mit ihr verknüpften Lebensweise; Fragen der sozialen Übergänge, einer *Just Transition* und der Alternativen zum Wachstum. Wesentliche Beiträge der Tagung sind in den Heften 3/2010 und 1/2011 der Zeitschrift *Luxemburg* dokumentiert (www.zeitschrift-luxemburg.de).

Die Konferenz hat gezeigt, welche Spannungen etwa beim Thema Konversion zwischen Gewerkschaften und ökologischen Gruppen bestehen. Sie hat offengelegt, dass innerhalb der Gewerkschaften selbst sehr kontrovers diskutiert wird. Die Arbeit an solchen Differenzen ist freilich Essenz einer Mosaiklinken. Auch wenn von vornherein klar war, wie dick die zu bohrenden Bretter sind, schien die Konjunktur für eine grundlegende Debatte günstig. Tatsächlich machte sich jedoch schnell Ernüchterung breit. Es ist (noch) nicht die Zeit für den Beginn eines Projekts demokratischer Konversionsalternativen. Dessen Ausgangsbedingungen sind weiterhin restringiert. Es war vielmehr die Stunde der Herrschenden und des Krisenkorporatismus. Die Debatte war beendet, bevor sie wirklich begonnen hatte. Die IG Metall wird – anders als angekündigt – offensichtlich keine Positionsbestimmung zur Konversion mehr vorlegen. Wozu auch? Die Nachfrage boomt. Angesichts von Milliarden von Menschen in China, Indien, Brasilien oder Russland, den so genannten Zukunftsmärkten, die noch nicht automobilisiert sind, scheint es keine Überproduktion mehr zu geben. Die automobile kapitalistische Gesellschaft verfügt noch über schier unbegrenzte Expansionsmöglichkeiten. Ökologische Probleme spielen nur eine Rolle als Treiber für einen »revolutionären« Umbau zu einer kapitalistischen Autogesellschaft 2.0. Die absehbare Öl- und Ressourcenknappheit treibt den Trend zur technischen Modernisierung des Automobils im Sinne eines »Grünen Kapitalismus« an.

Rosa Luxemburg paraphrasierend erschien vom bürgerlichen Standpunkt der Tagespolitik eine weitergehende Konversion zurzeit nicht realistisch, vergebliche Liebesmüh. Vom Standpunkt »geschichtlicher Entwicklungstendenz« her betrachtet ist sie es allerdings sehr wohl. Die Vorbereitung einer Politik der Konversion – der Autoindustrie, aber auch unserer kapitalistischen Wachstumsökonomien insgesamt – ist angesichts der ökonomischen (Überproduktion, Überakkumulation) und ökologischen Grenzen im besten Sinne emanzipatorische oder sozialistische Realpolitik unter ungünstigen Kräfteverhältnissen. Und sie kann revolutionär werden, indem sie die Beschäftigten und die Betroffenen in der Region selbst zu den Subjekten einer solchen Politik macht, damit »in allen ihren Teilbestrebungen in ihrer Gesamtheit über den Rahmen der bestehenden Ordnung, in der sie arbeitet, hinausgeht« – so beschreibt Rosa Luxemburg die Dialektik revolutionärer Realpolitik (*Gesammelte Werke* 1, 2. Hlbd., 373). Es braucht »nüchterne, geduldige Menschen«, die »nicht verzweifeln«, so Antonio Gramsci einst (*Gefängnishefte*, H. 28, § 11, 2232). Die Krise an sich stärkt keineswegs die linken Kräfte. Sie verändert nichts, bereitet nur den Boden für die Veränderung. Wer, wenn nicht wir selbst, soll letztere bewirken? Wann, wenn nicht jetzt, gilt es diese vorzubereiten?

Der vorliegende Band versucht Entwicklungen, Strategien und Widersprüche der globalen Automobilproduktion zu analysieren. Er diskutiert die Macht der fossilistischen Kapitalfraktionen und ihre ökologischen Verwüstungen. Er wirft einen Blick auf Perspektiven einer global fragmentierten Arbeiterbewegung. Mit Blick auf Konversion debattiert er strategische Widersprüche innerhalb der Gewerkschaften und zwischen Gewerkschaften und ökologischer Bewegung. Kritisch wird der Trend zum Elektroauto abgeklopft, aber auch die Bahn als Alternative der »Elektromobilität« wird beleuchtet. Und schließlich werden Perspektiven einer postfossilen Mobilität und einer weitergehenden sozial-ökologischen Transformation skizziert.

Wir geben Anregungen, um den aufgenommenen Faden der Debatte nicht vorzeitig wieder abreißen zu lassen.

Mario Candeias/Rainer Rilling/Bernd Röttger/Stefan Thimmel

Die Besonderheiten
der kapitalischen Ware »Auto«

Stephan Kaufmann
Globale Ökonomie des Autos
Krisen und Strategien

Spätestens seit der globalen Wirtschaftskrise 2008ff. hat die Finanzwirtschaft bei vielen Menschen einen schlechten Ruf. Sie gilt als spekulativ, virtuell und irrational. Ihr gegenüber gestellt wird die so genannte Realwirtschaft (von »realitas« bzw. »res« lat. für »Ding«), die wirkliche, greifbare Gegenstände produziert und damit »echter« wirkt als die luftige Welt der Finanzspekulation. Analog wurde die »Realwirtschaft« häufig als Opfer der Finanzwirtschaft gesehen, die von den Turbulenzen an den Börsen »angesteckt« worden sei. Doch die globale Autobranche erlebt seit langem periodisch wiederkehrende Aufschwünge und tiefe Einbrüche, und ein solcher kündigte sich bereits am Vorabend der Finanzkrise im Jahr 2008 an. Insofern verstärkte die Finanzkrise lediglich die Autokrise, rief sie aber nicht hervor. Die Probleme der Autobranche kommen nicht von außen, sondern resultieren aus ihr selbst.

Was Opel fehlt, ist der »Markt« für seine Fahrzeuge. Es gelingt dem Unternehmen nicht, gesellschaftliche Zahlungsfähigkeit an sich zu ziehen, um einen angemessenen Profit zu erwirtschaften. Vor diesem Problem standen 2008 und 2009 die meisten der globalen Autokonzerne. »Der konjunkturbedingte Abschwung trifft einen Industriezweig, der bereits seit Jahren mit enormen Herausforderungen zu kämpfen hat. Überkapazitäten dominieren die globalen Märkte schon seit Ende der 1990er Jahre«, so die Unternehmensberatung KPMG.[1] Die Hersteller plagen also »Überkapazitäten«, sprich sie könnten mehr herstellen als sie absetzen. Diese »Überkapazitäten« sind vergangene Investitionen, also Ansprüche auf Verwertung, die sich nicht erfüllen.

Die Krise der Autobranche ist eine typisch kapitalistische und hat daher ihre Eigenheiten. Problem von Opel und der gesamten Branche ist ein *Überschuss* von sachlichem Reichtum – eine eigentümliche Notlage in einem Wirtschaftssystem, von dem behauptet wird, sein Ziel sei die Beseitigung eines *Mangels*. Diese Notlage verweist auf den Produktionszweck, der offensichtlich nicht in der Herstellung von Pkw für den gesellschaftlichen Bedarf besteht.

---

[1] Automobilindustrie: Voll im Umbruch, www.kpmg.de/WasWirTun/14459.htm

Das Verhältnis von Angebot und Nachfrage und das Niveau der gesellschaftlichen Produktion – das der Markt so perfekt steuern soll – weist also einige Schieflagen auf. Von einer Befriedigung aller gesellschaftlichen Bedürfnisse kann keine Rede sein. Während in einer vernünftigen Produktionsweise den Autoherstellern die Aufgabe zugewiesen würde, ausreichend Autos zu produzieren, um den gesellschaftlichen Bedarf an Mobilität zu decken, wobei gleichzeitig Menge und Beschaffenheit der Fahrzeuge Umweltgesichtspunkten untergeordnet wäre, produziert der private Markt jede Menge Missverhältnisse.

Gemessen an dem Bedürfnis nach Mobilität existiert ein *Mangel* an Autos – viele Menschen, die gerne einen Wagen hätten, können ihn sich nicht leisten. Doch zählt im Kapitalismus nicht das pure Bedürfnis, sondern nur das zahlungsfähige, weswegen viele Konsumentenwünsche unerfüllt bleiben. Ihr Bedürfnis scheitert am Preis, also am Anspruch der Hersteller auf Verwertung ihres Kapitals.

Gemessen an den ökologischen und anderen »externen« Folgen des motorisierten Individualverkehrs wiederum gibt es bereits viel *zu viele* Autos auf den Straßen. Das Wachstum, das sich die Hersteller noch von den »aufstrebenden Regionen« Asiens und Lateinamerikas versprechen, konterkariert die Bemühungen um Klima- und Umweltschutz. Die derzeit angestrebte Lösung – neue Antriebsformen wie Elektromobilität – gerät wiederum in Widerspruch zum Profitzweck: Die Produktion von E-Autos ist noch zu teuer. Gemessen an der zahlungsfähigen Nachfrage der Kunden produzieren die Hersteller derzeit *ausreichend* Autos – die großen Märkte in Nordamerika, Europa und Japan stagnieren, die Nachfrage steigt tendenziell kaum oder schrumpft, der Markt gilt als gesättigt. Damit sehen die Autohersteller ihren Auftrag aber nicht als erfüllt an, sondern leiden: Was sie brauchen, ist Wachstum, nicht zuletzt, um ihre Überkapazitäten auszulasten und ihr Kapital zu verwerten.

Für die Konzerne reduzieren sich diese Missverhältnisse auf einen Mangel an Nachfrage nach ihren Modellen. Für die gesamte Branche gilt zwar, dass die Überkapazitäten reduziert werden müssen, sprich Fabriken geschlossen werden müssen. Doch will jeder einzelne Hersteller diese Kosten der Anpassung des Angebots auf die Konkurrenten abwälzen. Er selber sieht den Markt und die gesellschaftliche Zahlungsfähigkeit als *seine* Ressource an, die er monopolisieren will gemäß dem berühmten Satz des ehemaligen BMW-Chefs Eberhard von Kuenheim: »Es gibt zu viele Autos auf der Welt, aber zu wenig BMW.«

Folge dieser Haltung ist, dass erstens Produktionskapazitäten nur vereinzelt oder unter Zwang (Insolvenz) abgebaut werden; und zweitens alle Hersteller weitere Kapazitäten insbesondere in den »aufstrebenden Märkten« aufbauen, um vom dortigen Wachstum zu profitieren. »Zukunftsmärkte« können einerseits geografisch eingegrenzt werden (China, Indien, Brasilien...) oder nach vielversprechenden Produktgruppen (Kleinwagen, Elektroautos...). Unterstützt werden Automobilhersteller dabei von ihren jeweiligen Regierungen durch Steuererleichterungen, Forschungs- und Verkaufssubventionen, Abwrackprämien oder Exportförderung. Denn die Branche stellt in vielen Ländern einen gewichtigen Teil der nationalen Industrie dar. Sie ist eine »Schlüsselindustrie«.

Aus dieser Kooperation von Politik und Unternehmen resultieren anhaltende Überkapazitäten. Die Hersteller überfordern mit ihren Verwertungsansprüchen permanent den Markt, was periodisch zu Branchenkrisen führt. Zudem wird die fällige Umgestaltung des Verkehrs (Verkehrsvermeidung, öffentliche Verkehrsmittel, neue Antriebe) verzögert und blockiert.

Im Folgenden sollen nun die Besonderheiten der kapitalistischen Ware »Auto«, ihre Bedeutung für die Standorte und die Logik der Autokapitalverwertung, die zielsicher und dauerhaft zu den genannten Überkapazitäten führt, dargestellt werden. Damit soll gezeigt werden, wie die Krisen entstehen, wie die einzelnen Hersteller darauf reagieren und dadurch die nächste Krise vorbereiten.

Im zweiten Teil wird die jüngste Krise der Branche beleuchtet und die Strategien der Hersteller, die Krise zu überwinden. Doch die nächste Krise ist nur eine Frage der Zeit, trotz des Branchenaufschwungs 2010. Denn mit einer vernünftigen Produktion und Befriedigung des gesellschaftlichen Bedarfs nach »Mobilität« hat das Auto-Geschäft nichts zu tun – ebenso wenig wie dieser gesellschaftliche Bedarf einem Bedürfnis nach »Freiheit« oder auch nur einer vernünftigen Lösung des Problems der unvermeidlichen Raumüberwindung entspringt.

1. Das Auto – ein besonderer Geschäftsartikel

Der Pkw nimmt unter den kapitalistischen Waren eine Sonderstellung ein. Nicht nur was das Geschäftsvolumen angeht, sondern auch hinsichtlich der »Emotionalität« des Gebrauchswerts. Das Automobil gilt als viel mehr als ein simples Fortbewegungsmittel, ihm werden geradezu magische Eigenschaften zugeschrieben.

Die Werbewirtschaft wie auch die Presse präsentiert die Automobilindustrie als Produzenten jener Güter, die »Freiheit« und »Individualität« generieren: »Freude am Fahren« (BMW), »begeisternde Erfahrungen« (Daimler),

ein »sicheres Vergnügen« (Audi) oder gar ganze »Erlebniswelten« (VW).[2]
»Kein anderes Produkt lebt so von der Emotion und Leidenschaft wie das
Automobil« (VDA 2009, 18). Jedoch resultiert die gesellschaftliche Nach-
frage nach Transportmitteln zunächst nicht aus dem Kundenbedürfnis nach
»Spaß« (Porsche), sondern hat profanere Gründe. Je nach Jahr sind ein
Drittel bis die Hälfte aller in Deutschland zugelassenen Autos Firmenwagen. Kapitalistische Handelsunternehmen fragen Kraftfahrzeuge nach, um
durch die Belieferung ihrer Vertriebsstätten Zirkulationskosten zu sparen.
Produzierende Unternehmen reduzieren per Transport die Kosten der fabrik-
internen Vorratshaltung, indem sie »just in time« beliefern und die Vorratshaltung quasi auf die Straße verlegen. All diese Formen der Raumüberwindung unterliegen dem Imperativ »Zeit ist Geld«, weswegen Schnelligkeit
und Flexibilität bei der Wahl des Transportmittels zählen – der Warentrans-
port über Land hat sich daher von der Pferdekutsche über Kanalschiffe bis
zu Eisenbahnen und Lastwagen entwickelt. Der Lkw »vergrößert den Aktionsradius von Unternehmen. Er ermöglicht die Nutzung größerer Märkte
für Vorprodukte und erschließt zusätzliche Absatzmärkte... Heute schultert
der Lkw über 72 Prozent der Leistung im Güterverkehr.« (VDA 2009, 99)
Zudem unterhalten Firmen häufig eine Flotte repräsentativer Dienstwagen,
um die Mobilität ihrer Angestellten sicherzustellen, mithilfe teurer Dienstwagen ihre eigene Bedeutung zu symbolisieren oder durch die Überlassung
von Firmenwagen für private Zwecke Lohnanteile zu ersetzen.

Auch für die so genannten abhängig Beschäftigten ist Mobilität seit langem ein Muss – und damit der Besitz eines eigenen Fahrzeugs. Grund hierfür ist die räumliche Trennung von privater Wohnung und Arbeitsort. Diese
Trennung wiederum resultiert zu einem großen Teil aus den Zwängen des
kapitalistischen Immobilienmarkts: Wohnraum wird umso teurer, je näher
er sich in zentralen Lagen befindet. Die Einkommen von Lohnabhängigen
sind meist zu niedrig, um dort die Rendite-Ansprüche der Grundeigentü-
mer zu bedienen. Sie weichen daher auf billigere Vororte aus, woraus ein
Heer von Pendlern entsteht. Ergebnis: Seit 1970 stieg die mit dem Pkw zu-

---

2 ..., die zu touristischen Attraktionen avancieren: »Die AUTOSTADT in Wolfsburg ist die Service- und Kommunikationsplattform des Volkswagen-Konzerns. Erleben Sie Inszenierungen und Attraktionen rund um das Thema Mobilität, die die
AUTOSTADT zu einer festen touristischen Größe in Deutschland gemacht haben.
Einen Ort wie diesen werden Sie kein zweites Mal finden: unterschiedliche Themen und Blickwinkel sind zu einer spannungsreichen Erlebniswelt verbunden.«
(www.reiseland-niedersachsen.de/regionen-staedte/regionen/braunschweiger-land/
autostadt/index.php)

rückgelegte Entfernung in Deutschland von rund 380 Mrd. auf 880 Mrd. Personenkilometer.

Insgesamt schafft die durch das Auto erhöhte Mobilität eine allseitige räumliche Verfügbarkeit von Arbeitskraft und heizt den Wettbewerb um Arbeitsplätze an. Die zunehmende »Flexibilität« belastet das Lohnniveau, wird daher von Unternehmen und Politik vorangetrieben, was die Nutzung von Transportmitteln weiter erhöht: »Unsere Analysen des wirtschaftlichen und gesellschaftlichen Strukturwandels zeigen, dass die Anforderungen an die persönliche Mobilität ... steigen werden«, da »Arbeitsumfelder und -orte häufiger wechseln.« (Deutsche Bank Research, Aktueller Kommentar 11.4.2008) Auch Handelsbetriebe und andere Dienstleister sparen Kosten für Grund und Boden, indem sie sich auf der »grünen Wiese« ansiedeln, was weitere Anfahrtswege für die Konsumenten nötig macht. Ähnliches gilt für die Anbieter von Freizeitvergnügen wie Multiplex-Kinos, Kultur- und Freizeitparks.

Folgen dieses *gesellschaftlich produzierten* Bedarfs nach Mobilität sind eine allgemeine Hetze, ökologische Folgekosten (Schadstoff-Emissionen, Lärm, Naturzerstörung durch Straßenbau, Bodenversiegelung), Tausende von Verkehrsopfern[3], Infrastrukturkosten (Autobahnmeisterei, Straßenverkehrsordnung, Verkehrslenkung...), regelmäßige Staus[4] sowie für viele Individuen die Notwendigkeit, über ein eigenes Fahrzeug zu verfügen, um den Anforderungen an schneller und kostengünstiger Raumüberwindung in der Marktwirtschaft zu genügen. Für Lohnabhängige bedeutet dies, dass sie einen großen Teil ihres Einkommens für den Kauf eines Automobils aufwenden müssen. Für viele Haushalte ist der Pkw die größte Einzelanschaffung, wobei der Widerspruch zwischen geringem Einkommen und teurem Auto zumeist mithilfe des Auto-Kredits oder -Leasings überwunden wird. In Deutschland werden etwa zwei Drittel aller Neufahrzeuge »finanziert«, sprich: Der Käufer leistet die Bezahlung per Kredit. Für die Käufer bedeutet der Auto-Kre-

---

[3] 2009 zählte das Statistische Bundesamt in Deutschland 2,3 Mio. Straßenverkehrsunfälle, bei denen 4.152 Menschen getötet wurden – durchschnittlich 11 Menschen pro Tag. Die Hauptunfallursachen spiegeln den gesellschaftlichen Zwang zur Eile wider: »unangepasste Geschwindigkeit, unzureichender Sicherheitsabstand, Übermüdung und Überladung« (VDA 2010, 77).

[4] »67 Stunden verbringt der Deutsche durchschnittlich pro Jahr im Stau, deutlich mehr als mit Sex (40 Stunden).« (Der Spiegel 29/1998 zit. n. Wolf 2007, 313) Auf die so genannten »externen Kosten« des motorisierten Individualverkehrs in Höhe von geschätzten 6%-8% des Bruttoinlandsprodukts in Deutschland soll hier nicht eingegangen werden; ebenso nicht auf die Frage, ob die Eisenbahn die kostengünstigere Alternative zum Auto ist (vgl. hierzu Wolf 2007, 305-356).

dit eine Form des vorgezogenen Sparens, die sie durch Zinsaufwendungen bezahlen müssen. Die Autobauer wiederum steigern durch kreditfinanzierte Käufe ihren Umsatz und beschleunigen ihren Kapitalumschlag. Ein gutes Geschäft ist dies auch für die Kreditinstitute, die praktischerweise häufig von den Autokonzernen selbst betrieben werden. In einigen Geschäftsjahren sorgen vor allem die angegliederten Finanzinstitute bei den Autobauern für Gewinn.[5] Zudem dienen die Kundeneinlagen der Autobanken den Autokonzernen als Ressource für Investitionen.

Von Bedeutung ist für einen kapitalistischen Standort nicht nur die Mobilität als solche, sondern auch die Produktion der dafür notwendigen Güter, d.h. die Autoindustrie. In den starken Auto-Nationen – die ziemlich deckungsgleich mit den Großmächten des Weltmarkts sind – ist die Kfz-Herstellung selbst ein bedeutender Teil der nationalen Wirtschaftsleistung, wesentlicher Exportsektor, ein Treiber für die Entwicklung von Technologie und Produktivität und also ein gewichtiger Beitrag zur nationalen Wirtschaftsmacht. Aus diesem Grunde ist die häufig geforderte Abkehr vom Auto als zentralem Transportmittel für jene Nationen ein großes Risiko. Dies gilt insbesondere für Deutschland. Die folgenden Zahlen verdeutlichen dies und begründen die politische Protektion, die die Kfz-Branche hierzulande genießt.

1.1 Der Standort: Deutschland – Autoland

Die Autobranche ist für einige wenige Länder von großer Bedeutung. Zum Beispiel für Europa – »The European automotive industry is key to the strength and competitiveness of Europe«, so der europäische Autohersteller-Verband ACEA – und hier insbesondere für Deutschland. Die Bundesrepublik beheimatet fünf international bedeutende Autohersteller: den Masse-Hersteller Volkswagen (inklusive u.a. Audi, Seat, Škoda, Porsche) sowie das, was aufgrund der überragenden Größe von Volkswagen inzwischen »Nicht-VW-Welt« genannt wird, also die Premiumhersteller Daimler und BMW sowie die GM-Tochter Opel und die deutsche Ford-Tochter. Doch die Kfz-Herstellerbranche ist wesentlich größer. Denn zu den bekannten deutschen OEM (Original Equipment Manufacturers) gehört eine Vielzahl von Zulieferfirmen von zum Teil bedeutender Größe (z.B. Bosch, ZF, Rheinmetall, Grammer, Beru, Drägerwerk, Edscha, Behr, Schaeffler/

---

[5] »BMW hat 2009 mit dem Bau von Fahrzeugen kein Geld verdient. In der Automobilsparte fiel ein Verlust vor Zinsen und Steuern von 265 Mio. Euro an. Sein positives Jahresergebnis verdankt der Münchner Konzern vorrangig seinen Finanzdienstleistungen, die 355 Mio. Euro beisteuerten. Die Sparte profitierte von einer Erholung bei den Restwerten für Gebrauchtwagen.« (FAZ 12.3.2010)

Continental). Der Umsatz dieser Zulieferer ist so groß wie der der Zulieferer in Frankreich, Italien, Großbritannien und Spanien zusammen. Von der Wertschöpfung des deutschen Autosektors entfallen inzwischen drei Viertel auf die Zulieferer.

Der Automobilbau ist die wichtigste oder (im Wechselspiel mit dem Maschinenbau) zweitwichtigste deutsche Industriebranche bei den Anlageinvestitionen, bei den Ex-/Importen, bei den Direktinvestitionen, bei Wertschöpfung, Forschung und Entwicklung sowie bei der Beschäftigung.[6] 2009 lag ihr Umsatz bei 260 Mrd. Euro, das war gut ein Fünftel aller deutschen Industrieumsätze (VDA 2010, 16).»Die Automobilindustrie ist einer der Eckpfeiler der deutschen Wirtschaft.« (ZEW 2009, 6) In den vergangenen Jahren hat die Bedeutung des Autobaus relativ zu anderen Branchen sogar noch zugenommen. Dies liegt vor allem am hohen Produktivitätsvorsprung der deutschen Autoindustrie.

Der direkte Beitrag der Wertschöpfung des Automobilbaus beträgt in Deutschland etwa 4,4% der gesamten Wertschöpfung der *gewerblichen Wirtschaft*.[7] Damit ist die Branche in Deutschland wesentlich bedeutsamer als in anderen Industrieländern, wo der durchschnittliche Beitrag des Autobaus zur Wertschöpfung nur etwa die Hälfte beträgt. An der Wertschöpfung *der Industrie* hat der Autobau in Deutschland einen Anteil von fast 15%. Zugleich ist die Autoindustrie in Deutschland wichtiger geworden, Anfang der 1990er Jahre betrug ihr Wertschöpfungsanteil nur etwa 3%. Während der Anteil Deutschlands an den Produktionskapazitäten der gewerblichen Wirtschaft in den westlichen Industrieländern 8% beträgt, sind es beim Autobau knapp 19%. In absoluten Summen ist die Wertschöpfung in den USA und Japan allerdings größer. Ein Vergleich zeigt den großen Vorsprung der Spitzengruppe (Tabelle 1).

Die Autoherstellung hat in Deutschland nicht nur ein besonders hohes Gewicht. Zudem »zählt Deutschland zu den wenigen großen Volkswirtschaften, in denen die Spezialisierung auf die Automobilproduktion zugenommen hat« (ZEW 2009, 14) – allerdings nicht so sehr wegen der außerordentlich starken Expansion der Branche, sondern wegen des eher schwachen Wachstums der

---

[6] Hier handelt es sich zumeist um die Produktion von Pkw. Lastkraftwagen haben einen Anteil von etwa 7%, Busse von 1% der deutschen Autoproduktion.

[7] Wertschöpfung bedeutet in der Volkswirtschaftslehre die Transformation von Gütern in höherwertige Güter, beschreibt also die Wertgröße, um die der Output den Input übersteigt: *Wertschöpfung = Gesamtleistung – Vorleistungen*. Sie ist damit »der Maßstab für den ökonomisch relevanten (direkten) Beitrag einer Branche zur gesamtwirtschaftlichen Leistung« (ZEW 2009, 10).

Tabelle 1: Wertschöpfung und Beschäftigung im Automobilbau 2005

Land	Bruttowertschöpfung in Mrd. Euro (Kaufkraftparitäten)	Anteil an globaler Wertschöpfung	Beschäftigte (Anteil an Auto-Beschäftigung global)	
USA	88,7	26,0%	1.143.000	(24%)
Japan	83,9	25,0%	962.000	(20%)
Deutschland	63,7	19,0%	865.000	(18%)
Korea	19,6	5,8%	375.000	(8%)
Frankreich	14,8	4,4%	220.000	(4,7%)
Großbritannien	12,3	3,6%	189.000	(4,0%)
Spanien	12	3,5%	209.000	(4,4%)
Italien	7,6	2,2%	168.000	(3,6%)
Tschechien	5,6	1,7%	105.000	(2,2%)
Polen	5,1	1,0%	107.000	(2,3%)
Schweden	4,8	1,0%	80.000	(1,7%)

Quelle: ZEW 2009, 11

anderen Sektoren. Zur stärkeren Spezialisierung auf den Autobau hat laut ZEW auch die schnellere Steigerung der Arbeitsproduktivität beigetragen: »Im deutschen Automobilbau wird je Beschäftigtenstunde knapp 50 Prozent mehr an Wertschöpfung erarbeitet als in den westlichen Industriestaaten insgesamt.« (ZEW 2009, 15) In absoluten Zahlen stieg die Wertschöpfung je Beschäftigtenstunde zwischen 1981 und 2005 von etwa 20 auf etwa 58 Mio. Euro. Insgesamt stellt das ZEW fest, dass die Automobilwirtschaft »der stärkste Motor für die industrielle Expansion bis 2007 gewesen« ist (ebd., 25). Die Bedeutung der Autoherstellung ist jedoch noch größer, wenn man neben den großen OEM die Vielzahl von Zulieferern einbezieht, die sich um die großen Konzerne gruppieren. Die deutsche Autobranche stellt sich hier als ein hochgradig verflochtenes Produktionssystem dar.

Die OEM sind für viele Branchen die wichtigsten Kunden. Denn etwa 80% der Produktion besteht aus Vorleistungen. Branchen wie die Gummiindustrie oder Gießereien leben von den Bestellungen der Autokonzerne wie auch die Hersteller von Kunststoffwaren, Metallen, Elektrotechnik oder Glas. Insgesamt ist die Branche für fast ein Fünftel der Materialnachfrage der Privatwirtschaft in Deutschland verantwortlich. Inklusive der indirekten Wirkungen steht die Autobranche für 7,7% der gesamten Wertschöpfung in Deutschland, davon entfallen 4,9% auf die indirekten Effekte. Damit ist der Gesamtbeitrag der Branche zur Wertschöpfung in Deutschland fast doppelt so hoch wie in den nächstfolgenden europäischen Ländern und liegt deutlich über Werten von Korea, Japan oder den USA.

Die Herstellung von Kraftwagen ist sehr kapitalintensiv. Expansion, Internationalisierung, Geschwindigkeit der Modellwechsel, der Druck auf technologische Weiterentwicklung bei gleichzeitiger Senkung der Kosten durch Rationalisierung und Erhöhung der Produktivität erfordern einen gigantischen Aufwand an Sachkapital. Folge: Im Jahr 2003 stand die Autoindustrie für etwa ein Viertel aller industriellen Investitionen in Deutschland (ZEW 2009, 77).

Die deutschen Autobauer leisten einen entscheidenden Beitrag zum deutschen Exportwunder und zur Erzielung von Außenhandelsüberschüssen. In konstanten Preisen gerechnet hat sich der Wert der exportierten Kraftwagen und Kraftwagenteile von 1950 bis 1980 verzehnfacht und in den folgenden 28 Jahren nochmals vervierfacht (IWH 2010). Seit 1980 stieg die inländische Produktion von 3,9 Mio. Kfz in Deutschland auf rund sechs Mio. 2007, der Export hingegen von 2 Mio. auf etwa 4,5 Mio. Die Exportquote der Branche schwankt zwischen 60% und 75%.

Im Zeitverlauf ist der Export für die Branche immer wichtiger geworden, 1995 lag die Exportquote 1995 noch bei 45%. Damit nahm die Auslandsorientierung bei den Autobauern stärker zu als im gesamten verarbeitenden Gewerbe, wo die Exportquote von knapp 29% auf 43% zulegte (ZEW 2009, 43).

2006 war Deutschland mit einem Anteil von gut 20% am Export der Industrieländer der größte Lieferant von Automobilwaren. »Der Anteil ist sukzessive von gut 15 Prozent 1993 auf dieses Niveau gestiegen, bereits vor gut zehn Jahren hat Deutschland Japan als der Welt größter Automobilexporteur überholt.« (ZEW 2009, 40) Im Jahr 1995 machten Kraftwagen und Kraftwagenteile noch 15,1% der deutschen Ausfuhren aus und standen an zweiter Stelle hinter dem Maschinenbau. 2008 dann waren Kraftwagen und Kraftwagenteile mit einem Anteil von 17,5% an den deutschen Exporten die »inzwischen mit Abstand bedeutendste Ausfuhrware« (Statistisches Bundesamt: Export, Import, Globalisierung 2010, 15). In Geldsummen: Von 1995 bis 2008 verdreifachte die deutsche Automobilwirtschaft ihren Export von 58 auf 174 Mrd. Euro (Maschinenbau: 147 Mrd. Euro).

Die Export/Importbilanz der deutschen Automobilindustrie ist – über alle Fertigungsstufen betrachtet – nur noch knapp positiv. Allerdings handelt es sich bei rund einem Drittel der importierten Fahrzeuge um im Ausland produzierte deutsche Konzernmarken (Diekmann 2010, 29).

Um ihre eigene Wichtigkeit zu unterstreichen, verweist die hiesige Automobilwirtschaft gern darauf, dass in Deutschland »jeder siebte Arbeitsplatz«

von ihr abhänge (VDA Politikbrief 02/2009). Einerseits ist dies nicht zutreffend, in Wahrheit ist es laut Wirtschaftsforschungsinstitut RWI nur etwa jeder zwanzigste Job.[8] Andererseits ist der Verweis der Branche auf die eigene Wichtigkeit für den Arbeitsmarkt zwar übertrieben, aber nicht falsch. In der Autoindustrie arbeiteten 2006 in Deutschland laut ZEW 2,6% aller Erwerbstätigen in der gewerblichen Wirtschaft bzw. 11,2% aller in der Industrie Beschäftigten. In keinem Land außer Schweden hat die Autobranche einen derart großen Anteil (wobei ihre Bedeutung in Schweden allerdings durch die Restrukturierungen bei Saab, Opel und Volvo abgenommen haben dürfte). Beziet man die indirekten Effekte mit ein, steigt die Bedeutung der Autowirtschaft. Laut ZEW kommen auf einen Beschäftigten in der Automobilbranche zusätzlich 1,2 ArbeitnehmerInnen, deren Job von der Autobranche abhängt. »Für das Jahr 2004 ergibt sich demnach ein indirekter Beschäftigungsbeitrag von 1,12 Mio. Erwerbstätigen, die zu den ca. 870.000 Beschäftigten in der Automobilproduktion selbst hinzukommen. Der Gesamtbeschäftigungseffekt lag 2004 somit bei etwa 2 Mio. Arbeitsplätzen. Seit 1995 ist die gesamte Beschäftigungswirkung um 36 Prozent angestiegen.« (ZEW 2009, 65)[9] In der gesamten EU hängen etwa 5,2 Mio. Arbeitsplätze direkt oder indirekt von der Autoproduktion ab. In Japan sind es 2,25 Mio., in den USA 3,53 Mio. Jobs.

---

[8] Die weit verbreitete Behauptung, jeder siebte Arbeitsplatz hänge von der Autobranche ab, beruht nach einem Bericht des Wirtschaftsmagazins Capital »auf einem simplen Rechentrick des Verbandes der Automobilindustrie (VDA). Der VDA geht dabei davon aus, dass ohne Auto-Industrie in Deutschland niemand mehr Auto fahren würde – weder deutsche Wagen, noch ausländische. Damit würden alle Jobs wegfallen, die irgendwie durch das Auto bedingt sind – vom Straßenbauarbeiter bis zum Parkhaus-Pförtner. Nach Berechnungen des Rheinisch-Westfälischen Instituts für Wirtschaftsforschung (RWI) hängt laut Capital dagegen nur rund jeder 20. Arbeitsplatz von der Auto-Nachfrage ab.« (www.capital.de/unternehmen/100022082. html)

[9] Die Bezeichnung »Beschäftigung« ist natürlich ideologisch, da sie den Schluss nahelegt, es ginge bei der Einrichtung von Lohnarbeitsplätzen darum, dass die Arbeiter etwas zu tun bekommen. Da die »Schaffung von Arbeitsplätzen« durch die »Arbeitgeber« jedoch stets davon abhängt, dass die Arbeitsplätze rentabel für das Unternehmen sind und ihr Maß und Ziel in der Rentabilität hat, ist der Terminus »Arbeitsplätze schaffen« nur ein Synonym für »einen Gewinn in angemessener Höhe erwirtschaften«. Die ideologische Leistung des Terminus besteht in der Vertauschung von Ziel (Gewinn) und Mittel (Arbeitsplätze), wobei die Rentabilität bloß als eine lästige, aber notwendige Bedingung für das »Beschäftigen« dargestellt wird.

Aufgrund ihrer Größe ist die Autoindustrie nicht nur für das nationale Lohnniveau (und damit für den privaten Konsum) von Bedeutung, sondern auch maßstabbildend für die Gestaltung von Arbeitsbedingungen am Standort, für den Einfluss von Gewerkschaften, für die staatliche Regulierung – also für den Umgang mit dem »Produktionsfaktor Arbeit« überhaupt. Vorreiter der Branche in Deutschland ist der Volkswagen-Konzern, der mit seinen »innovativen« Arbeits- und Entgeltstrukturen Beispiele für die Konkurrenz wie auch für andere Branchen setzt.

Der Kampf um die Aneignung von privater Zahlungsfähigkeit der Autokäufer ist kapitalintensiv, er erfordert auch hohe Ausgaben für Forschung und Entwicklung (FuE), um die Modelle der Konkurrenz zu entwerten und so Marktanteile zu gewinnen. Gut ein Drittel der gesamten internen FuE-Aufwendungen der deutschen Industrie wurden 2009 von der Automobilindustrie getätigt (VDA 2010, 17). Im internationalen Vergleich haben die deutschen Konzerne hier ihre Position ausgebaut. Ihr Anteil an den FuE-Ausgaben der gesamten Branche in den Industrieländern stieg von rund 10% Anfang der 1970er Jahre auf 18% Anfang der 1990er Jahre und dürfte mittlerweile über 20% liegen. Das bedeutet: Deutsche Hersteller meldeten im Jahr 2005 mehr Patente an als die Konkurrenz aus Japan oder den USA. Unter den zehn weltweit größten forschenden Unternehmen der Autobranche befinden sich mittlerweile vier deutsche OEM (VW, Daimler, BMW und ein Zulieferer, Bosch). »Die deutsche Automobilindustrie (ist) zur wichtigsten treibenden Kraft hinter dem weltweiten FuE-Geschehen geworden.« (ZEW 2009, 93)

Die Verbesserung der Konkurrenzposition durch FuE-Ausgaben bleibt nicht auf die OEM beschränkt. Durch ihre Vernetzung mit Zulieferern und andere abhängige Branchen treiben sie die technologische Entwicklung voran, indem sie den »Innovationsdruck« auf dem Markt an die Zulieferer weitergeben. Als Kunde fragt die Branche neue, bessere und billigere Produktionstechniken, Produkte und Materialien nach und erhöht dadurch die Konkurrenzfähigkeit des gesamten Industriestandorts Deutschland. »Die Anforderungen der Automobilindustrie an neue Produkte und Prozesse geben wichtige Innovationsimpulse für andere Branchen und stärken so auch deren technologische Leistungsfähigkeit und internationale Wettbewerbsfähigkeit.« (ZEW 2009, 6)[10] 15% aller branchenübergreifenden Innovationsimpulse für

---

[10] Das »und« in dem Zitat ist irreführend. »Technologische Leistungsfähigkeit« und »internationale Wettbewerbsfähigkeit« sind nicht zwei voneinander unabhängige, gleichwertige Ziele. Vielmehr dient die Erhöhung der technologischen Leistungsfähigkeit der verbesserten Wettbewerbsfähigkeit – andernfalls findet sie nicht

Produkte und sogar 22,7% aller Innovationsimpulse für den Herstellungs-prozess, die zwischen Branchen weitergegeben wurden, gingen von der Au-toindustrie aus (ZEW 2009, 107). Die Autobauer fungieren so als »Effizi-enzsteigerungsmaschine« (ZEW) des Standorts D.

Die überdurchschnittlichen FuE-Ausgaben in Deutschland sind einer Besonderheit geschuldet: Hier ist der Anteil der so genannten Premium-hersteller (Mercedes, BMW/Mini, Audi) besonders groß. Jedes zweite in Deutschland produzierte und exportierte Auto gehört in dieses Segment. »Premium« bedeutet einerseits »hochwertige Produkteigenschaften«, die eine »gewissen Resistenz gegenüber einem scharfen Preis- und Kosten-wettbewerb schaffen« (ZEW 2009, 123), für die Kunden also bereit sind, mehr zu bezahlen als für Konkurrenzmodelle. Dies liegt andererseits we-niger an der höheren objektiven, sondern an der höheren subjektiv wahr-genommenen Qualität des Produkts: Die Kunden im In- und Ausland sind bereit, für Automobile bestimmter Marken aus Deutschland auch dann ei-nen höheren Preis – eine »Prämie« – zu zahlen, wenn sich die technischen Grundausstattungsmerkmale der Fahrzeuge nicht von denen anderer Her-steller unterscheiden. Das Erreichen des Premiumstatus ist also eine Auf-gabe für die Werbewirtschaft.

Deutschland ist mit Abstand größter Premiumhersteller mit einem Anteil von 40% in der EU. Einen Vorteil genießen die hiesigen Premiumhersteller, da sie weniger als andere (z.b. Alfa Romeo, Saab, Lancia, Land Rover, Mit-subishi) auf enge Marktnischen spezialisiert sind. »Sie können das Premi-um-Image ihrer Fahrzeuge ... in hohe Produktionszahlen umsetzen.« (ZEW 2009, 132) Dies liegt nicht zuletzt daran, dass ihr Heimatmarkt Deutschland – auf dem sie besonders stark sind – ein so genannter Lead Markt ist, also ein regionaler Markt, der als Trendsetter für Innovationen fungiert, die dort frühzeitig erst national und später weltweit kommerzialisiert und langfris-tig zu internationalen Standards werden.

Insgesamt zeigt sich, dass die Autobranche in Deutschland nicht nur ein tragender Pfeiler der Industrie und damit der gesamten Wirtschaft ist. Gleichzeitig wird deutlich, dass insbesondere in Deutschland überdurch-schnittlich große Mengen an Ressourcen – Investitionen, Material, Roh-stoffe, Arbeitskraft – in die Produktion von Kraftfahrzeugen fließen und

---

statt. Viele technologische Verbesserungen scheitern an dem Zwang zur Profitabili-tät. Dies gilt derzeit noch für die Massenproduktion von Elektro-Autos. Jedoch auch sicherheitsrelevante Neuerungen wie die Antiblockierbremse oder der Airbag wa-ren lange zwar technisch verfügbar, aber nicht kostengünstig produzierbar und daher nicht profitabel und wurden daher nicht eingebaut (vgl. ZEW 2009, 140ff.).

damit in die Produktion von Klimagasen, Staus, Umweltverschmutzung, Verkehrsopfern usw.

Wegen der starken Spill-over-Effekte der Kfz-Produktion versuchen auch die »Schwellenländer« es den etablierten Industrienationen gleich zu tun und die Autoindustrie zu einem Motor der gesamtwirtschaftlichen Entwicklung zu machen. Brasilien, Südafrika und osteuropäische Länder, inzwischen aber auch Indien und China bauen eigene Kapazitäten auf. »Schon immer ist die Automobilindustrie wegen ihrer intensiven Verflechtung mit wachstums- und beschäftigungsstarken Wirtschaftszweigen und der damit verbundenen starken Anstoßwirkungen im Wachstumsprozess (›Linkage-Effekte‹) in vielen Volkswirtschaften als Schlüsselsektor für den wirtschaftlichen Aufholprozess angesehen worden. Dies war auch das Muster der japanischen und koreanischen Entwicklungsstrategien.« (ZEW 2009, 29)

Aufgrund ihrer Bedeutung für das nationale Wachstum und den Export erfreut sich die Autobranche einer besonderen politischen Betreuung und Aufmerksamkeit.[11] So schützt die Politik die Gesellschaft nicht nur vor den Folgen der Autoindustrie durch Regeln zur Fahrzeugsicherheit, Fußgängerschutz, Straßenverkehr oder Umweltvorschriften. Sie ist daneben auch bemüht, den Autofirmen ein günstiges Umfeld zu schaffen und ihre »allgemeinen Produktionsbedingungen« vorteilhaft zu gestalten: Steuererleichterungen, Subventionen für Ansiedlung, Anschlüsse von Werken an das Auto-, U- und S-Bahnnetz, oder Kooperation mit Universitäten. Zudem fördert der Staat die heimische Kfz-Produktion durch Aufträge, zum Beispiel für Polizei-Streifenwagen. Auch achtet die Politik darauf, bei der Regulierung der Branche und bei der Reduktion der durch ihre Produkte entstehenden Schäden (Verkehrsopfer, Umwelt), die Autobauer nicht zu stark zu belasten. Die enge personelle Verflechtung von Politik und Autoindustrie (so fungiert mit Matthias Wissmann ein ehemaliger Verkehrsminister heute als Präsident des Verbandes der deutschen Autoindustrie; der Ministerpräsident Niedersachsens sitzt im Aufsichtsrat von VW; der Ex-Ministerpräsident Thüringens, Dieter Althaus, wechselte Anfang 2010 zum Zulieferer Magna als zuständiger Vizepräsident für den Kunden VW) verweist weniger auf die Unterwanderung der Politik durch Konzerninteressen oder auf eine ungesunde Vermischung beider Sphären, sondern eher auf eine weitgehende Deckungsgleichheit der Interessen: Der alte Spruch, »Was gut ist für GM, ist gut für Amerika«, gilt prinzipiell in jedem Land mit einer großen Autoindustrie. Zudem greift der Staat auch direkt in die Autokonzerne

---

[11] Dass Gerhard Schröder seinerzeit als »Auto-Kanzler« tituliert wurde, sollte keine Kritik an seiner Dienstbarkeit für den VW-Konzern sein, sondern ein Lob.

ein. Vielfach geht ihre Gründung auf einen staatlichen Hoheitsakt zurück. Die Politik unterstützt Zusammenschlüsse oder schützt die nationalen Konzerne vor dem Zugriff vor dem Ausland. So betrieb die sächsische Staatsregierung über die Sächsische Staatsbank 1932 den Zusammenschluss von Audi, DKW, Horch und Wanderer zur Auto-Union (später Audi). Die Gründung von Volkswagen wurde von der NS-Regierung initiiert (dazu Wolf 2009, 143ff.). Bis heute entzieht die deutsche Politik den größten nationalen Autobauer durch das VW-Gesetz und durch die Beteiligung des Landes Niedersachsens dem Zugriff von ausländischen Investoren. Daimler schützte lange Zeit die Beteiligung der Deutschen Bank von ursprünglich 28%, die ein Teil der »Deutschland AG« genannten, politisch geförderten Beteiligung deutscher Finanzkonzerne an Industriekonzernen war. In der jüngsten Vergangenheit unterstützte die deutsche Politik – in Form des Landes Niedersachsen – die Übernahme von Porsche durch VW wie auch den Zusammenschluss der Zulieferer Continental und Schaeffler.

In Frankreich arrangierte der Staat selber in den 1970er Jahren die Zentralisation der Firmen zum Großkonzern PSA (Peugeot, Citroën). An Renault ist die Regierung mit 15% beteiligt. In den USA rettete die Regierung in der jüngsten Krise GM und Chrysler durch Kredite und schließlich durch die teilweise Verstaatlichung der Konzerne. In Italien kontrolliert die Familie Agnelli den Autobauer FIAT durch eine politisch gewünschte Beteiligung von über 30%.

Das Bemühen der Politik, unangreifbare »Global Player« zu schaffen, verweist auf einen neuen Entwicklungsstand des Weltmarkts, auf dem Kapitalgröße im globalen Maßstab zählt. Bedenken der Regierungen gegenüber großer Konzentration von Kapitalmacht, gegenüber Monopolen, Marktbeherrschung und transnationalen »vaterlandslosen« Multis treten daher zurück hinter der Sorge, der nationale Standort könnte keine Weltkonzerne beherbergen. Denn der Markt für Autos ist heute Weltmarkt und der Weltmarkt ist kein Zusatz mehr zum nationalen Geschäft, sondern von vornherein das Feld, auf dem Unternehmen sich bewähren müssen. Im Zeitalter der »Globalisierung« verteidigt die Politik die nationale Wirtschaft nicht mehr defensiv über Kapitalverkehrskontrollen und protektionistische Abschottung, sondern über die Förderung von Global Players, die den Weltmarkt erobern sollen.[12] Ziel ist, wenn man so will, die Nationalisierung des glo-

---

[12] Nicht nur in der Autoindustrie. So betrieb die Bundesregierung den Zusammenschluss von Thyssen und Krupp und privatisierte staatliche Infrastrukturbetriebe – Bundespost, Bundesbahn –, entschuldete sie, sicherte ihnen eine dominante Stellung auf dem Heimatmarkt, damit sie als Deutsche Telekom AG, Deutsche Post World

bal erzielbaren Reichtums, die letztlich zu einer starken Währung führt und damit die Kreditmacht des Staates steigern soll. Der Nachteil dieser Strategie zeigte sich in den jüngsten Krisen: Wenn die nationale Wirtschaft international ist, dann können Krisen auch nicht mehr auf andere Länder oder Regionen beschränkt werden.

1.2 Das Angebot: Konkurrenz der Autobauer und moralischer Verschleiß

Das Auto ist nicht nur technisch ein anspruchsvoller Gegenstand, sondern auch ökonomisch: Seine Herstellung erfordert jede Menge Kapital. Schon die Herstellungskosten eines Modells sind enorm und die Entwicklung zieht sich über Jahre hin. Als Eckwert lassen sich Entwicklungskosten von zwei Mrd. Euro annehmen, es können aber auch sehr viel mehr sein. So investierte Ford in die Entwicklung seines Erfolgsmodells Mondeo rund sechs Mrd. US-Dollar. Der Automobilbau ist daher überdurchschnittlich sachkapitalintensiv. Zudem ist das Kapital lange gebunden.

Doch nicht nur wegen der technischen Anforderungen des Gebrauchswerts Auto ist das notwendige Kapital enorm groß, sondern vor allem wegen der Anforderungen der kapitalistischen Konkurrenz der Hersteller und ihrer Strategien – Modellpolitik und Produktivitätssteigerungen –, die auf die Entwertung des Kapitals ihrer Konkurrenten zielen. Was sie durch höhere Produktivität und bessere technische Ausstattung vorantreiben, ist der moralische Verschleiß in der Branche. Der moralische Verschleiß bezeichnet bei Karl Marx den Umstand, dass Waren oder Produktionsmittel, ohne dass sie ihren Gebrauchswert durch Abnutzung verlieren, trotzdem einen Teil oder ihren gesamten Wert verlieren können, indem durch den technischen Fortschritt und die Steigerung der Produktivität die Bedingungen ihrer Produktion verbessert werden. Vereinfacht gesagt: Wenn ein OEM seine Produktion verbilligt, entwertet er damit die Produktionsanlagen des Konkurrenten, auch wenn diese noch so hochwertige Autos produzieren. Dies geht bis zu einer völligen Entwertung ganzer Fabriken, die dann geschlossen werden, da die Produktion dort zu teuer geworden ist und keinen Profit mehr abwirft.

Im Folgenden werden die Mittel von Fertigung, Produkt- und Preispolitik kurz näher beleuchtet, um deutlich zu machen: Zur Überwindung der aktuellen Krise greifen die Hersteller auf dieselben Strategien zurück, die sie in die Krise geführt haben.

Net AG und Bahn AG global tätig sind. Den Erfolg dieser Strategie zeigt die beeindruckende Reihe von ausländischen Übernahmen dieser drei Konzerne.

Modellpolitik

Beim Autobau sind hohe Investitionen nötig, weil jeder Hersteller möglichst viel der gesellschaftlichen Nachfrage auf sich ziehen möchte. Dies versucht er durch eine aufwändige Modellpolitik. Aufwändig ist diese Modellpolitik, weil sie das Betriebsziel über verschiedene Wege erreichen will. OEM haben in den vergangenen Jahrzehnten ihre Angebotspalette deutlich erweitert. Bewerkstelligten Ford (Model T) oder Volkswagen (Käfer) ihre Aufstiege noch jeweils mit einem einzigen Modell, so sind inzwischen fast alle großen OEM zu *Komplettanbietern* geworden, die vom Kleinwagen über die Mittelklasse bis zur Luxuslimousine und Sportwagen alles herstellen, um alle – finanziell unterschiedlich ausgestatteten – Nachfragergruppen zu bedienen und so möglichst viel von der gesellschaftlichen Zahlungsfähigkeit an sich zu ziehen.

Volkswagen hat zum Beispiel nicht nur Klein- und Mittelklassewagen (Seat, Škoda, VW) im Angebot, sondern auch Premiumwagen wie Audi oder Luxus-Autos wie den Phaeton oder die Marken Bugatti und Lamborghini. Honda macht mit Acura und Toyota mit Lexus den Oberklasse-Anbietern Daimler und BMW Konkurrenz. Daimler stößt seinerseits mit der A-Klasse und dem Smart in Käuferschichten mit weniger finanziellen Ressourcen vor. Andere Hersteller verfolgen dieselbe Strategie, was die Konkurrenz weiter anheizt. »Despite the decline in the number of car manufacturers, competition in the regional, local and niche markets has increased as larger companies are now present in all of them.« (EU-Kommission 2004, 165)

Um innerhalb der Marktsegmente auch die unterschiedlichsten Kundenbedürfnisse zu bedienen, streben die Hersteller eine *Individualisierung* der Modelle an. Es werden Sondermodelle aufgelegt, und der Kunde kann aus einer Vielzahl von Extras, Ausstattungen, Motorleistungen, Lackierungen, Antriebsarten etc. wählen. Zudem werden die *bestehenden Modelle ständig weiterentwickelt*, um einen Vorsprung vor der Konkurrenz zu erlangen. In schneller Abfolge werden immer neue Modelle und Modellvarianten auf den Markt gebracht, um die Nachfrage anzuheizen. Ein Auto wird etwa alle sechs Jahre durch ein Nachfolgemodell ersetzt. Um ein neues Modell in den Markt zu drücken und es bei den Kunden bekannt zu machen, müssen die Hersteller auch für eine Präsenz des Modells auf den Straßen sorgen – etwa indem sie Fahrzeuge verschenken oder Modelle zu verbilligten Preisen an Unternehmen oder Autovermietungen abgeben. Die mindestens notwendige Straßenpräsenz liegt in Deutschland bei etwa 50.000 Stück. Die Hersteller sind in ihrer Modellpolitik mit einigen Widersprüchen der Branche konfrontiert: Einerseits haben sie das Bedürfnis nach schnellen Modellwechseln, um die Nachfrage anzuheizen und neue Käufer anzuziehen. Andererseits darf ein Modellwechsel nicht zu früh erfolgen, da sich das alte Modell amortisieren muss. Zudem droht bei einer zu großen Vielfalt eine »Verwässerung der Marke« bzw. des Konzern-Images, das die Kunden unabhängig vom Gebrauchswert des Pkw an die Marke binden soll.

Bei der Vermarktung ihrer Modelle machen sich die Hersteller die Tatsache zunutze, dass ein Auto nicht nur ein Transportmittel für Personen und Güter ist, sondern auch noch andere Bedürfnisse befriedigt, die die OEM über aufwändige Imagekampagnen und die Etablierung von Marken gleich mit produzieren. Da sich die automobilen Produkte qualitativ immer stärker angenähert haben, versuchen die Hersteller, ihnen weitere nicht-materielle Eigenschaften anzuheften, um Differenzen zu den Konkurrenzprodukten herzustellen.[13] Autos werden daher als Statussymbol und Glücksversprechen (Fahrspaß/Sportlichkeit/Individualität/Freiheit) beworben, die das Lebensgefühl und das Prestige ihrer Fahrerin bzw. ihres Fahrers heben.[14] Die Bandbreite der Instrumente für diese Form der Kundenerziehung reicht von Medienwerbung über die Errichtung »gläserner Fabriken« zur Produktion unrentabler Luxus-Pkw (VW in Dresden), Product-Placement in Kinofilmen[15] bis zum Engagement in der Formel 1.[16]

Ziel ist es dabei, die emotionale Bindung des Käufers an eine Marke zu produzieren. »Die Marke des Fahrzeugs ist letztlich ein Selbstporträt des Fahrers.« (VDA 2009, 18) Diese Identität von Mensch und Maschine gilt nicht als gesellschaftlicher Irrsinn: Das Wort »Auto-Narr« ist in Deutschland kein Schimpfwort. Und mit dem Satz »Das Verhältnis der Deutschen zu ihrem Auto weist bisweilen klassische Merkmale einer Liebesbeziehung auf«

---

[13] Aufgrund der technischen Ähnlichkeit der automobilen Gebrauchswerte rät der VDA zu einer »strikten Markentrennung« in den Autoverkaufsräumen, um die »Gefahr der Markenverwechslung« zu vermeiden (VDA 2009, 81). Die Einzigartigkeit liegt also nicht im Produkt, sondern muss hergestellt werden.

[14] Natürlich kann ein OEM die Stellung seiner Produkte als Statussymbol auch durch eine noch so geschickte Marketingstrategie nicht allein produzieren. Letztlich basiert seine Marketingstrategie auf einem in der Gesellschaft bereits durchgesetzten Status-Denken, dass erstens einen »Wert« eines Individuums kennt und diesen »Wert« am wirtschaftlichen Erfolg des Individuums misst, der durch einen entsprechenden Kraftwagen dann symbolisiert wird.

[15] Audi gab für die Entwicklung und Konstruktion des Audi RSQ für den Blockbuster »I Robot« rund zwei Mio. Euro aus.

[16] So versucht zum Beispiel Daimler, über die Beteiligung an der Formel 1 sein Image von »Komfort/Sicherheit/Luxus« in Richtung »Sportlichkeit« zu verschieben und dadurch seinen Kundenstamm zu verjüngen. Trotz jährlicher Kosten von rund 200 Mio. Euro ist dies bisher kaum gelungen.

(Markus Feldenkirchen in Das Parlament, Nr. 37 2007) soll kein Wahn, sondern eine eher liebenswürdige Kauzigkeit der Autobesitzer benannt sein.

Um Käuferschichten im Ausland zu erschließen, dort Märkte zu erobern, den Absatz und die Kapazitätsauslastung der Anlagen zu erhöhen und sich von der beschränkten Zahlungsfähigkeit der inländischen Kunden zu befreien, verlegen sich OEM auf den Export. Die internationale Expansion macht weitere Anpassungen der Modelle an lokale Bedürfnisse notwendig, zum Teil sogar die Entwicklung ganz neuer Modelle und Werbestrategien.

Ergebnis dieser kostspieligen Strategie ist eine absurd große Anzahl verschiedener Automobile, deren Vielfalt nicht aus den Kundenwünschen resultiert, sondern aus dem Ziel der OEM, sich über Produktdifferenzierung diese Kundenwünsche als Ressource für den Unternehmensgewinn zu sichern. Darunter leidet regelmäßig auch der Gebrauchswert der Ware: Beim Wechsel von Modellen oder Produktionsverfahren zählt für die OEM die Geschwindigkeit, in der neue Konzepte umgesetzt und marktreif gemacht werden können. Dieser Wechsel muss unter dem Druck der Konkurrenz unbedingt, möglichst schnell[17] und möglichst auf allen Gebieten stattfinden. Dieser Widerspruch aus Qualität und Geschwindigkeit führt dazu, dass mangelhafte Modelle auf den Markt gebracht und verkauft werden. Folge sind die regelmäßigen Rückrufaktionen, durch die Fehler nach dem Verkauf beseitigt werden. Der japanische Autobauer Toyota musste 2010 wegen klemmender Gaspedale und anderer Mängel weltweit acht Mio. Fahrzeuge zurückrufen, was ihm einen Image-Schaden bescherte, auf den er wiederum mit erhöhten Rabatten für verschiedene Modelle reagierte. Toyota rechnete Mitte 2010 im Zusammenhang mit der Rückrufaktion mit Umsatzeinbußen in Höhe von 1,4 Mrd. Euro. Als eine Ursache für die Qualitätsmängel galt das Vorhaben Toyotas, die Entwicklungszeit eines Automodells auf zwölf Monate zu verkürzen, um die Rentabilität zu steigern.

Preis und Produktivität
Das angebotene Produkt, seine technischen und »emotionalen« Eigenschaften sind das eine Mittel der Konkurrenz. Das andere ist der Preis. In ihrem Streben nach Kostensenkung setzen die OEM auf eine permanente

---

[17] Ein Beispiel: »BMW bringt seinen X1 bereits in diesem Jahr auf den Markt, Audi kommt mit dem Q3 im Jahr 2011. Bei Mercedes ist ein ähnliches Auto als Nachfolger der A-B-Klasse erst Ende 2013 geplant. Da könnte ein Teil des Kuchens schon gegessen sein.« (Die Welt 20.10.2009) Der immer schnellere Produktwechsel und die immer kürzeren Produktlebenszyklen verteuern Autos drastisch. Laut John Wormald von autoPOLIS könnte der Preis für einen Neuwagen bei längeren Produktzyklen um ein Drittel sinken (ILO: World of Work 66, August 2009).

Verkürzung der Herstellungszeiten und auf eine Steigerung der Produktivität je ArbeitnehmerIn. Da die Herstellung von Kfz besonders viel industrielle Arbeit erfordert, gleichzeitig die produzierten Stückzahlen hoch sind, sind die Bedingungen der Rationalisierung in der Branche seit jeher günstig. Seit der Einführung der Fließbandproduktion bei Ford sind die Hersteller bemüht, die Produktion zu automatisieren, gleichzeitig das Produkt automatengerecht zu konstruieren, um so die Kosten des Produktionsfaktors Arbeit weiter in Richtung Null zu drücken. Dabei war die Branche sehr erfolgreich. Zwischen 1960 und 2007 stieg die Weltautoproduktion von knapp 30 auf 73 Mio. Pkw, die Zahl der in der Branche Beschäftigten hingegen stagnierte.

Daraus resultieren sowohl die ständige Revolutionierung der Produktionsprozesse wie auch die in loser Folge aufgelegten Spar- und Effizienz-Programme der OEM mit Namen wie»CCC21« (Toyota),»For Motion« (Volkswagen) oder»Olympia« (Opel).[18] Dabei geht es nie um bloße Senkung der Ausgaben, sondern stets auch um eine Erhöhung der Produktivität zwecks Senkung der Lohnstückkosten. Auch diese Strategien der OEM kosten viel Geld. Denn ihre Mittel bestehen in der Anschaffung immer neuer Maschinen und Anlagen sowie in der Anwendung von Prozess-Innovationen – also Kostpreis senkender Produktionsverfahren –, um die Konkurrenz zu unterbieten und ihre Anlagen moralisch zu verschleißen. Ziel der Produktivitätssteigerung ist – wie in allen kapitalistischen Industrien – also nicht eine Erleichterung oder Verkürzung der Arbeit, sondern die Entwertung bei der Konkurrenz, im Idealfall ihr Untergang.

Gleichzeitig geraten die Ziele der Produktpolitik in Widerspruch zu dem Bedürfnis nach Kostensenkung. Immer neue, immer andere, immer individuellere Pkw und immer kürzere Produktzyklen bedeuten nicht nur hohen Marketing-, Forschungs- und Entwicklungsaufwand, sondern auch zunehmend kleinere Produktionsmengen pro Modell. Die kleinen Losgrößen behindern die Erzielung von Kosten senkenden Skalenerträgen, die durch Massenfertigung möglich werden. Damit geraten die Hersteller»zwischen die Mühlsteine von steigenden qualitativen und technologischen Anforderungen auf der

---

[18] »Olympia« zeigt, dass es da auf die Minute ankommt: Mit diesem Programm wurden Fließband-Stillstandszeiten, die wahrscheinlich länger als 5 Minuten überschreiten, auf Kurzpausen angerechnet. Gleitzeit-Lohnempfänger mussten an der Stechuhr bereits Arbeitskleidung tragen, damit das Kleiderwechseln nicht in der bezahlten Arbeitszeit stattfindet. Und den Gehaltsempfängern, bei denen Arbeits- und Freizeitkleidung identisch ist, wurde schlicht pauschal 5 Minuten als »Wegezeit zwischen Zeiterfassungsgerät und Arbeitsplatz« angerechnet.

einen Seite und von Produktivitäts- und Kostendruck auf der anderen Seite« (ZEW 2009, 21). Diesen »Mühlsteinen« – zwischen die sie ihr Wunsch nach Profit bringt – versuchen die OEM durch verschiedene Strategien zu entgehen: Globalisierung der Produktion, Produktivitätssteigerung (z.B. per Standardisierung, Arbeitsverdichtung) und Kapitalkonzentration.

Arbeitsverdichtung
Zur Senkung ihrer Stückkosten und zur Erhöhung der Produktivität greifen die OEM zur permanenten Arbeitsverdichtung über die fortlaufende Optimierung des Arbeitsprozesses, um tendenziell die bezahlte Produktionszeit zu senken – was den Druck auf die Konkurrenten weiter erhöht. Ideal dieses Reduktionswettlaufes ist eine Arbeitszeit von Null Stunden und die Umschlagsgeschwindigkeit des Kapitals von unendlich.[19] Der Kreislauf der Produktivitätssteigerung kennt aufgrund dieses Ziels kein Maß und kein Ende und wird angeheizt durch Studien wie den Harbour-Report, der die Produktionszeiten der verschiedenen OEM permanent vergleicht.[20] Das macht sich bei den OEM als von außen gesetzter Zwang bemerkbar: »In der Autoindustrie gelten Produktivitätszuwächse von fünf Prozent im Jahr als das Minimum. Will ein Hersteller seine Profitabilität auch nur halten, muss er entweder jedes Jahr die Mannschaft oder die Löhne um diesen Satz verringern oder entsprechend mehr Autos verkaufen.« (ebd.)

---

[19] Die permanenten Bemühungen der Autobauer zur Reduktion von Arbeitszeit und Lohnkosten erlauben einen Schluss auf die Preis- und Kostenkalkulation im Kapitalismus. Das Verhältnis von Kosten und Überschuss ergibt sich nicht aus einem »Gesetz« von Angebot und Nachfrage sowie aus einem »Preisaufschlag«, den die Verkaufsabteilung erhebt, nachdem sie die Einkaufspreise der Produktionsfaktoren addiert hat. Es ist umgekehrt: Der Marktpreis ist durch die Konkurrenz gegeben. Und die kostengünstige Organisation der Produktion entscheidet darüber, ob dieser Marktpreis einen Gewinn enthält und wenn ja, wie hoch er ist. Ausgedrückt wird dies zuweilen als Problem, dass »die Kunden nicht bereit sind, höhere Preise zu zahlen« (EU-Kommission 2004, 165).

[20] Messlatte sind dabei die »HPV, also die »hours per vehicle«. Hier erzielen alle Hersteller Erfolge, die Produktion wird immer schneller. Doch was zählt, ist nicht der Vergleich mit früher, sondern mit der Konkurrenz. »So konnte sich das VW-Werk Mosel beim Golf von 33 Stunden pro Auto (Ende 2003) auf 31,5 Stunden verbessern. Wettbewerber Toyota habe aber die Produktionszeit des Modells Corolla im britischen Burnaston von 28,8 auf 20,7 Stunden verkürzt. Den aktuellen Bestwert bei kompakten Pkw schaffe allerdings Nissan mit der Montage des Qashqai im britischen Sunderland: 14,7 HPV.« (Harbour-Report 2007, zit. n. www.finanznachrichten.de 23.9.2007)

Die Schranke bei der Arbeitsverdichtung ist der Mensch selber. »Die Arbeitsintensität lässt sich nicht unendlich erhöhen, irgendwann stoßen die Mitarbeiter an physische Grenzen.« (Erich Latniak vom IAQ, Berliner Zeitung 13.9.2008) Um die betriebliche Gesamtarbeit dennoch intensiver zu nutzen, greifen die Konzerne zur vermehrten »Flexibilisierung« der MitarbeiterInnen über Arbeitszeitkonten, befristete Arbeitsverhältnisse, Teilzeit-, Leih- und Zeitarbeit zurück. Dies erlaubt die Anpassung der Nutzung von Arbeitskraft an den betrieblichen Bedarf, also an die Marktlage und die Konjunkturen des Kapitals. Die Zyklen sind in der Autobranche stark ausgeprägt. Sie bewegen sich entlang des immer kürzeren Produktlebenszyklus eines Automodells, ergeben sich aus saisonalen und konjunkturellen Schwankungen[21] oder aus Engpässen bei Auftragsspitzen, Urlaubs- und Krankheitsvertretungen. Der flexible Einsatz von Arbeitskraft senkt die Kosten für Überstunden, Kündigungen, Personalsuche und Einstellungen und erhöht die Kapazitätsauslastung. Er stellt sicher, dass trotz schwankendem Auftragseingang Pausen im Arbeitstag ebenso wie Schwankungen der Stundenproduktivität vermieden werden, damit jede Arbeitsstunde gleich intensiv genutzt wird und damit maximalen Ertrag bringt. Mit der Kopplung des Lohns an das Produktionsergebnis – zum Beispiel der »Ergebnisbeteiligungslohn« bei der früheren VW-Tochter Auto 5000 GmbH – wird der Lohn schließlich endgültig direkt an den Geschäftserfolg des Unternehmens gebunden.

Über die Flexibilisierung wird die Belegschaft zum multifunktionalen Versatzstück im beschleunigten Umschlagprozess des Kapitals.[22] Das senkt Kosten. »Neue Werke, wie das BMW-Werk in Leipzig, konnten nur realisiert werden, weil es möglich wurde, die Kapazitätsnutzung in einem Korridor zwischen 80 und 140 Prozent ohne Personalzusatzkosten, wie etwa Überstundenzuschläge, zu vereinbaren.« (Dudenhöffer 2006, 30) Bei dieser Kostensenkung hilft der Staat. Die Flexibilität der Arbeitskraft wurde in Deutschland in den vergangenen Jahren politisch ausgeweitet. So gibt es seit 2004 keine Begrenzung der Höchstüberlassungsdauer von LeiharbeitnehmerInnen mehr. Das Synchronisationsverbot und die Wiedereinstellungssperre wurden aufgehoben. Auf diese Weise setzen die Lohnsenkungsbedürfnisse der Autobauer Maßstäbe für andere Branchen.

---

[21] Da das Auto nach der Immobilie die größte Anschaffung eines Haushalts darstellt, schwankt der Verkauf stark parallel zum gesamtwirtschaftlichen Konjunkturzyklus.

[22] Wie das auf den Arbeitsalltag wirkt, kann man am Beispiel der »Smartville« von Daimler nachlesen: www.labournet.de/branchen/auto/dc/smart-mk.htm.

Standardisierung
Ein Weg, den Widerspruch zwischen zunehmender Produktdifferenzierung und Produktivitätssteigerung zu lösen, ist die so genannte Modul- oder Plattformstrategie, bei der komplette Funktionssysteme zu einem Bauteil integriert sind, das dann für verschiedene Modelle verwendbar ist. Die Plattform repräsentiert dabei das, was der Kunde nicht sehen kann – Getriebe, Motor, Unterboden usw. – und vereinheitlicht Komponenten, die bis zu 60% der Produktionskosten ausmachen. Auf diese vereinheitlichten Plattformen werden verschiedene Modelle – der »Hut« – montiert, um die nötige Produktdifferenzierung für den Kunden herzustellen und gleichzeitig Kosten zu senken.

Besonders fortgeschritten ist hierbei Volkswagen. Der Konzern hat es sich zum Ziel gesetzt, seine Produktion zunehmend zu modularisieren. Die Modelle sollen vermehrt nach einem »Baukastenprinzip« zusammengesetzt werden. Dabei sind die Bestandteile weitgehend standardisiert und könnten kostengünstig in Masse gefertigt werden. Zudem gleicht sich die Organisation in den Fabriken an. »Damit sind wir in der Lage, jede Optimierung auf alle Fabriken und Modelle zu übertragen.« (VW-Entwicklungsvorstand Hackenberg; Oberösterreichische Nachrichten, 17.7.2010) Aus dem Baukasten sollen sich dann alle Marken des Konzerns bedienen. Das ermöglicht laut Hackenberg eine Senkung der Produktionskosten um 20% bis 30%, eine schnellere Markteinführung, eine größere Vielfalt rentabler Modelle und einen schnelleren Modellwechsel.[23] Um die Kosten weiter zu drücken, streben die Hersteller eine Senkung der verwendeten Module/Systeme pro Auto an.

Dass verschiedene Produkttypen und -modelle auf einer Produktionslinie gefertigt werden können, verdankt sich der Perfektionierung der numerisch gesteuerten Werkzeugmaschinen. Verbesserte Steuerungstechnologien steigern die Flexibilität des Einsatzes dieser Maschinen, also die Geschwindigkeit und Leichtigkeit, mit der die Art des zu bearbeitenden Werkstücks zu verändern ist. Die dafür notwendige Umprogrammierung wird zunehmend zu einer reinen Softwarefrage. Auch erlaubt die Computerisierung der einzelnen Werkzeugmaschinen ihre datenmäßige Verbindung untereinander. Zusammengefasst zu Fertigungsinseln und über Fördereinrichtungen miteinander verbunden, automatisieren sie den ganzen Produktionsbereich und ermöglichen so eine kostengünstige Fließfertigung trotz immer kleinerer

---

[23] Nachteil der Modularisierung ist jedoch, dass ein fehlerhaftes Teil sich sofort in der gesamten Flotte wiederfindet, was aufwändige Rückrufaktionen nötig machen kann. Mit diesem Problem kämpfte 2010 Toyota.

Losgrößen und einer immer größeren Anzahl an Modellvarianten. Dadurch schreitet die Produktivität bei jedem Hersteller rapide voran. Dennoch bleiben einige zurück, weil andere Konkurrenten schneller sind. Was zählt ist der Vergleich.»Von zentraler Bedeutung für Fortschritte in der Produktivität ist laut Harbour Consulting eine Reduzierung der Arbeitsstationen in der Montage. Hier führe Nissan in Sunderland mit derzeit 84 sogenannten Assembly workstations. Audi in Ingolstadt hingegen komme beim A3 auf 271 Stationen, VW in Wolfsburg (Golf, Golf Plus) auf 284.« (www.finanznachrichten.de 23.9.2007) Da kein Hersteller diesen permanenten Vergleich endgültig gewinnen kann, nimmt die Arbeitsbelastung tendenziell zu, das Lohnniveau sinkt relativ zur erbrachten Leistung ab.

Druck auf die Lieferanten
In den 1980er Jahren bestand ein Pkw aus bis zu 10.000 unterschiedlichen Teilen, ein OEM musste im Durchschnitt 2.500 Zulieferer koordinieren. Um ihre Kosten zu senken und ihre Produktivität weiter zu steigern, verlagern die OEM zunehmend Fertigung und Entwicklungsaufgaben auf ihre Zulieferer. In Deutschland ist die »Fertigungstiefe ... rapide reduziert worden... Vom Wert der Automobilproduktion verblieben Anfang der 80er Jahre noch 40% an Wertschöpfung im Automobilbau, bis zum Jahr 2000 ist dieser Anteil auf 23% zurückgegangen« (ZEW 2009, 16) und lag 2006 wieder bei etwa einem Viertel. Dieser Abbau der Fertigungstiefe, also die Verlagerung von Produktionsanteilen auf Zulieferer, war in keinem anderen Industriestaat (außer Italien) so drastisch wie in Deutschland.

Der Abbau der Fertigungstiefe der OEM ist auch eine Folge der »Modularisierung« der Fahrzeuge.»Die Werke der Automobilhersteller werden in Zukunft zu Montagestraßen für Module, welche vorproduziert von den Zulieferern ans Band kommen werden.«[24] Die Auslagerung von Fertigungsanteilen kombinieren die OEM mit einem wachsenden Druck auf die Zulieferer zur permanenten Kostensenkung und Qualitätssteigerung, was in einen wachsenden Druck auf die Belegschaft der Zulieferer mündet. Um diesen Druck zu erhöhen, greifen die OEM zum global sourcing/global ordering, das heißt sie schreiben Fertigungs- und Entwicklungsaufträge weltweit aus und lassen die Zulieferer in einer »reverse auction« um die Aufträge konkurrieren (Candeias 2001, 716). Bei einer solchen »umgekehrten Auktion« gewinnt das niedrigste Gebot. Die Zulieferer werden so »von den Automobilherstellern massiv unter Rationalisierungs-, Preis und Kostendruck ge-

---

[24] Business + Innovation Center Kaiserslautern GmbH: Strukturanalyse und Wertschöpfungskette der deutschen Automobilindustrie, 19.10.2004.

setzt – auch unterstützt durch die Internationalisierung der Beschaffungspolitik der OEM« (ZEW 2009, 22).

Die unmittelbare Einbeziehung der außerbetrieblichen Zirkulationsstadien Ein- und Verkauf in die Rationalisierung der Gesamtfabrik wird intensiviert durch die Vernetzung via Internet (e-procurement), das den Ein- und Verkauf synchronisiert mit dem innerbetrieblichen Produktionsablauf: Per Mausklick wird beim Lieferanten bestellt, automatisch in Abhängigkeit vom aktuellen Stand des Produktionsbedarfs und abgeglichen mit den vorhandenen Lagerbeständen. So wird Just-in-time-Belieferung möglich, mit der die OEM die Kosten von Lagerhaltung, Transport und Beschaffung oder die Produktion auf Halde verringern bzw. auf ihre Vorprodukt-Lieferanten verlagern.[25] Der Just-in-time-Lieferung folgt jedoch nicht die Just-in-time-Bezahlung: Über Zahlungsziele von normalerweise 60 bis 120 Tagen – zuweilen auch ein Jahr – geben die Zulieferer ihren Kunden gezwungenermaßen Kredit.

Den Zulieferern bleibt oft keine Wahl als den Forderungen ihrer Kunden zu genügen, da sie von ihnen abhängig sind. Sie sind häufig zu »Zuliefererparks« zusammengefasst und damit integraler Bestandteil eines »automobilwirtschaftlichen Produktionsverbandes« bzw. einer »Produktionsorganisation in Form regionaler Cluster und Just-in-time-Zulieferbetrieben vor den Toren der Automobilwerke« (ZEW 2009, 27). Um dem Rationalisierungsdruck standzuhalten, gibt es in der Zuliefererindustrie eine Tendenz zur Bildung größerer Einheiten über Fusionen und Kooperationen – wie auch bei den OEM.

Internationalisierung
Angesichts der Größenordnung des Kapitals, das im Autosektor angelegt ist und das Ansprüche auf Verwertung darstellt, ist jeder nationale Markt zu klein für die Hersteller. Zur Steigerung ihres Umsatzes, ihrer Produktivität und Rentabilität nutzen sie daher zunehmend das Ausland. Einerseits um dort zu verkaufen. Andererseits investieren die OEM und die Zulieferer jenseits der Grenzen, errichten Produktions- und Vertriebsstationen, um die Märkte zu besetzen und ihre Produktionskosten zu senken. »Auslandsinvestitionen

---

[25] Hier gibt es für die OEM viel zu sparen: »Heute werden bis zur Auslieferung eines Autos im Durchschnitt etwa 60-80 Tage benötigt. Die reine Produktionszeit beläuft sich nur auf ca. 6-8 Tage. Davon befindet sich das Auto nur kurze Zeit auf dem Band. Die restliche Zeit beanspruchen zum großen Teil logistische Aufgaben, beispielsweise Teilebeschaffung, Transport und Lagerung.« (IT & Production II/2004, 7)

**Tabelle 2: Auslandsfertigung
deutscher Hersteller
in Einheiten 2008**

China	871.795
Brasilien	705.488
Spanien	668.907
Tschechien	596.595
Mexiko	449.098
Belgien	373.189
USA	323.302
Polen	255.003
Großbritannien	244.510

Quelle: VDA 2009

sind für den deutschen Automobil-bau – einem Vorreiter der Globalisierung – immer wichtiger geworden. Seit Jahren sind 30% bis 35% des Bestandes an unmittelbaren Direktinvestitionen deutscher Industrieunternehmen im Ausland dem Automobilbau zuzurechnen.« (ZEW 2009, 86) Lag die ausländische Produktionsmenge deutscher Hersteller 1981 noch bei etwa 1,3 Mio. Kfz, so stieg sie bis zum Jahr 2007 auf sechs Mio. Stück und erreichte damit das Niveau der Inlandsproduktion. Die Errichtung von Produktionsstätten im Ausland zur Verkaufsförderung und Kostensenkung zeigt sich auch an den Investitionen der Autobauer: Machten Direktinvestitionen jenseits der Grenzen 1995 noch lediglich 12% ihres Investitionsbestandes aus, so liegt dieser Wert inzwischen bei fast einem Drittel[26] (Tabelle 2).

Die neuen Werke jenseits der Grenzen profitieren nicht nur von niedrigen Steuern und Lohnkosten, sondern sind zudem produktiver. Insbesondere in Osteuropa ist die Produktion »ausgesprochen sachkapitalintensiv und (kommt) mit relativ wenig Arbeitskraft aus« (ZEW 2009, 18). Dass die Fertigung an ausländischen Standorten kostengünstiger ist, spart den OEM zum einen Ausgaben am neuen Standort: »In Rumänien kostet die Arbeitsstunde 4,50 Euro. Bei uns liegt sie einschließlich Lohnnebenkosten bei 44 Euro. Pro Motor werden damit bei der Produktion 90 Euro eingespart... Bei einer Jahresproduktion von 300.000 Motoren ist Köln damit 27 Mio. Euro teurer als Craiova.« (Dudenhöffer im Kölner Stadtanzeiger 29.7.2008) Zum anderen wirkt die Kostendifferenz auf die Stammwerke zurück. Die OEM

---

[26] Deutsche Konzerne nutzen somit zunehmend die Kostenvorteile einer Produktion in Asien, Osteuropa oder Amerika, um ihre Konkurrenzfähigkeit zu stärken. Dass ihnen dies gelingt, sieht man nicht nur an ihren Marktanteilsgewinnen, sondern auch daran, dass ausländische Konkurrenten auf dem deutschen Standort kaum Fuß fassen können. Ausländische OEM investieren kaum in Deutschland, ihre Deutschland-Investitionen machen nur 4% ihres Anlagevermögens aus. »Die Stärke deutscher Automobilunternehmen dürfte sowohl für weit überdurchschnittlich hohes Auslandsengagement als auch für die vergleichsweise zögerliche Beteiligung von Ausländern am Produktivkapital deutscher Unternehmen verantwortlich sein.« (ZEW 2009, 88)

nutzen den Verweis auf die billigere Produktion im Ausland, um eine konzerninterne Konkurrenz der Standorte zu entfachen, was zu einer allgemeinen Senkung des Lohnniveaus führt. »Der unternehmensinterne Wettbewerb der Produktionsstätten um den Zuschlag für die Produktion einzelner Baureihen wird an Schärfe gewinnen. Davon sind alle Produktionsstandorte in Westeuropa betroffen.« (DB Research EU-Monitor, 16.6.2004)[27] Dieser Effekt wird noch ausgeweitet auf die Kfz-Zulieferer und ihre Belegschaft. Parallel zur Errichtung von Autowerken in Osteuropa »reagierten die deutschen Kfz-Zulieferer auf den höheren Kostendruck mit Verlagerungen von Produktionsstätten in Länder mit niedrigeren Lohnkosten. Hierbei boten sich die osteuropäischen Reformstaaten in besonderem Maße an.« (ebd.)

Die Billiglohnstandorte sind ihrerseits bemüht, die Kostendifferenz zu erhalten, um OEM anzuziehen. Denn für das Produktionsland sind diese ausländischen Investitionen außerordentlich wichtig. So liegt in der Tschechischen Republik der Anteil des Autobaus durch ausländische Konzerne an der Wertschöpfung der gesamten Industrie bei 12,7% und der Anteil an der gesamten Beschäftigung bei 7,6%. Die Slowakei hat heute die größte Fahrzeugherstellung pro Kopf der Bevölkerung – dabei hat kein einziger Hersteller sein Hauptquartier in dem Land. Tätig sind dort vor allem VW, Kia und PSA. Die Abhängigkeit bzw. die Ausrichtung der osteuropäischen Autoindustrie auf die ausländischen Konzerne zeigt sich auch an der hohen Exportquote der dortigen Branche: Sie liegt in Tschechien bei über 70%, in Ungarn sogar bei über 90% (in Südkorea beispielsweise nur bei 40%).

Zentralisierung: Fusionen, Übernahmen, Kooperationen
Produktion, Rationalisierung, globale Produktion und Vertriebswege erfordern große Mengen an Investitionen, also an Kapital, um am Markt mithalten oder ihn anführen zu können. Darüber zwingen sich die Hersteller wechselseitig eine stets steigende Minimalgröße ihres Kapitals auf. Das Poolen von Kapital über Aktiengesellschaften ist daher die adäquate kapitalistische Form der OEM. Diese Form ermöglicht ihnen Zugriff auf große Kapitalmassen und gleichzeitig ihrer Größe entsprechend auf große Mengen Kredit.

---

[27] Wobei natürlich die OEM auch ihre Werke in den Billiglohnländern gegeneinander antreten lassen: Angesichts eines monatelangen Streiks im mexikanischen VW-Werk Puebla im Jahr 2001 und einer darauf folgenden realen Lohnerhöhung von über vier Prozent verwies die FAZ darauf, dass dort »schon jetzt die Stückkosten höher sind als in Brasilien« (6.9.01). VW verlagerte die Produktion des Modells Jetta/Bora nach China, »um weniger von der mexikanischen Fertigung abhängig zu sein« (FAZ 7.9.01).

Daneben kennzeichnet die Branche eine permanente Zentralisierung des Kapitals über Fusionen und Übernahmen. Die OEM ergänzen dabei die Auslagerung von Produktionsprozessen an Zulieferer mit dem Kauf von Konkurrenten. Damit verleibt sich ein OEM deren Geschäft ein, vergrößert sein Kapital und versucht so, den Markt idealerweise zu beherrschen oder zumindest eine »kritische Größe« für das Bestehen in der Konkurrenz zu erreichen. Mit der fortschreitenden Zentralisation wächst diese »kritische Größe« immer weiter. Heute gilt eine Jahresproduktion von einer Million Einheiten als Minimum, um die Produktionskosten zu decken. Zudem sinkt im Zuge des »investment race« (EU-Kommission 2004, 163) die Zahl der Anbieter: Gab es in den 1920er Jahren allein in den USA noch rund 270 Autoherstellerfirmen, sind heute weltweit nur noch rund ein Dutzend eigenständige Konzerne am Weltmarkt tätig.[28]

Insbesondere in den 1990er Jahren kam es zu einer Welle von Mega-Fusionen, da die hohen Aktiennotierungen Übernahmen per Aktientausch vielfach attraktiv machten. 1994 übernahm BMW die britische Rover Group (Rover, MG, Mini, Land Rover), da man glaubte, langfristig auf dem Weltmarkt nur als großer Volumenhersteller überleben zu können. 1998 kaufte Daimler den drittgrößten US-Autobauer Chrysler und beteiligte sich 2001 an Japans Mitsubishi, um »die Ergebnisse des Konzentrationsprozesses nicht abzuwarten, sondern sie an vorderster Stelle zu gestalten«, so Daimler-Chef Jürgen Schrempp. General Motors übernahm ab 1990 schrittweise Saab und ab 1998 Daewoo und stockte 2000 seinen Anteil an Suzuki auf 20% auf. Ford kaufte Ende 1989 Jaguar, 1999 Volvo und sicherte sich 1996 die Kontrolle über Mazda. 1997 übernahm Daewoo die Kontrolle über Ssangyong. Hyundai vereinigte sich 1998 mit Kia. Toyota übernahm 1998 die Mehrheit an Daihatsu. Renault stieg 1999 bei Nissan ein und im selben Jahr bei Dacia. VW übernahm 1991 Škoda und 1998 Bentley, im selben Jahr kaufte die VW-Tochter Audi Lamborghini.

Viele dieser Auto-Ehen sind mittlerweile beendet. 2000 gab BMW zum Beispiel Rover ab und behielt nur die Marke Mini. Die Rover-Modelle hatten sich nicht gut verkauft und galten als »veraltet«, was nur bedeutete, dass sie dem globalen Wettbewerb (unter anderem mit der neuen X-Modellpalette von BMW) nicht gewachsen waren. 2007 gab Daimler Chrysler mit hohem Verlust an einen Finanzinvestor ab. Die jüngste Krise hat die Neuordnung der Branche beschleunigt. Das Scheitern dieser Fusionen zeigt, dass Übernahmen zwar die Kapitalmasse eines Konzerns erhöhen. Das Ziel, über »Synergieeffekte« (Kostensenkung in der Verwaltung, Kooperation in For-

---

[28] Die Hersteller aus Indien und China sind hierbei nicht berücksichtigt.

schung, Fertigung und Distribution etc.) auch die Profitrate des Kapitals zu steigern, wird häufig verfehlt. Daher kommt es zwischen Autobauern zumeist auch nicht zu regelrechten Übernahmen. Es dominieren strategische Beteiligungen und Kooperationen, um die Kosten zu senken und die Marktpräsenz zu erhöhen. So entwickeln PSA und BMW gemeinsam Motoren, Toyota verkaufte lange Jahre auch VW-Modelle, mit der Beteiligung von VW an Suzuki endete diese Zusammenarbeit jedoch. Derartige Kooperationen mit der Konkurrenz nutzt jeder der großen OEM.

Exkurs: Zum Beispiel Volkswagen
Der Volkswagen-Konzern durchlebte in den vergangenen Jahren den branchentypischen Wechsel von Boom und Bust. Im Folgenden soll die Wachstumsstrategie des Autobauers und seine Reaktion auf die Krisen als typisches Beispiel für die Branche dargestellt werden (vgl. zum folgenden Jürgens 2009, 227ff.).

Der Aufstieg von VW nach dem Zweiten Weltkrieg verdankte sich im Wesentlichen dem weltweiten Erfolg des Modells »Käfer«, das der Konzern in Monokultur produzierte und ihn so enorme Skalenerträge der fordistischen Massenfertigung erzielen ließ. Doch in den 1970er Jahren geriet der »Käfer« und damit VW in die Krise, die der Konzern durch die Einführung einer neuen Massenproduktlinie (Golf, Passat, Polo) überwinden konnte. Mit einer wachsenden Anzahl von Modellen wollte man unterschiedliche Käuferschichten bedienen.

Diesem Zweck diente auch die Akquisitionsstrategie. In den 1960ern hatte VW bereits Audi übernommen, 1986 kam die spanische Marke Seat hinzu und 1991 die tschechische Marke Škoda. Schrittweise änderte der Konzern seine Strategie von einer monokulturellen Massenfertigung hin zu einer »Volume and Diversity«-Strategie. Auch geografisch dehnte sich VW gen China, Lateinamerika, Süd- und Osteuropa aus.

Im Anschluss an den Vereinigungsboom jedoch rutschte der Konzern in den Jahren ab 1993 mitsamt seinem Heimatmarkt Deutschland abermals in eine tiefe Krise. Die Probleme hatten bereits in den Jahren zuvor begonnen: Vor allem die Produktivität ließ zu wünschen übrig. Da die intensive Konkurrenz Preiserhöhungen begrenzte, litt die Rentabilität. VW hatte überakkumuliert, sein Kapital verwertete sich zu wenig. Um einen Gewinn zu machen, hätten die Produktionskapazitäten zeitweise mit 105% ausgelastet sein müssen. Die Folge: Gemessen an den Rentabilitätszielen waren die Kosten zu hoch und die Belegschaft um 30.000 Stellen zu groß. Rationalisierung stand also an.

Um politisch unerwünschte Entlassungen zu vermeiden, reduzierte der Konzern die Wochenarbeitszeit um 20% auf 28,8 Stunden verteilt auf vier Tage, was einer Lohnsenkung für die betroffenen Arbeiter um 16% bis 20% entspricht. So wurde ein großer Teil der entstandenen Überkapazitäten abgebaut und die Rentabilität der Arbeitsstunden erhöht. Um die Lohnkosten weiter zu senken, gründete VW »AutoVision«, zu dem unter anderem eine eigene Leiharbeitsfirma gehört, die dem Konzern Arbeitskraft je nach Marktlage anbietet und ihm so eine volle Auslastung der Belegschaft ermöglicht. Der Kapazitätsabbau konzentrierte sich auf die Kernwerke, was den neuen, produktiveren Werken im Ausland Raum zur Expansion gab.

In den Vorjahren hatte Volkswagen bereits erfolgreich die niedrigen Lohn- und Produktionskosten im Ausland genutzt, unter anderem durch die Errichtung von Werken in Ungarn und Polen und durch die Fertigung in der Slowakei und Tschechien. Diese Werke dienten konzernintern als Benchmarks für die teureren Werke in Deutschland, da bei ihnen die Arbeitskosten nur ein Viertel (Palmela, Portugal) bzw. ein Zehntel (Bratislava) des Wolfsburger Niveaus betrugen. Um mithalten zu können, zeigte sich der Betriebsrat in Deutschland bereit, die Kosten für die Produktion des Touareg-Van in Wolfsburg zu senken. Ergebnis war das Modell »5000x5000«. Dabei wurde eine neue Firma – die Auto 5000 GmbH – gegründet, bei der 5.000 Arbeitnehmer zu einem vier Prozent niedrigeren Lohn und schlechteren Arbeitsbedingungen (38 Wochenstunden statt 35 mit nur teilweisem Lohnausgleich, Bezahlung abhängig von der Erfüllung der vorgegebenen Normen) als in den Stammwerken beschäftigt wurden. 2008 wurde die Auto 5000 GmbH wieder in den Konzern integriert. Ergebnis der Werkskonkurrenz: »Der Übergang der (Auto 5000) Beschäftigten in den Haustarifvertrag VW verursacht kaum Zusatzkosten, weil der Tarifvertrag seit 2001 grundlegend verändert wurde und heute die Bezahlung auf dem Niveau des Flächentarifvertrages liegt.« (Süddeutsche Zeitung 4.11.2008) Zudem wurde der Druck auf die Zulieferer und deren Belegschaften erhöht. Der Konzern startete das »global sourcing«, schrieb Aufträge weltweit aus und setzte so seine internen Zulieferer der Konkurrenz mit Firmen in anderen Ländern aus, um die Preise zu drücken. Weitere Kostensenkungen bei Lagerung und Lieferung brachte die Verkürzung der gesamten Produktionszeit durch Just-in-time-Lieferung.

Um mehr gesellschaftliche Kaufkraft anzuziehen, erweiterte VW schrittweise seine Modellpalette. Mitte der 1990er Jahre waren 20 Basis-Modelle im Angebot (heute sind es über 100), häufig konkurrierten sie in derselben Fahrzeugklasse. Diese konzerninterne »Kannibalisierung« der Modelle heizte die Konkurrenz zwischen den einzelnen VW-Marken weiter an. Im Jahr 2000 stieg VW auch in das Lastwagengeschäft ein und erwarb eine 18,6%ige Beteiligung an Scania. 2007 sicherte sich VW zudem eine dominierende Stellung beim Lkw-Bauer MAN. Um Modellvielfalt und Kostensenkung unter einen Hut zu bringen, startete VW seine Plattformstrategie und war damit seinen Konkurrenten voraus. Die Fertigung von Plattformen wurde auf VW und Audi konzentriert, um Skalenerträge zu erwirtschaften, Seat und Škoda fertigten nur die Auto-»Hüte«. 1998 basierte bereits die Hälfte aller Modelle auf vorgefertigten Modulen. Aus der Einheitlichkeit und Austauschbarkeit resultierten Kostensenkungen für alle Marken, was die Wettbewerber von VW weiter unter Druck setzte, ihrerseits die Kosten zu senken.

Der Erfolg – der nicht zuletzt der wirtschaftlichen Erholung geschuldet war – ermöglichte VW, seine Angebotspalette zu erweitern und Luxus-Marken hinzuzukaufen: Lamborghini, Bentley, Bugatti. Um seinen Vorsprung gegenüber den Konkurrenten auszubauen und die Kosten weiter zu senken, erweiterte VW ab 2005 den Plattformansatz. Ein »modularer Werkzeugkasten« wurde entwickelt, aus dem sich die einzelnen Marken bedienen konnten. Die weitergehende Vereinheitlichung von Bauteilen sollte die Produktivität um ein Drittel steigern, die Kosten weiter drücken und es dem Konzern ermöglichen, über die Ausweitung des Angebots auf immer mehr Modelle und Nischenmärkte den Druck auf die Wettbewerber zu erhöhen. Der Audi A4 bestand im Jahr 2005 bereits zu 70% aus derartigen Modulen. »In sum, platform and module strategies have played a key role in the further development in the Group. The savings that could be achieved through this strategy were far greater than those that even the most stringent rationalisation measures could have brought.« (Jürgens 2009, 232)

In der Rezession 2002 geriet VW wiederum in die Krise. Erneut nahm sich der Konzern vor, seine Produktivität zu erhöhen und seine Kosten zu senken. Denn laut Management brauchte VW bis zu 50 Stunden für die Montage eines Wagens, die Konkurrenz jedoch nur 25 oder weniger. Das Programm »For Motion« wurde aufgelegt und in den Jahren 2006 und 2007 zeigte Volkswagen eine herausragende Performance. Dennoch wurde 2006 eine weitere Produktivitätsoffensive angekündigt. »Um Volkswagen wieder wettbewerbsfähiger zu machen, müssen wir unsere Kosten weiter deutlich senken« und gleichzeitig den Ausstoß steigern, sagte Personalvorstand Horst Neumann (VW Media Services). Gefordert wurde, die Wochenarbeitszeit von 28,8 wieder auf 35 Stunden zu erhöhen – ohne Lohnausgleich, mit dem Verweis auf die Auto 5000 GmbH, die von einer Ausnahme zum Modell für den Konzern mutierte. »In der Niedriglohn-Tochter Auto 5000 ist verwirklicht, was bei VW bevorsteht: 35 Wochenstunden an fünf Tagen für einen Lohn, den VW seinen Beschäftigten für 28,8 Stunden an vier Tagen zahlt.«

(Süddeutsche Zeitung 19.6.2006) Um dies durchzusetzen, wurde die Konkurrenz zwischen den Werken befördert. Der Auftrag für den neuen Scirocco wurde konzernintern ausgeschrieben und ging nicht nach Wolfsburg, sondern nach Portugal. Ein Teil der Polo-Produktion wurde aus dem spanischen Pamplona in das Brüsseler Werk verlagert, da sich VW mit den spanischen Gewerkschaften nicht auf einen neuen Tarifvertrag einigen konnte (Der Spiegel 27/06).

Die jüngste Krise hat VW deutlich weniger getroffen als andere Autobauer. Der Konzern erzielte in den Jahren 2007 und 2008 Rekorde bei Umsatz und Gewinn. Doch ließ dies den Konzern nicht ruhen. Um die Konkurrenz abzuhängen, hat Volkswagen seine Ziele inzwischen noch höher gesteckt. Mithilfe der »Strategie 2018« will das Unternehmen seine Produktivität deutlich steigern, Toyota überholen und zum größten Autobauer der Welt aufsteigen – ohne die Belegschaft auszubauen.

1.3 Ergebnis: dauerhafte Überkapazitäten

Die Entwicklung und Vermarktung von Kfz kostet viel Geld. Es ist von daher kein Wunder, dass die Autobauer zu den größten Unternehmen weltweit gehören. Denn ihr Geschäft und ihre Konkurrenz erfordern beständige Investitionen in die Modernisierung der Modelle, in die Erweiterung des Geschäfts und in die Steigerung der Produktivität. Bei diesen Investitionen bemessen die Hersteller – wie im Kapitalismus üblich – die notwendigen Ausgaben nicht nach den aktuellen oder den vergangenen Erlösen, sondern sie planen die Investitionen als Vorschuss auf ein *künftig* stattfindendes Wachstum ein. Sie geben Geld aus, um stets und überall dort präsent zu sein, wo sich ein erfolgversprechender Markt zeigt. Dies erfüllt den Tatbestand der Spekulation – einer Wette mit hohem Einsatz auf erwartete Marktentwicklungen.[29]

Bei ihren Entscheidungen über Investitionen machen die OEM eine einfache Rechnung auf. Sie vergleichen die Kosten der Errichtung einer aktuell überdimensionierten Produktionsanlage mit den Kosten einer später vielleicht notwendig werdenden Erweiterung bestehender Anlagen. Da sie von

---

[29] Kapitalistische Unternehmen handeln nach der Devise »Wie produziert, so verkauft«. Dagegen hält Karl Marx fest: »Die Bedingungen der unmittelbaren Exploitation und die ihrer Realisation sind nicht identisch.« (Das Kapital, Bd. 3, 254) Unternehmen versuchen zwar, mittels Beschleunigung des Fertigungsprozesses und Just-in-time-Produktion die Zeitdifferenz zwischen »Exploitation« und »Realisation« zu senken, also die Kapitalbindung zu verkürzen und den -rückfluss zu beschleunigen, schaffen es aber nie, die Differenz zu tilgen. Damit bleibt die Möglichkeit der »Überproduktion« stets bestehen.

einer in Zukunft steigenden Nachfrage ausgehen, entschließen sie sich häufig zur Investition in der Gegenwart. Denn neue Anlagen mögen zunächst unrentabel sein. Doch sparen sie die Kosten, die durch das Abwandern der Kundschaft zur Konkurrenz entstehen. Und in Ländern wie China oder Indien, wo die Konkurrenz noch nicht oder nur schwach vertreten ist, sehen die Konzerne den Aufbau von Überkapazitäten als Investition in die Monopolisierung des Marktes bzw. als Mittel zur Abschreckung der Wettbewerber. Mit den Investitionen steigt jedoch der Kapitalvorschuss, also der Anspruch auf Verwertung, der zu einer höheren Produktion und mehr Verkäufen führen muss, damit er sich rentiert. Die Hersteller vergrößern das Angebot, ohne Rücksicht auf die gesellschaftliche Zahlungsfähigkeit. Das macht den Markt enger.

Ergebnis sind die für die Branche typischen strukturellen – also dauerhaften – Überkapazitäten, die neben den zyklischen Überkapazitäten bestehen. Die EU-Kommission erklärt diese mit den Marktstrategien der Hersteller sowie mit den »Idiosynkrasien« der Endmontage von Autos. »When setting up a final assembly plant, car makers must assess the market potential for the model(s) that will be produced in this assembly several years ahead. Since the marginal cost of an ex-post capacity increase is much higher than the cost of building the capacity at the start, it may be preferable to err on the optimistic side; In addition, the cost of extended delivery times which are the result of lower capacity is especially high in market segments which are fiercely competitive and where the possibilities of product differentiation between companies are relatively low. Also in this case, companies may choose to build new plants on the basis of the more optimistic variants of sales forecasts; Finally, car manufacturers may seek first mover advantages in new or emerging markets by being the first to produce locally and reaching a significant market share very early. As a consequence, the overall capacity of new plants in emerging markets often exceeds current and near-future market potential quite dramatically... In summary, sluggish growth in major car markets, together with a rapid expansion of production capacities in emerging markets, will fuel over-capacity. This will lead to stronger competition.« (EU-Kommission 2004, 167f.)

Ergebnis der Herstellerstrategien ist also ein Zirkel aus strukturellen Überkapazitäten und einem Wettbewerb, den die OEM seit Jahren nur noch als »Verdrängungswettbewerb« erleben und den sie weiter vorantreiben. Selbst während des letzten Booms 2005 schätzte die Unternehmensberatung KPMG die Überkapazitäten auf immer noch ein Viertel (KPMG Pressemitteilung 6.1.2005). Mitte 2010 liegen sie wieder deutlich höher. Der zunehmend überfüllte Markt drückt auf die Gewinnspannen: »The automotive industry ist characterised by low margins, high fixed costs (which include labor) and high capital expenditure.« *(Global Insight: The crisis is devastating)* Das zeigt der langfristige Trend: Die Durchschnittsprofite der Autoindustrie sind weltweit von 20% oder mehr in den 1920er Jahren gefallen auf rund 10% in den 1960er Jahren bis auf weniger als 5% im Jahr 2004 (Economist 4.9.2004).

Durch die Überkapazitäten erleidet periodisch nicht nur der eine oder andere Hersteller Geschäftseinbrüche, sondern alle leiden unter einer, gemessen an den Investitionen, mangelhaften Größe des Marktes. Die global addierte Zahlungskraft der KäuferInnen reicht nicht, um die Kalkulationen aller Hersteller aufgehen zu lassen.[30] Die Autobranche ist damit stets ein Vorreiter der globalen Wirtschaftskrisen wie auch ein Vorbild für den Ablauf der globalen Krisenkonkurrenz, die wieder in die nächste Krise führt. Denn jeder Hersteller reagiert auf den »Verdrängungswettbewerb« mit denselben Strategien, die in die Misere geführt haben, mit dem Ziel, am Ende übrig zu bleiben.

2. Die Krise(n)

In den vergangenen Wirtschaftskrisen war der Automobilbau stets Vorreiter der Krise und eines der größten Opfer, denn der Rückgang fiel in der Branche meist höher aus als im gesamtwirtschaftlichen Durchschnitt. Dem jüngsten Einbruch vorangegangen war eine Krise Ende der 1980er Jahre. Zwischen 1990 und 1994 sank die Kapazitätsauslastung der OEM in der EU von 90% auf rund 77% (wobei die deutschen Hersteller zumeist die höchste Kapazitätsauslastung aufwiesen). Die scharfe Konkurrenz ließ die Marktpreise sinken. Mit »Rabattschlachten« verzichteten die OEM auf Rentabilität, um die Profitmasse zu steigern oder bloß um Umsatz zu erzielen und ihre Produktionsanlagen auszulasten, damit die eigentlich fällige Vermin-

---

[30] Für den einzelnen OEM stellen sich die Überkapazitäten von der Produktionsseite als Kostenproblem dar. »Wir könnten in Wolfsburg 690.000 Autos im Jahr bauen. Wir bauen aber nur 400.000. Wenn wir diese Kapazität durch ein zusätzliches Volumenmodell voll auslasten, würden schon bei 460.000 Stück die Kosten pro Fahrzeug um mehr als 400 Euro sinken. Bei Vollauslastung wären es sogar 1.000 Euro.« (VW-Betriebsratschef Bernd Osterloh, FAZ 18.7.2006) Auch ein Belegschaftsvertreter sieht also die »Lösung« des Überkapazitätenproblems nicht in einer Reduktion der Kapazitäten, sondern in ihrer Auslastung, also in einer vermehrten Produktion von Autos. Um diese zu ermöglichen, sind die BelegschaftsvertreterInnen dann wieder zu Zugeständnissen bei Arbeitszeit und Lohn bereit.

derung der Produktionskapazitäten vermieden werden kann. Damit zwangen sie erstens ihre Konkurrenten dazu, in Sachen Rabatte nachzuziehen und setzten zweitens ihre Zulieferer und ArbeitnehmerInnen unter Druck, die Kosten permanent zu senken.

Denn die Absatzschrumpfung führte bei den Unternehmen nicht zu der Erkenntnis, dass die Branche mal wieder überakkumuliert hatte, sondern zu dem Befund, ihre Produktion zu verbilligen. »Die deutsche Automobilindustrie musste nach ihrer letzten großen Krise Anfang der 90er kräftig auf die Kostenbremse treten, um international wettbewerbsfähig zu bleiben oder wieder zu werden.« (DB Research EU-Monitor, 16.6.2004) Am Standort Deutschland brachte vorübergehend die deutsch-deutsche Wiedervereinigung Entlastung. Dennoch endete dieser Zwischenboom 1993. Neuzulassungen, Exporte und Produktion von Pkw schrumpften in Deutschland durchschnittlich um etwa ein Fünftel. Um denselben Prozentsatz ging die Zahl der Autoarbeitsplätze zurück. Gleichzeitig wurden die Konkurrenten aus Asien immer stärker. Viele Beobachter schrieben diese Entwicklung in die Zukunft fort und prophezeiten das Ende des Auto-Standortes Deutschland. Zu übermächtig schienen die Japaner, zu groß der Rückstand der Deutschen bei Produktivität, zu hoch ihre Herstellungskosten.

Doch die Grabrede kam verfrüht: Was folgte, war nicht das Ende, sondern der längste Aufschwung der Branche. 2008 lag der Produktionsindex der deutschen Autobauer doppelt so hoch wie 1993. Um ihren Verkauf anzukurbeln, setzten die Konzerne auf die genannten Strategien: Kosten senken, Produktivität erhöhen, Angebotspalette ausweiten, Übernahme von Konkurrenten und der Aufbau von Produktionskapazitäten im Ausland, insbesondere in Osteuropa und den USA. »Neben der Einführung effizienterer Produktionsverfahren versuchten die Autohersteller vor allem, ihre Beschaffungskosten zu senken (Lopez-Effekt). Dabei wurde im Ausland nach günstigeren Zulieferern gesucht (global sourcing) bzw. Teile der Wertschöpfungskette auf ausländische Unternehmen übertragen (outsourcing)...« (DB Research EU-Monitor, 16.6.2004)

Besonders die deutschen Hersteller waren mit ihrer Strategie erfolgreich, unter anderem wegen der extremen Lohnzurückhaltung der Gewerkschaften. »Mit Überwinden der Ende der 80er Jahre als ›Kostenkrise‹ bezeichneten Situation und der Rezession in der ersten Hälfte der 90er Jahre, ... mit einer Innovationsoffensive sondergleichen mit großen Erfolgen sowohl bei Marktneuheiten als auch bei Kostensenkungen konnten insbesondere auf dem Exportmarkt starke Volumensteigerungen durchgesetzt werden.« (ZEW 2009, 11) Der deutsche Produktivitätsvorsprung lag in der Autoproduktion deutlich höher als in anderen Wirtschaftszweigen (Tabelle 3).

Tabelle 3: Produktivitätsvorsprung Deutschland gegenüber anderen westlichen Industrieländern

Autobau	50,0%
Verarbeitende Industrie	16,0%
Gewerbliche Wirtschaft	6,0%

Quelle: ZEW 2009, 16

Zwischen 1995 und 2007 stieg der Bruttoproduktionswert der deutschen Automobilwirtschaft um über 140%, und die Bruttowertschöpfung um 70%. Bis zum Jahr 2008 hat sich das Produktionsniveau mehr als verdoppelt und die Beschäftigtenzahl um 100.000 erhöht. Rund um den Globus konnten deutsche Autohersteller ihre Marktanteile ausbauen – oder zumindest halten, was angesichts der verschärften Konkurrenz ein Erfolg war.[31]

Gleichzeitig war damit bereits klar, dass mit den Anti-Krisen-Strategien die nächste Krise vorbereitet wurde. Global war der Autoverkauf spätestens ab dem Jahr 2002 durch zinsgünstige Kredite aufgebläht worden. Bewegte sich die Absatzkurve von Autos in den Vorjahren zumeist mit dem Bruttoinlandsprodukt auf und ab, so kannten die Autoverkäufe nach der Konjunkturkrise 2001/02 kein Halten mehr – auch wegen der Rabattschlachten, mit denen Hersteller ihren Absatz ankurbeln wollten.

Folge 1: Im Autosektor fielen die durchschnittlichen Preise. Folge 2: Die globalen Überkapazitäten bei der Produktion blieben erhalten und weiteten sich aus. »Schon seit Jahren diskutiert die Automobilindustrie über die Problematik der globalen Überkapazitäten. Sie werden z.Zt. weltweit auf bis zu 30% geschätzt. Durch den massiven Auf- und Ausbau von Produktionsstätten in Osteuropa und auch in Asien (China) wird dieses Problem, das entscheidend zum harten Wettbewerb in der Automobilindustrie beiträgt,

---

[31] Das brachte den Beschäftigten aber kaum Entlastung – schließlich ist der Absatz nicht die entscheidende Maßzahl für kapitalistische Unternehmen, sondern die Kapitalrendite. Zwischen 2006 und 2008 legten deutsche Autokonzerne Spar- und Restrukturierungsprogramme auf (ForMotionplus bei VW, Core und NMM bei Mercedes, QUAKO bei BMW), um die Kosten zu senken und die Produktivität zu erhöhen. So kündigte BMW Ende 2007 an, bis 2012 sechs Mrd. Euro einzusparen und 8.000 Jobs zu streichen (vor allem Zeitarbeiter), um die Profitabilität zu erhöhen. Dies sollte durch höhere Produktivität geschehen. »Unser erklärtes Ziel ist es, jedes Jahr um fünf Prozent besser zu werden, sagte (BMW-Sprecher) Rebstock. Im Klartext heißt das: Es werden künftig weniger Mitarbeiter gebraucht, um die gleiche Anzahl an Autos zu produzieren.« Schließlich »ist es für Manager und Aktionäre auf die Dauer kein Zustand, wenn Wachstum keinen zusätzlichen Profit bringt« (Süddeutsche Zeitung 22./23.12.2007). Die Gewerkschaft brachte dafür Verständnis auf. »Wenn Daimler, Audi und andere Konkurrenten deutlich höhere Kapitalrendite haben, hat es auf den Börsenkurs ...von BMW einen negativen Einfluss...« (IG Metall-Chef Neugebauer, Süddeutsche Zeitung 27.12.2007)

sicherlich noch verschärft. Die globale Nachfrage steigt nicht so stark wie das Angebot.« (DB Research EU-Monitor, 16.6.2004) Bereits 2004 prognostizierte die Deutsche Bank eine weitere Branchenkrise.»Nach 2009 schwächen sich in unserer Prognose die Zuwachsraten der Pkw-Produktion deutlich ab.« (ebd.)

2.1 2008: Die Krise beginnt – erneut

2008 war es dann soweit – und zwar schon vor der Zuspitzung der Finanzkrise im Zuge des Untergangs der US-Investmentbank Lehman Brothers Mitte September 2008. Bereits im Frühjahr 2007 lieferten sich die Hersteller Rabattschlachten.»Der Preisdruck ist so hoch wie noch nie«, konstatierte Ferdinand Dudenhöffer (WAZ, 13.4.2007).

Seit dem Sommer fielen Aufträge und Produktion drastisch ab. Unternehmen wie Daimler verzeichneten im dritten Quartal 2008 einen massiven Gewinneinbruch, der Absatz ging um 6% zurück. Und in Japan stürzte der Personenwagenabsatz auf den niedrigsten Stand seit 21 Jahren. In Westeuropa wurden so wenige Autos verkauft wie seit zwölf Jahren nicht mehr, und in den USA lagen die Verkaufszahlen auf dem Niveau von vor 26 Jahren.

Die *Kfz-Produktion* schrumpfte 2008 weltweit um 4% auf 69 Mio. und die *Pkw-Produktion* um 5% auf 57 Mio. Fahrzeuge. Einen wahren Absturz gab es in den USA, wo sich die Produktion um 19% auf 8,7 Mio. Einheiten verringerte. Für Westeuropa ergab sich ein Minus von 9% auf 15,2 Mio. Autos, für Japan von 4% auf 4,2 Mio.

In Asien hingegen stieg die Produktion um 2% auf 30 Mio. Fahrzeuge, in China wurden sogar 7% mehr Autos hergestellt, in den Staaten des Mercosur 13% mehr (3,3 Mio.). Insgesamt sank der globale *Auto-Absatz* im Jahr 2008 um 5% auf rund 63 Mio. Fahrzeuge. Dieser Rückgang»verstärkte das Problem der Überkapazitäten, mit dem sich die Branche bereits vor der Krise konfrontiert sah« (OECD 2010, 1).

Die *deutsche Autoindustrie* schnitt im Krisenjahr 2008 besser ab als der Marktdurchschnitt. Während die globale Autoproduktion um real 4% zurückging, schrumpfte die der deutschen Hersteller nur um 1% auf 10,8 Mio. Einheiten. Damit konnten sie ihren globalen Produktionsanteil auf über 17% ausbauen.

In den USA schrumpfte der Gesamtmarkt 2008 um mehr als 18%, die deutschen Hersteller verloren dagegen nur 6%. In Westeuropa verzeichnete der Gesamtmarkt ein Minus von 8%, auf dem deutschen Gesamtmarkt konnten dagegen sogar 0,7% hinzugewonnen werden. Damit bauten die deutschen Hersteller ihre herausragende Position dort aus und steigerten ihren Marktanteil um knapp einen Prozentpunkt auf fast 48% (an zweiter Stelle folgen französische Konzernmarken mit einem Anteil von 21,5%, dann die Japaner mit 13,7%, die Italiener mit 8,2% und die Koreaner mit 3,1%). Zudem profitierten die deutschen Hersteller vom Wachstum in den Schwellenländern. Im Mercosur legten ihre Verkäufe um 10% zu. In China – mit insgesamt 9,3 Mio. Einheiten an dritter Stelle der Produktionsländer hinter Japan und den USA – konnten sie ihren Absatz um 9% steigern und erstmals über eine Million Fahrzeuge verkaufen. Ihr globaler Marktanteil betrug 2008 etwa 18%.

Härter traf es die deutsche Zulieferindustrie. Ihre Erlöse sanken 2008 um fast 10% auf 68,2 Mrd. Euro. Dabei muss man allerdings beachten, dass die Zulieferer ihren Umsatz zwischen 1993 und 2007 auf 75 Mrd. Euro verdreifacht hatten, allein in den fünf Jahren vor der Krise wuchs er um 30%. Der Umsatz im Krisenjahr 2008 entsprach damit dem drittgrößten jemals erreichten Ergebnis. Ähnliches gilt für den Gesamtumsatz der Branche in Deutschland: Er sank 2008 zwar auf 284 Mrd. Euro, lag damit aber nur 2% unter dem Rekordniveau des Vorjahres.

2.2 2009: Staatliche Förderung und China verhindern die Katastrophe

Für das Jahr 2009 sahen die Prognosen äußerst schlecht aus. Weltweit wurde zu Jahresbeginn ein Einbruch bei den *Neuzulassungen* von 15% bis 20% prognostiziert. Tatsächlich ging die *Autoproduktion* in Deutschland zu Beginn des Jahres weiter zurück. Auf ihrem Tiefpunkt im zweiten Quartal 2009 lag sie um fast 39% niedriger als zu ihrem Hoch im ersten Quartal 2008.[32] Doch dann kam die Wende – insbesondere wegen der zahlreichen staatlichen Fördermaßnahmen in vielen Ländern.

So unterstützte die Bundesregierung die Autobauer durch die befristete Befreiung von der *Kfz-Steuer* beim Kauf eines Neuwagens der Normen Euro 4 und Euro 5 bis zum 30.6.2009, durch die Förderung von Unternehmen durch den *Wirtschaftsfonds* Deutschland, sowie durch die Verlängerung des *Kurzarbeitergeldes (KAG)*. Im Jahr 2009 zahlte die Bundesanstalt für Arbeit (BA) für diese Verlängerung[33] insgesamt 4,8 Mrd. Euro, für 2010 waren drei Mrd. Euro eingeplant.

In der Spitze gab es Mitte 2009 in Deutschland 1,5 Mio. Kurzarbeiter, das entsprach ca. 400.000 Vollzeitstellen. Die Nutzung des KAG erklärte etwa

---

[32] Zum Vergleich: Der Rückgang für die gesamte deutsche Industrieproduktion betrug im Maximum nur 23%.

[33] Anfang 2009: Verlängerung der Kurzarbeiterregelung von 6 auf 18 Monate. Frühjahr 2009: Verlängerung auf 24 Monate. Anfang 2010: 18 Monate für 2010 beantragte Kurzarbeit.

ein Drittel des zurückgegangenen Arbeitsvolumens in Deutschland 2009. Die staatliche »Hilfe« für die ArbeiterInnen bestand in einer Hilfe für die Unternehmen. Mit dem KAG nahm der Staat ihnen einen Teil der Lohnkosten ab und befreite sie davon, den tarifvertraglich vereinbarten Lohn zu zahlen. Auf diese Weise konnten die Unternehmen die Arbeitszeit und die Lohnkosten auf ein für sie noch profitables Niveau senken. Gleichzeitig sorgte die Politik über die Aufstockung des gesenkten Lohneinkommens dafür, dass die Arbeiter von ihrem reduzierten Lohn auch noch leben konnten. Zudem befreite das KAG die Unternehmen davon, teure und langwierige Entlassungen zu finanzieren und förderte so gleichzeitig den Betriebsfrieden.

Zahlen mussten dafür die Arbeiter direkt, erstens indem sie auf Lohn verzichteten (das KAG ersetzt nur 60% des gekürzten Lohns); zweitens indirekt, da das KAG nicht vom »Staat« gezahlt wurde, sondern von der BA – also aus dem Lohnaufkommen. Kurz: Die Arbeiter übernahmen einen Teil der Lohnkosten, damit die Unternehmen die Arbeitszeit auf ein für sie in der Krise noch rentables Niveau senken können. Das kostete die Arbeiter in Form der BA 2009/10 immerhin acht Mrd. Euro. Lob kam dafür vom deutschen Autoverband. »Die Bundesregierung hat auf den Pkw-Markt bezogen die richtigen Impulse gesetzt, um angesichts der dramatischen Rückgänge im Export die Binnennachfrage im wichtigen Automobilsektor zu stabilisieren.« (VDA 2009, 15)

Weiter wurde eine *Abwrackprämie* (offiziell »Umweltprämie«) eingeführt, die »gleichermaßen der Ökonomie als auch der Ökologie« dient (VDA 2009, 15). Die Bundesregierung zahlte dabei 2.500 Euro an Autokäufer, die ihr mindestens neun Jahre altes Altfahrzeug verschrotteten und gleichzeitig einen Wagen mit der Abgasnorm Euro 4 erwarben. Die Fördersumme betrug anfänglich 1,5 Mrd. Euro und wurde dann auf fünf Mrd. Euro erhöht. Mit diesem Anreizprogramm sollte die private Kaufkraft zur Rettung einer nationalen Schlüsselindustrie funktionalisiert werden.

Für die Autobauer war dies ein durchschlagender Erfolg. Die staatliche Prämie subventionierte den Kauf von zwei Mio. Pkw in 2009 und trug maßgeblich dazu bei, die Rezession im Frühjahr 2009 zu beenden. Im Gesamtjahr wurden in Deutschland 3,8 Mio. Pkw neu zugelassen, was einer Steigerung um fast ein Viertel gegenüber dem Vorjahr entsprach. Die Zahl der Neuzulassungen war damit so hoch wie seit den beiden Boomjahren 1991 und 1992 im Zuge der Wiedervereinigung nicht mehr. Für den Kauf von Kfz gaben die privaten Haushalte in Deutschland 2009 rund 73 Mrd. Euro aus. Diese Käufe leisteten damit einen wesentlichen Beitrag zur Binnennachfrage. Die privaten Konsumausgaben stiegen insgesamt im abgelaufenen Jahr um 0,4% gegenüber 2008. »Ohne die Käufe von Pkw hätte sich der privaten Konsum rechnerisch um 0,5% vermindert.« (Statistisches Bundesamt: Pressemitteilung vom 12.3.2010) Dieser Rückgang zeigt nicht nur die starke Wirkung der staatlichen Abwrackprämie auf den Konsum, sondern auch, dass die Prämie private Kaufkraft anderen Wirtschaftsbereichen entzog und in den Autosektor lenkte.

Die Autobauer profitierten jedoch unterschiedlich von der Staatshilfe. Da der Zuschuss pro Auto mit 2.500 Euro relativ niedrig lag, förderte er vor allem den Absatz kleinerer, billigerer Autos. Die Prämie führte bei VW zum Beispiel dazu, dass der Konzern im Februar 2009 so viele Autos verkaufte wie noch nie. Die Premiumhersteller BMW und Daimler profitierten hingegen kaum. Dass die Abwrackprämie auch den Import ausländischer Kleinwagen anschob (die größten Absatzsteigerungen in Deutschland verzeichnete Hyundai), wurde in Deutschland als Problem gesehen, das sich aber nicht vermeiden ließ, da ein auf die Unterstützung rein nationaler Konzernmarken ausgelegtes Programm nicht den Regeln der Welthandelsorganisation entsprochen hätte.

Nach Aussagen der Bundesregierung sollte die Prämie auch einen Beitrag zur Reduzierung der Schadstoffbelastung leisten, wobei unterstellt wurde, dass die neu erworbenen Fahrzeuge umweltverträglicher sind als die verschrotteten Fahrzeuge. Diese Rechnung war allerdings mit vielen Fragezeichen versehen. Denn *erstens* wurde bei der Ökobilanz eines Fahrzeugs seine Herstellung nicht berücksichtigt – schließlich verursacht der Produktionsprozess einen Großteil der Gesamtemissionen eines Autos und benötigt viel Energie. Wird ein funktionsfähiges Fahrzeug verschrottet, so ist dies unökologisch. Dies trifft gerade bei deutschen Fahrzeugen zu:»Neun Jahre alte Autos deutscher Premium-Hersteller sind noch lange keine Schrottkisten. Ein unfallfreier BMW oder Mercedes wird auch schon mal 20 Jahre gefahren, ein VW Golf schafft es häufig bis zum Alter von 15 Jahren.« (Sinn 2009)[34] *Zweitens* verbrauchen neue Autos heutzutage oft nicht weniger Treibstoff, da sie schwerer und ihre Motoren stärker geworden sind.»Wie man es auch dreht und wendet: Bei allen auch nur halbwegs plausiblen Konstellationen steigt der CO_2-Ausstoß, wenn man ein altes Auto abwrackt und durch ein

[34] Hans-Werner Sinn, Chef des Ifo-Instituts (Wirtschaftswoche 4.2.2009), der in der Abwrackprämie eine »zivile Variante von Vernichtung von Volksvermögen« sah, war sich in dieser Frage sogar einmal mit der Linkspartei einig: »Es ist doch irrsinnig, dass Steuergelder dafür ausgegeben werden sollen, dass geschaffene (Gebrauchs-)Werte, die noch voll funktionstüchtig sind, vernichtet werden, um sich die neue Ware zu kaufen, die den gleichen (Gebrauchs-)Wert hat, ohne dass die einen eindeutigen ökologischen Zusatznutzen hat.« (Lötzer 2009, 14)

neues einer ähnlichen Größenklasse ersetzt.«(ebd.) Der Erhalt alter Fahrzeuge oder ihre Nachrüstung wäre mithin ökologisch wirksamer.

Auch viele andere Staaten übernahmen das deutsche Fördermodell,[35] auch wenn sich im internationalen Vergleich die USA (zwei Mrd. US-Dollar) und Deutschland (fünf Mrd. Euro) am großzügigsten zeigten. Die staatlichen Anreizmodelle sorgten dafür, dass künftige Autokäufe vorgezogen wurden und die globalen Überkapazitäten kaum reduziert werden mussten. Weltweit gingen die *Pkw-Neuzulassungen* 2009 nur um 4% zurück. Damit verzeichnete der Weltautomarkt – trotz

Tabelle 4: Neuzulassungen 2009 gegenüber 2008

Westeuropa	1,0%
Deutschland	23,0%
Frankreich	11,0%
Italien	-0,2%
Großbritannien	-6,0%
Spanien	-18,0%
Neue EU-Länder	-27,0%
Türkei	-21,0%
USA	-21,0%
Japan	-7,0%
Russland	-49,0%
Brasilien	13,0%
China	47,0%
Indien	17,0%

Krise – das sechst beste Jahr seines Bestehens. Dabei gab es jedoch große Unterschiede. Während der Boom in den Schwellenländern anhielt, gab es in den von der Krise besonders betroffenen Ländern (USA, Großbritannien, Spanien, Osteuropa) heftige Einbrüche. In China wuchs der Markt angetrieben durch Steuernachlässe für Autokäufer um fast die Hälfte auf 13,6 Mio. Einheiten. Deutsche Hersteller produzierten dort 2009 erstmals mehr als eine Million Fahrzeuge (1,25 Mio. = +43%) und exportierten 300.000 Autos dorthin – fast jedes zehnte aus Deutschland ausgeführte Auto. In Indien stiegen die Neuzulassungen auf gut 1,8 Mio. In den USA sanken die Neuzulassungen von Light Vehicles um ein Fünftel auf 10,4 Mio. (Tabelle 4).

Da 2009 Lager abgebaut wurden, schrumpfte die *Produktion* stärker als die Verkäufe. Weltweit wurden im Gesamtjahr 60 Mio. Fahrzeuge gefertigt, ein Minus von 13%. Besonders hart traf es Nordamerika, wo die Fertigung um fast ein Drittel auf 8,8 Mio. Autos sank. Mit 13,8 Mio. gefertigten Fahrzeugen überholte China die USA und Japan als größtes Produktionsland, Deutschland hielt sich an vierter Stelle. In Indien legte die Kfz-Produktion um 18% zu. (Tabelle 5)

---

[35] Einen Überblick über die Fördermaßnahmen bieten die ACEA: www.acea.be/index.php/news/news_detail/fleet_renewal_schemes_soften_the_impact_of_the_recession/ und die OECD (2010, 12ff.).

Tabelle 5: Pkw-Produktion

	2009	2008
Europa	15.191 (-17,4%)	18.381
EU-27	12.849 (-14,1%)	11.034
Amerika	9.198 (-23,6%)	7.023
Südamerika	3.009 (+0,1%)	3.013
Asien	24.767 (+/-0%)	24.771

Die globale *Fertigung der deutschen Autokonzerne* schrumpfte 2009 um 13%, die Pkw-Produktion nur um 9%. Damit konnten sie ihren weltweiten Pkw-Marktanteil von 19% auf 20% erhöhen. Der *Umsatz* der deutschen Autoindustrie sank um ein Fünftel, der Umsatz der OEM um rund 18%. Der Inlandsumsatz der Branche ging dank Abwrackprämie nur um 15% (Hersteller: minus 9%) zurück, der Auslandsumsatz dagegen um ein Viertel (Hersteller: minus 22%). Insgesamt schrumpfte der Umsatz auf rund 260 Mrd. Euro (Hersteller: 208 Mrd. Euro, Zulieferer 50 Mrd. Euro) und damit auf das Niveau von 2003. Da von den staatlichen Subventionen vor allem die Anbieter kleinerer Wagen profitierten, verzeichneten die Premiumhersteller BMW und Daimler ein deutlich schlechteres Ergebnis.[36] Der *Export* brach zwischen 2007 und 2009 von knapp 180 Mrd. Euro auf etwas über 120 Mrd. Euro ein (Tabelle 6).

Um ihre Kosten zu senken, setzten die Autokonzerne in Deutschland Tausende ihrer Arbeiter auf Kurzarbeit, strichen 3,5% aller Stellen (besonders hart traf es die Zeitarbeiter) und nutzten die in der Vergangenheit mit den Gewerkschaften vereinbarten Flexibilitätsmechanismen und Öffnungsklauseln in den Tarifverträgen. Über die Abschmelzung von Arbeitszeitkonten, verlängerten Urlaub, Entlassungen, Kurzarbeit usw. passten sie die bezahlte Arbeitskraft ihren reduzierten Bedürfnissen an (für einen Überblick über die Methoden der deutschen Autobauer siehe Blöcker/Jürgens 2009). Die Last des Aufschwungs und die höheren Renditeziele der Autobauer tragen ebenfalls die Beschäftigten.»Produktivitätssteigerungen von 10%, Kostensenkung durch höhere Arbeitsintensität, Einsatz von Leiharbeit und Druck auf Zulieferer kennzeichnen die Situation in den Betrieben.« (Krull 2009, 3) (Tabelle 7)

Nicht nur in Deutschland, sondern weltweit haben die vergangenen Krisen dazu geführt, dass die Jobs in der Autoindustrie unsicherer, prekärer und damit flexibler geworden sind.»Over-competition and price wars between auto manufacturers led to cost-cutting strategies that also affected their relationships with workers and component producers. For workers, this meant a greater reliance upon non-standard forms of work, such as contract

---

[36] Weltproduktion 2009 gegenüber 2008: VW-Konzern (-4,8%), Daimler (-32,6%), BMW (-12,6%), Ford Deutschland (-13,8%), Opel (-22,7%), Porsche (-21,8%).

Tabelle 6: Entwicklung der Autobauer

	Umsatz (in Mio. US-$)			Nettogewinn (in Mio. US-$)		
	2007	2008	2009	2007	2008	2009
Toyota*	230.822	205.127	204.363	15.084	-4.366	2.259
GM	181.122	148.979	104.589	-38.732	-30.860	-4.400¹
Ford	172.455	145.114	118.308	-2.723	-14.766	2.717
VW	149.277	167.400	146.677	5.648	6.991	1.339
Daimler	135.257	141.019	110.055	5.454	1.983	-3.681
Honda*	105.386	100.030	92.516	5.268	1.369	2.894
Chrysler	–	–	17.700²	–	–	-3.800²
Nissan*	95.038	84.300	81.065	4.234	-2.335	457
BMW	76.790	78.247	70.672	4.285	477	284
Renault	55.767	55.587	47.009	3.659	840	-4.358
Hyundai	32.953	29.819	25.108	1.811	1.341	2.334
PSA	80.434	79.952	67.515	1.213	-534	-1.619
Fiat	80.237	87.342	69.864	2.677	2.371	-1.169

* jeweils Geschäftsjahre 2007/08, 2008/09, 2009/10 per 31. März
¹ 10.7.-31.12.2009 ² 1.6.-31.12.2009
Quelle: Bloomberg, Konzernberichte

and agency labour. For components producers down the supply chain, this meant greater pressure to reduce costs and absorb more risk.« (ILO: World of Work 66, Aug. 2009)

2.3 Der Niedergang der Big Three und seine Ideologien

Die Konkurrenz um Anteile an der gesellschaftlichen Zahlungsfähigkeit der Autokäufer produziert Gewinner und Verlierer. Einige OEM können mit dem Gesamtmarkt wachsen, andere wachsen überdurchschnittlich und gewinnen Marktanteile, andere Konzerne wiederum verlieren Anteile und fallen zurück. Dies ist nicht weiter verwunderlich.

Viele Beobachter der Branche – insbesondere bei den Massenmedien – mögen sich mit dieser Erklärung aber nicht zufrieden geben. Sie finden eine andere Ursache für Erfolg und Misserfolg einzelner Unternehmen: Das Management habe Fehler begangen – Fehler bei der Produktpolitik, beim Einkauf, bei Kooperationen und Fusionen oder Fehler bei Verhandlungen mit den Gewerkschaften. Diese Ex-post-Erklärung ist einerseits richtig, fast schon banal, und andererseits falsch. Gezeigt werden soll dies durch ei-

Tabelle 7: Belegschaft (in 1.000, gerundet)

	2007	2008	2009	2009 gg. 2007
GM	266	243	217	-49
Ford	246	213	198	-48
PSA	208	202	186	-22
Daimler	272	274	256	-16
BMW	108	100	96	-12
Nissan*	166	159	156	-10
Renault	130	129	121	-8
Hyundai	56	56	56	+/-0
Fiat	185	198	190	5
Toyota*	299	316	321	22
Honda*	167	179	182	15
Toyota*	299	316	321	22
VW	329	370	369	40

* jeweils Geschäftsjahre 2007/08, 2008/09, 2009/10 per 31. März
Quelle: Bloomberg/Angaben der Konzerne

nen Blick auf die größten Opfer der jüngsten Autokrise, die US-amerikanischen Hersteller.

Ihre Krise begann nicht 2008, sondern lange zuvor. Bereits seit Jahrzehnten verlieren die Big Three – General Motors (GM), Ford und Chrysler – Anteile auf ihrem Heimatmarkt, insbesondere an die Hersteller aus Japan und Korea, aber auch aus Deutschland. Mit *Ford* ging es ab Mitte der 1990er Jahre bergab. Der Marktanteil von bis zu 25% rutschte bis 2008 auf unter 15% ab. Nur drei Mal innerhalb eines Jahrzehnts – 2003, 2004 und 2005 – konnte ein Gewinn erzielt werden. Allein im Jahr 2006 verbuchte Ford einen Verlust von über zwölf Mrd. US-Dollar. Die Insolvenz konnte Ford 2009 im Gegensatz zu GM und Chrysler vermeiden, da es in den guten Vorjahren bereits Beteiligungen verkauft, damit Milliarden eingenommen hatte und sich zudem große Kreditlinien bei Banken gesichert hatte.

Auch *Chrysler* steckte schon lange in der Krise. 1998 fiel ein hoher Verlust an und die Konzernmutter Daimler verordnete dem drittgrößten US-Autobauer ein Sparprogramm: Sechs Fabriken in den USA, Japan und Kanada wurden geschlossen. Die Entlassenen erhielten ihre Abfindung zur Hälfte als Sachleistung: einen Chrysler. Von den Zulieferern wurde innerhalb von drei Jahren einen Preisreduktion von 15% gefordert. All dies, um das neue

Rentabilitätsziel zu erreichen: Während die bisherigen Produktionskapazitäten – aufgrund der niedrigen zu erzielenden Marktpreise – theoretisch zu 113% ausgelastet hätten sein müssen, bevor ein einziger US-Dollar Gewinn erzielt werden kann, sollte diese Grenze bis zum Jahr 2003 auf 83% Kapazitätsauslastung gesenkt werden. Doch das alles half nichts. 2006 fiel ein Verlust von einer Mrd. US-Dollar an, 2008 von acht Mrd. US-Dollar. 2009 ging der Konzern in die Insolvenz.

Zwischen 2000 und 2008 schrumpfte der inländische Marktanteil der Big Three bei Pkw/Light Vehicles von fast 70% auf unter 50%, der der japanischen Hersteller nahm von 27% auf über 40% zu. Als Reaktion gewährten die US-Hersteller zum Teil enorme Preisnachlässe, um den Verkauf anzukurbeln, was in regelrechte Rabattschlachten mündete, die zu hohen Verlusten führten. Zwischen 2004 Anfang 2009 fuhr *GM* Verluste von fast 90 Mrd. US-Dollar ein.

Am 1.6.2009, fast 101 Jahre nach der Firmengründung, meldete der Konzern schließlich Insolvenz gemäß Chapter 11 des US-Insolvenzrechts an. Aus der Anmeldung geht hervor, dass GM zum Stichtag über ein Vermögen von 82,3 Mrd. US-Dollar und Schulden von 172,8 Mrd. US-Dollar verfügte. Insgesamt setzten die Big Three 2009 nur noch 4,7 Mio. Light Vehicles (minus 27%) ab. Ihr Marktanteil sank damit auf nur noch 44,9%, der Anteil der asiatischen Hersteller wuchs auf knapp 48%.

Die Gründe für den Niedergang waren für die professionellen und weniger professionellen Beobachter schnell gefunden. »Eine verfehlte Modellpolitik« hätten die einstigen Industrie-Ikonen in den Ruin getrieben (Spiegel-online 17.5.2010). Die US-Hersteller hätten »den Trend zu kleineren Autos verschlafen und zu lange auf große Spritschlucker gesetzt« (Reuters 7.1.2010). Die Deutsche Bank monierte »technologisch veraltete Produkte, hohe Produktionskosten« (Heymann 2007) und die NZZ »eine geringe Innovationskraft und verkrustete Strukturen«. Mit ihren Staatshilfen hätte die amerikanische Regierung letztlich nur »marode Firmen« vor dem Untergang bewahrt (dpa 6.4.2010).

Auch die Linkspartei schloss sich dieser Sichtweise an. »Eine wesentliche Ursache für die Krise der US-Automobilindustrie ist die Unbeweglichkeit bei den Produktlinien. Alle drei Unternehmen haben über Jahre stur auf die traditionellen US-amerikanischen Autos gesetzt. Auf schwere Geländewagen, auf Pick-ups und Vans... Anstatt ihre Produktpalette zu diversifizieren, bekämpften die Konzerne lieber schärfere Abgasvorschriften...Nach Jahren der Ignoranz ist die Erkenntnis in den Konzernzentralen der drei US-Firmen so langsam angekommen, dass auch sie auf kleinere Autos setzen müssen, um Marktanteile zu behalten.« (Lötzer 2009, 1) Ignoranz, Fehler,

Unbeweglichkeit, Sturheit – ein Abgrund an Versagen seitens des amerikanischen Managements tat sich auf.

Der wahre Grund der Krise:
Verschärfte Konkurrenz und schrumpfender Markt
Mit dem Hinweis, die US-Automanager hätten einfach besser aufpassen müssen, ist die Krise natürlich nicht erklärt. Denn *erstens* war die Konzentration der Big Three auf schwere Wagen keineswegs ein schwerer Fehler, diese Strategie hatte sich lange gelohnt. In den USA war und ist der Markt für Pick-ups ein echter Massenmarkt. Diese Fahrzeuge retteten die US-Autobauer in den 1990er Jahren. So war der Ford F150 drei Jahrzehnte lang das bestverkaufte Auto in den USA, in guten Jahren setzte Ford leicht 800.000 Stück ab, wohingegen der Honda-Accord kaum auf die Hälfte kam. Anfang der 1990er Jahre erfanden die US-Autobauer mit den SUV sogar ein neues Segment, das über die Maßen erfolgreich war. Zwischen 1980 und 1995 stieg der Marktanteil der SUV von 3% auf 15%. Der Ford Explorer stand zwischen 1990 und 2004 regelmäßig an der Spitze der Bestseller.

SUVs verkauften sich nicht nur gut. Bis zum Jahr 2006 waren ihre Gewinnmargen exorbitant. »The Michigan Truck Plant (which made the Explorer and other vehicles such as the even larger Expedition) had become the single most profitable factory in any industry anywhere in the world.« (Mercer 2009, 188) Selbst gegen Ende des SUV-Booms im Jahr 2000 betrug die Gewinnspanne bei Ford für einen Explorer noch 50%. Der Grund dafür war, dass mit den SUVs ein neues Fahrzeug-Segment erfunden worden war, auf dem die Konkurrenz aus Japan und Europa keine Angebote hatte. Mit dem Beginn des neuen Jahrtausends jedoch änderte sich das Bild. Erstens flaute der SUV-Boom ab. Zweitens verschärfte sich die Konkurrenz. Japaner und auch deutsche Marken zogen nach, was Absatz und Gewinnspannen schrumpfen ließ. Konnte Chrysler 1999 unter dem Label der Tochter Jeep noch 300.000 Grand Cherokees absetzen, so waren es 2009 nur noch 58.000.[37]

---

[37] Der Vorwurf, die US-Autobauer setzten im Gegensatz zu Japanern und Europäern auf schwere Spritschlucker und missachteten das wachsende ökologische Bewusstsein der Kundschaft, muss auch in anderer Hinsicht relativiert werden. Auch die deutschen bzw. die europäischen Autos sind in den vergangenen Jahren immer schwerer geworden – und zwar seit 1980 um etwa die Hälfte (Wolf 2009). Zudem wurden sie immer stärker. So lag die PS-Leistung je Neuwagen in der Bundesrepublik 1995 noch bei durchschnittlich 95 PS, 2006 waren es schon 125 PS (Dudenhöffer 2007). Zudem verdankt sich ein großer Teil des Erfolgs Toyotas in den USA dem Modell Camry, der nicht als sparsamer Kleinwagen bezeichnet werden kann.

Zweitens liegt das Problem weniger in der Konzentration der US-Autobauer auf Spritschlucker, sondern eher in der allgemeinen Schwäche des US-Marktes. Mit der Erholung des Marktes 2010 kommen nämlich auch die SUVs und die Pick-ups zurück. Bereits 2009 erreichte der Chevrolet Silverado einen Marktanteil, der über dem des VW Polo in Deutschland lag. (Berliner Zeitung 18.1.2010) Dagegen erlebte der Toyota Prius, Pionier der Hybridisierung in den USA, nicht gerade eine Hochkonjunktur. »Mit schweren Geländewagen ist die amerikanische Autoindustrie in ihre existenzielle Krise hinein gefahren... Jetzt erleben SUVS ein Comeback ... die Amerikaner kaufen wieder schwere Autos. Darauf setzen nun Ford und Chrysler, die zwei Kult-SUVs neu aufgelegt haben«, den Ford Explorer und den Jeep Grand Cherokee (Handelsblatt 22.6.2010). Im Mai 2010 fanden sich unter den Top 20 der meistverkauften Autos in den USA auf den beiden ersten Plätzen zwei schwere Pick-ups. Tatsächlich ist es nicht so, dass sich die Präferenzen der amerikanischen Autobauer grundsätzlich verschoben haben. Nach Berechnungen des Markforschungsinstituts Polk hat sich der Marktanteil von Kompaktwagen der Golf-Klasse in den USA 2009 nur von 19,9% auf 21,3% erhöht. »Kleine Autos werden in den USA als Nachteil aufgefasst, gelten als unkomfortabel«, sagt Christoph Stürmer vom Marktbeobachter Global Insight (Reuters 13.1.2010).

Drittens schließlich kann keine Rede davon sein, dass die US-Autobauer sich schlicht nicht um den Kraftstoffverbrauch ihrer Fahrzeuge kümmern. Damit hatten sie bereits in der ersten Ölkrise der 1970er Jahre begonnen. »The Detroit OEMs were faced with the dual challenge of simultaneously converting their powertrains to be both more economical and cleaner. Uncounted billions were spent on doing this, which involved moving from carburetion to fuel injection, from rear-wheel to front-wheel drive, and from untreated exhaust to catalytic converters and exhaust gas recirculation.« (Mercer 2009, 186) Die US-Hersteller blieben mithin keineswegs untätig, wie ihnen immer wieder vorgeworfen wird, sondern unternahmen enorme Anstrengungen, ihre Autos besser und sparsamer zu machen (vgl. dazu die Beiträge von Senter, McManus, Mercer und Belzowski in Freyssenet 2009, 163-222). Doch ohne durchschlagenden Erfolg. »By 1985 or so the worst was over, in that the American carmakers had made the necessary conversions, but by then the Japanese had established a market-share beach-head, which they would never thereafter give up. The game had changed.« (Mercer 2009, 186) Und damit wäre man beim fundamentalen Problem der US-Autobauer, der Konkurrenz (Tabelle 8).

In den 1960er und 1970er Jahren bestand die ausländische Konkurrenz auf dem US-Markt im Wesentlichen im VW-Käfer, und der war für die ame-

Tabelle 8: Automarkt in den USA

	Die Zahl der verkauften Autos in den USA		Marktanteil in %		
	2008	2009	2007	2008	2009
Gesamt	-18,0%	-21,2%			
Chrysler	-30,0%	-35,9%	12,9	11,0	8,9
Ford	-19,6%	-16,2%	15,6	15,1	16,1
GM	-22,4%	-29,9%	23,8	22,3	19,9
BIG3	-22,7%	-26,9%	52,2	48,3	44,9
japanische Marken	-12,10%	-19,90%	37,6	39,6	40,3
koreanische Marken	-12,60%	8,90%	4,3	5,1	7
deutsche Marken	-1,30%	-18,60%	5,9	7,1	7,3

Quelle: ACEA, VDA

rikanischen Hersteller kaum gefährlich. Daneben wurden vor allem an der Westküste asiatische Importwagen verkauft. Die Verkäufe der Big Three schwankten jahrzehntelang mit der US-Konjunktur. Auf diese Schwankungen konnten die amerikanischen Hersteller reagieren und sie ausgleichen (Mercer 2009, 186). Dieses »peaceful oligopoly« (Mercer) wurde Anfang der 1970er jedoch erschüttert. Lag der Marktanteil von GM beispielsweise 1960 noch bei 60%, so schrumpfte er bis 1984 auf 42% und bis 1994 auf 32%.

Gegenüber der ausländischen Konkurrenz gerieten die Amerikaner ins Hintertreffen. Die ausländischen Wettbewerber verfügten meist über eine höhere Produktivität. Ein entscheidender Wettbewerbsnachteil der Big Three waren ihre hohen Arbeitskosten. Die US-Autogewerkschaft UAW hatte in den Glanzzeiten der Industrie den Konzernen Zusagen zu relativ hohen Löhnen, Pensionsleistungen und Krankenversicherung abgehandelt. Zudem hatte man sich auf die Gründung einer »Jobs Bank« geeinigt: Entlassene ArbeiterInnen der US-Autobauer erhielten für einen Zeitraum 95% ihres Basislohns.[38] Dies motivierte die Konzerne dazu, ArbeiterInnen möglichst arbeiten zu lassen, auch wenn sich die Produktion nicht lohnte.

Diesen Vorsprung bauten die ausländischen Hersteller durch die Verlagerung der Produktion in die USA aus. Bereits Ende der 1970er und vor allem in den 1980er Jahren begannen erst die japanischen und später auch

---

[38] Diese Form des Existenzgelds feiern Branchen-Experten natürlich nicht als gewonnene Freiheit der Beschäftigten, sondern als pure Verschwendung: »... the notorious jobs bank that paid laid-off workers more than 90% of their salary indefinitely just to sit around and play cards or watch television« (Economist 16.1.2010).

die südkoreanischen Autobauer mit der Errichtung von eigenen Werken in den USA. Mitte der 1990er folgte Daimler mit einem Werk in Tuscaloosa (Alabama) und BMW mit einem Werk in Spartanburg (South Carolina). In den letzten 20 Jahren wurden in den USA 17 Autofabriken von ausländischen Unternehmen eröffnet. Toyota produziert heute Trucks in Texas, Kia wählte Georgia als Standort, Honda und Hyundai sind in Alabama, Kentucky und Tennessee konnten Nissan und Toyota anlocken. Wie auch das neue Werk von VW (Chattanooga, Tennessee) liegen die Werke in den Südstaaten der USA. Dorthin lockten sie erstens die großzügigen Subventionen der Bundesstaaten –»verschwenderische Steuervergünstigungen, Investitionen in Infrastruktur und weitere Geschenke. Alles in allem hat der Bundesstaat (Alabama) Milliarden ausgegeben, um die Unternehmen anzuziehen. Laut UAW-Präsident Ron Gettelfinger wendet Alabama rund 175.000 US-Dollar pro Beschäftigten auf, um die Automotive-Jobs zu schaffen.« (Automobil-Produktion 1/2009, 54)

Dazu kommen die Lohnkosten, die im Süden deutlich niedriger liegen als in den alten Produktionsstätten im Norden der USA. So gehört South Carolina zu den ärmsten Bundesstaaten, dort verdienen die Menschen im Jahresdurchschnitt nur 30.000 US-Dollar (FTD 20.3.2009). Dies liegt einerseits an der ökonomischen Strukturkrise des Südens, zweitens an den geringeren Lebenshaltungskosten, und drittens sind im Gegensatz zum Norden der USA die Gewerkschaften im konservativen Süden schwach.»Alabama hat wie andere Südstaaten auch ›Recht-auf-Arbeit‹-Gesetze, die effektiv verhindern, dass die Gewerkschaft United Auto Workers die Werke infiltriert. Das heißt im Gegenzug deutlich geringere Löhne und Sozialleistungen.« (Automobil-Produktion 1/2009, 54)[39]

Über diese ausländischen Werke –»transplants« genannt – eroberten die asiatischen Hersteller den amerikanischen Markt, den die US-Autobauer zuvor dominiert hatten.»As foreign assemblers mastered high-quality manufacturing at competitive cost, they have thus been able zu penetrate the US market, through imports as well as through vehicles built in transplants.« (Senter/McManus 2009, 174) Durch geringere Löhne und höhere Produk-

---

[39] »A major tool in weakening efforts to unionize the labor force has been the ›right-to-work‹ laws, passed more than 40 years ago. These laws outlaw the ›closed shop,‹ which would force all workers to join a union when a majority of workers vote to be represented by the union. The idea behind the closed shop is to prevent what is called ›free riders‹, that is, workers who benefit from union contracts without having to pay to support the union efforts.« (Center for Governmental Services, Institute for Public Service and Policy Research, zit. n. http://en.wikipedia.org/wiki/Right-to-work_law#cite_note-Botsch_SCGP-6)

tivität konnten sie die gleiche Qualität billiger anbieten oder zum gleichen Preis wie die US-Hersteller Autos vermarkten, die eine bessere Qualität oder Ausstattung hatten. »Though Chrysler's vehicle designs won awards and were sales successes, its initial quality, durability and reliablity ratings were not at the levels of industry leaders such as Toyota oder Honda.« (Belzowski 2009, 207) Um mitzuhalten, boten GM, Chrysler und Ford den Kunden Preisnachlässe, was die Verluste erhöhte. Im Jahr 2003 verlor Chrysler an jedem verkauften Wagen in den USA knapp 500 US-Dollar, Ford verlor 48 US-Dollar, GM machte nur 180 US-Dollar Profit. Dagegen verdient Honda pro verkauftes Fahrzeug 1.500 US-Dollar, Toyota über 1.700 US-Dollar und Nissan sogar 2.400 US-Dollar.

Zwar setzten auch die US-Hersteller auf kleinere Autos und verbesserten ihre Produktivität. So versuchte GM bereits in den 1990er Jahren, den Opel Astra unter dem Namen Saturn Astra auf den amerikanischen Markt zu bringen – ohne Erfolg. Chrysler reduzierte zwischen 2001 und 2006 die Fertigungszeit für ein Fahrzeug um ein Viertel von durchschnittlich 44,3 auf 32,9 Stunden. Doch die Wettbewerber waren schneller. Ford musste 2007 seinen Rang als zweitgrößter Autobauer an Toyota abgeben, im Jahr 2008 zog der japanische Konzern auch an GM vorbei und wurde die globale Nummer Eins. Es ist also nicht zutreffend, dass die Ankunft der Japaner die verborgenen Schwächen der US-Autohersteller aufgedeckt hätte. Vielmehr war vor der Ankunft der Japaner die Konkurrenz geringer. Erst die Konkurrenz der ausländischen Marken machte aus den US-Autos »schlechte Autos«. So wurden insbesondere den Fahrzeugen von Chrysler über Jahre Qualitätsmängel attestiert. Dies reflektierte nicht so sehr die Tatsache, dass die Wagen von Chrysler nicht funktionieren. Sondern dass die Konkurrenz um sinkende Produktionskosten bei gleichzeitig hoher Qualität den US-Autobauer überrundet hatte. So rangierte Chrysler in Studien wie der J.D. Powers 2010 Vehicle Dependability Study (die Probleme von drei Jahre alten Fahrzeugen zählt) stets auf den hinteren Rängen (z.B. mit 166 Mängeln pro 100 Chrysler-Modellen). Wie gut oder schlecht ein Modell ist, bemisst sich stets im Vergleich zu den anderen Herstellern.

Und schließlich lässt sich nicht behaupten, dass die Autos der Big Three nicht gekauft würden. So stieg der Umsatz von GM zum Beispiel zwischen 1995 bis 2006 von 160 Mrd. US-Dollar auf 207 Mrd. US-Dollar. Das Ergebnis allerdings schrumpfte durch den Produktivitäts-, Lohnkosten- und Preiskrieg von 6,9 Mrd. US-Dollar auf minus zehn Mrd. US-Dollar.

Die ausländische Konkurrenz traf die US-Hersteller so hart, weil sie stark vom Inlandsmarkt abhängig waren. »What distinguishes General Motors from a number of foreign OEMs is that the company is more concentrated

in its home region.« (Senter/McManus 2009, 176) Chrysler verkauft 90%
seiner Autos in den Vereinigten Staaten. Diese Konzentration der US-Kon-
zerne auf ihren Heimatmarkt war fatal, da er schrumpft und die Big Three
mit der wachsenden ausländischen Konkurrenz um einen immer kleineren
Kuchen kämpfen.[40] Wurden 2005 in den USA noch 16 Mio. Pkw verkauft,
waren es 2008 noch 13 Mio. und 2009 nur noch 10,4 Mio. – und das auch
nur wegen der Abwrackprämie (Cash for clunkers). Im gesamten Branchen-
boom zwischen 1999 und 2007 ging die Zahl der in den USA produzierten
Autos um gut 17% zurück – dabei sind die in den USA tätigen ausländischen
Hersteller aus Asien und Europa mit berücksichtigt. Die geringeren Umsätze
und Gewinne verminderten die Möglichkeiten der US-Hersteller beträchtlich, im Kampf um neue Modelle, schnellere Produktionsverfahren und gigantische Marketingkampagnen mitzuhalten.

Darin unterscheiden sich die Big Three von ihren ausländischen Wettbewerbern, die sich auf einen stabilen Heimatmarkt als Umsatz- und Gewinn-
quelle verlassen können. So liegt der Marktanteil der japanischen Hersteller
in Japan bei rund 95%, der Marktanteil der deutschen Hersteller in Deutschland bei etwa 70%. Sie nutzen die Expansion nach Amerika als zusätzliche
Quelle von Gewinn. So stützt der japanische Exportboom seit Jahrzehnten
die Konjunktur. Dasselbe in Deutschland, wo die »Lohnzurückhaltung der
letzten Jahre Wettbewerbsfähigkeit des Produktionsstandorts Deutschland
stärkt« (Heymann 2007). Der US-Automarkt kommt zwar nur auf eine Im-
portquote von 35%, in Deutschland liegt sie bei 40%. Doch »für die USA
bedeutet dies angesichts einer Exportquote von 20 Prozent ein gehöriges Au-
ßenhandelsdefizit bei Automobilen, für Deutschland bei einer Exportquote von 60 Prozent umgekehrt einen gewaltigen Exportüberschuss« (ZEW
2009, 29). Attraktiv ist der US-Markt für die Hersteller weltweit aber aufgrund seiner Größe – selbst zu seinen Krisenzeiten war er noch drei Mal
größer als der deutsche.

Ideologie der Krise: Managerschelte, Kontrollillusion
und Konkurrenzideal
Pleiten und Verluste sind in der Marktwirtschaft zumeist Resultat der Konkurrenz. Unternehmensberater, Medien oder auch Branchenexperten jedoch
führen Erfolg und Misserfolg eines Unternehmens meist auf die Verfolgung

---

[40] Den Verdrängungskampf bebildern auch folgende Zahlen: Im Juni 2010 lag der
monatliche Absatz der japanischen Hersteller lediglich um 5% über dem Niveau von
Ende 1999, der der europäischen Hersteller nur um 4%. Der Absatz der Big Three
jedoch betrug nur noch die Hälfte.

einer »falschen« Strategie zurück. Anschließend wird diese »falsche« Strategie dann den führenden Personen des Unternehmens attribuiert. Misserfolge und Verluste gelten als Folge von »Fehlern« der Entscheider und der Grund für diese »Fehlentscheidungen« wiederum als Folge von Persönlichkeitsdefiziten der Manager. Ursache für Pleiten ist damit nicht länger der Wettbewerb der Unternehmen um Marktanteile. Stattdessen werden die zwangsläufigen Schäden der kapitalistischen Konkurrenz in vermeidbare Irrtümer der leitenden Angestellten uminterpretiert und darüber personalisiert. Das Schema ist simpel: Wer rote Zahlen schreibt oder wer nur eine geringe Rendite erwirtschaftet, der hat wohl die »falsche« Strategie verfolgt anstatt der »richtigen«. Auf der Suche nach der »richtigen« Strategie fällt der Blick logischerweise auf das Vorgehen der erfolgreichen Konkurrenten, deren Erfolg die Richtigkeit von deren Strategie beweist und ihr Management adelt. Aus diesem typisch marktwirtschaftlichen Personenkult erwächst die allgegenwärtige »Manager-Schelte« und der Zorn auf die »Nieten in Nadelstreifen«, die – gemessen an ihrem Misserfolg – natürlich stets zu viel verdienen (vgl. Kaufmann 2005).

Diese Kritik ist einerseits natürlich stets zutreffend. Wenn ein Unternehmen in der Konkurrenz unterliegt, hat es offensichtlich etwas getan, was weniger Erfolg gebracht hat als das, was die Konkurrenten getan haben. Insofern ist die Kritik billig. Andererseits ist sie falsch. Denn einen Wettbewerb ohne Verlierer gibt es auf Dauer nicht – schon gar nicht in einem überfüllten Segment wie dem Automarkt. Wenn dort ein Unternehmen Marktanteile gewinnt, muss ein anderes Marktanteile verlieren. Hinter der Kritik an »Management-Fehlern« steht dagegen allzu oft die implizite Annahme, jedes einzelne Unternehmen könnte erfolgreich sein, wenn es nur alles »richtig« macht anstatt falsch.

Es ist das Ideal einer Konkurrenz ohne Verlierer sowie die Annahme der Existenz einer für jeden Konkurrenten gangbaren Erfolgsstrategie. Manager-Kritiker unterliegen mithin der Kontrollillusion – der Illusion, jedes Management eines Unternehmens könnte mit »richtigen«/»klugen«/»weitsichtigen« Entscheidungen das Unternehmen sicher zum Erfolg führen. Negiert wird damit erstens, dass der Wettbewerb ein Gegeneinander ist, das logisch zur Entwertung von Kapital führt; und zweitens, dass der Erfolg eines Unternehmens nicht von den Entscheidungen seiner Manager und ihrer Strategie abhängt, sondern von ihrer Strategie *im Verhältnis* zur Strategie der Konkurrenten.

Sicher kann sich ein Unternehmen beispielsweise um Kostensenkung mit gleichzeitiger Qualitätsverbesserung *bemühen* und dabei sogar erfolgreich sein. Das hilft jedoch alles nichts, wenn es den Konkurrenten gelingt, die Kosten noch stärker zu senken und die Qualität noch stärker zu erhöhen. So erfand GM zwar die Plattform-Strategie, bei der verschiedene Modelle auf derselben Plattform gebaut werden, wodurch die Modellvielfalt kostengünstig gesteigert werden konnte. Diese Strategie wurde jedoch bald von den Wettbewerbern kopiert, wodurch der Vorteil von GM verloren ging. Letztlich gilt: Das Management eines Unternehmens kann sich nur um Erfolg bemühen, kontrolliert aber nicht den Weg dorthin.

Zwar lebt von der Illusion der Existenz einer sicher zum Ziel führenden Erfolgsstrategie eine ganze Branche – die Unternehmensberater. Doch existiert eine solche Strategie natürlich nicht. Das zeigt zum Beispiel ein Rückblick auf die Konzepte, die die Autobauer in den vergangenen Jahren verfolgten oder ihnen als Weg zur Spitze angetragen wurden.[41] Dazu gehören zum Beispiel »schlanke Produktion«; Automatisierung; Globalisierung der Bezugsquellen (global sourcing); Übernahme von Konkurrenten; Externalisierung (Konzentration auf Kernbereiche/Outsourcing/Verkauf von Unternehmensteilen); oder das Gegenteil, also Internalisierung (Diversifizierung/ Integration von vor- und nachgelagerten Phasen des Produktionsprozesses); Innovationsführerschaft; Preisführerschaft / billige Autos; Modularisierung/ Vereinheitlichung von Bauteilen und Modellen; oder das Gegenteil, also Flexibilisierung/Individualisierung des Angebots sowie die Konzentration auf ein Produktsegment oder das Gegenteil, also Verbreiterung der Produktpalette auf alle Fahrzeugklassen.

Die Kopie dieser »Erfolgsstrategien« von Konkurrenten misslang jedoch häufig. So versuchten die in der Konkurrenz zurückfallenden OEM aus den USA, Frankreich und Italien in den 1970er Jahren, dem japanischen Beispiel zu folgen und ihre Produktion stärker zu automatisieren – mit »enttäuschendem Ergebnis« (Freyssenet 2009, 8). Mit dem Aufstieg der asiatischen Autobauer in den 1970er und 1980er Jahren wurde das »pazifische Zeitalter« ausgerufen und die japanische Form des Team-Works und der dortigen Einstellung zur Arbeit (collective spirit) gelobt. Der Erfolg der japanischen Fabriken *in den USA* jedoch »war der Todesstoß für diese Erklärung des japanischen Aufstiegs« (ebd.) – die übrigens auch nicht erklären kann, warum einige Hersteller (Toyota, Honda) sehr erfolgreich waren, andere hingegen weniger (Mazda, Mitsubishi, Nissan), oder warum die japanischen Fabriken in den USA hohe Gewinne erwirtschafteten, wohingegen in Europa lange nur Verluste anfielen.

Bewundert wurden die japanischen Hersteller auch für ihre »schlanke Produktion«. Jedoch war auch sie keine monolithische Erfolgsgarantie, da

---

[41] Vgl. zum Folgenden: Freyssenet 2009, 7-37, Zitate in eigener Übersetzung.

sich hinter diesem Begriff gänzlich unterschiedliche Profitstrategien verbargen. So setzte Toyota zum Beispiel auf eine rigorose Produktionsplanung, wohingegen Honda seine Fertigung flexibilisierte, um bestimmte Innovationen als erster anzubieten und darüber Innovationsrenten zu erzielen. Diese Strategie wurde eine Zeit lang von Chrysler und Renault übernommen, der Erfolg hielt allerdings nur kurz.»Tatsächlich hat nie ein ›japanisches Produktiv-Modell‹ existiert, sondern nur eine Reihe unterschiedlicher Strategien und Kompromisse zwischen den Akteuren.« (ebd. 13)

Als weiterer Erfolgsweg galt lange die Externalisierung. Gefordert wurde von den OEM die Trennung von ihren unternehmensinternen Zuliefererbereichen. Die Idee dahinter: Sind die Zulieferer erst eigenständige Unternehmen, könnten die OEM mehr Druck auf sie ausüben, was diese zu höherer Produktivität und niedrigeren Kosten zwingt. So trennte sich GM Ende der 1990er Jahre von Delphi, was allerdings viele Probleme mit sich brachte. Denn einerseits zwang GM Delphi zu deutlichen Preisnachlässen, andererseits musste GM darauf achten, dass Delphi nicht pleite ging, da es der wichtigste Zulieferer war. Ergebnis: Wenige Jahre nach dem spin-off ging Delphi in die Insolvenz wie später auch GM. Toyota dagegen behielt seine Zulieferer im Konzern und stieg damit zum profitabelsten der großen Autobauer auf. Andere Hersteller verfolgten Mischstrategien – wiederum mit wechselndem Erfolg. Volkswagen hielt seinen Integrationsgrad konstant, Nissan verkaufte zunächst seine Zulieferer, vollzog dann aber wieder eine Wende.

Unterschiedliche Ergebnisse zeitigte auch die Erfolgsstrategie der Expansion durch die Übernahme von Konkurrenten: Der Kauf von Chrysler durch Daimler wurde rückgängig gemacht, ebenso wie die Übernahme von Saab durch GM, von Saab und Volvo durch Ford, von Rover durch BMW oder viele weitere. Andere Allianzen wiederum – Nissan-Renault, Renault-Dacia-Samsung, GM-Daewoo, Hyundai-Kia, Toyota-Daihatsu oder BMW-Mini – haben sich für die Konzerne gelohnt.

Den Weg zum Erfolg gibt es also nicht – auch wenn er immer wieder propagiert wird.[42] Dies liegt einerseits an der Konkurrenz der Hersteller, die dazu führt, dass sich bestimmte Strategien entwerten; andererseits daran, dass sich die verschiedenen Strategien teilweise widersprechen – zum Bei-

---

[42] Die Unfähigkeit, den sicheren Weg zum Erfolg zu weisen, zeigt sich auch im Ratschlag an Unternehmen,»wettbewerbsfähig« oder »zukunftsfähig« zu werden. Was wie eine Eigenschaft präsentiert wird, ist tatsächlich keine »Fähigkeit« (wie zum Beispiel Autofahren), sondern lediglich der als Eigenschaft eines Unternehmens formulierte Anspruch, in der Konkurrenz zu obsiegen.

spiel »Vereinheitlichung« und »Flexibilisierung« oder »permanente Kostensenkung« und »Qualitätsverbesserung«. Insgesamt stellt Freyssenet fest, dass es periodisch nicht nur zu spekulativen Blasen an den Finanzmärkten kommt, sondern ebenso zu »Theorie-Blasen«, bei denen bestimmten Management-Methoden wundersame Wirkungen zugeschrieben werden. Das Schimpfen über »Nieten in Nadelstreifen« verweist also weniger auf »Fehler« des Managements, sondern eher auf ein verbreitetes Harmonieideal, in dem eine Konkurrenz ohne Verlierer möglich ist, solange die Entscheider nur »richtig« entscheiden. »Die Marke mit dem Stern kann wieder auf die Beine kommen, wenn Daimlerchef Zetsche jetzt alles richtig macht.« (FTD 18.2.2010)

Der Beitrag der Arbeiter zur Rettung der Big Three
Soweit die Theorie bzw. die Ideologie. In der Praxis führen Verluste und Insolvenzen nicht zu einer Kritik der Konkurrenz um Kaufkraft und Lohnsenkung, sondern stacheln die Autobauer lediglich dazu an, den Anschluss an die Wettbewerber zu suchen. Dies geschieht auch bei den amerikanischen Konzernen. Für die Erreichung dieses Ziels machen sie ihre Belegschaft haftbar. Motor für die Sanierung ist – natürlich – eine massive Lohnsenkung. Diese erfolgt erstens über die Entlassung zehntausender Mitarbeiter. Ford entließ Anfang 2009 rund 90.000 Mitarbeiter, der Sanierungsplan von Chrysler sah den Abbau von 40.000 Jobs vor, bei GM sollten es 48.000 sein.
Doch auch jene, die ihren Job behalten, müssen künftig mit weniger auskommen. Ford hat zum Beispiel die Einstiegslöhne eingefroren mit dem Argument, Chrysler und GM hätten durch das Insolvenzverfahren Kostenvorteile erlangt. Das stimmt. Die Sanierung von Chrysler unterstützte die UAW durch eine Vereinbarung, nach der es für die Beschäftigten bis 2015 keine Prämien und keine Lohnerhöhung mehr gibt, Zuschläge für Überstunden/Wochenend-Arbeit werden beschränkt, die Pausenzeit wird von 46 auf 40 Minuten gesenkt, der Ostermontag ist als bezahlter Urlaubstag gestrichen ebenso wie die Leistungszuschläge und Weihnachtsgeld 2009 und 2010. Alle Vereinbarungen über Lohnerhöhungen aus dem Jahr 2007 sind aufgehoben. Neueingestellten wurde der Lohn um die Hälfte gekürzt und ihre Einstellung bis 2015 befristet. So drücken sich GM, Chrysler und Ford gegenseitig Lohnsenkungen auf. Um mit den ausländischen Konkurrenten mitzuhalten, senken sie das Einkommen ihrer Belegschaft auf ein wettbewerbsfähiges Niveau.
Eine besondere Rolle bei der Gesundung der Konzerne spielen die Gewerkschaften beziehungsweise die betriebliche Alters- und Gesundheitssicherung. Hintergrund ist, dass die US-Autobauer sich zur Zahlung der

Gesundheitsausgaben ehemaliger GM-Arbeiter und deren Angehöriger verpflichtet hatten. Derartige betriebliche Vorsorge ist in den USA notwendig, wollen Amerikaner im Alter eine über die Minimalversorgung hinausgehende Krankenversicherung (Medicare) haben. Diese Verpflichtung bedeutete für die Big Three jedoch einen gravierenden Kostennachteil gegenüber den ausländischen Konkurrenten, deren Belegschaft keine derartigen betrieblichen Leistungen erkämpft hatten. Sieben Mrd. musste GM beispielsweise jedes Jahr für seine 400.000 Pensionäre auftreiben. Bei Chrysler lagen 2007 die Arbeitskosten um 1.000 US-Dollar je Auto höher als bei Toyota (Focus 16.6.2007). Das Bestreben der amerikanischen Autokonzerne ging daher stets in die Richtung, ihre Soziallasten abzubauen. Die Renten- und Gesundheitsleistungen wurden dabei in besonderem Maße als Hebel eingesetzt. Bereits 2007 einigten sich Ford, GM und Chrysler mit der UAW auf die Einrichtung von VEBA-Fonds. Ziel war es, die Kosten für die Versorgung ehemaliger Angestellter auf die gewerkschaftlichen Gesundheitsfonds zu übertragen. Dafür versprachen die drei Hersteller, rund 54 Mrd. US-Dollar in die Fonds einzuzahlen.

Diese Zahlung brachte verschiedene Vorteile für GM, Chrysler und Ford. Erstens waren sie mit der Einrichtung der VEBA die Soziallasten ein für alle Mal los. Künftige Kürzungen – sollte das Vermögen der Fonds nicht ausreichen[43] – muss die Gewerkschaft ihren Mitgliedern erklären. Im Falle Chryslers war die UAW 2009 gezwungen, die Leistungen des Fonds drastisch zu verringern. Zahnbehandlungen etwa werden nicht mehr ersetzt. Zweitens war bereits mit der ursprünglichen Summe von 54 Mrd. US-Dollar eine ansehnliche Einsparung verbunden. Mit ihr entlasteten sich GM, Ford und Chrysler nicht nur von sieben Mrd. US-Dollar an jährlichen Gesundheitsausgaben für ihre verrenteten Beschäftigten, sondern auch von etwa 87 Mrd. US-Dollar an künftigen Verpflichtungen (Bloomberg 21.8.2009) – Milliarden, die kranke RentnerInnen den Autokonzernen quasi schenkten. Drittens waren die Autokonzerne in der Lage, ihre Zuwendungen an den VEBA zu verringern. Aufgrund der Krise des Konzerns durfte Chrysler statt der eigentlich fälligen zwölf Mrd. US-Dollar nur 8,6 Mrd. US-Dollar in den Fonds einzahlen. Die Gewerkschaft erließ dem Konzern also 3,4 Mrd. US-Dollar. Im Jahr 2009 wurden die Beiträge der Konzerne an den VEBA abermals verringert.

---

[43] Schon die Entwicklung der Zahlen macht dies wahrscheinlich. Im Jahr 2007 hatte die UAW über 530.000 verrentete Auto-Beschäftigte und Angehörige, für die Zahlungen vorgenommen werden mussten. 2009 waren es schätzungsweise 675.000 (Bloomberg News 21.8.2009).

Viertens entstand mit den VEBA ein Kapitalpool, dessen Milliarden für die Sanierung der Autokonzerne funktionalisiert werden konnte.

So unterzeichnete die UAW Ende April 2009 ein Abkommen mit dem Chrysler-Management über den Beitrag der ArbeiterInnen und RentnerInnen zur »Rettung« des Unternehmens. Die US-Regierung hatte dieses Abkommen zur Voraussetzung für eine Staatshilfe von acht Mrd. US-Dollar gemacht. Die Hälfte des VEBA-Vermögens von Chrysler wurde in Aktien des neu strukturierten Chrysler-Konzerns umgewandelt. Dafür bekamen die MitarbeiterInnen 55% der Aktien des Konzerns.[44] Diese Mehrheit bedeutete aber nicht, dass die Gewerkschaft den Betrieb übernahm – sie durfte nur ein Vorstandsmitglied stellen und erhielt keine weiteren Managementrechte. Im Vorstand dominieren die US-Regierung, Fiat und die kanadische Regierung. Profiteur dieser Regelung war Fiat. Der italienische Konzern übernahm die Kontrolle über das operative Geschäft von Chrysler.

Im Falle GM wurde aus 20 Mrd. US-Dollar, die der Autokonzern dem VEBA-Fonds schuldete, eine 17,5%ige Beteiligung der Gewerkschaft an dem Unternehmen. Wie groß der Gewerkschaftsanteil an Ford sein wird, ist noch unklar: Anfang 2009 einigte sich Ford mit der UAW darauf, dass der Konzern seine Zahlung in den VEBA-Fonds künftig zur Hälfte mit Aktien bestreiten und so seine Finanzen schonen darf. Insgesamt beteiligte sich die UAW im ersten Halbjahr 2009 mit 21 Mrd. US-Dollar an den Autokonzernen bzw. an deren Rettung. Die Automobilhersteller wiederum konnten im Insolvenzverfahren »Altlasten abwerfen und haben nun Kostenstrukturen, die ihnen selbst bei einem Absatzniveau weit unter den Spitzenwerten vor der Wirtschaftskrise Gewinne ermöglichen« (FAZ 17.5.2010).

All dies verstärkt den Preisdruck auf dem US-Markt über alle Fahrzeugsegmente und darüber den Druck zu Produktivitätssteigerungen und (relativer) Lohnsenkung. »While hourly labor costs at the Detroit automakers are down to 55$ from about 75$, that total still exceeds Toyota's 50$ for U.S. workers.« (Bloomberg 22.4.2010) Folge dürften erstens weitere Produktionsverlagerungen in den kostengünstigen Süden der USA sein und zweitens

---

[44] … und machten dabei ein schlechtes Geschäft. Die Chrysler-Beschäftigten erhielten nur 43 Cents für jeden »investierten« Dollar. Ihr Aktienpaket wird durch das US-Finanzministerium verwaltet. Vereinbart wurde zwar, dass die UAW ihre Aktien wieder verkaufen kann, wenn der Handel mit Chryslerpapieren wieder anläuft. Allerdings darf sie dadurch nur 4,25 Mrd. US-Dollar erzielen. Alles, was darüber hinausgeht, muss sie an die US-Regierung abtreten. Dies war die Gegenleistung der Gewerkschaft für die staatlichen Hilfskredite.

eine weitere Angleichung der Verdienste im Norden an das südliche Niveau – also eine fortschreitende Lohnsenkung.

2.4 2010: Der überraschende Boom

Der Aufschwung der deutschen Hersteller setzte bereits im August 2009 ein. Das Wachstum im Jahr 2010 hat jedoch die gesamte Branche überrascht. Dank hoher Nachfrage aus China lag die Pkw-Produktion in Deutschland in den ersten fünf Monaten 2010 bereits wieder ein Viertel über dem Vorjahreswert. Laut VDA-Prognose wird der weltweite Pkw-Markt 2010 um knapp zwei Mio. auf 59 Mio. Einheiten zulegen. Optimistischer ist die Unternehmensberatung PriceWaterhouseCooper: Sie rechnete im Juli 2010 mit einem globalen Wachstum der Produktion von 20% auf fast 69 Mio. Fahrzeuge, womit das Niveau des Jahres 2008 überschritten würde.

Die globale Auto-Konjunktur ist jedoch gespalten. In *Westeuropa* fällt die Entwicklung wegen des Auslaufens der Förderprogramme schwach aus, da mit den Abwrackprämien Autokäufe lediglich auf das Jahr 2009 vorgezogen worden waren. PSA-Chef Philippe Varin geht daher davon aus, dass der europäische Markt im Jahr 2010 um 9% zurückgeht (dpa, 10.2.2010), die Nord/LB rechnet mit einem Minus bei den Pkw-Verkäufen von 10% bis 15% in Westeuropa (Branchennews Automobile Januar 2010). Für *Deutschland* erwartet der VDA, dass sich der Inlandsmarkt nach 3,8 Mio. Neuzulassungen 2009 auf 2,75 bis 3,0 Mio. Fahrzeuge »normalisieren« wird – das entspricht einem Minus von 20% bis 30% und liegt immer noch deutlich unter den Zahlen zwischen 1995 bis 2007. In den ersten fünf Monaten 2010 war der Markt fast ein Drittel kleiner als im Vorjahreszeitraum. »Die Realität kehrt zurück und offenbart, dass die Automobilbranche nicht allein von der Finanzkrise gebeutelt wurde.« (Berliner Zeitung 7.1.2010)

Wie hoch die Produktion der deutschen Autobauer sein wird, hängt also von der Entwicklung auf den Auslands- und Exportmärkten ab. Für die *USA* erwartet der VDA ein Wachstum um 12% auf 11,5 Mio. Light Vehicles. Damit liegt der US-Markt aber noch weit unter seinem Stand vor einigen Jahren. Das globale Wachstum kommt vor allem aus den Schwellenländern. Im Januar 2010 wurden in China 1,06 Mio. Autos zugelassen und damit erstmals mehr als in ganz Westeuropa (1,03 Mio.). Insgesamt wird der chinesische Markt 2010 nach VDA-Prognosen um 20% und der indische um 12% zulegen. »Damit ist klar erkennbar, dass sich die automobilen Gewichte auf den Weltmärkten verschieben. Die Bedeutung der asiatischen Märkte wird immer größer. Wer, wie die deutschen Hersteller und Zulieferer vor Ort präsent ist, wird zu den Gewinnern gehören.« (VDA-Pressemitteilung 2.3.2010) Die deutschen Hersteller dürften in China 2010 insgesamt –Vor-

Ort-Produktion und Export zusammengenommen – ihren Absatz um 18% auf 1,7 Mio. Fahrzeuge erhöhen.

Dieser Trend des Jahres 2010 wird sich fortsetzen: Dem Wachstum in den Emerging Markets steht eine Flaute in den etablierten Märkten gegenüber. So wird laut Dudenhöffer der jährliche Pkw-Verkauf global bis 2025 auf 87 Mio. ansteigen (Dudenhöffer 2010, 11). In 15 Jahren würden dann weltweit 61% (33 Mio. Pkw) mehr Autos verkauft als im Jahr 2005. Die gesättigten Triade-Märkte (USA-Kanada, West-Europa, Japan) verharren laut Prognose auf dem aktuellen Niveau von weniger als 39 Mio. Verkäufen.[45] In Deutschland ist »davon auszugehen, dass der motorisierte Individualverkehr, anders als der Straßengüterverkehr, bestenfalls noch verhalten wachsen wird« (VDA 2009, 99). Der Zuwachs des Weltautomarkts gehe komplett auf das Konto der Emerging Markets – vor allem China, Indien sowie von Anrainerstaaten wie Russland oder Vietnam. Der Anteil der Emerging Markets am Weltautomarkt soll von knapp 31% im Jahr 2005 auf 55% im Jahr 2025 steigen (Dudenhöffer 2010, 11).

VDA-Präsident Wissmann lobt daher die »Doppelstrategie der deutschen Hersteller – Steigerung des Exports bei gleichzeitigem Aufbau der Auslandsfertigung«. In den vergangenen 15 Jahren hätten die deutschen Hersteller ihre Inlandsfertigung nur um 50% gesteigert, der Export wurde verdoppelt und die Auslandsproduktion sogar verdreifacht (VDA-Pressemitteilung 2.3.2010). Im laufenden Jahr würden erstmals mehr Autos deutscher Konzerne an internationalen Standorten gefertigt als im Inland.[46]

Zu den geografischen Wachstumsmärkten kommen die technischen Wachstumsmärkte, die vor allem von strengeren Umweltschutzauflagen bestimmt werden. So wird laut Dudenhöffer die Zahl der verkauften Autos mit reinem Verbrennungsmotor zwischen 2010 und 2025 von 55,1 auf 30,8 Mio. sinken. Die Anzahl der Hybrid-Autos steigt dagegen von 840.000 auf knapp 52 Mio. Batteriebetriebene Pkw legen von Null auf 4,4 Mio. zu, Brennstoffzellen-Pkw von Null auf 300.000 Kleinwagen (Dudenhöffer 2010). Dies sind natürlich nur unsichere Schätzungen, die zugleich Hoffnungen der Autobauer repräsentieren.

---

[45] Uneinigkeit besteht jedoch hinsichtlich des nordamerikanischen Marktes. So rechnet Volkswagen dort mit einem Wachstum um die Hälfte auf 19,5 Mio. Einheiten bis 2018.

[46] Die Bedeutung der Auslandsproduktion für die deutschen Hersteller sieht man auch an folgenden Zahlen: So sank der Anteil der in Deutschland hergestellten Pkw am Weltmarkt zwischen 1998 bis 2007 von 11,7% auf 9,5%. Der globale Marktanteil der Gesamtproduktion der deutschen Hersteller dagegen stieg von 18,0% auf 18,2% (Ifo-Schnelldienst 5/2010).

Und schließlich konzentriert sich die Konkurrenz der Hersteller um Marktanteile bei kleineren Autos. »Die größte Hoffnung für die Zukunft wird in das Kleinwagensegment gesetzt.« (Ernst&Young European Automotive Survey 2009) Expansion in die Schwellenländer, Entwicklung neuer Antriebe, Ausbau der Modellpalette nach unten – all das verschlingt gigantische Investitionssummen. »Den Unternehmen, die jetzt den Anschluss verpassen, weil sie die enormen Innovationskosten nicht finanzieren können, könnte mittelfristig das Aus drohen.« (ebd.)

Es ist also keineswegs geklärt, für wen diese Investitionen rentable Ausgaben sind und für wen bloße Kosten. Denn einerseits erholt sich der Weltautomarkt und es existieren einzelne Wachstumssegmente. Demgegenüber steht jedoch, dass die Hersteller ihre globalen Überkapazitäten kaum abgebaut haben. Zwar sieht laut Ernst&Young-Umfrage die Hälfte aller Automanager die Reduzierung der Überkapazitäten als »sehr wichtig« an, um aus der Krise zu kommen. Gleichzeitig meint damit jeder Hersteller die anderen. Folge: Eine echte Reduktion gab es in der jüngsten Krise lediglich – gezwungenermaßen – bei den US-amerikanischen Konzernen. Hier wurden Fabriken geschlossen, zehntausende Stellen gestrichen und Marken eingestellt. Das Problem bleibt also dasselbe wie zuvor: Zu große Kapitale kämpfen um die beschränkte Kaufkraft der Kunden. Das Wohl und Wehe der großen Autonationen – insbesondere in Europa – hängt am Weltmarkt, um den alle konkurrieren. »Taking the five largest Western European Countries as a whole, capacity currently exceeds trend sales by around 20% and this situation may endure over the medium term. Even if manufacturers in this region were able to obtain 100% domestic market share (which is unlikely due to imports), this would imply that they would have at a minimum spare capacity of around 10% that would need to be exported outside the area in order to maintain capacity utilisation at around 90%. In other words, these countries as a whole must obtain market share outside their home markets to avoid an excess capacity situation.« (OECD 2010, 24)

Den Herstellern in den USA, Kanada und Mexiko drohen Überkapazitäten ab einem heimischen Marktanteil unter 60%. Das scheint möglich, da ihr Marktanteil bei etwa 70% liegt. Gleichzeitig jedoch haben die Hersteller aus Asien und Europa Marktanteilsgewinne in den USA fest als ihr Wachstum eingeplant. »Automakers in the NAFTA area would need to halt their decline in domestic market share or to rely increasingly on exports in order to avoid excess capacity. The fortunes of Korean and Japanese auto firms are heavily tied to world markets as they export a large part of their production. Maintaining their high levels of capacity utilisation will require them to keep up their strong export performance.« (OECD 2010, 2)

Trotz des überfüllten Marktes nimmt sich jeder einzelne Konzern und jedes einzelne Produktionsland vor, letztlich gestärkt aus der Dauerkrise hervorzugehen und das bedeutet, die notwendige Entwertung auf die anderen abzuwälzen. »Die Karten werden neu gemischt werden und Deutschland wird noch stärker darauf achten müssen, dass es vorne mit dabei ist«, sagte Bundeskanzlerin Angela Merkel im Mai 2009 auf dem Kongress »Deutschland – eine Generation weiter. Die Zukunft hat schon begonnen« des Stifterverbandes für die Deutsche Wissenschaft. (Bulletin der Bundesregierung Nr. 59.2)

Und auch der VDA macht eine Kampfansage: »Ziel der deutschen Automobilindustrie muss sein, gestärkt aus dieser außerordentlich schwierigen Phase hervorzugehen.« (VDA 2009, 14) Um dies zu erreichen, setzen alle Hersteller in allen Ländern auf die bewährten Strategien. Hier ein kursorischer Überblick insbesondere über die Pläne der deutschen Konzerne.

Im folgenden Kapitel ist viel von den Plänen der Autobauer die Rede, die diese öffentlich gemacht haben. Diese Prognosen und Ankündigungen sind nicht als bloße Werbemaßnahmen abzutun, da die Konzerne auf ihre Aktionäre Rücksicht nehmen müssen. Erweisen sich die Prognosen als zu optimistisch, nimmt dies die Börse übel und der Aktienkurs sinkt. Auch zu pessimistische Vorhersagen werden von den Anlegern nicht goutiert, da diese den Anschein erwecken, die AG hätte ihren eigenen Markt nicht im Griff. Aktiengesellschaften sind mithin zu einer Form des Erwartungsmanagements gezwungen. Einerseits wollen sie mit optimistischen Prognosen die Börse beeindrucken, andererseits dürfen die Erwartungen nicht zu hoch geschraubt werden.

3. Strategien der Hersteller: Zukunftssicherung und Vorbereitung der nächsten Krise

Die globale Überakkumulation spürt jeder einzelne Hersteller als verschärfte Konkurrenz um Marktanteile. Dieser Konkurrenz begegnet er, indem er seine Anstrengungen verstärkt. Sein Ziel ist dasselbe wie vor der Krise: Marktanteile gewinnen, die Konkurrenz schlagen. Und auch die Mittel sind die alten: Jeder Hersteller plant Produktoffensiven und »Modellfeuerwerke« in allen Segmenten. Das erfordert hohe Investitionen – ebenso wie die verschärften Umweltauflagen und der Kampf um die Spitzenstellung bei neuen Antrieben wie Elektro oder Hybrid. Um sich im Wettbewerb durchzusetzen, treiben die Konzerne ihre Produktivität weiter nach oben, senken ihre Kosten, besetzen Wachstumsmärkte wie China oder Indien, erhöhen den Druck auf

Belegschaft und Zulieferer und zielen über Kooperationen und Fusionen mit anderen Herstellern auf Kostensenkungen.

Für die deutschen Autobauer gibt der VDA die Marschrichtung vor. »Der Erfolg der deutschen Automobilindustrie basiert auf dem konsequenten Verfolgen der Innovationsstrategie, über *alle* Segmente hinweg, in allen Bereichen und Belangen.« (VDA 2009, 73) Mittel hierfür seien »kürzere Modell-Lebenszyklen und die weiter steigende Individualisierung von Fahrzeugen«, eine »erhöhte Variantenvielfalt« und »immer kürzere Innovationszyklen« (VDA 2010, 53) – und das kostet Geld. Trotz aller Kostensenkungen werden die Autobauer in den kommenden Jahren viel investieren. Gespart wird hier nicht. Selbst im Krisenjahr 2009 investierten die deutsche Autoindustrie mit 20,9 Mrd. Euro eine Rekordsumme – ein Plus von 4,4%. Damit erreichten die FuE-Investitionen der Autobranche mehr als 36% des Wertes der gesamten deutschen Industrie (VDA-Pressemitteilung 27.12.2009).

3.1 Kampf um das Premiumsegment und Kleinwagen

Am meisten hat sich Volkswagen vorgenommen. Mit seiner »Strategie 2018« will der Konzern Toyota überholen und »bis 2018 ökonomisch und ökologisch zum weltweit führenden Automobilhersteller werden« (VW-Pressmitteilung 3.2.2010) (Tabelle 9).

Ziel ist die Ausweitung des Marken- und Produktportfolios, eine Spitzenposition bei der Qualität, die Stärkung der globalen Präsenz, weitere Kostensenkungen und die Entwicklung umweltfreundlicher Antriebe. Von 2007 bis 2018 soll der Absatz um fünf Mio. Fahrzeuge auf 11,2 Mio. erhöht werden. Allein die Kernmarke VW soll ihren Absatz von 3,6 auf mindestens 6,5 Mio. steigern. Die Produktivität soll jedes Jahr um 10% zulegen. Auf sämtlichen geografischen Märkten will VW seine Marktanteile halten oder ausbauen. Insgesamt prognostiziert VW ein Anwachsen des Welt-Automarkts um 20 Mio. auf 90 Mio. – ein Viertel dieser Zuwächse will VW auf sich vereinnahmen.

Das Offensivprogramm der Wolfsburger setzt die gesamte Branche unter Druck. »The relentless pace at which VW continues to churn out an unending succession of new models across its unmatched stable of brands, each one keenly priced and brimming with showroom appeal, has shaken the rest of the industry.« (Economist 12.12.2009, 71)

Bei seiner Produktpolitik will VW 2010 »seine Modelloffensive fortsetzen« (VW-Prognosebericht 2010) und konzernweit mehr als 60 neue oder überarbeitete Modelle auf den Markt bringen. Für die Jahre 2010 bis 2012 plant der Konzern Sachinvestitionen über 20 Mrd. Euro. Gleichzeitig sollen alle Antriebsarten bedient werden – von Verbrennungsmotoren über Erdgas-

Tabelle 9: Die fünf größten Autohersteller 2009 weltweit

OEM	verkaufte Fahrzeuge in Mio.		Marktanteil in %	
	2009	1999	2009	1999
Toyota	7,81	5,46	12,8	9,8
GM	7,36	8,42	12,1	15
VW Group	6,29	4,78	10,3	8,5
Renault/Nissan	6,09	4,8	10	8,6
Hyundai/Kia	4,76	2,1	7,8	3,8
Ford	4,7	6,64	7,7	11,9
Honda	3,39	2,43	5,6	4,3
PSA	3,19	2,52	5,2	4,5
Suzuki	2,39	1,52	3,9	2,7
Fiat	2,27	2,63	3,7	4,7
Daimler	1,61	4,83*	2,6	8,6*
BMW	1,29	1,15	2,1	2
Chrysler	1,24	–*	2	–*
Mazda	1,09	0,97	1,8	1,7
Mitsubishi	0,91	1,56	1,5	2,8

* DaimlerChrysler
Quelle: OICA, Automobil-Produktion, eigene Berechnungen

fahrzeuge, Hybride und Elektroautos. Die Umsatzrendite soll dann bei 8% und die Kapitalrendite bei 20% liegen.[47]

Expansion steht allerdings auch bei allen anderen Herstellern auf dem Programm, auch im schrumpfenden Heimatmarkt der deutschen Konzerne. So will der US-Hersteller *Ford* trotz lokaler Absatzkrise seinen Marktanteil in Deutschland halten. *Toyota* hat nach seinem Rückruf-Desaster Anfang 2010 eine Qualitätsoffensive gestartet und will in Deutschland seinen Marktanteil von unter 3% Anfang 2010 bis 2015 auf 5% erhöhen (Berliner Zeitung 31.3.2010). Der koreanische Hersteller *Hyundai* plant eine großangelegte Modelloffensive in Europa. Insbesondere den stagnierenden bis schrumpfenden VW-Heimatmarkt Deutschland haben die Koreaner als ei-

---

[47] Die Umsatzrendite ist, üblicherweise, der Anteil des Vorsteuergewinns am Umsatz. Diese Gewinnmarge gibt an, wie viel vom erzielten Preis eines Autos als Überschuss beim Hersteller verbleibt – in welchem Maße also ein Auto seinen Zweck erfüllt, Mittel des Profits zu sein. Eine Marge von 8% ist ein ambitioniertes Ziel für VW – 2008 lag sie laut Angaben der Bank M.M. Warburg bei 5,8% und 2009 bei 1,2%.

nen »Kernwachstumsmarkt« identifiziert (dpa 24.2.2010). Innerhalb der nächsten zwei Jahre sollen hier zehn neue und überarbeitete Modelle eingeführt werden.

Das gleiche hört man von den europäischen Wettbewerbern. Zwar rechnet *Peugeot Citroën* mit einem Rückgang des europäischen Automarktes von 9% im Jahr 2010, gleichzeitig hat der Konzern aber angekündigt, seinen Marktanteil mithilfe neuer Modelle zu steigern (Reuters 21.4.2010). *Fiat* rechnet mit einer Schrumpfung des europäischen Marktes um 15%, investiert aber mehr als acht Mrd. Euro in Anlagen und die Entwicklung neuer Fahrzeuge in den nächsten zwei Jahren (zwei Drittel davon in Italien). Der Konzern will 17 neue Modelle einführen und 13 verbesserte Modelle auf den Markt bringen (Bloomberg News 21.4.2010). Und schließlich hat auch GM den europäischen Markt – auf dem die Unternehmensberatung PriceWaterhouseCoopers die Produktionsüberkapazitäten Anfang 2010 auf satte 50% des Marktes schätzte (Bloomberg News 13.1.2010) – für die Sanierung seiner Tochter *Opel* verplant. Mit 3,3 Mrd. Euro will der US-Autobauer Opel wieder profitabel machen. Dazu sollen bis 2014 elf Mrd. Euro in neue Modelle, insbesondere Kleinwagen, investiert werden.

Insgesamt wird also deutlich: Weder wird es allen Herstellern gelingen, in einem schrumpfenden Markt ihre Verkäufe zu steigern, noch ist es für alle möglich, Marktanteile zu gewinnen. Die Pläne der Konzerne liegen über dem, was die Realität hergeben wird.

Mercedes und BMW – die Probleme der deutschen Premiumanbieter
Mit einem besonderen Problem bei der Krisenbewältigung sind die Premiumhersteller BMW und Mercedes konfrontiert. Galten sie einst als das »Ertragsrückgrat der deutschen Automobilindustrie« (McKinsey Pressemitteilung 25.2.2010), so lässt inzwischen die zunehmende Konkurrenz ihre Gewinnmargen schrumpfen. Die Regel »big cars, big profits« gilt nicht mehr. »Das Premium-Segment steht unter massivem Druck« (ebd.). Die erzielbaren Preisaufschläge von Premiumanbietern gegenüber den billigsten funktional gleichwertigen Modellen hätten in der Vergangenheit bis zu 35% betragen. Dies sicherte die Profitabilität der Oberklasse-Hersteller. Doch nun ändern sich die Zeiten. Denn innerhalb bestehender Premiumsegmente werden immer kleinere Autos entwickelt. Premiumhersteller liefern längst nicht mehr nur Oberklasse-Limousinen, sondern haben in den vergangenen Jahren eine Strategie des Vollsortiments umgesetzt und sich in sich in kleinere Fahrzeug-Klassen gewagt. In der Kompaktklasse, wo beispielsweise der VW-Golf beheimatet ist, ist Mercedes mit der A-Klasse und BMW mit seinem 1er präsent. In diesen Segmenten allerdings sind die Gewinne pro verkauftes Stück

relativ niedrig – weswegen hohe Verkaufszahlen erreicht werden müssen, um die hohen Fix- und Entwicklungskosten zu decken. Gleichzeitig drängen weitere Wettbewerber in das Segment. So plant Ford einen Kompaktwagen, um »die Palette nach unten abzurunden« (dpa 3.6.2010). Und auch Toyotas Luxusmarke Lexus will mit dem CT200 erstmals einen Kompaktwagen unters Volk bringen.

Umgekehrt stoßen Volumen-Hersteller wie VW oder Peugeot mit großen und teuren Wagen in den Markt von BMW und Daimler vor, wodurch die Margen sinken.[48] Zudem verlieren Premiummodelle an Exklusivität. Die Technologie der einzelnen Hersteller gleicht sich an. Einst lagen noch sieben Jahre zwischen dem Ersteinsatz des Antiblockiersystems in der Mercedes S-Klasse und der Ankunft im Massenmarkt. Heute hingegen werden Innovationen, »einmal im Premiummarkt eingeführt, in kürzester Zeit – manchmal innerhalb weniger Monate – aufgeholt und für den Massenmarkt kopiert« (Süddeutsche Zeitung 4.1.2010). Ergebnis: Selbst in traditionellen volumenträchtigen Kleinwagensegmenten finden sich heute Premiumfahrzeuge.

Da alle Hersteller mittlerweile alle Segmente bedienen wollen, lässt die verschärfte Konkurrenz die Gewinnspannen sinken. Folge: Das Erreichen einer hohen Stückzahl wird vermehrt zur Bedingung für hohe Gewinne, auch weil die Kleinwagenentwicklung nicht mehr mit den hohen Gewinnen aus dem Oberklasse-Segment finanziert werden kann. »Um gegenzusteuern, sollen höhere Stückzahlen die schrumpfenden Margen ausgleichen.« (Süddeutsche Zeitung 4.1.2010) Daher geraten alle Hersteller unter Druck, immer mehr Autos zu verkaufen.

Mercedes hat angekündigt, in diesem und im nächsten Jahr 16 neue bzw. überarbeitete Modelle auf den Markt zu bringen. In der Kompaktklasse sind erste Nachfolgemodelle der A- und B-Klasse für Ende 2011 angekündigt. Der Gewinnbringer – die E-Klasse – wurde ebenfalls neu überarbeitet, bekommt aber harte Konkurrenz durch den neuen 5er von BMW. Nun will

---

[48] Peugeot baut derzeit seinen ersten Sportwagen, das Coupé RCZ, als Konkurrent zum Audi TT. Dabei ist der ganze Erfindungsreichtum der Ingenieure gefragt. »Die kleinen Benzinmotoren aus einer Gemeinschaftsentwicklung mit BMW haben nur 1,6 Liter Hubraum... Da solch kleinvolumige Motoren nicht über den nötigen Klangkörper verfügen, um sonores Sportwagenbrummen zu erzeugen, bedient sich Peugeot eines vom Motor beatmeten Blasinstruments, das auch BMW einsetzt: Beim Beschleunigen wird Ladeluft aus dem Turbo in einen Nebenkanal geleitet, wo sie unmittelbar an der Spritzwand zum Innenraum einer Membrane kehlige Klänge entlockt. So trompetet mit jedem Gasstoß die akustische Illusion eines Rennmotors alter Schule ans Ohr der Insassen; draußen ist davon nichts zu hören.« (Spiegel 22.3.2010)

Mercedes wieder gegenüber seinen Rivalen BMW und Audi aufholen. Beim weltweiten Absatz hatte BMW Mercedes bereits 2005 überholt, 2010 dürfte Audi am ehemaligen Spitzenreiter vorbeiziehen. Auf 1,5 Mio. Pkw der Marken Mercedes-Benz, Smart, Maybach und AMG soll der Absatz bis 2015 steigen – von 1,09 Mio. 2009. Das ist ambitioniert.»Damit hat sich (Daimler-Chef) Zetsche auf eine Wachstumskurve festgelegt, die eher für einen Volumen- als für einen Premium-Autobauer wie Daimler typisch ist... In den vergangenen Jahren zehrte der Konzern von hohen Gewinnmargen, die nun abzuschmelzen drohen. Denn ohne den vermehrten Verkauf von Klein- und Kompaktwagen dürfte die Absatzmarke von 1,5 Mio. Pkw schwer zu knacken sein... Frischer Wind wird erst 2012 mit der Erneuerung der Palette in das margenschwache Klein- und Kompaktwagen-Segment kommen. In der rentableren Oberklasse preschen dagegen die Konkurrenten BMW und Audi jetzt mit neuen Modellen vor.« (Reuters 17.2.2010)

Um seine Position bei kleineren Wagen zu stärken und BMW und Audi KäuferInnen abzujagen, investiert Daimler mehr als 1,4 Mrd. Euro. Um die Produktionskosten zu senken, lässt der Konzern in Ungarn ein neues Werk für die A-und B-Klasse hochziehen, bis zu 250.000 Wagen sollen dort gebaut werden. In dem Werk südlich von Budapest liegen die Kosten je Arbeitsstunde bei etwa acht Euro und betragen damit nur ein Sechstel des deutschen Niveaus (Berliner Zeitung 5.1.2010). Bis zum Jahr 2013 will der Konzern seine Rentabilität bei Mercedes-Benz Pkw deutlich steigern. Dann werde der Autobauer vor Steuern und Zinsen erstmals eine Rendite von 10% erzielen (Reuters 28.5.2010). Bisheriger Spitzenwert bei der operativen Rendite (operativer Gewinn: Umsatz) war das Geschäftsjahr 2007 mit 9,1%. 2008 waren es 4,4%.»Das Daimler-Management weiß, dass ein kleiner Gewinn 2010 nicht reichen wird, um langfristig konkurrenzfähig zu bleiben. Dafür muss die Premiummarke Mercedes modernste Technologie in bester Qualität anbieten und die Produktionskosten gleichzeitig niedrig halten. Kooperationen und Produktionsverlagerungen sind zwei Voraussetzungen dafür.« (FTD 18.2.2010)

BMW will mithilfe eines strikten Sparkurses und der neuen 5er-Limousine seine mittelfristigen Ziele trotz des schwierigen Marktumfelds erreichen. Insgesamt erneuert BMW in den kommenden zwei Jahren fast 60% seiner Modellpalette – alle Autos sollen zu geringeren Kosten produziert werden. Wie Daimler setzt auch BMW auf kleinere Wagen. Der Konzern ist seit Jahren mit der Retro-Marke Mini und mit dem 1er in diesem Segment aktiv. Nun will er seine Palette nach unten ausweiten und plant eine Baureihe unterhalb des 1er.»Speziell das Kleinwagensegment wird in den nächsten Jahren zulegen«, so BMW-Chef Reithofer (Dow Jones Newswire, 18.5.2010). Bis zum Jahr 2020 will BMW rund die Hälfte seines Absatzes mit Kleinwagen bestreiten. Um mit den margenschwachen Klein- und Kompaktwagen Gewinn zu machen, soll die Produktivität stark steigen und die Kosten gesenkt werden. Bis zum Jahr 2012 will BMW mehr als sechs Mrd. Euro einsparen. Ab 2014 sollen Mini und BMW auf einer neuen Kleinwagenplattform technisch auf dieselbe Basis gestellt werden. Ziel: Eine Umsatzrendite vor Zinsen und Steuern von 8% bis 10% (2007: 7,5%). Bis 2020 soll der Absatz weltweit auf zwei Mio. Autos wachsen. Denn:»BMW muss in dem Mini- und Kleinwagensegment die Entwicklungskosten auf möglichst hohe Stückzahlen verteilen, um gegen die Verbund aus Audi und Volkswagen bestehen zu können.« (Handelsblatt 18.3.2010)

Die Konkurrenz durch den Aufsteiger *Audi* hat die Lage für Mercedes und BMW schwierig gemacht. Mit seiner Tochter dringt VW in das Oberklasse-Segment ein und wächst rasant. Zwischen 2004 und 2008 erhöhte Audi seinen Marktanteil im Premium-Segment weltweit von 14,1% auf 17%. Dieses Jahr will der Konzern erstmals seit 2008 wieder über eine Million Autos verkaufen und bringt daher zahlreiche neue Modelle wie die Luxuslimousinen A8 oder A7 auf den Markt, um Mercedes und BMW anzugreifen. Von 2010 bis 2012 plant der Konzern, rund 5,5 Mrd. Euro zu investieren, großenteils in neue Produkte und Effizienztechnologien.»Die Modelloffensive wird auch in den kommenden Jahren in unvermindertem Tempo und ohne Abstriche fortgesetzt.« (Audi-Pressemitteilung 9.3.2010)

Audi hat dabei Kostenvorteile gegenüber der Konkurrenz, da es auf den riesigen Baukasten des VW-Konzerns zurückgreifen kann. Die»Milliarden-Sparmaschine namens modularer Längsbaukasten« (Manager-Magazin 1/2010) ermöglicht, dass die großen Modellreihen von A4 bis A8 im Idealfall zu zwei Dritteln mit identischen Bauteilen versorgt werden. Das soll die Entwicklung um 20% verkürzen und die Kosten um ein Fünftel senken.

Zudem profitiert die VW-Tochter von der Einkaufsmacht und dem globalen Vertriebsnetz der großen Mutter. Audi kauft rund 10% billiger ein als zum Beispiel BMW (ebd.). Und schließlich zahlt Audi schlechter: Die übertariflichen Leistungen liegen unter denen bei Mercedes und BMW, die Beschäftigten arbeiten länger. Allein das bringt»im Vergleich zu BMW mehrere hundert Millionen Euro geringere Kosten« (Manager-Magazin 1/2010).[49]

---

[49] Gemessen an den einschlägigen Benchmarks, an denen sich die Autobauer gegenseitig messen, schneidet Audi daher besser ab. 2008 machte Mercedes pro verkauftem Auto einen Gewinn von 1.663 Euro, Audi dagegen von 2.756 Euro (Die Welt 20.10.2008). Ähnlich beim Umsatz: Auf eine/n Mercedes-ArbeiterIn kam ein Um-

Auch die Produktion im Ausland drückt die Kosten – zum Beispiel im ungarischen Györ, wo die MitarbeiterInnen 80% weniger kosten als ihre KollegInnen in Ingolstadt oder Neckarsulm. Unter Druck setzt die VW-Tochter die Konkurrenz auch bei der Profitabilität. Ihre Gewinnspanne (gemessen am Ebit) stieg von 2004 bis 2008 von 4,6% auf 8,1%. 2009 sank die Umsatzrendite auf 6,5%, sie soll aber wieder über 8% steigen.

Wie auch BMW und Daimler will Audi mit einem neuen A1 auf Basis des VW-Polo in das Kleinwagen-Segment vorstoßen, um dort insbesondere der BMW-Marke Mini Kunden abzujagen (VW-Prognosebericht 2010). Für Anfang 2012 ist die Einführung des A3 geplant, der in Konkurrenz zum Golf steht. Einen Absatzsprung erhofft sich VW zudem von einem neuen Kleinwagen »Up«, auf dessen Basis Audi wiederum in einigen Jahren das Stadtauto A2 auf den Markt bringen will. Auf die Käufer kleinerer Autos setzen aber auch alle anderen Hersteller. GM/Opel bringt seinen mit »Junior« titulierten Kleinstwagen. Fiat bietet seinen neuen 500er zum Verkauf, Citroën arbeitet an einem 2CV-Nachfolger (Cactus). PSA versucht, mit der Entwicklung eines Billigautos, das in Spanien gefertigt werden soll, den Erfolg der Renault-Billigmarke Dacia zu wiederholen. Aus Korea kommen der Hyundai i10 und 2011 der neue Picanto, Suzuki bringt nächstes Jahr den Swift-Nachfolger. Und überdies zielen die chinesischen Hersteller auf das unterste Preissegment. Es wird eng, auch auf dem Kleinstwagenmarkt, von dem sich die Hersteller so viel versprechen.

VW schickt zudem einen weiteren Konkurrenten ins Rennen. Mit dem Porsche-Modell Panamera wird Mercedes direkt angegriffen. In Zukunft soll die Modellpalette von Porsche deutlich ausgeweitet werden. Zudem arbeitet die neue VW-Tochter an einem Baby-Porsche unterhalb der Einstiegsbaureihe Boxster Cayman. Mittelfristig will Porsche weitere Modelle auf den Markt bringen und seine Verkäufe auf 150.000 nicht weniger als verdoppeln (2009: 75.200).

3.2 Fusionen & Kooperationen

Die Kostenvorteile von Audi gegenüber den Konkurrenten BMW und Daimler hinsichtlich Nutzung gleicher Teile für verschiedenste Modelle und Marken sowie beim Einkauf zeigen die Bedeutung von schierer Größe in der Konkurrenz. Denn Größe befähigt Unternehmen, Krisen besser durchzuste-

---

satz von 491.000 Euro, je BMW-ArbeiterIn waren es 525.000 Euro und je Audi-ArbeiterIn 594.000 Euro. Eine weitere Maßzahl: Audi verkaufte pro MitarbeiterIn 17,4 Autos, BMW 15,5 und Mercedes nur 13,1. Damit setzt Audi die Konkurrenz unter Druck, in Sachen Produktivität, Lohnsenkung und Globalisierung nachzuziehen.

hen, in denen kleineren Konkurrenten die Mittel ausgehen – unter anderem über eine erhöhte Kreditwürdigkeit oder über eine größere Bedeutung für den Standort, die die Politik zu Rettungsmaßnahmen bewegt.

Bereits vor der Krise kam es zu einer Neuverteilung der globalen Markenwelt. Insbesondere die US-Autobauer gaben Beteiligungen an europäischen und asiatischen Herstellern ab. *GM* verkaufte die schwedische Marke Saab an den niederländischen Sportwagenbauer Spyker, Teile von Saab gingen an die chinesische BAIC. In den letzten 20 Jahren hatte Saab als schwedische GM-Tochter fast ununterbrochen rote Zahlen geschrieben. Spyker strebt als neuer Besitzer eine Jahresproduktion von 120.000 Autos an. GM war bereits vor der globalen Autokrise aus strategischen Engagements bei Isuzu, Suzuki und Subaru ausgestiegen. Seine Marken Saturn, Pontiac und Oldsmobile gab GM auf. *Ford* trennte sich in seiner Finanznot im Herbst 2008 von Mazda und löste seine Premier Auto Group auf. Jaguar/Land Rover gingen für 2,3 Mrd. US-Dollar an die indische Tata Motor. Die Traditionsmarke Volvo kaufte der chinesische Hersteller Geely.

Fiat hatte sich 2009 erfolglos um Opel beworben und übernahm nach der Insolvenz 20% am drittgrößten US-Autobauer Chrysler. Fiat darf seinen Anteil auf bis zu 35% ausbauen, wenn es die Vorgaben der US-Regierung erfüllt und die Konkurrenzfähigkeit von Chrysler stärkt (unter anderem durch die Produktion eines Autos mit geringem Benzinverbrauch, den Bau kraftstoffsparender Motoren in den USA und durch die Expansion von Chrysler außerhalb Nordamerikas). Gemeinsam mit Chrysler will der Konzern 2014 auf einen Absatz von sechs Mio. Fahrzeugen kommen – Fiat-Chef Sergio Marchionne hatte diese Zahl als Mindestgröße genannt, um im globalen Auto-Wettbewerb um Kostensenkung und Skalenerträge zu überleben. Das bedeutet nahezu eine Verdopplung einer Produktion in den kommenden vier Jahren. 2009 produzierte Fiat rund zwei Mio. Autos, Chrysler nur 1,3 Mio, auch 2008 kamen beide Konzerne nur auf knapp vier Mio. Fahrzeuge. Zudem haben die Italiener ihre Autosparte des Fiat-Konzerns abgespalten mit dem expliziten Ziel, Fusionen, Allianzen und Kooperationen zu erleichtern.

Volkswagen übernimmt bis 2011 schrittweise Porsche (Kosten: 15 Mrd. Euro) und stieg im Januar 2010 mit 19,9% beim viertgrößten japanischen Hersteller Suzuki ein (Kosten: 1,7 Mrd. Euro).[50]

---

[50] VW ist seinerseits vor einer Übernahme gut geschützt. Das Emirat Katar hält 17% der Anteile, zusammen mit den Anteilen des Landes Niedersachsen und der Porsche Holding gehört der Autobauer nun zu 90% den Großaktionären.

Daneben intensivieren die Hersteller ihre Kooperationen, da für teure Joint Ventures, Kapitalbeteiligungen oder Fusionen das Geld fehlt, gleichzeitig aber eine Verteilung der Lasten und die Erzielung von Größenvorteilen in der Produktion angestrebt werden. So bauen Peugeot und Mitsubishi künftig gemeinsam Geländewagen auf der Mitsubishi-Modellplattform. Mit BMW baut PSA Motoren, die von BMW entwickelt wurden, insbesondere für den Mini.

Daimler hat seine Beteiligung von rund 5% am indischen Autobauer Tata im März 2010 verkauft und kooperiert nun mit Renault-Nissan, um seine Kosten zu senken und seine Position bei kleineren Wagen zu stärken (also genau in dem Segment, auf das auch BMW, Audi, VW und andere setzen); zum einen um neue Käuferschichten zu erschließen, zum anderen um den CO_2-Ausstoß seiner Flotte zu senken. Dafür beteiligen sich der deutsche und der französische Hersteller aneinander mit einem symbolischen Anteil von 3,1%. Die nächsten Generationen von Smart (Daimler) und Twingo (Renault) sollen auf einer einheitlichen Plattform basieren. Renault/Nissan könnte zudem neue Drei- und Vierzylindermotoren für den Smart sowie für neue Kompaktmodelle der Mercedes A- und B-Klasse liefern. Daimler will so seine Produktionskosten senken und die Mercedes-Modelle profitabler machen. Renault will durch die Kooperation seine französischen Fabriken besser auslasten und damit deren Deckungsbeitrag an den hohen Fixkosten erhöhen. Später soll Daimler auch Motoren für Nissans Oberklassen-Marke Infinity liefern. Renault und Nissan wiederum produzieren künftig Dieselmotoren und Getriebe für den Mercedes-Kleintransporter Vito. Bis zum Jahr 2015 soll die Kooperation den beiden Konzernen nach offiziellen Verlautbarungen Einsparungen von nicht weniger als vier Mrd. Euro bringen.

Damit bringen sich die Hersteller in die Position für den kommenden Verdrängungswettbewerb.[51] Das Fusions- und Übernahmekarussell wird sich weiter drehen. Langfristig gelten Daimler und BMW wie auch PSA, Mazda oder Mitsubishi als zu klein, um überleben zu können oder die gesteckten Renditeziele zu erreichen.[52] In der Branche gilt eine Produktion von drei

---

[51] Das gleiche gilt für die Autozulieferer, die von Seiten der OEM stark unter Kostendruck gesetzt werden. Zwei Beispiele: So übernahm in Deutschland Schaeffler Continental, das zuvor Siemens VDO gekauft hatte. Der Kolbenspezialist Mahle übernimmt die Mehrheit am Industriegeschäft des Kühlerherstellers Behr. Damit setzt sich ein globaler Trend fort: Gab es 2008 weltweit etwa 4.500 Zulieferer, so waren es zehn Jahre zuvor noch 30.000 (KPMG Global M&A 2009).

[52] »BMW verfehlt mit dem bisher eigenständigen Mini die Renditeziele, weil Stückzahlen zwischen 200.000 und 300.000 nicht die notwendigen Skaleneffekte liefern.« (Manager-Magazin Juli 2010, 31)

Mio. Autos im Jahr als mindestens erstrebenswerte Größe. Die Riesen Toyota und VW setzen hier Maßstäbe. »Es gilt als sicher, dass ein Autohersteller nur eine Chance hat, wenn er von kleinen bis zu großen Autos alles
bauen kann... In der weltweiten Autoindustrie läuft deshalb eine gewaltige
Konzentrationswelle ... für kleine Anbieter wie Daimler und BMW ist kaum
noch Platz. Das gilt vor allem, weil diese Branche derzeit einige Dinge zugleich lösen muss: Sie muss ihre alten Benzin- und Dieselmotoren mit Mil-
liardenaufwand verbessern. Gleichzeitig muss sie neue Batterie- und Was-
serstoffantriebe entwickeln. Das bringt selbst die stärksten Konzerne an ihre
Grenzen.« (Süddeutsche Zeitung 8.4.2010)

3.3 Höhere Produktivität durch Standardisierung

Da die Hersteller ihren Absatz stark steigern wollen, die großen Märkte wie
USA, Europa, Japan aber eher stagnieren dürften und die Konkurrenz in den
»Wachstumsmärkten« massiv zunimmt, setzen alle Hersteller auf eine massive Steigerung der Produktivität und auf sinkende Kosten. Dies auch, um
ihre anspruchsvollen Ziele hinsichtlich der Rendite zu erreichen.[53]

Um zum größten und profitabelsten Autobauer der Welt aufzusteigen,
will *Volkswagen* seine Produktivität, Effizienz und Flexibilität der Produktion mithilfe des modularen Baukastenprinzips weiter erhöhen. Der Anteil
standardisierter Module am Automobil soll von aktuell 60% auf 70% steigen. Der »MBQ« (Modularer Querbaukasten) soll die Kosten je produzierter
Einheit gegenüber der herkömmlichen Plattformstrategie um 20% und die
Arbeitsstunden um 30% senken (VW-Group 2010). Mit dem Modell A3 soll
auch bei Audi eine »neue Ära« (Manager-Magazin 1/2010) beginnen. Das
Modell basiert auf dem modularen Querbaukasten, auf einer Autoarchitek-
tur, die der Konzern künftig von Polo bis Passat für mehr als drei Mio. Fahrzeuge pro Jahr nutzen will. »We see the company's modular strategy as a
major competitive advantage in mastering the balancing act beween decen-
tralized production and regionally tailored car designs, on the one hand, and
the need for further production standardization and fix cost cutting, on the
other.« (BHF-Bank European Automobiles 16.2.2010)

---

[53] Renditen von 8% bis 10%, wie sie die Autobauer anstreben, sind durchaus be-
achtlich. Erstens im Vergleich zu den Vorjahren: »Gelänge das, stießen (BMW und
Daimler) in Bereiche vor, an denen sie bislang allenfalls in Ausnahmejahren gekratzt
haben.« (Manager-Magazin Juli 2010) Zweitens im Vergleich zur Gesamtwirtschaft:
So lag die Umsatzrendite (Anteil des Gewinns am Umsatz) aller deutschen Unternehmen 1997 noch bei 3,4%, 2007 erreichte sie ein Rekordhoch von 5,1% und sank
2008 wieder auf 4,6% – immerhin das zweitbeste jemals erreichte Ergebnis (Bun-
desbank Monatsbericht Januar 2010).

Um den weltgrößten Autobauer Toyota zu überholen, muss sich VW jedoch an ihm messen. Laut Harbour Report 2007 hatte Toyota die Produktionszeit des Corolla im britischen Burnaston von 28,8 auf 20,7 Stunden gesenkt, die Produktionszeit des VW-Golf im Werk Mosel dagegen wurde nur von 33 Stunden (2003) auf 31,5 Stunden verkürzt. Dasselbe in der Mitteklasse: Toyota verkürzte die Produktionszeit des Avensis zwischen 2003 und 2006 von 33,7 auf 23,7 Stunden pro Fahrzeug, VW gelang beim Passat nur ein Schritt von 36 (2004) Stunden auf 32,6 Stunden.

Die Konkurrenz versucht derweil, den »competitive advantage« von VW zu eliminieren, indem sie ihn kopiert. So hat *Daimler* seine Produktion bereits extrem beschleunigt – »eine S-Klasse ist nach 70 statt früher 100 Stunden fertig, eine C-Klasse nach 40 statt 60 Stunden« (Manager-Magazin Juli 2010) – doch nun will der Konzern ebenfalls durch eine Modulstrategie Effizienzgewinne realisieren. Im Jahr 2009 hatte er in einem Kraftakt 5,3 Mrd. Euro gespart – diese einmaligen Einsparungen über aufgeschobene Lohnerhöhungen, gekürzte Sozialabgaben und massenhafte Kurzarbeit sollen nun dauerhaft werden. Klar ist: »Der Personalabbau geht weiter, 1 bis 2 Prozent Mitarbeiter pro Jahr sind realistisch, sagen selbst Betriebsräte.« (Manager-Magazin Juli 2010) Bis 2015 sollen alle großen Baureihen von einem einheitliche Materialbaukasten profitieren – allein dadurch sollen 1,5 Mrd. Euro gespart werden, kündigte der Daimler-Finanzvorstand an (Reuters 31.3.2010).

BMW ist es durch ein neues Baukastensystem gelungen, die Herstellungskosten im Vergleich zum alten 5er um etwa 15% zu senken. Fast drei Viertel der in der neuen 5er-Version eingesetzten Bauteile finden sich bereits in den BMWs der 6er- und 7er-Reihen. Da die neue Version auf den Produktionsanlagen des Vorgängermodells gebaut wird, waren zudem geringere Investitionen nötig. Seit 2005 hat der Konzern die Produktivität seiner Belegschaft um 30% gesteigert und seit 2007 mehr als 100.000 Stellen gestrichen.

Vereinheitlichung ist auch das Erfolgsrezept in den USA. *Ford* will seine globale Position nutzen, um in den nächsten zwei Jahren zehn unterschiedliche Fahrzeugtypen mit weitgehend gleichen Teilen zu bauen und weltweit zu verkaufen. Unter der Strategie »One Ford« werde man dann erstmals zwei Mio. Autos herstellen, die auf einer einheitlichen Plattform aufbauen (Süddeutsche Zeitung 29.3.2010). *GM* will einen Zwilling des Opel-Astra als so genanntes World Car vermarkten und darüber die Produktionskosten drücken.

Das Wettrennen um die Produktivität, kürzere Fertigungszeiten, niedrige Löhne und effizientere Produktion geht also weiter. Ein wichtiges Instrument der Konzerne ist dabei die weitere Verlagerung der Produktion ins

Ausland – um näher an den Wachstumsmärkten zu sein und um die Kosten zu senken. Dafür werden zudem weitere Werke in Billiglohnländern errichtet, Ford baut zum Beispiel in Thailand. *Fiat* reichte bereits die Drohung mit der Schließung des Werks in Pomigliano D'Arco und der Verlagerung der Produktion, um die Arbeiter zu Zugeständnissen zu bewegen, unter anderem längere Arbeitszeiten, kürzere Pausen, mehr Flexibilität und die Einschränkung des Streikrechts. Die Produktionsverlagerung wird auch für Deutschland Folgen haben: Nach einer Prognose Dudenhöffers werden in Deutschland in den kommenden fünf bis zehn Jahren bis zu 50.000 der derzeit rund 700.000 Arbeitsplätze bei Automobilherstellern und Zulieferern wegfallen (dpa 3. Februar 2010).

3.4 Druck auf Zulieferer erhöhen –»Water can be wrung even from a dry towel«

Einen größeren Anteil an Produktivitätssteigerung und Kostensenkung werden die OEM den Auto-Zulieferern und deren Belegschaften aufhalsen.»Zulieferer werden zukünftig noch stärker in die Entwicklung neuer Technologien, Systeme und Fahrzeuge eingebunden werden. Sie werden in immer höherem Maße Innovationen bei der Entwicklung von Fahrzeugen vorantreiben und ihr Wertschöpfungsanteil wird sich tendenziell erhöhen.« (VDA 2009, 72)

Im kapitalintensiven Forschungs- und Entwicklungsbereich kommt es immer häufiger zu so genannten Risk and Revenue Sharing Partnerships zwischen Autoherstellern und ihren Zulieferern. Systemlieferanten übernehmen immer größere Anteile an der Entwicklung, erhalten dafür aber keine Vergütung, sondern einen prozentualen Anteil an jedem verkauften Produkt – das Investitionsrisiko wird damit an sie weitergeleitet.

Einerseits übernehmen die Zulieferer mehr Aufgaben. Andererseits setzen die OEM sie weiter unter Druck, billiger, besser, schneller zu liefern, um zur Wettbewerbsfähigkeit der Autokonzerne beizutragen. So haben die Kooperationen und Fusionen der OEM stets das Ziel, beim Einkauf Milliarden einzusparen – Milliarden, die den Zulieferern entgehen. Gleichzeitig»nimmt die Kostenbelastung der Zulieferunternehmen durch steigende Modellvielfalt, höhere Fahrzeugindividualisierung sowie kürzere Innovationszyklen stetig zu«, es herrscht ein»globaler Kostenwettbewerb« bzw. ein»dynamischer Hyperwettbewerb« (VDA 2009, 73), der in einen»harten Ausleseprozess« mündet.»Harte Verhandlungen in der Wertschöpfungskette sind mehr denn je Alltag geworden.« Die Zulieferer müssen mit steigenden Kosten fertig werden, die sie kaum über Preiserhöhungen weitergeben können. Und sie werden angehalten, ihren Beitrag zum Erfolg von Kostensenkungsprogrammen bei den Herstellern zu leisten. So verlangt Toyota von seinen Zulieferern, die Teile für den neuen Camry um 30% billiger und 30% leichter zu fertigen. »Water can be wrung even from a dry towel if you put your mind to it«, sagt Ex-Toyota-Präsident Eiji Toyoda (Bloomberg News 26.2.2010). Zudem müssen sie zum Erhalt ihrer Wettbewerbsfähigkeit kräftig in neue Technologien investieren, und das alles bei rückläufigen Stückzahlen (VDA 2009, 69).

Einerseits ist unklar, ob den OEM die Überwälzung der Einsparungen auf die Vorlieferanten gelingen kann – »given that so many suppliers are struggling for survival« (BHF-Bank Automotive & Suppliers 16.2.2010, 9). Nach all den Jahren des wachsenden Drucks von den Kunden verfügt die Branche – kein Zufall – »nicht über eine ausreichende Kapitaldecke« (VDA 2009, 75). Wobei es hier auch große Unterschiede gibt. So will der Branchenführer Bosch bereits 2012 wieder eine Vorsteuer-Rendite von 7% erzielen.

Klar ist allerdings, dass die Belegschaften der Zulieferer vor harten Zeiten stehen, da sie für den Geschäftserfolg haftbar gemacht werden. Sogar das Kapital-nahe Manager-Magazin räumt ein: »Daimler und BMW wälzen ihre Probleme häufig auf die Lieferanten ab. Die kleineren Partner müssen Werke verlagern, Mitarbeiter knechten oder entlassen.« (Manager-Magazin Juli 2010) Der Lohn ist gerade bei den Zulieferern eine Quelle für Einsparungen. Denn während das Personal in der deutschen Industrie durchschnittlich 15% bis 17% der Gesamtkosten ausmacht, liegt der Anteil bei den Auto-Zulieferern bei bis zu 25%.

Auch die Zulieferer wandern daher verstärkt in Billiglohnländer ab oder drohen mit Verlagerung, um Druck auf ihre Belegschaften zu machen. »Die Zuliefererkarawane ist auf dem Weg in den neuen Osten... Unterstellt man Arbeitskosten von 25,81 Euro/Stunde im verarbeitenden Gewerbe in den alten Bundesländern, 16,44 Euro/Stunde in den neuen Ländern und 3,40 Euro/Stunde in Polen, bedeutet dies bei einem Fertigungslohnanteil von 21%, dass durch eine Standort-Verlagerung aus den alten Ländern nach Polen der Automobil-Zulieferer ceteris paribus eine Kostenreduktion von 18,23% realisiert.« (Automotive Engineering Partners 2/2003)

Der VDA jedenfalls ist zuversichtlich, dass die Zulieferer und ihre Belegschaften das Kunststück hinbekommen, da die zumeist mittelständischen Unternehmen durch eine große »Identifikation der Mitarbeiter«, »flache Hierarchien«, »geringen Bürokratismus«, »hohe Leistungsbereitschaft und Flexibilität« (VDA 2009, 75) glänzen, was Lohnsenkungen unbürokratisch möglich macht.

3.5 Die »Zukunftsmärkte«: BRIC, USA, Elektro – Wessen »Zukunft«?

Die BRIC-Staaten
In den Märkten der Triade ist in den kommenden Jahren kaum Wachstum zu erwarten – zumindest nicht genug, damit die Hersteller ihre Renditeziele erfüllen können. Daher setzen alle Autokonzerne auf die BRIC-Staaten (Brasilien, Russland, Indien, China) als ihre »Zukunftsmärkte« – wobei der Kampf darum läuft, wessen Zukunft es sein wird.

Bereits zwischen 2006 und 2007 stieg der Kfz-Absatz in Brasilien um 27,3%, in China um 21,8% und in Indien um 13,6%, während die etablierten Märkte in Nordamerika, Westeuropa und Japan stagnierten oder schrumpften (Lötzer 2009, 6). Der Vergleich zeigt, wie stark sich in den vergangenen zehn Jahren die Gewichte der Weltautoproduktion verschoben haben (Tabellen 10 und 11).

Wurden 2009 noch etwa 37% aller Autos in den »neuen Märkten des Ostens« abgesetzt, so schätzt CAR, dass es 2050 bereits die Hälfte sein wird.

China
Die Hoffnungen der globalen Autoindustrie auf Wachstum konzentrieren sich derzeit vor allem auf ein gelobtes Land: China. China hatte Japan bereits 2006 als zweitgrößten Automarkt der Welt überholt und kam 2009 dank eines staatlich geförderten Autobooms und der Krise in den USA an die Spitze.

Die Halbierung der Kfz-Steuer für kleine Wagen ließ den chinesischen Markt 2009 um mehr als die Hälfte wachsen. Für 2010 erwarteten die Hersteller Mitte des Jahres ein Plus von noch einmal 20%. In den kommenden fünf bis sieben Jahren könnte sich der chinesische Automarkt verdoppeln. Bereits nächstes Jahr dürfte China Japan als das Land mit der zweitgrößten Anzahl von Fahrzeugen auf der Straße überholen, erwartet das State Information Center in Peking. Bis 2014 könnte sich die Zahl der Fahrzeuge von aktuell knapp 75 Mio. verdoppeln und langfristig auf 490 Mio. steigen. Zum Vergleich: Im Jahr 2007 fuhren auf den Straßen der USA 254 Mio. Fahrzeuge (Bloomberg News 31.5.2010).

Angesichts der weniger aufregenden Entwicklung in den Triade-Märkten bleibt der simple Schluss: »Companies with a high exposure in China should grow over-proportionately in the future.« (BHF-Bank Automotive & Suppliers 16.2.2010) Die Hersteller konzentrieren sich also auf Fernost und entwickeln beispielsweise eigene Modelle für den chinesischen Markt – größere Autos, da reiche Chinesen sich laut Aussagen von Experten gern chauffieren lassen. Daher offerieren die deutschen OEM zum Beispiel ge-

Tabelle 10: Kfz-Produktion je Land in 100.000 Einheiten
(Entwicklung gegenüber Vorjahr in %)

	2009	gg. 2008 in %	gg. 2007 in %	2008	gg. 2007 in %	2007	1999
China	13.791	48,3	55,3	9.299	4,7	8.882	1.830
Japan	7.935	-31,5	-31,6	11.576	-0,2	11.596	9.895
USA	5.712	-34,3	-47,1	8.694	-19,4	10.781	13.025
Deutschland	5.210	-13,8	-16,2	6.046	-2,7	6.213	5.688
Südkorea	3.513	-8,2	-14,1	3.827	-6,8	4.086	2.843
Brasilien	3.183	-1,0	6,9	3.216	8,0	2.977	1.350
Indien	2.633	12,9	16,8	2.332	3,5	2.254	818
Spanien	2.170	-14,6	-25,0	2.542	-12,0	2.890	2.852
Frankreich	2.050	-20,2	-32,1	2.569	-14,8	3.016	3.180
Mexiko	1.557	-28,2	-25,7	2.168	3,5	2.095	1.450
UK	1.090	-33,9	-37,8	1.650	-5,8	1.750	1.974
Tschechien	975	-3,0	3,8	947	1,0	939	376
Thailand	968	-30,5	-25,8	1.394	8,3	1.287	353
Polen	879	-7,1	10,8	946	19,3	793	575
Türkei	870	-24,2	-21,9	1.147	4,3	1.099	298
Italien	843	-17,6	-34,4	1.024	-20,3	1.284	1.701
Belgien	523	-27,8	-37,3	724	-13,2	834	1.071
Russland	722	-59,6	-56,6	1.790	7,8	1.660	1.170
Slowakei	461	-19,9	-19,3	576	+0,8	571	127
Südafrika	380	-32,5	-28,9	563	5,3	534	317
Ungarn	183	-47,3	-37,4	346	18,5	292	128
Schweden	156	-49,3	-57,4	308	-15,8	366	251
Welt	60.987	-13,5	-16,8	70.520	-3,7	73.266	56.259

* kursiv: überdurchschnittliche Verluste
Quelle: OICA

streckte BMW 5er, verlängerte E-Klasse- Mercedes, Audi A8 mit längerem Radstand oder den neuen VW Phaeton.

Wichtig ist China insbesondere für die deutschen Hersteller.»Innerhalb von nur vier Jahren haben wir unseren Pkw-Absatz in China verdreifacht. Und im ersten Quartal 2010 haben wir gegenüber dem Vorjahresquartal sogar noch einmal um 80 Prozent zugelegt.« (VDA 2010, 7) Fast jedes fünfte dort zugelassene Auto zählt zu einer der deutschen Konzernmarken. Bei den Premiumfahrzeugen haben sie sogar einen Marktanteil von 80%. Allein Volkswagen bringt dieses Jahr sieben neue Modelle in China auf den Markt – und die Fahrzeuge werden vermehrt vor Ort gefertigt, um Kostensenkungen zu erzielen,[54] nahe am Markt zu sein oder die hohen Einfuhrzölle zu umgehen[55] (Tabelle 13).

Volkswagen ging bereits in den 1980er Jahren nach China und machte dort jahrelang nur Verluste. Doch die frühe Besetzung des Marktes hat sich gelohnt.[56] 2009 behauptete der Konzern seine Führungsposition auf dem chinesischen Markt mit einem Absatz von 1,4 Mio. Fahrzeugen –

---

[54] »Chinesische Autoarbeiter verdienen kaum mehr als einen Euro in der Stunde, während in Westeuropa im Schnitt 27 Euro gezahlt werden.« (Manager-Magazin 1.6.2010)

[55] Die BRIC-Staaten fördern den Kapitalimport und hemmen den Warenimport durch Zölle. So erhebt Russland zum Beispiel 30% Zoll auf jeden eingeführten Pkw, in China und Indien sind es 25%.

[56] Unter anderem durch die engen Beziehungen des Konzerns zur chinesischen Staatsführung. So ist die VW-Tochter Audi der größte Lieferant für die Regierung, Lieferungen an staatliche Stellen machen ein Fünftel des Audi-Absatzes in China aus.

Tabelle 11: Anteil an der globalen Kfz-Produktion in %

	1999	2009
USA	23,2	9,4
Japan	17,6	13,0
Deutschland	10,1	8,5
Frankreich	5,7	3,4
Südkorea	5,1	5,8
Spanien	5,1	3,6
Großbritannien	3,5	1,8
China	3,3	22,6
Italien	3,0	1,4
Mexiko	2,8	2,6
Brasilien	2,4	5,2
Russland	2,0	1,2
Indien	1,5	4,3
Polen	1,0	1,4
Tschechien	0,7	1,6
Thailand	0,6	1,6
Schweden	0,4	0,3
Slowakai	0,2	0,8

kursiv: Anteile gewonnen

Tabelle 12: Globaler Automarkt 2009

	Verkaufte Einheiten in Mio.
Westeuropa	14,9
Nordamerika	12,6
China	12,6
Osteuropa	6,0
Japan	4,4
Lateinamerika	4,3
Indien	2,0
Rest	8,9
Welt	62,4

Quelle: VDA

Tabelle 13: Marktanteil 2009 in %

Brasilien		China	
VW	25,4	VW	15,0
Fiat	25,0	Toyota	7,5
GM	19,4	Honda	6,6
Ford	9,5	Nissan	6,0
PSA	6,0	Chery	5,0
Renault	4,5	GM	3,8
Daimler	0,2	PSA	3,1
		Geely	2,9

Quelle: ACEA 2010

37% mehr als im Vorjahr.[57] Im ersten Quartal 2010 kletterten die VW-Verkäufe in China um 61% auf ein Rekordhoch von 457.000 Autos.

VW rechnet mit einem Wachstum des chinesischen Automarkts auf 19,2 Mio. Einheiten im Jahr 2018. Insgesamt würden die Emerging Markets um 60% zulegen, die etablierten Märkte nur um 27% (VW-Group 2010). Daher hat sich Volkswagen ehrgeizige Ziele gesetzt: In allen Wachstumsmärkten will der Konzern stärker wachsen als die Konkurrenz. In China will VW von 2018 an insgesamt zwei Mio. Fahrzeuge pro Jahr absetzen. Im April 2009 eröffnete VW Fabriken in China (Chengdu und Nanjing). Ein weiteres Werk im ostchinesischen Yizheng mit einer Jahreskapazität von 300.000 Fahrzeugen wird 2013 seinen Betrieb aufnehmen. Zudem ist die Erweiterung der Produktionskapazität der alten Werke geplant. Kosten: noch mal 1,6 Mrd. Euro. Insgesamt belaufen sich die Investitionen bis 2012 damit auf sechs Mrd. Euro. Damit sollen die Produktionskapazitäten erhöht werden, 20 neue oder aktualisierte Modelle kommen in diesem und nächsten Jahr auf den Markt. 2013/14 will der Konzern drei Mio. Fahrzeuge in China herstellen, doppelt so viele wie derzeit.

Die VW-Tochter in spe – *Porsche* – hat ebenfalls große Erwartungen. Helmut Bröker, Chef von Porsche China, erwartet, dass die Verkaufszahlen des Unternehmens im Jahr 2012 bei etwa 16.000 Einheiten liegen werden. Dies würde bedeuten, dass China Deutschland überholen und damit hinter den USA zum zweitgrößten Markt für Porsche würde. Der Hersteller von Luxusautos hat in China mit 9.090 Fahrzeugen im Jahr 2009 insgesamt 9% mehr als im Jahr 2008 abgesetzt (Global Insight 12.2.2010).

Für die deutschen Premiumhersteller ist der Markt extrem lukrativ. So lag Mitte 2010 der Basispreis für einen 7er BMW in China bei 1.335.000 Yuan (198.500 US-Dollar), das ist fast das Dreifache des Basispreises in den USA. Der A4 von Audi ist in China fast 40% und ein C-Klasse-Mercedes 50% teurer als in den USA (Bloomberg News 22.4.2010).

---

[57] Diese Zahlen beziehen sich auf die Joint Ventures von VW in China. Dem Konzern gehören 40% von FAW-VW und 50% von SVW. Gemessen an seinem globalen Absatz entspricht der Anteil Chinas für VW etwa 22%.

Beherrschend im Premiumsegment ist die VW-Tochter *Audi* mit einem Marktanteil von 42% (ca. 160.000 verkaufte Fahrzeuge 2009, plus 33% gg. Vorjahr). Für Audi ist China der zweitgrößte Markt nach Deutschland. Bis 2012/13 sollen die Verkäufe auf 250.000 Autos erhöht werden. Die Vorherrschaft von Audi wird jedoch attackiert durch BMW und Daimler. »Daimler and Bayerische Motoren Werke are relying on a US recovery and China's expanding market.« (Bloomberg News 13.1.2010) Audis Marktanteil in China ist in den vergangenen sechs Jahren um 20 Prozentpunkte geschrumpft. BMW gewann sieben Prozentpunkte auf 23%, Daimler legte ebenfalls sieben Prozentpunkte auf 16% zu. Auch hat Audi ein altes Privileg verloren: Sowohl BMW wie auch Daimler wurden 2009 auf die Beschaffungsliste der chinesischen Regierung gesetzt.

BMW arbeitet seit 2003 mit dem chinesischen Partner Brilliance zusammen. China ist der viertgrößte Markt des Konzerns nach Deutschland, den USA und Großbritannien. Dieses Jahr soll Großbritannien überholt werden. 2009 verkaufte der Konzern dort 90.500 Fahrzeuge (plus 38% gg. 2008), 2010 ist ein Absatz von 120.000 geplant. Um die Produktionskapazität von derzeit 40.000 auf rund 100.000 zu erhöhen, bauen BMW und Brilliance ein zweites Werk in Shenyang, das 2012 fertig sein soll und das BMW 280 Mio. Euro kostet. Die Produktionskapazität kann nach Unternehmensangaben auf 300.000 gesteigert werden.

Unter den Premiumanbietern in China wächst *Daimler* am schnellsten. Im ersten Quartal 2010 verdoppelte der Konzern seine Verkäufe. Daimler arbeitet mit BAIC zusammen, das gemeinsame Werk in Peking wurde 2006 eröffnet. Für die Stuttgarter ist China derzeit der drittgrößte Markt mit einem Absatz von 70.000 Autos in 2009. Im Vorjahr lag China für Daimler noch an sechster Stelle. 2010 will der Konzern seine Verkäufe um über 40% auf über 100.000 Autos steigern.

BMW soll »bald« überholt werden und Ziel sei es, Audi als Marktführer abzulösen, so Daimler-Chef Zetsche. Dafür soll die Produktion ausgebaut werden. Die Kapazität von bislang 25.000 Fahrzeugen wird derzeit mithilfe von Investitionen über drei Mrd. Euro verdreifacht. »Die Produktion vorort ist einfach billiger«, so Daimler-Sprecher Florian Mertens (Bloomberg News 28.5.2010).

Aber auch die Hersteller aus anderen Ländern haben viel vor in China. »Japanese automakers ... are rushing to add capacity in China.« (Bloomberg News 25.5.2010) *Toyota* und *Honda* sind Joint ventures mit Guangzhou Automobile eingegangen. Honda baut in China etwa 3.000 Autos am Tag, der Markt steht für 17% des Honda-Umsatzes. Bis 2012 will Honda seine Produktionskapazität um 28% auf 830.000 Wagen erhöhen. *Nissan* will seine

Kapazität in den nächsten zwei Jahren um fast 70% auf 900.000 erhöhen und danach weiter draufsatteln.

Ford kooperiert in China mit Changan Motors. Der US-Hersteller steigerte 2009 dort seinen Absatz um 44% auf 440.000 Autos. Um mehr zu verkaufen, baut Ford derzeit sein drittes Werk im Land für rund 500 Mio. US-Dollar. Der Konzern hat angekündigt, seinen Marktanteil auszubauen. Die französische *PSA* kooperiert mit dem chinesischen Hersteller Dongfeng und hat angekündigt, seine Verkäufe in China und Lateinamerika drastisch zu steigern. 2009 wuchs der Absatz des Konzerns von 270.000 auf 350.000 Wagen. Gemeinsam wollen beide Marken (Peugeot, Citroën) bis 2016 einen Marktanteil von 8% erreichen. Neu im Kampf um Marktanteile in China ist *Fiat*. Die Italiener gründeten im Juli 2009 ihr Gemeinschaftsunternehmen mit Guangzhou. Die Produktionskapazität soll bis 2014 bis auf 500.000 Fahrzeuge steigen. Und schließlich will der indische Autobauer *Tata*, der 2008 Jaguar und Land Rover (JLR) von Ford erwarb, BMW und Daimler im Luxus-Segment angreifen.

Konkurrenz aus China

Die Konkurrenz um Marktanteile in China wird verschärft durch die lokalen Hersteller, die rasant aufholen. Dabei profitieren sie davon, dass ausländische Konzerne mit inländischen ein Joint Venture mit Minderheitsanteil eingehen müssen, um in China aktiv zu werden (Tabelle 14).

Noch ist die chinesische Autobranche mit rund 100 Anbietern zersplittert. Doch die Regierung in Peking erschwert im globalen Konkurrenzkampf der Standorte den Import von Autos über Zölle, um den Import von Automobil-Kapital zu

Tabelle 14: Produzierte Pkw 2009 in Mio.*

Toyota	7,00
VW/Porsche	6,15
GM	5,48
Renault/Nissan	5,25
Hyundai	5,16
Ford	4,32
PSA	3,09
Honda	2,99
Fiat	2,39
Suzuki	2,11
BMW	1,25
SAIC	1,20
Daimler	1,20
Changan	1,16
Mazda	1,03
Chrysler	0,96
Mitsubishi	0,67
FAW	0,65
Geely/Volvo	0,63
BAIC	0,59
Chery	0,54
Dongfen	0,48
BYD	0,43
Brilliance	0,32

* teilw. Schätzungen inkl. Nfz bis 6 t.
Quelle: IHS Global Insight

fördern und so eine eigene Autoindustrie aufzubauen. Mit Technologietransfer und einer Zentralisation der unproduktiven einheimischen Betriebe (die Peking in eigener Regie betreibt und nicht den Multis aus dem Westen überlässt) will China nationale kapitalstarke Champions bauen. Die chinesischen Hersteller haben bei den billigeren Autos ihren Marktanteil in den ersten Monaten 2010 um fast 4% auf knapp 35% erhöht. Der Preiskampf in diesem Segment ist hart. So kostet Cherys billigstes Modell nur rund 3.700 Euro in der Basisversion. Aber auch im höherpreisigen Segment erhalten die westlichen Hersteller starke Konkurrenz. So hat *Geely* im März 2010 die schwedische Traditionsmarke Volvo für 1,8 Mrd. US-Dollar von Ford gekauft. Der chinesische Autobauer hat angekündigt, Volvo mit 900 Mio. US-Dollar zu sanieren. In fünf Jahren sollen 200.000 Autos verkauft werden – neun Mal mehr als bisher.»Eine Ausweitung des Absatzes wird die Probleme Volvos automatisch lösen«, so Geely-Chef Li Shufu (Handelsblatt 31.3.2010). Mittelfristig soll in China eine Produktion von rund 300.000 Autos pro Jahr aufgebaut werden.»If Volvo chooses China as its second home market, that's probably going to trigger a price war in the premium segment«, said John Zeng von IHS Global Insight. (Bloomberg News 22.4.2010)

Insgesamt hat sich Geely für das Jahr 2010 ein Verkaufsziel von 412.000 Fahrzeugen gesetzt, was einen Anstieg von 27% gegenüber dem Vorjahr darstellt. Der chinesische Autohersteller will einem Bericht zufolge mehr als 20 neue und überarbeitete Modelle im Laufe des Jahres in China einführen (Global Insight, 17.2.2010).

Für ihre Expansion setzen die chinesischen Hersteller auf die gleichen Mittel wie die Konkurrenz aus dem Westen: Fusionen und Übernahmen. Geely hat nicht nur Volvo gekauft, sondern auch die Mehrheit an Manganese Bronze Holdings erworben, dem britischen Hersteller der London Taxis. Im März kaufte Geely den zweitgrößten unabhängigen Hersteller von Automatikgetrieben, die australische Drivetrain Systems. Auch andere chinesische Hersteller kaufen zu.»The data supports the general tend towards emerging market companies (especially China and India) becoming net exporters of capital as they flex their financial muscle... Their positions may be further enhanced by upcoming opportunities to make strategic and/or opportunistic cross-border acquisitions at bargain prices.« (KPMG Global M&A 2009, 4)

SAIC hatte bereits 2005 die Technologie des bankrotten britischen Herstellers MG Rover gekauft. Im Januar 2010 kündigte das Unternehmen an, die Marke MG wiederzubeleben und für den europäischen Markt zu produzieren. *BAIC*, das bei Opel nicht zum Zuge kam, kaufte von GM für 200

Mio. US-Dollar Technologie (Motor- und Getriebetechnik) der schwedischen Marke Saab. Auf deren Basis sollen ab Ende 2011 die ersten eigenen Autos vom Band laufen. Geplant ist eine Jahreskapazität von 150.000 Autos. Letztlich werden den großen etablierten Herstellern starke Konkurrenten aus den Emerging Markets erwachsen. Laut staatlichen Planungen sollen in zehn Jahren 10% der weltweiten Autoexporte aus China stammen (2009: 680.000 Fahrzeuge). Geely hat angekündigt, bis 2015 die Hälfte seiner Autos im Ausland abzusetzen. Mit dem Emgrand wurde jüngst das erste Modell des Konzerns vorgestellt, das allein auf die westlichen Märkte zugeschnitten ist. Great Wall Motor kündigte Mitte 2010 an, in zwei bis drei Jahren auf den deutschen Markt zu drängen (Reuters 20.5.2010). BYD will ab 2011 die Limousine E6 in Europa verkaufen. Der Konzern zeigt sich besonders ehrgeizig. 2010 soll sich die Zahl der verkauften Autos verdoppeln. Bis zum Jahr 2015 will der Konzern Volkswagen vom Spitzenplatz in China verdrängt haben. Und zehn Jahre später schließlich soll BYD mit weltweit neun Mio. Autos der größte Hersteller der Welt geworden sein.

Damit verschärft sich nicht nur der Wettbewerb in den Schwellenländern, sondern langfristig in aller Welt.[58] »In den nächsten Jahren werden sich 2-4 globale Automobilhersteller, vor allem aus China, formen, die dann eine wichtige Rolle auch auf den alten Triade-Märkten spielen werden.« (FHDW Automotive Performance 2008/2009) In fünf Jahren könnten die Chinesen »das sein, was die Koreaner heute sind«, so Dudenhöffer (China Daily 6.5.2009).[59]

---

[58] Einher geht dies in Deutschland mit den üblichen latent rassistischen Klischees und Feindbildern. So sieht das Magazin Capital eine »Invasion aus Fernost: Chinas Autoindustrie stürmt die letzte Bastion der Deutschen«. Dabei gehen sie natürlich mit unlauteren Mitteln vor, klauen Patente, kopieren Konkurrenten, und »getarnt als Kunden forschen SAIC-Manager Autohäuser etablierter Hersteller aus, um von deren Verkaufstaktik zu lernen« (Capital 1.6.2010). Die Propaganda wirkt. In einer Befragung im April 2010 antworteten auf die Frage »Welche Länder stellen für Deutschland die größte wirtschaftliche Konkurrenz dar?«: China 64%, USA 24%, Japan 18%, Indien 13% (www.bankenverband.de/themen/politik-gesellschaft/inter-esse/06-2010/als-konkurrent-im-globalen-wettbewerb-hoch-gehandelt-china).

[59] Noch aber ist es nicht so weit. »Der chinesische BMW-Partner Brilliance wollte 2007 Autos nach Deutschland exportieren – und fiel mit seinen Modellen in den wichtigen Crashtests des ADAC gnadenlos durch.« (FTD 13.11.2009) Ähnlich bei Geely. »(Li Shufu) and his managers like to talk big, promising to increase output to 2m vehicles bis 2015. However, Mr Li's talk about entering the European market in 2007 and breaking into North America by the following year proved to have little substance.« (Economist 28.2.2010)

Herstellung von Überkapazitäten

Noch scheint China als die Lösung des Problems der Autobauer. Bald jedoch wird es Teil des Problems sein. Denn zum einen wird sich das Marktwachstum im Land abschwächen. Zum anderen nimmt die Konkurrenz zu. »In Gefahr geraten damit die bislang überaus stolzen Gewinnmargen in China. Schon jetzt stellt die Branche mehr Fahrzeuge her als sie verkaufen kann und der Wettbewerb nimmt zu. Die im Vergleich zu anderen Teilen der Welt immer noch geradezu traumhaften Absatzzahlen haben mittlerweile jeden wichtigen Namen in der internationalen Autowelt nach China gelockt.« (Bloomberg News 9.12.2009)

Damit exportieren die Autobauer ihr Grundproblem – Überkapazitäten – nach Fernost. Schätzungen des auf China spezialisierten Unternehmensberaters Booz & Co. zufolge wird der Absatz im kommenden Jahr bei rund 13 Mio. Fahrzeugen liegen, während die Produktionskapazitäten im Land inzwischen auf etwa 15 Mio. Einheiten gestiegen sind. Bis 2015 wird demnach der Absatz auf 15 Mio. Fahrzeuge gestiegen sein, während die Kapazitäten für bis zu 20 Mio. Autos ausgelegt sind (ebd.).

Folge ist ein verschärfter Preiskampf. Schon jetzt befindet sich gerade das untere und mittlere Segment des chinesischen Automarkts in einem harten Preiswettbewerb. »Analyst Koji Endo von Advanced Research Japan in Tokio beziffert den durchschnittlichen Gewinn der Hersteller in China auf 1.000 bis 3.000 US-Dollar pro Fahrzeug, verglichen mit rund 10.000 in den USA.« (ebd.)

Das Problem wird sich verschärfen. Denn erstens weiten die Hersteller ihre Produktion aus, um ihr schrumpfendes Geschäft in den Heimatmärkten mit verstärkter Präsenz im Wachstumsmarkt China auszugleichen. Zweitens setzen sie angesichts sinkender Gewinnmargen auf Masse, also auf weiter steigenden Absatz. Drittens müssen sie wachsen, um mithalten zu können. »Wer von den Autoherstellern nicht sicherstellt, dass er die richtige Größe hat und die richtigen Modelle für den chinesischen Markt baut, der wird mit Überkapazitäten und entsprechend niedrigeren Gewinnen zu kämpfen haben.« (Bloomberg News 9.12.2009) Und viertens tragen die Verkäufe von Automarken an chinesische Hersteller dazu bei, die globalen Überkapazitäten zu vergrößern. Mit dem Verkauf von Volvo an Geely zum Beispiel: »Ford is handing production capacity to an ambitious emerging-market rival with plans to grow big in Ford's core rich-country markets.« (Economist 28.3.2010)

Indien

Als weitere große Hoffnung wird der indische Markt gehandelt. »Indien ist einer der bedeutendsten Potenzialmärkte weltweit. Die Nachfrage nach Neufahrzeugen ... wird sich in den nächsten zehn Jahren voraussichtlich mehr als verdoppeln.« (VW-Prognosebericht 2010) Beherrscht wird der Markt von den drei Herstellern Maruti Suzuki (Marktanteil 2009: 50%), Hyundai India (21%) und Tata Motors (13%). Die großen Autobauer haben Indien allerdings fest für ihr eigenes Wachstum verplant und bauen Produktionskapazitäten auf.

Im Vergleich zum chinesischen Markt ist Indien eher klein – sein Volumen (zwei Mio. Fahrzeuge) beträgt nur ein Fünftel des chinesischen. Interessant ist Indien jedoch als kostengünstiger Standort für den Export. Die Arbeitskosten in Indien betragen derzeit rund 10% der entsprechenden Kosten in den USA und Europa (Bloomberg News 7.9.2009). Das spart nicht nur Lohnkosten: Im VW-Werk in Pune »übernehmen die Automaten nur ein Drittel der Arbeit. Das spart Investitionen.« (Die Zeit 20.6.2010) Daher gehe mehr als »die Hälfte der indischen Pkw-Exporte in die USA und nach Europa« (VDA Pressemitteilung 6.1.2010). Mit 330.000 exportierten Fahrzeugen im Jahr 2009 lagen die indischen Hersteller vor China.

Unter den deutschen Konzernen hat MAN seit 2007 ein Joint Venture mit dem indischen Hersteller Force. Im Februar 2009 eröffnete Mercedes sein neues Werk in Pune für die C-, E- und S-Klasse. Im März 2009 folgte Volkswagen mit dem erwähnten Produktionsstandort in Pune, dessen Kapazität auf 150.000 Pkw ausgelegt ist. Seit Anfang 2008 produziert Audi am Standort Aurangabad den Audi A6 und den Audi A4. Volkswagen will seinen Marktanteil von 1,5% in den nächsten fünf Jahren auf 10% steigern. BMW produziert seit 2007 im Werk Chennai Modelle der 3er und 5er Reihe und ist in Indien führender Premiumhersteller. Der Marktanteil in diesem Segment wurde innerhalb von nur drei Jahren von 9% auf 40% ausgebaut.

Um seine Stellung in Indien zu verbessern, hat der Volkswagen-Konzern für 1,7 Mrd. Euro 19,9% an Suzuki übernommen und könnte das japanische Unternehmen in den nächsten Jahren komplett übernehmen. 2009 war VW lediglich zehntgrößter Hersteller in Indien und kam dort nur auf 19.000 verkaufte Autos. Bei Suzuki waren es 860.000. Maruti Suzuki startete Anfang der 1980er Jahre als Joint Venture von Suzuki und der indischen Regierung. Der Konzern produziert Suzuki-Modelle in Lizenz. Suzuki soll künftig den VW-Billigwagen Up! in der dritten Welt zum Discountpreis fertigen.

Suzuki-Maruti und VW haben sich vorgenommen, ihren Marktanteil von 50% zu halten. Volkswagen allein will in sieben Jahren einen Marktanteil von 8% bis 10% erreichen. Doch auf Wachstum in und Export aus Indien

setzen auch die anderen Hersteller, besonders bei margenschwachen Kleinwagen, die fast drei Viertel des Marktes ausmachen.[60] »Alle sind sie nach Indien gekommen, um sich ihren Platz im Wachstumsmarkt zu erobern.« (Die
Zeit 24.6.2010) Toyota und GM weiten ihre Produktionskapazitäten vorort
aus. Toyota will mithilfe seines Billigautos Etios in den nächsten fünf Jahren seinen Marktanteil auf 10% verdreifachen und den VW-Polo angreifen
– nicht nur in Indien. Der Etios ist als »globales Strategiemodell« angelegt
(ebd.). Ford produziert in Chennai ab diesem Jahr auf Basis des Fiesta den
Kleinwagen Figo, der von dort in alle Welt exportiert werden soll. Renault-
Partner Nissan will mit seinem Kompaktmodell Micra nun auch in Indien
Fuß fassen, die Produktion in Indien begann Mitte 2010. Auch ein Billig-
auto für 3.000 US-Dollar ist geplant, um gegen den Nano von Tata anzu-
gehen. Der lokale Hersteller Tata produziert mit dem Nano inzwischen das
billigste Auto der Welt (Basispreis 2.800 US-Dollar) und will damit auf seinem Heimatmarkt schon bald Hyundai überholen. Die Nano-Fabik in Sa-
nand kann im Jahr 250.000 Autos herstellen, das entspricht 80% des Ver-
kaufsvolumens von Hyundai. Tata ist dabei auf Masse angewiesen. »Profit
from the Nano project will come only if volumes are significant.« (Bloomberg News 22.4.2010)

Russland
Russland hat gezeigt, wie schnell Hoffnungen der Autobauer zunichte werden. Zunächst war das Land im Gefolge hoher Einnahmen und Einkommen
im Zuge steigender Ölpreise im Rekordtempo zum zweitgrößten Automarkt
aufgestiegen »und für viele Hersteller zum Hoffnungsmarkt geworden«
(VDA 2009, 49). 2008 wuchs der Verkauf dort um 16% auf 2,9 Mio. Pkw.
Der Absatz ausländischer Anbieter legte sogar um 26% auf 2,1 Mio. Fahrzeuge zu. Die inländischen Produzenten sind dem Ansturm der hochproduk-
tiven Anbieter aus Europa, Asien und Nordamerika nicht gewachsen. Allein
zwischen 2004 und 2008 schrumpfte ihr Marktanteil von rund 65% auf unter
30% – entsprechend schoss der Marktanteil ausländischer Anbieter auf 71%
in die Höhe. Deutsche Marken erreichten einen Anteil von fast 16%.
   In der globalen Wirtschaftskrise aber schrumpfte die russische Wirtschaftsleistung um 8% und der Automarkt halbierte sich 2009. Doch die

---

[60] Der Markt für Billigautos könnte in den nächsten Jahren das am stärksten
wachsende Segment sein. Hier ist der Preiskampf und damit der Druck zur Senkung der Kosten jedoch besonders hoch. Neben den chinesischen Herstellern dürften hier Renault (Dacia), Fiat, Toyota, Tata und Maruti-Suzuki die Konkurrenz unter sich ausmachen.

Hoffnungen blühen weiter. »Ungeachtet der Abschwächung zählt Russland neben China, Indien und Brasilien zu den Ländern, in denen mittel-
und langfristig mit der höchsten Wachstumsdynamik zu rechnen sein wird.«
(VDA 2009, 49)

   Volkswagen steht in Russland an Nummer vier. Der Konzern hat in Kaluga ein Werk errichtet und im Oktober 2009 mit der Vollproduktion von
Volkswagen-Pkw und Škoda begonnen. *Renault* hatte bereits 2007 für 660
Mio. Euro ein Viertel des russischen Konzerns AvtoVAZ und damit der Marke Lada gekauft. Im Lada-Werk in Togliatti soll eine rentable Renault-Nis-
san-Produktion aufgebaut werden. Der Konzern zielt auf einen Marktanteil
von 40% (Economist 10.6.2010). *Fiat* wiederum hat mit Sollers ein Joint
Venture in Russland gegründet. Der italienische und der russische Hersteller planen, eine Summe von 2,4 Mrd. Euro in das Gemeinschaftsunternehmen zu investieren. Dort sollen dann neun Fiat-Modelle bei einer Jahresproduktion von 500.000 Wagen gebaut werden. Die russische Regierung
stellt dem Joint Venture Staatshilfen in Form eines 15-jährigen Kredits über
2,1 Mrd. Euro in Aussicht. Dadurch soll das in der Teilrepublik Tatarstan
beheimatete Unternehmen Russlands Nummer zwei nach Avtovaz werden
(dpa 11.2.2010). *PSA Mitsubishi*, das russische Joint Venture zwischen PSA
Peugeot-Citroën und Mitsubishi, begann im März 2010 versuchsweise mit
der Produktion in dem neuen Werk in Kaluga. Das Werk wird eine Produktionskapazität von etwa 160.000 Einheiten pro Jahr haben (Global Insight
19.2.2010). Mit dabei sind natürlich auch die chinesischen Hersteller. So
will *Geely* den Export von Autos nach Russland bis 2012 auf 100.000 Einheiten pro Jahr hochfahren (Global Insight 17.2.2010).

Der Zug gen Süden
Das Wachstum der Emerging Markets und die Flaute in den etablierten Märkten verschieben die Gewichte der Autowelt gen Süden. Die deutschen Autobauer werden im Jahr 2010 mehr Pkw im Ausland bauen als im Inland.
Nach Einschätzung des Instituts für Automobilwirtschaft in Geislingen wird
ihre Auslandsproduktion voraussichtlich auf 4,90 Mio. Einheiten steigen,
während die Herstellung in Deutschland auf 4,87 Mio. Wagen sinken wird.
Mit Abstand wichtigstes Produktionsland ist China, wo im Jahr 2010 von
deutschen Herstellern 1,5 Mio. Pkw gebaut werden sollen (dpa 17.2.2010).
Der Anteil der westeuropäischen Produktion der deutschen Hersteller dürfte von derzeit rund 80% bis auf 65% in zehn Jahren fallen.

   Da die anderen Auto-Nationen dieselbe Strategie der Produktionsverlagerung verfolgen, ist für wachsende Konkurrenz gesorgt. Zwar steigt der
Absatz in den Emerging Markets, aber in eben diesen Märkten wachsen

auch die Produktionskapazitäten in- und ausländischer Produzenten. Laut KPMG-Umfrage befürchtet jeweils rund die Hälfte der Unternehmen, dass in Brasilien, Russland und China spätestens in drei bis fünf Jahren Überkapazitäten auftreten. Für Indien geht jedes Dritte davon aus. 81% gehen davon aus, dass in den nächsten 10 Jahren in China Überkapazitäten auftreten. Knapp 59% der Befragten wollen in China investieren, 43% in Indien (KPMG-Pressemitteilung 7.1.2010). Das führt einerseits zu Preiskriegen. »Der Glaube, dass die Wachstumsmärkte wie in den vergangenen Jahren gleichermaßen für Massen- wie auch Premiumanbieter hochprofitabel bleiben, hat sich bereits verflüchtigt.« (www.kpmg.de/WasWirTun/14459.htm) Andererseits verschärft sich so auch die Konkurrenz auf Drittmärkten, da die Autobauer mit ihren eigenen Werken im Ausland nicht nur die Wettbewerber bedrohen, sondern auch in Konkurrenz mit ihren Werken am Heimatstandort treten. Schätzungen des Pekinger Finanzministeriums zufolge wird allein China seine Autoausfuhren von derzeit jährlich 20 Mrd. Euro bis 2015 verdreifachen (Berliner Zeitung 13.11.2009). Der BRIC-Boom dürfte also den Kostendruck auf die Belegschaften in Europa und den USA verstärken.

Kampf um die USA

Die USA sind kein Wachstumsmarkt – zwischen 2005 und 2009 schrumpfte die Zahl der Autokäufer um sechs Mio., und auch mittelfristig dürfte der Absatz nur bei 15 Mio. Stück bleiben. Doch lockt hier die pure Masse. Selbst an seinem Tiefpunkt war der Markt noch drei Mal so groß wie der deutsche. Deshalb spielen die Vereinigten Staaten, trotz aller Verdrängungskonkurrenz und Überkapazitäten, eine Schlüsselrolle für die deutschen Konzernmarken. 2009 entfielen 11% des deutschen Pkw-Exports auf die USA. Mittelfristig streben die deutschen Hersteller dort einen Marktanteil von 10% an. »Wir werden uns vor allem auf einen Angriff im Kleinwagen- und Volumensegment konzentrieren«, so VDA-Präsident Wissmann (Tagesspiegel 12.1.2010).

Speerspitze ist hier abermals Volkswagen. Der Konzern will in den USA den Marktanteil von 2,9% auf 6% verdoppeln und die Anzahl verkaufter Einheiten von 298.000 (2009) auf eine Mio. steigern. Allein die Tochter Audi hat angekündigt, bis 2015 ihren US-Absatz von 80.000 auf 200.000 Autos zu steigern und hat dafür ein »Exclusive«-Programm aufgelegt, bei dem die Amerikaner Farben und Materialien für ihr Auto aussuchen dürfen, die nicht im Katalog stehen. »Man kann sogar die Farbe seines Lieblings-T-Shirts wählen«, so Audi-Sprecher Jeff Kuhlman (Bloomberg-News 14.5.2010).

**Tabelle 15: Marktanteil in den USA
im Mai 2010**

Toyota	14,8%
Honda	10,6%
Nissan	7,6%
Hyundai	4,4%
asiatische Marken	45,1%
US-Marken	47,2%
Rest	7,7%

Quelle: Bloomberg

Noch wichtiger aber sind die USA für die amerikanischen, japanischen und die koreanischen Hersteller. Sie beherrschen den Markt. Europäische Marken kommen dort nur auf einen Anteil von unter 10%. Toyota,[61] Honda oder Hyundai wollen dort ebenso wie die deutschen Marken ihre Position ausbauen, und bei den Big Three – Ford, GM und Chrysler – hängt die Gesundung ab von ihrem Erfolg auf dem Heimatmarkt (Tabelle 15).

Um den Konkurrenten das Feld streitig zu machen und um ihre Abhängigkeit vom US-Dollar-Euro-Wechselkurs zu vermindern, erweitern die deutschen Konzerne ihre Kapazitäten vor Ort. *Daimler* zieht die Produktion der neuen C-Klasse ab 2014 aus Sindelfingen ab und produziert sie vor allem in Bremen, China und in seinem US-Werk in Tuscaloosa (Alabama). Dort fertigt Daimler bereits die R-, M- und GL-Klasse. Durch die Verlagerung spart Mercedes nach eigenen Angaben etwa 2.000 Euro pro Auto – vor allem wegen der niedrigeren Löhne und der längeren Arbeitszeiten. In Sindelfingen leiste jeder Arbeiter 1.350 Nettoarbeitsstunden pro Jahr, in Tuscaloosa 1.800. Zudem liege der Stundenlohn der Amerikaner 24 Euro niedriger (Stuttgarter Nachrichten 30.9.2009). »Die C-Klasse bewegt sich ... in einem engen Wettbewerbsfeld – unter anderem mit dem Audi A4 und 3er-BMW – das sehr preissensitiv ist und keine großen Umsatzrenditen zulässt. Kosteneinsparungen sind deshalb gerade bei diesen Modellreihen von entscheidender Bedeutung.« (ebd.)[62] Mercedes will dieses Jahr seine US-Verkäufe um mindestens 5% auf über 200.000 Autos steigern.

BMW baut für eine Mrd. US-Dollar sein Werk in Spartanburg für die Produktion von X3, X5 und X6 aus. Die Produktion des X3 wird aus Österreich abgezogen, unter anderem da die Produktion in den USA die Lieferzeit für US-Kunden um drei Wochen verkürzt. Für den Konzern werden die USA 2010 wieder der wichtigste Markt sein. *Volkswagen* erweitert nicht nur die

---

[61] Toyota verkaufte 2009 2,6 Mio. Fahrzeuge in den USA, das war mehr als jedes dritte Auto des Konzerns.

[62] Die Belegschaft in Sindelfingen hatte bereits 1996 und 2004 Zugeständnisse gemacht, um die Produktion in Sindelfingen zu halten. Noch gilt die 2004 abgeschlossene Betriebsvereinbarung, die Entlassungen bis Ende 2011 ausschließt.

Produktionskapazität in Mexiko für eine Mrd. US-Dollar, sondern investiert auch eine weitere Milliarde in ein neues Werk in Chattanooga, Tennessee – also ebenfalls im gewerkschaftsfreien Süden der USA – mit einer Kapazität von 150.000 Wagen. Dort sollen ab 2011 der Kompakt-SUV Tiguan, der Minivan Routan, der Jetta sowie ein neues, speziell für den US-Markt zugeschnittenes Mittelklassemodell vom Band laufen. Der New Midsize Sedan (NMS) soll dem Honda-Accord, dem Toyota Camry und dem meistverkauften Auto der Welt, dem Toyota-Corolla, die Käufer abspenstig machen. Ein weiteres Werk in der NAFTA-Zone ist geplant. Auch Audi strebt eine eigene Produktion an, die Errichtung eines Audi-Werks in den USA wurde jedoch verschoben.

Toyota hat zu Beginn des Jahres 2010 nach seinen verschiedenen Rückrufaktionen seine Verkäufe mit massiven Rabatten angetrieben. Die Rückrufaktionen hatten den Marktanteil des japanischen Autobauers im Mai 2010 auf 14,8% fallen lassen. Um diesen Rückgang aufzuhalten, machte Toyota seine Autos billiger. In den ersten fünf Monaten 2010 lagen die Preisnachlässe bei der Toyota-Luxusmarke Lexus bei durchschnittlich 1.500 US-Dollar je Auto. Konkurrent Mercedes erließ Käufern immer noch durchschnittlich 3.400 US-Dollar je Auto. Besonders aggressiv warb BMW um Käufer mit Durchschnittsrabatten von 4.500 US-Dollar.

Insbesondere der Premiummarkt ist heiß umkämpft. Von Januar bis Mai verkaufte Toyota 90.100 Lexus-Modelle, Mercedes 85.400 und BMW 81.500 (Bloomberg-News 3.6.2010). Bis zum Jahr 2012, so kündigte BMW an, soll Marktführer Lexus in den USA überholt werden. In dieses Segment drängen auch Honda mit seinen Acura-Modellen und Nissan mit dem Infinity. Hyundai setzt ebenfalls auf die USA. In der Oberklasse greifen die Koreaner mit dem Genesis die Vorherrschaft des Lexus an, und der neue Sonata zielt auf Käufer des Camry von Toyota.

Die Big Three
Auch die Big Three GM, Ford und Chrysler haben die Krise dank staatlicher Hilfe von insgesamt 84 Mrd. US-Dollar überlebt und wollen wieder Marktanteile in den Vereinigten Staaten erobern. Schließlich hängt ihr Erfolg von ihrem Abschneiden auf dem Heimatmarkt ab. »Almost a year after bankruptcies battered the U.S. Auto industry, Detroit's carmakers are up and running again.« (Bloomberg 22.4.2010) Was die Situation für sie und für ihre Konkurrenten nicht einfacher macht ist die Tatsache, dass alle Hersteller mehr oder weniger auf dieselbe Strategie setzen. Bei der Chrysler-Sanierung »schlägt (Fiat-Chef) Marchionne auf der Produktseite den gleichen Weg ein wie seine Kollegen Mulally bei Ford und Whitacre bei General

Motors: Die Modellpalette wird radikal zusammengestrichen. Statt großer Spritschlucker sollen künftig vermehrt Kleinwagen von den Fließbändern rollen.« (dpa 7.3.2010)

Ford hat Unternehmensteile verkauft, zehntausende Stellen gestrichen, wickelt seine Marke Mercury ab, konzentriert sich auf die Marken Ford und Lincoln, hat eine Modelloffensive angekündigt und plant einen Kompaktwagen, um »die Palette nach unten abzurunden« (dpa 3.6.2010). In das Rennen um kleinere Wagen schickt Ford künftig die europäischen Modelle Focus und Fiesta. In Sachen Verlässlichkeit und Qualität kann der Konzern laut Consumer Report nun mithalten. Im ersten Quartal 2010 erzielte der Konzern den höchsten Quartals-Vorsteuergewinn seit sechs Jahren. Er konnte 2009 zwar eine Insolvenz vermeiden, hat aber dadurch immer noch einen Schuldenberg von 27 Mrd. US-Dollar (Stand März 2010).[63]

Chrysler hatte Ende April 2009 Insolvenz angemeldet. Seit dem 10. Juni 2009 firmiert der Konzern als *Chrysler Group LLC*. Operativ wird der Autobauer von Fiat gesteuert. Mithilfe des Insolvenzverfahrens hat sich Chrysler von Schulden – insbesondere bei seinen eigenen MitarbeiterInnen – und Lohnkosten befreit und zielt nun wieder auf Wachstum. »Our five-year plan is full of new products.« (Chrysler-Direktor Ronald Thompson, Bloomberg 22.4.2010) Im ersten Quartal 2010 fiel noch ein Verlust von 197 Mio. US-Dollar an (Vorquartal: 2,7 Mrd. US-Dollar Verlust), 2010 soll auf operativer Basis wieder einen Gewinn erzielt und der Umsatz auf 40 bis 45 Mrd. US-Dollar gesteigert werden.

Nach einem geplanten »Modellfeuerwerk« sollen die Erlöse bis 2014 schließlich auf 68 Mrd. US-Dollar steigen und operativ fünf Mrd. US-Dollar Gewinn herauskommen. »For Chrysler to have any sustainable future it needs to massively increase unit sales.« (Max Warburton von Sanford C. Bernstein & Co., Bloomberg 21.4.2010) Fiat hat als Ziel für das Jahr 2010 1,1 Mio. verkaufte Chrysler in den USA ausgegeben – das wären 18% mehr als im Vorjahr. Der weltweite Verkauf soll von 1,3 Mio. (2009) auf 2,8 Mio. Autos verdoppelt werden.

Ermöglichen sollen dies Produktivitätssteigerungen und Kostensenkungen durch die Kooperation mit Fiat. Bis 2014 sollen rund 60% aller Autos auf italienischer Technik beruhen. Fiat stellt dem US-Konzern insbesondere seine Motorentechnik zur Verfügung und vermarktet Chrysler außerhalb der USA. Um die Kosten zu drücken, soll die Zahl der Plattformen von elf

---

[63] Durch die Verpfändung fast seines gesamten Vermögens – von Fabriken bis zum Firmenlogo – konnte sich Ford vor der Krise Kreditzusagen von über 23 Mrd. Dollar sichern, was eine Insolvenz unnötig machte.

auf sieben sinken. Durch eine stärkere Auslastung von Plattformen können wichtige Autoteile in größeren Mengen verwendet werden, was die Produktionskosten senkt. In der Mittelklasse sollten sieben Plattformen durch eine Plattform von Fiat abgelöst werden und nur der Jeep Wrangler Bestand haben; die Kompaktklasse soll mit dem Fiat 500 und einer weiteren Plattform von Fiat erschlossen werden. Konkurrenz verschärfend wirkt die US-italienische Kooperation auch deshalb, weil Fiat durch die Verbindung mit Chrysler endlich auf dem US-Markt Fuß fassen will.

Auch *General Motors* ist wieder mit im Spiel. Ursprünglich sollte seine Insolvenz innerhalb von drei Monaten abgewickelt werden, war aber dann schon nach 39 Tagen, am 10. Juli 2009, abgeschlossen. Der Konzern wurde mehrheitlich verstaatlicht. Die Regierungen der USA und Kanadas statteten GM mit insgesamt 58 Mrd. US-Dollar an frischem Geld aus. Die USA erhielten im Rahmen der Notverstaatlichung 60,8%, Kanada 11,7% und die Gewerkschaft UAW 17,5% der Aktien. 10% wurden an die Gläubiger gestreut. Der Schuldenstand von GM wurde im Insolvenzverfahren von fast 46 auf knapp 16 Mrd. US-Dollar reduziert. Zu großen Teilen verloren dadurch die MitarbeiterInnen Pensionsansprüche und Ansprüche der Gesundheitsversorgung.

Der Rettungsplan sieht vor, dass GM zehn Mio. Autos pro Jahr verkaufen kann. Anders als bei Herstellern in anderen Ländern ist ein echter Abbau von Kapazitäten geplant. 17 Fabriken werden geschlossen und 40% der 6.000 Händlerniederlassungen aufgegeben. Europaweit ist der Abbau von 8.300 von 48.000 Stellen geplant. Das Opel-Werk in Antwerpen wird verkauft. Die Sanierung von Opel soll 3,3 Mrd. US-Dollar kosten.[64] Dies wird aber voraussichtlich nicht ausreichen. Die Marken Chevrolet, Cadillac, Buick und GMC bleiben erhalten. Andere Marken wie Pontiac, Saturn oder Hummer werden abgewickelt, Saab wurde verkauft. Um seinen Absatz anzukurbeln, übernimmt der Konzern den unabhängigen Autofinanzierer AmeriCredit für 3,5 Mrd. US-Dollar. Die US-Regierung peilte noch für 2010 den Börsengang von GM an, um die erhofften künftigen Gewinne zu privatisieren.

---

[64] Die Opel- und Vauxhall-Beschäftigten verzichten dabei bis 2014 auf jährlich 265 Mio. Euro. Im Gegenzug erhalten sie die Zusage, dass GM in Europa neue Fahrzeuge einführt, unter anderem einen neuen Kleinwagen im Segment unterhalb des Corsa. Nachdem der US-Konzern sich 2009 geweigert hatte, Opel zu verkaufen, versagte die Bundesregierung 2010 Hilfskredite für die Sanierung von Opel – implizit mit dem Argument, damit würden Überkapazitäten in Europa und damit eine scharfe Konkurrenz für Volkswagen erhalten.

Im ersten Quartal 2010 machte GM erstmals wieder seit 2007 einen Gewinn. Wie alle anderen Autobauer auch, will GM den Verkauf von kleineren,
sparsameren Wagen forcieren. Für die Entwicklung der Ecotec-Motoren investiert der Konzern an drei Standorten in den USA insgesamt 494 Mio. US-
Dollar. Der Konzern sieht die neuen Motoren als Schlüsselelement für seine
Klein- und Mittelklassewagen und will bis zu 370.000 Stück im Jahr produzieren. General Motors will vor allem in die Entwicklung von Klein- und
Kompaktwagen investieren und dabei die Opel-Infrastruktur nutzen. Opel
und die Schwestermarke Vauxhall sollen ab 2012 wieder profitabel arbeiten. Buick, die schwächste der vier verbliebenen GM-Marken, soll zu einer
Weltmarke ausgebaut werden, vor allem für die Märkte Nordamerika und
China. Doch der Markt bleibt eng. Trotz eines Marktwachstums von rund
20% in den ersten Monaten 2010, liegen die Verkäufe der US-Autobauer
noch immer etwa ein Drittel unterhalb des Durchschnitts des vergangenen
Jahrzehnts. Und die Zukunft sieht problematisch aus.»J.D. Powers, an au-
tomotive-market forecaster, thinks that 2011 could be the start of five years
of sluggish growth. With large amounts of new capacity becoming available,
the pressure on pricing is likely to be brutal.« (Economist 20.5.2020)

Hoffnung Elektro
Gemäß den offiziellen Statements der Kfz-Branche existiert neben China
derzeit vor allem eine Zukunftshoffnung, die die gigantischen Kapazitäten
der Autobauer auslasten soll: neue Antriebsformen, vor allem das Elektroauto und der Hybrid. Dieser Trend ist nicht Ergebnis der Marktkräfte. Die
Hersteller müssen vielmehr durch strengere Umweltauflagen dazu gezwungen werden, insbesondere zur Senkung des CO_2-Ausstoßes ihrer Flotten.[65]
Das Problem bei der »Rettung des Klimas« ist jedoch auch im Autosektor
nicht so sehr ein technisches, sondern ein ökonomisches – also die Zwänge
des kapitalistischen Marktes.
   Für die Autobauer bedeutet die Umstellung des Antriebs bzw. die Entwicklung neuer umweltschonenderer Modelle zunächst einen hohen Inves-
titionsaufwand, der einen guten Anteil an Spekulation mit sich bringt. »It's
the auto industry's biggest bet.« (Bloomberg Markets 2/2010) Denn es ist

---

[65] Gemäß den Vorgaben der EU sollen die CO_2-Emissionen aller von europäischen Herstellern im Jahr 2012 neu zugelassenen Pkw allein durch Verbesserungen
bei Motor und Antrieb im Durchschnitt auf 130 Gramm CO_2/km gemindert werden.
(Warum die Hersteller dazu gezwungen werden, siehe Kaufmann/Müller 2009, 32-
108.) Die Hersteller können einen Durchschnittswert ihrer Flotten bilden, indem sie
Fahrzeuge mit niedrigeren CO_2-Werten mit solchen aus ihrem Produktportfolio ver-
rechnen, die höhere CO_2-Werte aufweisen.

noch nicht klar, welche Antriebsform sich mittel- und langfristig durchsetzen wird – Hybrid,[66] Elektro, Wasserstoff oder spritsparende Verbrennungsmotoren. Die Hersteller versuchen also, auf möglichst *allen* Feldern einen Vorsprung zu erlangen oder mitzuhalten.

Unsicher ist auch, wie sich die Kosten für Hybrid- oder Elektroautos entwickeln werden. Schwachstelle der Elektroautos sind die Batterien: Hohe Preise und zu niedrige Reichweiten dürften die Einführung der Technologie noch lange bremsen. Nach Ansicht der Unternehmensberater der Boston Consulting Group (BCG)[67] werden die Batterien auch in zehn Jahren mit 8.000 bis 10.000 US-Dollar noch einen hohen Anteil am Preis eines Elektroautos haben. Aktuell kosten sie eher das Doppelte. Folge: Preise für bereits eingeführte batteriebetriebene Autos (BEV) wie den Nissan Leaf oder den iMiEV von Mitsubishi liegen Mitte 2010 bei mindestens 40.000 US-Dollar.[68] Da auch Strom bezahlt werden muss, muss man etwa 250.000 Kilometer fahren, damit sich ein derartiger Aufpreis gegenüber konventionell betriebenen Pkw lohnt – vorausgesetzt, die Batterie muss nicht vorher ausgetauscht werden. Wie stark die Produktionskosten von leistungsfähigen Batterien sinken werden und ob die Entwicklungskosten lohnen, hängt wiederum maßgeblich von den Stückzahlen ab, die verkauft werden können. Ob sich für den Käufer ein E-Auto im Vergleich zum Benziner lohnt, wird dabei maßgeblich vom schwankendem Ölpreis abhängen. »The biggest stumbling block may be out of control: the price of gasoline.« (Bloomberg Markets 2/2010)[69]

---

[66] Hybridmodelle bilden eine Brücke zum reinen Elektroauto. Sie kombinieren Verbrennungs- und Elektromotor. Es gibt verschiedene Varianten. Der Mild-Hybrid hat einen Elektromotor, der den Verbrennungsmotor bei Bedarf unterstützt, aber nicht allein den Vortrieb übernehmen kann. Im Gegensatz dazu ist der Toyota-Prius ein Vollhybrid mit stärkerem Elektromotor, der in vielen Niedriglast-Situationen rein elektrisch fahren kann (Stop-and-Go, Kriechverkehr, Baustellen etc.). Die Batterie des Plug-in-Hybrid (Steckdosenhybrid) kann über das Stromnetz extern geladen werden. Auf kürzeren Strecken und im Stadtverkehr fährt er mit dem elektrischen Antrieb, während durch den zweiten Antrieb (z.B. Benzinverbrenner) das Auto auch dann noch fährt, wenn die Batterie leer ist und so eine höhere Reichweite möglich wird. Die Herstellungskosten liegen deutlich über jenen von Hybriden, die nicht über die Steckdose aufgeladen werden können. Zur Technik siehe Brake 2009.

[67] Boston Consulting Group 2010: Batterien für Elektroautos: Herausforderungen, Chancen und Ausblick 2020. (www.bcg.com/documents/file36615.pdf)

[68] Der Leaf-Benziner kostet weniger als die Hälfte. Der Prius-Hybrid von Toyota ist sogar für nur 16.500 Euro zu haben.

[69] Dudenhöffer ist optimistisch, was die Entwicklung von Elektroautos angeht. In seinen Prognosen rechnet er allerdings mit einer Verfünffachung des Ölpreises

Da die Energiedichte selbst der fortschrittlichsten Lithium-Ionen-Batterien bislang noch relativ gering ist, bleibt die Reichweite der E-Mobile ein Problem. BEV können derzeit rund 150 Kilometer fahren, bevor sie neu aufgeladen werden müssen[70] – und das dauert noch sehr lang. Batterien, die dabei mit Verbrennungsmotoren konkurrieren könnten – also eine Fahrt von 500 Kilometern und dann ein Aufladen binnen weniger Minuten ermöglichen – werden laut BCC in den nächsten zehn Jahren nicht für den Massenmarkt verfügbar sein.[71]

Abgesehen vom technischen Fortschritt, dem Ölpreis, den künftige Verkaufszahlen und den Herstellungskosten gibt es weitere Unsicherheiten, vor allem bei Fragen der Infrastruktur für Elektroautos, Normung der Stecker und den Summen, die die Staaten für die Förderung und Durchsetzung von strombetriebenen Autos ausgeben werden. »Noch nicht gelöst ist die Frage der nationalen und internationalen Standardisierung der Lade-, Verbindungs- und Abrechnungstechnik.« (Schill 2010, 4)

Trotz all dieser Unwägbarkeiten prognostiziert die BCG ein deutliches Marktwachstum. Autos mit Hybridantrieb oder Elektromotor würden 2020 in China, Japan, den USA und Westeuropa einen Anteil von rund 26% bei den Neuwagen erreichen. Dies entspreche rund 14 Mio. Fahrzeugen. Der weltweite Markt für Lithium-Ionen-Batterien werde sein Volumen bis dahin auf rund 25 Mrd. US-Dollar verdreifachen. Dudenhöffer (2010) prognostiziert für das Jahr 2025 sogar, dass von den weltweit 87 Mio. verkauften Pkw 56 Mio. Elektro- oder Hybridmodelle sein werden. Dies entspräche einem Anteil von 64% an den Neuwagen (Tabelle 16).

Daher ist trotz aller Unsicherheit »der Kampf um die beste Ausgangssituation beim Übergang zum elektrischen Automobilzeitalter entfacht« (Deutsche Bank Research 2010). Nicht nur die Hersteller, auch die Politik bemüht sich, den eigenen Standort für das neue Zeitalter zu rüsten, um den heimischen Herstellern im Inland einen »Lead-Market« zu bieten, an dem sie verdienen und von dem aus sie den Rest der Welt erobern. Die Europäische Union plant, eine Strategie für die Einführung von Elektroautos

---

auf 350 Dollar je Fass bis zum Jahr 2025 (Dudenhöffer: Bei Elektromobilität verliert Deutschland den Anstoß, Juli 2010).

[70] Der Nissan-Leaf kommt nach Unternehmensangaben auf eine Reichweite von 160 Kilometern. Die Batterie kostet ca. 15.600 Dollar, die Aufladung soll monatlich 120 Dollar kosten.

[71] Eigentlich ist eine Reichweite von 150 Kilometern ausreichend, schließlich legen die meisten Autofahrer nur maximal 50 Kilometer am Tag zurück (Schill 2010). Doch kennt die Autofahrer-Psyche eine Angst, die in der Branche als »Range-xiety« bekannt ist – die Angst, mit dem Wagen nicht weit genug zu kommen.

zu entwickeln. Die Mitgliedsstaaten haben sich bereits darauf geeinigt, eine für alle Länder gültige Richtlinie einzuführen. »Nach Aussage von Spaniens Industrieminister Miguel Sebastian ist dringend eine Harmonisierung nötig, um die Technologie zu einem Erfolg zu machen. Sebastian organisierte ein Treffen zwischen EU-Beamten und Mitgliedern der Organisation für europäische Standards, in dessen Rahmen auch Präsentationen aus der Auto- und Energieindustrie sowie aus dem Infrastruktur- und IT-Sektor durchgeführt wurden.« (Global Insight 16.2.2010)

Tabelle 16: Prognose für 2025

	(nach Antriebsart in Mio. Stück)
Brennstoffzelle	0,3
BEV	4,4
Plug-In Hybrid	17,5
Mild-/Voll-Hybrid	34,2
Verbrennungsmotor	30,8

Quelle: Dudenhöffer 2010

Die Politik hilft nicht nur bei der Errichtung der Infrastruktur, sie muss auch Geld geben, um die Entwicklung der neuen Antriebe für die Hersteller rentabel zu gestalten. Denn »momentan hält die großflächige Einführung von Elektroautos einer normalen Projektrenditeentscheidung kaum stand« (BCG). Eine umfassende Markteinführung von Elektroautos könne wegen der hohen Kosten und der dafür benötigten Batterien nur mit umfassender staatlicher Hilfe sichergestellt werden. Ohne Zuschüsse für E-Autokäufer, Steuervorteile oder andere staatliche Eingriffe wird sich der Markt laut BCG deutlich langsamer entwickeln.

Deutschland

In der Hybridtechnik hinken die deutschen Hersteller – insbesondere Volkswagen – noch hinter der internationalen Konkurrenz hinterher, vor allem hinter den japanischen Herstellern. Den Rückstand zeigt Tabelle 17.

Bis zum Jahr 2014 dürften allerdings alle Autobauer Hybridmodelle im Angebot haben. Stärker ist der Rückstand der deutschen Hersteller bei batteriebetriebenen Fahrzeugen. »Überall rollen erste E-Mobile auf den Markt – nur aus Deutschland nicht.« (Wirtschaftswoche 13.5.2010) Länder wie die USA, Frankreich und China haben damit begonnen, mit Milliardenbeträgen für Forschung und mit Kaufanreizen den Bau oder den Erwerb von Elektroautos zu fördern. »Statt bei konventionellen Fahrzeugen vergeblich um Anschluss zu kämpfen, wittern die Regierungen die historische Chance, die Autonation Deutschland mit Elektroautos um Geschäft, Jobs und Wohlstand zu bringen.« (Wirtschaftswoche 3.5.2010) So viel zu der Ideologie, Fortschritt und freie Konkurrenz mehrten wie von allein den Wohlstand aller Nationen. Tatsächlich muss die Autonation Deutschland um ihre Führungsrolle

Tabelle 17: Markteinführung von Hybridmodellen bei internationalen Herstellern

Marke	Hybridmodell	Markteinführung
Toyota	Prius	1997
	Camry	2009
	Auris	2010
Lexus	RX 450	2005
	GS 450	2007
	LS 600	2007
	CT 200	2010
Honda	Civic	2006
	Jazz	2011
Ford	Escape	2008
	Fusion	2009
Mazda	Tribute	2008
Chevrolet	Tahoe	2008
	Silverado	2008
BMW	Active 7er	2009
	Active 5er	2011
Mercedes	S 400	2009
Hyundai	Accent	2011
Infinity	M35	2010
VW	Touareg	2010
Porsche	Cayenne	2010

in der Autowelt fürchten, da ihr bislang erreichter Vorsprung bei der E-Mobilität wenig bringt: Ihre charakteristischen Vorteile wie überlegene Verbrennungsmotoren und hoch präzise Getriebetechnik werden für BEV nicht mehr gebraucht.»Beim Elektroauto starten alle auf einem ähnlichen Technologieniveau... Tatsächlich muss Deutschland fürchten, nicht zur Speerspitze der Elektromobilität zu zählen... Gefährlich für die Deutschen als Autobauer sind vor allem die USA, Frankreich, Japan und China.« (ebd.)

»Die alles entscheidende Frage ist, ob es den deutschen Automobilherstellern und ihren Zulieferern gelingt, im globalen Wettbewerb ihre technologische Führungsrolle auch unter den veränderten Bedingungen zu verteidigen.« (Diekmann 2010, 67) Schlüsseltechnologie ist dabei die Batterietechnik. Produktion und Entwicklung von Hochleistungsstromspeichern liegen derzeit vor allem dort, wo zum Beispiel Handy- oder Laptop-Akkus hergestellt werden: in Japan, China und Korea.

»Die internationale Wettbewerbsfähigkeit der deutschen Automobilindustrie hängt in entscheidendem Maße vom Zugang zu innovativer Batterietechnik ab.« (Dudenhöffer 2010, 2) Dieser Zugang sei jedoch gefährdet, da gerade die asiatischen Hersteller langfristige Kooperationen mit Stromkonzernen und Batterieproduzenten eingegangen sind, um den Markt zu besetzen.

Die Bundesregierung überlässt daher das Rennen um das E-Auto nicht dem Markt, sondern nimmt die Sache selber in die Hand. Laut»Entwicklungsplan Elektromobilität« sollen 2020 eine Million Elektrofahrzeuge auf deutschen Straßen unterwegs sein (Details zu den Fördermaßnahmen in: Blöcker/Jürgens, 2009, 16). Auf einer»Nationalen Plattform Elektromobilität« wollen Bundesregierung und Industrie»den Weltmarkt für strombetriebene

Autos aufrollen... Noch nie seit der massiven Förderung der Kernenergie in den Sechziger und Siebzigerjahren hat eine Bundesregierung einen solchen Schulterschluss zwischen Staat und Unternehmen organisiert, um große Teile der Wirtschaft zum Aufbruch in eine neue Epoche, diesmal der Elektromobilität, zu drängen.« (Wirtschaftswoche 3.5.2010) Dabei soll die Forschung intensiviert und einheitliche Standards für Ladegeräte und Stecker werden geschaffen. Eine Strategie zur Sicherung der Ressourcen für Batterien und Strom wird entwickelt und es fließt Geld. So fördert das Bundesumweltministerium zum Beispiel den Testlauf von 600 strombetriebenen BMW-Mini in den USA, Großbritannien und Deutschland. Insgesamt gab es Mitte 2010 bundesweit rund 150 verschiedene Projekte in acht verschiedenen Modellregionen. Bis zum Jahr 2016 stellen Politik und Unternehmen knapp zwei Mrd. Euro zur Verfügung, um die Entwicklung voranzutreiben.

Aufgrund der Reichweitenproblematik dürften sich E-Autos zunächst bei Kleinwagen/Stadtwagen durchsetzen. *Daimler* setzt daher auf seine Marke Smart. Im Smart-Werk im französischen Hambach soll die Produktion von Fahrzeugen des zweisitzigen Smart mit Elektroantrieb starten. Daimler kooperiert mit dem US-Unternehmen Tesla Motors, das Batterien für den Elektro-Smart entwickelt. 2010 soll auch eine rein elektrische A-Klasse eingeführt werden. In Ostdeutschland errichtet Daimler eine Fabrik zur Herstellung von Lithium-Ionen-Batterien. In China arbeitet Daimler mit der chinesischen BYD zusammen, um 2013 ein Elektrofahrzeug speziell für den chinesischen Markt zu entwickeln. 2015 soll laut Planungen die mit Brennstoffzellen bestückte B-Klasse verkauft werden.

Volkswagen liegt in der E-Auto-Konkurrenz zwar deutlich hinter den asiatischen Herstellern zurück, hat aber angekündigt, »eine Vorreiterrolle« bei Elektroautos zu übernehmen (dpa 11.3.2010). Bis 2018 will der Konzern 3% seiner Fahrzeuge als Elektroautos verkaufen. Die Produktion soll 2013/14 anlaufen. Die neue »New Small Family« soll auf der neuen Kleinwagenserie Up! basieren, die VW 2011 auf den Markt bringen will. Die Elektrovariante des Golf – der E-Lavida – soll spätestens ab 2014 in China produziert und verkauft werden. Bis 2018, so die Ankündigung des Wolfsburger Konzerns, will man Marktführer in Sachen Elektromobilität in China sein. Die VW-Tochter Audi will 2012/2013 eine Testflotte von Elektroautos auf den Markt bringen und 2015 mit der Serienfertigung beginnen.

BMW testet derzeit in den USA, Großbritannien und Deutschland rund 600 Elektroautos der Marke Mini. Der Konzern hat angekündigt, von 2013 an ein Elektroauto für den Stadtverkehr herzustellen, zwei Jahre früher als ursprünglich geplant. Das Projekt trägt den Arbeitsnamen Project i und soll die Basis für eine ganze Modellfamilie sein. Bei dem geplanten Megacity

Vehicle will BMW erstmals Teile aus Kohlenstofffasern in Großserie verwenden, die im Rahmen eines Gemeinschaftsunternehmens mit SGL Group in Nordamerika und in Landshut verarbeitet werden sollen. Das soll das Gewicht der Fahrzeuge senken – eine Vorbedingung dafür, dass das Megacity Vehicle ein Verkaufserfolg wird. In China will BMW mit seinem Partner Brilliance eine Plug-in-Version des 5er anbieten, das »New Energy Vehicle«.

Frankreich
Die französische Regierung hat ebenfalls angekündigt, bei Elektroautos Vorreiter werden zu wollen. Es gelte, »eine der wichtigsten Schlachten der weltweiten Industrie« zu schlagen, so Umweltminister Jean-Louis Borloo. Frankreich müsse hier »zum weltweiten Marktführer« werden (AFP 21.10.2010). Dafür wird der heimische Standort hergerichtet. Staat und Unternehmen wollen bis 2015 ein landesweites System mit einer Million Ladestationen aufbauen und die Regierung will 1,5 Mrd. Euro in die Infrastruktur für E-Autos stecken. Für den Bau von Batterie- und Elektroauto-Fabriken sind zunächst mehrere hundert Mio. Euro an Förderung vorgesehen. Angesichts künftig wohl hoher Preise für E-Autos fördert die Politik die Anschaffung mit 5.000 Euro pro Fahrzeug und schafft selbst Nachfrage: Behörden, Kommunen und Staatskonzerne sollen bis 2015 rund 100.000 Elektrofahrzeuge kaufen.

Dem Konzern *Renault* hat die französische Regierung ein Darlehen in Höhe von 100 Mio. Euro gegeben, damit das Unternehmen seine Werke für die Produktion von Elektroautos umrüsten kann. Der Konzern wird mit seinem Partner Nissan etwa vier Mrd. Euro in die Technologie investieren. Renault geht davon aus, dass Elektroautos im Jahr 2020 einen globalen Marktanteil von 10% haben werden (Global Insight 18.2.2010). Um von diesem Kuchen ein großes Stück abzubekommen, will Renault bis 2012 vier neue Elektrofahrzeuge auf den Markt bringen. »We aim to be the global leader in zero-emission mobility«, erklärt Konzernchef Carlos Ghosn (Bloomberg Markets 2/2010). Renault-Partner Nissan stellte kürzlich sein erstes rein elektrisches Modell Leaf vor. Es soll von Herbst 2011 an auch in Deutschland verkauft werden. Laut Ghosn können Renault und Nissan 150.000 elektrische Leaf in Japan bauen, 200.000 in Europa und mehr als 200.000 in den USA (Tagesspiegel 31.3.2010).[72] Um die Durchsetzung des

---

[72] Insgesamt beläuft sich die Produktionskapazität – sollten die Zahlen stimmen – also auf 550.000 Autos. Trifft die Dudenhöffer-Prognose von 4,4 Mio. weltweit verkauften BEV im Jahr 2025 zu, so könnte allein Renault-Nissan bereits mit seiner aktuellen Kapazität knapp 13% des Weltmarktes bedienen. Doch auch die anderen

Leaf zu beschleunigen und seine Technologie als Standard zu setzen, hat Renault mit 41 Regierungen – von Portugal bis Japan – eine Vereinbarung zum Bau von Aufladestationen abgeschlossen.

Der französische Konzern *PSA* war bereits mit Modellen wie dem 106 Électric, der zwischen 1995 und 2003 vertrieben wurde, Vorreiter der Elektromobilität. Anfang 2010 schloss PSA mit Mitsubishi ein Lieferabkommen für jährlich 25.000 iMiEV bis 2015 ab. Diese rein elektrischen Serienmodelle werden ab Ende 2010/Anfang 2011 als Peugeot Ion und als Citroën C-Zero verkauft, auch in Deutschland. Der Ion ist das erste viersitzige Elektroauto mit Lithium-Ionen-Batterie, das von einem europäischen Hersteller auf den Markt gebracht wird. Er hat eine Reichweite von 130 Kilometern und soll an einer herkömmlichen Steckdose innerhalb von sechs Stunden aufgeladen werden können.

Japan/Südkorea
Beim Hybrid-Antrieb sind die japanischen Hersteller bereits Vorreiter, insbesondere Toyota. Um das Elektroauto zum Massenprodukt zu machen, haben sich die drei japanischen Autobauer *Nissan, Mitsubishi* und *Fuji Heavy* (Marke Subaru) mit dem größten Stromkonzern des Landes Tepco zusammengeschlossen, um die Infrastuktur in Japan mit Batterieauflade-Stationen auszubauen und zu vereinheitlichen. Mitsubishi und Fuji Heavy sind seit Mitte 2009 mit dem E-Auto iMiEV und dem Subaru Stella am Markt. Bislang sind dies jedoch eher Nischenmodelle für Geschäftskunden, die in Kleinserie hergestellt werden. Mit rund 30.000 Euro ist der Leaf noch sehr teuer, auch wenn er die japanischen KäuferInnen durch staatliche Zuschüsse nur rund 24.000 Euro kostet. *Toyota* setzt vorerst vor allem auf die im Vergleich zu BEV preiswerteren Hybridmodelle, von denen der Konzern ab 2010 mehr als eine Million Wagen pro Jahr verkaufen will. Ein echtes BEV soll erst 2012 auf den Markt kommen. Der Vollhybrid Sonata von *Hyundai* wird ab Ende 2010 in den USA verkauft.

USA
Auch die USA fördern massiv den Einstieg ins Strom-Zeitalter. Nicht nur, um künftige Anteile am Automarktwachstum für heimische Hersteller zu reservieren, sondern vor allem auch, um die Abhängigkeit vom Öl und damit von politisch als unzuverlässig eingestuften Staaten Lateinamerikas und des Nahen Ostens zu vermindern. Dafür nutzt die US-Regierung die Tatsa-

---

Hersteller werden in den nächsten 15 Jahren aufrüsten. Überkapazitäten beim Elektroauto und Preiskriege sind also programmiert.

che, dass sie durch die Rettungsprogramme für die inländischen Autobauer zum Großaktionär der Branche aufgestiegen ist. »President Barack Obama has linked his government's intervention in the auto industry with a strategic move to curb fuel consumption.« (ILO World of work 66, Aug. 2009) Für die US-Regierung ist das E-Auto also ein wichtiger Schritt in Richtung weltpolitische Handlungsfreiheit.

Deutlich früher als die deutschen Hersteller kommen die US-amerikanischen mit elektrisch betriebenen Autos auf den Markt. *General Motors* setzt seine Hoffnungen auf den Plug-in Hybrid Chevrolet Volt. Er soll noch 2010 auf den Markt gebracht werden. 2011 will dann Opel den Volt als Ampera in Europa verkaufen. *Ford* hat angekündigt, 2011 sein erstes Elektrofahrzeug auf den deutschen Markt zu bringen. Dem Kleintransporter Transit Connect Electric folge 2012 mit dem Ford Focus Electric der erste batteriebetriebene Personenwagen der Marke. Er soll zwischen 35.000 und 40.000 Euro kosten. Der Konzern hat in Köln einen Feldversuch gestartet, um im Stadtgebiet E-Autos unter Alltagsbedingungen zu testen.

China
Zum größten Treiber der E-Auto-Entwicklung – und zum größten Konkurrenten der etablierten Autonationen – dürfte China werden. Einerseits entwickelt sich der Straßenverkehr, insbesondere in den boomenden Metropolen, zunehmend zur nicht mehr akzeptierten Umweltbelastung. Zweitens ist die E-Auto-Strategie der Regierung »industriepolitisch motiviert: Das Land will in der Batterietechnologie Vorreiter sein und hat durchaus gute Chancen« (Deutsche Bank Research 2010). Chinas nationale Entwicklungskommission hat das Ziel ausgegeben, schon 2012 eine Million BEV-Fahrzeuge auf Chinas Straßen zu haben – acht Jahre früher als Deutschland. Ab 2011 soll die Jahresproduktion von E-Autos 500.000 betragen. Dazu fördert die Politik den Kauf jedes strombetriebenen Wagens mit umgerechnet 6.000 Euro. Insgesamt beläuft sich die Fördersumme auf zehn Mrd. US-Dollar.

Die chinesischen Hersteller BYD, Chery und Geely werden bis zum Jahr 2012 15 neue BEV-Fahrzeugmodelle auf den Markt bringen. Insbesondere konzentriert sich die Förderung der chinesischen Regierung auf den Hersteller *BYD*, einen der weltweit führenden Hersteller von Akkus für Handys und Notebooks, der E-Auto-Leithersteller werden soll. Mit staatlicher Förderung und einem boomenden Heimatmarkt im Rücken will BYD seine Elektroautos schon 2010 in den USA und 2011 nach Europa bringen. Der Verkauf des Hybridautos F3DM läuft bereits seit März 2010. Sein Elektromotor schafft 100 Kilometer, dann springt der Verbrennungsmotor an. Das in der Entwicklung befindliche Modell e6 soll eine Reichweite von 400 Kilometern haben. Bis 2025 will BYD nach eigenen Angaben zum größten Autohersteller der Welt aufsteigen und dabei allein auf BEV und Hybridantriebe setzen.

Rettung Elektro?

Auch der Hoffnungsmarkt E-Auto wird die globale Autobranche wohl kaum aus ihrer selbstgeschaffenen Klemme aus Überkapazitäten, schwachen Margen und riskanten Mega-Investitionen retten.

Denn *erstens* ist noch unklar, wie schnell sich die Elektrifizierung der Fahrzeuge vollziehen wird.»Prognosen, dass sich ein wesentlicher Anteil an neuen Antriebstechnologien in den nächsten Jahren bereits in der Fahrzeugpopulation zeigen wird, sind sehr vorsichtig zu bewerten. Lange Entwicklungszeiten für die neuen Technologien und große bestehende Fahrzeugpopulationen wirken dem entgegen. Verbrennungsmotoren werden in den nächsten zehn Jahren in der Fahrzeugpopulation weiterhin mit einem Anteil von 90 Prozent dominieren.« (www.kpmg.de/WasWirTun/14459.htm) Wahrscheinlicher ist, dass Elektroautos vorerst ein Nischendasein fristen werden, das die Investitionen kaum rechtfertigen dürfte. Denn erst wenn große Stückzahlen verkauft werden, sinken die Preise und winken auch Gewinne.

Zweitens schafft die Elektrifizierung der Antriebe keine zusätzliche Nachfrage nach Autos, vielmehr verdrängen Hybride und BEV Fahrzeuge mit herkömmlichen Antrieben. Ein Mehr an Umsatz ist für die Hersteller nicht abzusehen. So erwartet der Autodienstleister EurotaxSchwacke, dass in Deutschland einerseits der Anteil der Autos mit Alternativantrieben von einem Prozent bis 2020 auf 23% steigt. Gleichzeitig werde der Gesamtabsatz der Branche bei drei Mio. Fahrzeugen jährlich stagnieren (dpa 15.7.2010).

Drittens ist der Ölpreis ein wesentlicher Risikofaktor. Bleibt er niedrig, so bleibt die Preiskonkurrenz herkömmlicher Verbrennungsmotoren hart. »If gas is $2 a gallon, this whole regulatory effort to promote EVs is going to be an ugly train wreck.« (Bloomberg Markets 2/2010) Das Setzen auf Elektroautos ist also eine große Spekulation:»He's rolling the dice«, kommentiert GM-Manager Bob Lutz die Elektro-Offensive von Renault-Chef Ghosn (ebd.).

Aber nicht nur der Ölpreis gefährdet den Erfolg der Elektroautobauer, auch der Preis für die Rohstoffe, die für Batterien benötigt werden. So kostete im März 2010 die Tonne Lithiumcarbonat mit 6.500 US-Dollar fast drei Mal so viel wie 2006. Mit der wachsenden Nachfrage dürften auch die Preise weiter klettern.»The result will be massive losses.« (Eric Noble, Chef des Forschungsinstituts CarLab in: Bloomberg Magazine 2/2010)

»Auf lange Sicht wird damit kein Geld zu verdienen sein«, so VW-Chef Winterkorn zu den Elektroautos (Wirtschaftswoche 3.5.2010). Also muss der Ertrag der Konzerne (und damit die Gelder für die E-Auto-Investitionen) vorerst aus dem herkömmlichen Automobilbau kommen. Dort allerdings ist es eng geworden. Damit beißt sich die Katze in den Schwanz.

Dennoch beeilen sich die Konzerne, Milliarden in die Entwicklung und Vermarktung neuer E-Mobile zu investieren, um Nischen zu besetzen, Konkurrenten zu verdrängen oder abzuschrecken. Mitte 2010 planten die Hersteller weltweit 42 E-Autos, die bis 2012 auf den Markt kommen sollen. Da es höchst fraglich ist, ob die Nachfrage mit dem Angebot mithalten kann, sind globale Überkapazitäten auch bei Elektroautos wahrscheinlich – und damit ein Preiskrieg, der bereits begonnen hat. Als Reaktion auf den Preis des Leaf von 30.000 Euro hatte Mitsubishi Anfang 2010 angekündigt, den Preis seines iMiEV von 38.000 auf 32.000 Euro zu senken. Dieser Trend dürfte sich fortsetzen, wenn die kostengünstig produzierenden chinesischen Hersteller auf den Markt drängen. Und in Indien plant der Hersteller Tata, bereits im Jahr 2012 mit einer E-Version seines Ultra Low Cost Car Nano das neue Marktsegment der preisgünstigen Elektroautos zu besetzen.

Überkapazitäten drohen nicht nur bei den E-Autos, sondern auch bei den Herstellern von Auto-Akkus. So erwartet die Unternehmensberatung Roland Berger bereits für die Jahre 2014 bis 2017 aufgrund der angekündigten Investitionen erhebliche Überkapazitäten, insbesondere in den USA und Japan. Würden die angekündigten Investitionen umgesetzt, werde die installierte Kapazität bereits 2015 doppelt so hoch sein wie die prognostizierte Nachfrage.[73]

Alles für die Umwelt?
Die Umwelt und das Klima sind dabei nur bedingt die Gewinner. Denn die Förderung der Elektromobilität folgt weniger der Sorge um die Atmosphäre als vielmehr dem Bedürfnis von Politik und Konzernen, das Wachstum der Autobranche »nachhaltig« zu gestalten. »Nachhaltigkeit« bedeutet dabei nicht ein unbedingter Schutz des Klimas vor den Folgen des kapitalistischen Wirtschaftswachstums. Sondern das Programm, dieses Wachstum dauerhaft vereinbar zu machen mit seinen ökologischen Schäden. Es geht darum, die Kosten des Klimawandels zu senken, die Abhängigkeit von Ölimporten zu mindern und »grüne« Technologie zum Exportschlager zu machen (Müller/Kaufmann 2009). Der bedeutsamen Autoindustrie sollen über

---

[73] Roland Berger: Powertrain 2020: Li-Ion batteries – the next bubble ahead? Präsentation Februar 2010.

die Umweltauflagen keine Bremsen angelegt werden, vielmehr geht es darum, ein neues Geschäftsmodell für die Branche zu entwickeln.

Der Schutz der Umwelt bleibt daher weit hinter dem zurück, was möglich wäre. Denn erstens sind Elektroautos nur als Ergänzung der Modellpalette gedacht. Sie werden vor allem für Kleinwagen konzipiert. Da ihre Zusatzkosten auf absehbare Zeit hoch sein werden, bleiben sie eine Nische: Nur 7% der Neuzulassungen in Deutschland haben eine Leistungsstärke von unter 68 PS und liegen damit im Leistungsbereich alltagstauglicher E-Fahrzeuge (Schill 2010, 4).»Adressat sind besser betuchte Angehörige der Mittelklasse, für die das Elektromobil der Zweit- und Drittwagen ist und die sich umweltbewusst geben... E-Autos werden als Alibi dafür herhalten, dass es nicht zu grundsätzlichen Veränderungen im Transportsektor kommt.« (Wolf 2009, 39)

Zweitens: Da die Reichweite der E-Autos vorerst begrenzt bleibt, dürften sie besonders in Städten und Ballungsräumen eingesetzt werden – und dort ist die Fläche knapp, gleichzeitig der Flächenverbrauch der E-Mobilität wesentlich höher als der des ÖPNV.

Drittens hängt die Klimaverträglichkeit des E-Autos stark davon ab, woher der Strom kommt. So dürfte die Energie für die französischen BEV vor allem von Atomkraftwerken produziert werden, die in Frankreich fast 80% des Stroms liefern. Auch in China ist die ökologische Wirkung der Forcierung der Elektromobilität»fragwürdig«, da dort»der Strom größtenteils aus Kohlekraftwerken stammt, so dass der tatsächliche CO_2-Ausstoß der Elektroautos dort sehr hoch wäre« (Deutsche Bank Research 2010). Ähnliches gilt, abgeschwächt, für die USA.

Aus diesem Grund wäre viertens eine Senkung der CO_2-Emissionen schneller und einfacher zu haben über die Senkung des Spritverbrauchs bei herkömmlichen Verbrennungsmotoren.»Gerade wurde in einem fünfmonatigen Test ermittelt, dass ein Elektro-Mini von BMW statt der versprochenen 15 Kilowattstunden je 100 Kilometer 30 Kilowattstunden verbraucht. Auf Basis des Strom-Mixes in Deutschland entspricht das einer CO_2-Emission von 180 Gramm pro Kilometer. So viel emittiert eine Mittelklasse-Limousine, und dabei profitiert der E-Mobil-Hersteller bereits davon, dass in dem Mix ein Viertel Atomstrom enthalten ist. Sonst wären es sogar 240 Gramm Kohlendioxid. Ein normaler Mini erzeugt nur halb so viel Treibhausgas... Unter Klimagesichtspunkten ist der Verbrennungsmotor noch für sehr lange Zeit besser als der Elektroantrieb. Mindestens für 20 Jahre. Bis dahin wird es einfacher sein, den Spritverbrauch auf 1,5 Liter zu drücken als ein E-Auto auf 50 Gramm Kohlendioxid.« (Wolfgang Lohbeck, Greenpeace, in: Berliner Zeitung 17.9.2009)

Fünftens schließlich bleiben die Nachteile des Autos erhalten, auch wenn es elektrisch angetrieben wird.»Kaum irgendwo sonst gibt es ein derart krass unproduktives Verhältnis, wonach 1,2 Tonnen Totgewicht eingesetzt werden müssen, um eine menschliche ›Transportlast‹ von 85 bis 90 Kilogramm zu befördern.« (Wolf 2009, 17) Zudem beansprucht der Pkw-Verkehr im Vergleich zu anderen Verkehrsarten eine vier- bis zehn Mal größere Fläche. Straßenfahrzeuge haben im Vergleich zu schienengebundenen Fahrzeugen einen weit höheren Rollwiderstand und damit einen höheren Energieaufwand. Der Straßenverkehr fordert eine hohe Zahl von Toten und Verletzten. Dies würde sich durch Elektroautos nicht grundsätzlich ändern, obwohl ein insgesamt geringeres Tempo zu weniger Opfern führen könnte. Insgesamt also bringt das Elektroauto nicht die nötige Revolution im Transportsektor, sondern verhindert bzw. verzögert sie nur. Doch diese Revolution in Richtung Verkehrsvermeidung und Schienenverkehr ist in den großen Autonationen aufgrund der überragenden Bedeutung der Kfz-Branche nicht erwünscht.

4. Fazit

Auf den vorangegangenen Seiten war viel von Überakkumulation, Überkapazitäten und Krise die Rede. Mitte des Jahres 2010 sah es jedoch so aus, als steuerte die globale Autoindustrie schneller als gedacht aus der Krise heraus und direkt in ein goldenes Zeitalter hinein.»Es ist die Geschichte einer unglaublichen Erholung.« (Spiegel-online 20.6.2010) Im ersten Halbjahr steigerten die deutschen Autobauer ihre Produktion in Deutschland um ein Viertel. Volkswagen verkaufte in diesem Zeitraum so viele Autos wie nie zuvor. BMW wie auch Daimler wurden »vom China-Boom überrollt« (FTD 13.7.2010) und haben ihre Gewinn- und Umsatz-Prognosen angehoben. Es gibt keinen Zweifel daran, 2010 war ein Rekordjahr. Das CAR prognostiziert eine Steigerung des globalen Pkw-Absatzes von 10% auf 57,1 Mio. »Der Spuk ist vorüber«, meldet die Financial Times Deutschland (24.6.2010). Doch »vorüber« ist er nicht. Er geht nur in eine neue Runde.

Bemerkenswert am neuen Aufschwung ist *erstens*, wie unberechenbar der Markt ist – obwohl es sich hier nicht um volatile Finanzmärkte handelt. 2009 war eine Katastrophe erwartet worden, die sich nicht einstellte. Für 2010 waren die Autobauer und ihre Analysten vorsichtig optimistisch und lagen damit abermals daneben.»Noch nie hat sich die Lage in einem so atemberaubenden Tempo zum Besseren gewendet«, kommentierte ein Daimler-Aufsichtsrat der FAS (20.6.2010). Positive Überraschungen mögen besser sein als negative. Dennoch zeigt die jüngste Entwicklung des Automarktes, wie kurz die Zyklen zwischen Flaute und Boom geworden sind – und wie schnell sich die Lage der Industrie ändern kann.[74]

Zweitens verdankt sich ein Großteil des jüngsten Booms einer neuen Welle von Rabatten – und die Möglichkeit der Firmen zu Preiserhöhungen bleibt begrenzt: »We do not share the view that unsatable consumer confidence indices will promote a recovery of the currently very tough pricing environment. Quite the contrary – what appears a tower of strength is nothing but the by-product of the unprecedented price discounts in the market. A ›mass bribery‹ is what best describes the situation.« (BHF-Bank: Automobiles & Suppliers 16.2.2010, 8, vgl. auch CAR-Center Automotive Research, Preis-Studie Mai 2010 und Juni 2010)

Drittens ist das Grundproblem der Branche in der Krise nicht gelöst worden: die Überkapazitäten. Sie bestehen weiter und werden ausgebaut, auch wenn im 2010er Boom die Maschinen wieder besser ausgelastet sind. »Nennenswerte Kapazitätsanpassungen erfolgten bislang ausschließlich in den USA. Gleichzeitig werden vor allem in Asien, aber auch in den USA neue Werke gebaut oder geplant. Damit bleiben die Angebotsüberhänge bestehen, obwohl die globale Autonachfrage in den nächsten Jahren weiter wachsen wird. Ein notwendiges Gesundschrumpfen wurde durch die Subventionen verhindert. Der Preis dafür ist anhaltend hoher Wettbewerb und Preisdruck. Der nächste Sturm in der Branche ist also programmiert und wird – wenn es die Politik zulässt – auch Opfer fordern.« (Heymann 2010)

Viertens wird der aktuelle Boom vor allem getragen durch die Expansion in den USA sowie in den Schwellenländern, vor allem China. Im ersten Halbjahr stieg der Kfz-Absatz in China abermals um die Hälfte, in den USA immerhin um fast ein Fünftel. Doch wächst die Produktionskapazität in China rapide und trendmäßig definitiv schneller als die Nachfrage. Das wird auch auf dem Wachstumsmarkt par excellence zu Überkapazitäten und Preiskämpfen führen. Für den indischen Markt wird für das Jahr 2010 ein Plus von 30% verzeichnet, doch auch dieses Land haben viele Autobauer für ihr Wachstum verplant. »Zählt man alle Marktanteilsziele der verschiedenen

---

[74] Gemessen am langfristigen Trend flacht sich das Produktionswachstum ab. Lag das Wachstum im Kfz-Output pro Dekade in den 1950er und 1960er Jahren jeweils bei mehr als 50%, so waren es in den 1970er Jahren noch mehr als 30%. In den Dekaden 1980/1990 und 1990/2000 konnten jeweils gut 20% Steigerung verzeichnet werden. Im letzten Jahrzehnt wurde dieses Wachstum nun halbiert. Auch unter Einbeziehung der für 2010 zu erwartenden Daten wird es für das vergangene Jahrzehnt nur bei rund 10% liegen (Wolf, Auf der Überholspur, in: Junge Welt 1.7.2010).

Wettbewerber für Indien zusammen, kommen 150 Prozent heraus.« (Carl-Peter Forster, Die Zeit 20.6.2010) Der Absatz in den USA ist wieder deutlich gestiegen – aber immer noch deutlich unter dem Durchschnitt der Jahre 2000-2007 von etwa 16,8 Mio. und damit lediglich auf dem Niveau des Krisenjahres 1992. Zudem zeigt sich in den USA die neue Schwankungsanfälligkeit. So stoppte im Juni 2010 das rasante Wachstum abrupt, woraufhin Ford seine Absatzprognose sogleich wieder zurücknahm (Bloomberg News 23.7.2010).

Fünftens ist angesichts der harten Konkurrenz unklar, woher die Profite der Autobauer kommen sollen, die die gigantischen Investitionen rechtfertigen. Aus der Wertsteigerung der verkauften Automobile dürften sie nicht resultieren. Konnten die Autokonzerne in den vergangenen Jahren immer teurere Wagen verkaufen – zwischen 1991 und 2010 stieg der durchschnittliche Neuwagenpreis in Deutschland von 15.000 Euro auf 26.000 Euro –, so dürfte der anhaltende Preiskampf auf die Margen drücken. Auch, weil sich die Qualität der verschiedenen Marken enorm angenähert hat: »The truth is that most cars these days are extraordinarily well-made. The quality surveys by which buyers used to set such store are now based on minute differences. This is the main reason why the manufacturers' positions in the league tables have become increasingly volatile.« (Economist 12.12.2009, 71) Da alle Autobauer große Summen investieren müssen bei gleichzeitig schrumpfenden Gewinnmargen, müssen sie ihre Kosten auf große Stückzahlen umlegen. Kurz gesagt: Alle Hersteller müssen viel mehr Autos verkaufen.

Das Elektroauto schließlich hat derzeit noch den Charakter einer Wette auf Profit in ferner Zukunft. »Existierende Szenarien zur künftigen Verbreitung von Elektrofahrzeugen variieren stark, da die Entwicklung von technischen, infrastrukturellen und ökonomischen Randbedingungen unsicher ist.« (Schill 2010, 5) So geht die DIW-Studie von einem Bestand an Elektro-Pkw im Jahr 2050 von 7,4 bis 43,6 Mio. aus – eine gigantische Differenz. Dass E-Autos langfristig die fossil betriebenen Fahrzeuge verdrängen werden, mag sein. Allerdings ist es für einen Autokonzern keine adäquate Strategie sich darauf zu verlassen, das E-Auto werde in 100 Jahren sicher dominieren. Bis dahin werden viele Schlachten um Marktanteile zu kämpfen sein.

All dies sind keine guten Nachrichten für die Belegschaften der Autobauer. »Sluggish growth in major car markets, together with a rapid expansion of production capacities in emerging markets, will fuel overcapacity. This will lead to stronger competition, especially in the traditional segments of the car market, and increase the pressure on production costs.« (EU-Kommission 2004, 168) Die Senkung der Produktionskosten verläuft über die üblichen Strategien: Produktionsverlagerung, Erhöhung der Produktivität und Flexibilität der MitarbeiterInnen. »Die Unternehmen müssen ... ihre Kostenstrukturen optimieren, um wettbewerbsfähig bleiben zu können.« (VDA 2009, 5) »Möglichkeiten zu Einsparungen werden vor allem ... durch die Verlagerung von Kapazitäten in Länder mit niedrigere Kosten gesehen.« (KPMG-Pressemeldung, 7.1.2010)

Das Rattenrennen um Kostensenkung, Innovation und Expansion geht also weiter mit dem erwartbaren Ergebnis: »The strong will get stronger, the weaker weaker« (KPMG 2009, 6). Die deutschen Autokonzerne sind aufgrund ihrer Erfolge der Vorjahre gut gerüstet. »VW, Daimler und BMW haben ... die Kassen kräftig aufgefüllt und ihre Liquiditätsreserven auf insgesamt 50 Mrd. Euro aufgestockt. Die intern verfügbaren Finanzmittel haben ... um fast 20 Mrd. Euro zugenommen, so als hätte es die schweren Absatz- und Ergebniseinbrüche nie gegeben... Ihr angehäuftes Geld werden die Deutschen für Investitionen brauchen, um ihre internationale Konkurrenz weiter in Schach halten zu können... Deshalb hat der VW-Konzern angekündigt, in seiner Autosparte bis 2013 26,6 Mrd. Euro – davon allein 19,9 Mrd. Euro in die Modernisierung und Erweiterung der Produktpalette – zu investieren. Daimler will bis 2011 immerhin 8,1 Mrd. Euro für Sachinvestitionen ausgeben. Nur bei BMW wird sich das Investitionstempo kurzfristig verringern.« (Handelsblatt 18.3.2010) Mit diesen Milliardeninvestitionen wollen die deutschen Konzerne Marktanteile gewinnen, die Anlagen und Warenbestände der Konkurrenten moralisch verschleißen und damit dafür sorgen, dass sie am Ende »übrig bleiben«.[75] Mit einer vernünftigen Produktion von Gütern zur notwendigen Raumüberwindung hat das nichts zu tun.

Beim »Übrigbleiben« können sich die Autobauer auf tatkräftige Hilfe der Politik verlassen. Mit öffentlichen Hilfen wurde schon bisher eine Marktbereinigung verhindert.[76] »Die Überkapazitäten verschwinden nur, wenn der Markt sich selbst überlassen wird... Stattdessen wurden Steuermilliarden eingesetzt, die eine Entwicklung letztlich nicht verhindern, sondern nur verzögern können... Langfristig erscheint das nicht der richtige Weg, um die strukturellen Probleme der Industrie zu lösen«, meint Tobias Mock, Auto-

---

[75] Europas Autoindustrie ist ihrerseits vor Übernahmen gut geschützt durch ihre Großaktionäre. Bei VW sind es das Land Niedersachsen und Porsche, bei BMW die Familien Quandt/Klatten, bei Daimler Abu Dhabi und Kuwait, bei Renault der französische Staat und Nissan und bei Peugeot-Citroën die Familie Peugeot. Fiat befindet sich zu etwa einem Drittel im Besitz der Familie Agnelli.

[76] »Außer den Banken erhielt in der Krise keine Branche auf der Welt derart umfangreiche staatliche Unterstützungsgelder.« (Winfried Wolf, Autos für Alle, in: Junge Welt 2.7.2010)

analyst bei S&P (Handelsblatt 17.6.2010). Allerdings ist es nicht das Ziel der Politik, »die strukturellen Probleme der Industrie zu lösen«, sondern dafür zu sorgen, dass die heimischen Hersteller überleben, um die »strukturellen Probleme« auf die anderen Standorte abzuwälzen.

Dafür wird die nationale Branche zum einen finanziell unterstützt – beim Elektroauto wird bereits von einem »Subventionswettlauf« gesprochen. Zum anderen greift die Politik direkt in die Rentabilitätsrechnungen der Autobauer ein, um den Nutzen des Standorts zu gewährleisten. Denn in der Krise ändern sich die politischen Prioritäten. Einerseits lässt die Politik den Autokonzernen alle Freiheiten bei der globalen Expansion. Die Errichtung von Fabriken in anderen Ländern zur Kostensenkung und Absatzförderung ist gewollt, da sie das einheimische Autokapital stärken. In der Krise jedoch wandelt sich das Bild: Das Wohl des Unternehmens ist nicht mehr deckungsgleich mit dem Wohl der Nation. Kapitalexport gilt nun unter Umständen als Kapitalflucht, die zu unterbinden ist. Damit wird der politische Standpunkt »nationaler«. So untersagte die französische Regierung dem Autobauer Renault – an dem sie mit 15% beteiligt ist und dem sie mit drei Mrd. Euro in der Krise aushalf – die Fertigung des Clio aus Frankreich in die Türkei zu verlagern. Im Falle Deutschlands wiederum war der US-Autobauer GM lange als Investor und Opel-Mutterkonzern willkommen. In der Krise jedoch wurde die Entscheidung von GM, bei Opel Kapazitäten und Arbeitsplätze abzubauen, als Abhängigkeit von US-amerikanischem Kapital beklagt.

Damit die Rentabilitätsrechnungen und Renditeziele der Autokonzerne aufgehen, werden also auch in den kommenden Jahren Milliarden ausgegeben, große Summen an staatlichen Geldern aufgewendet, die Produktivität erhöht und die Löhne gesenkt. All dieser Aufwand dient dabei dem Zweck, einen ökologisch und sozial schädlichen Modus der Fortbewegung »nachhaltig« zu machen, sprich das Wachstum der Autoindustrie trotz ihrer negativen »externen Effekte« aufrechtzuerhalten.

Ohne massive Schäden an der Umwelt wird das nicht gelingen. Die Pkw-Dichte ist in Westeuropa, Japan und den USA bereits auf ein Niveau gestiegen, dass vor einigen Jahrzehnten noch für unmöglich gehalten wurde. So kommen in den USA auf 1.000 Einwohner 750 Pkw, in Westeuropa und Japan sind es 550, in der EU-27 500 (Wolf 2009). Ähnliche Zahlen erhoffen sich die Konzerne von China (21 Autos pro 1.000 Einwohner) und Indien (11). Sie träumen von einer Verdopplung der »Fahrzeugpopulation« weltweit auf zwei Mrd. Kfz und tragen der Politik an, diese Entwicklung zu befördern. »Begreift man Verkehr als Instrument zur Schaffung von Wachstum, Wohlstand und Beschäftigung, wird deutlich, dass Verkehrspolitik zuvorderst auf die Förderung von Verkehr abzielen muss...« (VDA 2009, 107)

Damit steht das Ziel der Autoindustrie in direktem Gegensatz zu dem, was für Mensch und Natur wünschenswert wäre.

Literatur

Belzowski, Bruce, 2009: Can Chrysler survive its reinvention?, in: M. Freyssenet (Hrsg.), *The Second Automobile Revolution*, New York, 205-22

Blöcker, Antje, u. Ulrich Jürgens, 2009: *Strategies for Overcoming the Crisis in the German Car Industry*, www.gerpisa.univ-evry.fr/rencontre/17.rencontre/GERPI-SAJune2009/Colloquium/Papers/S.10_Blocker_Jurgens.pdf

Brake, Matthias, 2009: *Mobilität im regenerativen Zeitalter*, Hannover

Candeias, Mario, 2001: B2B or not to be. Transnationale Unternehmensrestrukturierung im Zeitalter des Intra- und Internets, in: *Das Argument* 238, 42. Jg., 708-19

Deutsche Bank Research, 2010: *Elektromobilität: Noch ein weiter Weg zum Massenmarkt*, Frankfurt a.M. 18.4.

Diekmann, Achim, 2010: Der Entwicklungspfad der deutschen Automobilindustrie – betrachtet aus der Input-Output-Perspektive, IWH-Präsentation 2010

Dudenhöffer, Ferdinand, 2006: Der Wettbewerbsfaktor Zeitarbeit in der Automobilindustrie, in: *Ifo Schnelldienst* 9, 30-36, München

Ders., 2010: *Zukunftstaugliche Arbeitsplätze durch Batterie-Spitzentechnologie.* CAR-Studie, April

EU-Kommission, 2004: *European Competitiveness Report*, Brüssel

Freyssenet, Michel (Hrsg.), 2009: *The Second Automobile Revolution*, New York

Heymann, Eric, 2007: *Volkswirtschaftliche Perspektiven und Trends in der Automobilindustrie*, Deutsche Bank Research, April

Heymann, Eric, 2010: *Automobilindustrie: Die Ruhe vor dem Sturm*, Deutsche Bank Research, Aktueller Kommentar, 20.1.

Jürgens, Ulrich, 2009: The Final Chapter of the »VW-Model«? The VW Trajectory 1995-2005, in: M. Freyssenet (Hrsg.), 2009: The Second Automobile Revolution, New York, 225-45

Kaufmann, Stephan, 2005: Ökonomische Krise als Charakterfrage: die Managerschelte, in: *Prokla* 140, H. 3, 463-71

Lötzer, Ulla, 2009: *Die Krise der Automobilindustrie*, Hintergrundpapier 19.3.

Kaufmann, Stephan, u. Tadzio Müller, 2009: *Grüner Kapitalismus. Krise, Klimawandel und kein Ende des Wachstums*, hrsg. v. M.Candeias, Reihe *einundzwanzig* der RLS, Berlin 2009

KPMG, 2009: Momentum: KPMG's Global Auto Executive Survey 2009

Krull, Stephan, 2009: Der Motor stottert: Abbruch oder Umbau, in: *labournet*, www.labournet.de/branchen/auto/allg/krisekrull.pdf

Mercer, Glen, 2009: Ford, 1993-2007: Losing its way, in: M. Freyssenet (Hrsg.), *The Second Automobile Revolution*, New York, 185-205

OECD, 2010: The Automobile Industry in and beyond the Crisis, OECD 26.1., www.oecd.org/dataoecd/57/61/44089863.pdf

Schill, Wolf-Dieter, 2010: Elektromobilität: Kurzfristigen Aktionismus vermeiden, langfristige Chancen nutzen, in: *DIW-Wochenbericht*, 28, Juli, Berlin

Senter, Richard, u. Walter McManus, 2009: General Motors in an Age of Restructuring, in: M. Freyssenet (Hrsg.), *The Second Automobile Revolution*, New York, 165-84

Verband der Automobilindustrie (VDA), 2009: *Jahresbericht*, Frankfurt a.M.

Dies., 2010: *Jahresbericht*, Frankfurt a.M.

VW-Group: *Volkswagen – The integrated Automotive Group*, Präsentation London, 3.2.2010

Wolf, Winfried, 2007: *Verkehr. Umwelt. Klima*, Wien

Ders., 2009: Weltwirtschaftskrise & Krise der Autoindustrie, in: *Lunapark Extra*, Oktober

Zentrum für Europäische Wirtschaftsforschung (ZEW), 2009: *Die Bedeutung der Automobilindustrie für die deutsche Volkswirtschaft im europäischen Kontext*, Hannover-Mannheim, September

Ökologie und Macht des Autos

Heiner Mohnheim

125 Jahre Autopolitik –
eine kurze Schadensbilanz

Es geht um die Schadensbilanz im Sinne von ökologischen, städtebaulichen, gesundheitlichen Schäden, um Schäden an Menschenleben. Wir beginnen mit der Frühgeschichte des Autos. Die historische Autofahrt mit dieser Kutsche mit Motor war deswegen besonders symbolisch, weil sie über Land ging. In der Zeit, als das Auto erfunden wurde, gab es schon andere Verkehrsmittel wie etwa eine leidlich entwickelte Bahn. Die Sinngebung des Autos war daher Überlandverkehr, also der Verkehr zwischen den Dörfern, wo zu dieser Zeit die Bahn noch nicht hingelegt worden war. Die Dörfer freilich haben sich bedankt für den Autoverkehr. Es gab in dieser Zeit massiven Widerstand von renitenten Dörflern, die nicht begeistert waren, als ihre Hühner, Schafe und Ziegen massenweise totgefahren wurden. Ein Riesenproblem des Autoverkehrs im ländlichen Raum waren die unbefestigten Straßen. Man kann sich sehr gut vorstellen, was passierte: lange Staubwolken, Schmutz, die Straßen wurden kaputtgefahren.

Historisch berühmt geworden sind die 13 Volksabstimmungen in Graubünden, von denen zwölf die Einführung des Autoverkehrs in Graubünden untersagten. Erst die 13. Abstimmung in den 1920er Jahren hat dieses renitente Volk dazu gebracht, zu wittern, dass Tourismus und Autoverkehr zusammengehen könnten. Am Ende ist auch Graubünden automotorisiert worden.

Von Graubünden ein Sprung in die USA, dem Mutterland der Massenmotorisierung. Der Jobmotor Auto war zuerst eine Jobvernichtungsmaschine. Die USA hatten das dichteste Eisenbahn- und Straßenbahnnetz der Welt, die USA waren ein Land, wo mit einer für unsere Begriffe unvorstellbaren Systematik in einem 40 x 40 km-Raster die Bahnen einfach über das ganze Land gelegt wurden. Los Angeles hatte das größte Straßenbahnnetz der Welt. In ein solches Land nun kommt ein Kartell. Es kauft massenhaft Bahngesellschaften, nicht um Schienenverkehr zu organisieren, sondern um sie zu verschrotten, damit dieser öffentliche Verkehr verschwindet und so Platz gemacht wird, damit Autojobs und Autoverkäufer zum Zuge kommen. Das Auto in den USA entsteht als eine Jobvernichtungsmaschine. Ihr Erfolg war ungeheuer. Zeitweise war der öffentliche Verkehr auf ein Minimalniveau heruntergefahren, sieht man von ganz wenigen Metropolen ab – durchaus ein Unterschied zu Europa, wo es nicht gelungen ist, den öffentlichen Verkehr praktisch zu beseitigen. In den USA wird die Autostadt erfunden: die zerdehnte, die suburbanisierte, die zersiedelte Autostadt, in der das, was die Tradition der europäischen Städte ausmacht – kompakt zu sein, dicht und nutzungsgemischt – nicht mehr gilt. Die Gründerzeit war ja auch in den USA eine Zeit, in der kompakte Städte gebaut wurden. New York, Boston, San Francisco haben noch Reste davon. Aber die Massenmotorisierung war eine Stadtvernichtungsmaschine in einem unvorstellbaren Maße. In dieser Zeit beginnt auch der kulturelle Siegeszug des Autos. Die Stummfilme dieser Zeit mit ihren atemberaubenden und suggestiven Autofahrten oder den Buster Keaton-Slapsticks zeigen, dass sich die Autoindustrie damals schon wie heute des kulturellen Vehikels, der mystischen Überhöhung von Autos in Verbindung mit Rennsport bedient.

Massenmotorisierung in Deutschland: Notwendige Erinnerungen

Der Rennsport war gewissermaßen das Vehikel des Autos auch in Deutschland – die Nazis waren noch gar nicht so weit und schon war der Rennsport Power und Kraft und diese Art von archaischem Wettbewerb. Dann kommt Hitler, vom Auto besessen schon in den 1920er Jahren, fixiert auf die Mythologie dieser Kraftmaschine. Dann kamen Albert Speer und viele andere, eine ganze Organisation wurde aufgebaut als Deutschlands Straßenbaumaschinerie, die die Straßen des »Führers« baut. Viele jener Akteure gelangten übrigens in den 1950er Jahren in den Straßenbaubehören Deutschlands wieder in Amt und Würden. Erneut entstand ein Mythos: Durch Motorisierung und Straßenbau sei die Arbeitslosigkeit verschwunden, was historisch falsch ist. Es entstanden die KdF, die Kraft durch Freude – der Volkswagen, der nicht gebaut wurde, weil ein Krieg dazwischen kam. Es blieb die große Verheißung der Massenmotorisierung und man kann sich umso besser vorstellen, warum der Rest des deutschen Volkes in den 1950er Jahren diesen Volkswagen haben musste.

Die 1950er Jahre

In der Nazizeit wurden in allen Städten schon die ersten Pläne für vierspurige, manchmal sechsspurige Schnellstraßen quer durch die Städte entworfen. Das geschah in den 1930er Jahren, zu Zeiten, als die Motorisierung quantitativ noch völlig marginal war. Aber man hatte eine Vision: Jeder hat ein Auto und dafür brauchte man Platz. Dabei störten in der Nachkriegszeit diese alten miefigen historischen Städte, da konnte der Autoverkehr nicht funktionieren – also weg damit. Die Philosophie war:»Wir müssen nicht nur den Boden für das Öl aufreißen, sondern wir müssen auch die Städte kaputtmachen, um ans Auto zu kommen.« Autos wie der Volkswagen fuhren in den 1950er Jahren in der Spitze 80 km/h. Damals wurde zwar Massenmotorisierung gemacht, aber es ist eigentlich eine Schwachmassenmotorisierung. Es geht noch nicht um die Rennwagen, Porsche ist noch weit entfernt. Es geht um gering motorisierte Kleinwagen. Es war die große Zeit der»Leukoplastbomber« Isetta & Co. Sie bestimmten noch das Straßenbild. Dann kamen die Silberpfeile, der Rennsport. Und jetzt kommt das Mystische in diesem Auto, was dazu führt, das heute jeder Kleinwagen, den man kauft, 180 fährt. Das ist das Limit nach unten, langsamer darf ein Auto heute nicht mehr gebaut werden. Die Geschwindigkeitsprofile werden verändert. Daraus ergibt sich: Wir müssen alle Straßen ändern, die müssen endlos breit sein. Diese Maxime wirkt bis heute und strahlt aus – wir haben heute, im Jahr 2010, eine Hochgeschwindigkeitsbahn, die angeblich dem Auto Konkurrenz machen soll und wenn das Auto 180 fahren kann, dann muss der Zug 300 fahren. Das ist der Wettlauf, das Wettrüsten im Verkehr und wohin das führt, kann man im Moment sehen.

In den 1950er Jahren entstanden aber nicht nur eine neue Tempomaxime und -konkurrenz. Neu hinzugekommen ist damals die»überraschende« Erkenntnis, dass das Auto auch abgestellt werden muss. Bis dahin hat Verkehrsplanung in»Ader«, »Schlagader« oder»Transportbändern« gedacht. Doch wie geht man mit dem»ruhenden« Verkehr um? Wer in der dritten Reihe parkt, verhindert, dass der Nächste noch weiterkommt. Also fing unsere gründliche deutsche Gesetzgebung (im Anschluss an die Bemühungen der Nazizeit) an, die Reichsgaragenordnung zu erfinden. Was damals erfunden und zum Gesetz wurde – wer baut, muss für Parkfläche sorgen – gilt bis heute und sorgt dafür, dass der Autoverkehr immer weiter geht und seine räumlichen Folgen kontinuierlich zunehmen.

In den 1950er und 1960er Jahren hat ein außerordentliches Ausmaß von Barbarei und Stadtzerstörung stattgefunden. Hunderttausende von Gebäuden wurden abgerissen. Das ist ein Posten in der Schadensbilanz, der weder kostenmäßig noch emotional auch nur irgendwie angemessen berücksichtigt wird. Straßenbäume wurden abgeholzt, Gehwege waren dem ADAC zu breit. Der ADAC hat vorgeschlagen, alle Gehwege zu halbieren. Die einzige Stadt, die sich dem widersetzen konnte, war Berlin. Da gibt es noch relativ breite Gehwege, auch wenn viel Blech darauf steht. Radwege waren ein absoluter Anachronismus und wurden zu Parkstreifen umgewandelt.

Tempowechsel in der Zwischenzeit

Anders aber dann die 1960er, 70er und 80er Jahre. Eine sehr interessante Zeit. Jahr um Jahr wird ein neues Umweltmedium traktiert. Das Blei im Benzin, der Lärm – es gab Jahre, da war der Autolärm ein politisches Topthema. Der Landschaftsverbrauch, Flächenschutzziele, Tiere. »Alptraum Auto« etwa war eine wunderschöne Ausstellung. Im Mittelpunkt standen die Tiere, die millionenfach niedergemangelt werden. Dann die Abgase: Hört, hört, da kommt was aus dem Auspuff raus. Wir wissen: Es sind mehr als 20.000 verschiedene Toxine, die da rauskommen. Seit das Auto erfunden ist, weiß man, da kommt Gift hinten raus. Jetzt kommt das Gift wirklich an. Wir nehmen es wahr und beginnen Emissionen als Problem zu sehen: NOX, Waldsterben, da ist plötzlich etwas im Gang. Und die Unfälle. Plötzlich gibt es Diskussionen um Tempo-30 und wir glauben, wir wären Weltmeister im Herstellen von Verkehrssicherheit, weil wir ja tatsächlich, was die absoluten Zahlen angeht, Beachtliches geleistet haben. Wenn man sich die globalen Unfallzahlen anguckt, wie das als Einziger für den Zeitraum von 100 Jahren Klaus Gietinger gemacht hat, der erschrickt bei den Dimensionen, wie viel Millionen wir mittels des Autos ausgemerzt haben. Von Bewegungsmangel, Herz-Kreislauf-Erkrankungen, Atemwegserkrankungen, Häufungen von Krebserkrankungen an Hauptverkehrsstraßen ganz zu schweigen. Die Reaktion auf diese Zeit war zunächst in den 1970er/1980er Jahren die Erfindung der Verkehrsberuhigung, die integrierte Verkehrsentwicklungsplanung. In Verkehrsministerien wird offensiv über Rad- und Fußverkehr und integrierte Verkehrsentwicklungsplanung gesprochen und es wird erkannt, dass Raum- und Siedlungsstruktur und Verkehrsentwicklung miteinander verheiratet sind. Zersiedlung ist ein Ergebnis von Autopolitik und muss zurückgedreht werden. Das hat im Einzelfall zu erstaunlichen Erfolgen geführt.

Die Möglichkeitsräume von heute

Jetzt, hier und heute, erleben wir einerseits mutige Nachbarn. Doch zuweilen hat auch hier der Mut eine kurze Verfallszeit. Holland ist ein Beispiel dafür. Es wollte als erstes europäisches Land marktwirtschaftlichen Verkehr einführen in Anlehnung an ein Mautmodell aus Singapur, wo tageszeitlich und streckenbezogen Pkws bemautet werden. Es wäre der Anfang der Marktwirtschaft gewesen, die wir mit den Parkgebühren beim Parken schon immer hatten. Nur wären es dieses Mal Gebühren für den bewegten und nicht den ruhenden Verkehr. Wer die Straße benutzt, muss bezahlen. Diese Art von Maut haben wir an vielen Stellen. Sie ist differenziert, in der Mitte teurer als am Rand, manchmal auch tageszeitlich differenziert. Nachts muss man nichts zahlen, in der Spitzenzeit muss man. Also Marktwirtschaft. Die Niederlande haben eine Wahl gehabt, die alte Regierung ist abgewählt, die neue Regierung hat sofort eine Vollbremsung gemacht. Die Schweiz wiederum hat ein Generalabo. Eine solche Regelung wird seit 20 Jahren für Deutschland gefordert. Es ist eine der psychologisch eindrücklichsten Tarifmaßnahmen, die sofort zu grundlegenden Verhaltensänderungen führt, aber wir machen das nicht in Deutschland.

Aber fast alle Universitätsstädte haben Semestertickets eingeführt. Und was ist das Ergebnis? Es gibt eine massive, lawinenartige Marktbewegung. Der öffentliche Verkehr ist jetzt das zentrale Verkehrsmittel der Studenten, dank der Semestertickets. Wir haben Hebel in der Hand, wir könnten mit den Hebeln viel mehr machen, wenn wir nach der gleichen Logik Jobtickets, Bürgertickets, wenn wir ein Generalabo in Deutschland hätten. Dann kommt plötzlich Daimler.»Car to go« in Ulm,»Carsharing« generell, Leihfahrräder. Plötzlich kommen wir an und machen so kleine Sachen, die zeigen: Es geht nicht mehr darum, dass jemand etwas besitzt und es steht dann rum, sondern dass wir das alles intelligenter nutzten. Wir haben ja inzwischen auch da oben viele Satelliten rumfliegen. Jeder hat in seinem Handy sein Navi und theoretisch können wir mit perfekter Logistik unsere Mobilität hervorragend räumlich und zeitlich disponieren. Auch im Dorf übrigens – etwa mit Rufbus, Anrufsammeltaxi, Bürgerbus. Der Möglichkeitsraum ist sehr groß, voller Ideen, wie eine Stadt fußgänger- und fahrradfreundlich wird. Das kann binnen Kurzem 30% Marktanteil werden, das kann man machen. Der Möglichkeitsraum ist beeindruckend. Zeit, ihn in Besitz zu nehmen.

Winfried Wolf
Ökonomie und Politik des Autos – forcierter Fossilismus

Wir schreiben das Jahr 1827. Zwei Jahre zuvor war auf der Verbindung zwischen Stockton und Darlington in England die erste öffentliche Eisenbahn der Welt in Betrieb genommen worden. Vor diesem Hintergrund schrieb nun ein gewisser Pierre-Simon Girard, Ingenieur und Mitglied der Academie des Sciènces in Paris, die folgenden Zeilen:

»*Obwohl man mit den Fürsprechern dieses Verkehrsmittels zugeben muss, dass es wirtschaftlicher ist als der Gebrauch von Pferden, muss man doch auch anerkennen, dass der Brennstoff, dem diese Maschinen ihre Arbeitsleistung verdanken, tagtäglich jenen natürlichen Lagerstätten entnommen wird, die trotz ihrer großen Ausdehnung doch keineswegs unerschöpflich sind. (...) Die Verwendung von Pferden besitzt demgegenüber ganz andere Möglichkeiten. Die Pferdekraft basiert auf den Produkten des Bodens, die die Natur jedes Jahr neu hervorbringt.*«

Im Klartext: Es gab im frühen Eisenbahnzeitalter bereits – zweifellos nur bei einigen Wenigen, Hellsichtigen – die Vorstellung von einer Kreislaufwirtschaft und die Erkenntnis, dass die kapitalistische oder rein industrielle Dynamik rücksichtslos und unwiderruflich Ressourcen verbraucht. Dabei ging es damals vor allem um Kohle. Die weltweiten Kohlevorräte – Steinkohle und Braunkohle – haben heute noch eine Reichweite von 150 bis 200 Jahre. Das ist knapp genug – aber doch in relativ weiter Ferne. Und selbst in der Volkswirtschaft gilt: Aus den Augen, aus dem Sinn.

Heute leben wir in anderen Zeiten – im auf fossilen Ressourcen basierenden, vor allem im auf Öl basierenden Kapitalismus. Seit 1910 – fast exakt seit einhundert Jahren – gibt es mit der Fertigung des T-Models bei Ford in Dearborn, USA, die Massenproduktion von Autos. Es gab den Siegeszug des Autos in Nordamerika, in Westeuropa und in Japan.

Es gab aber auch um Kautschuk und wegen der Autoreifenfertigung einen Krieg auf den Philippinen, es gab in Nordamerika einen strategisch geplanten Krieg gegen die Eisenbahnen – organisiert von General Motors, Ford, Chrysler und Firestone und dokumentiert in dem Report von Bradford C. Snell im Jahr 1974. Und es gab den von den Nationalsozialisten vom Zaume gebrochenen Zweiten Weltkrieg, der zu einem erheblichen Teil von Rohstoffinteressen und der Jagd nach Öl bestimmt war (Stichworte hierfür sind der Afrika-Feldzug Rommels; die im heutigen Aserbaidschan gelegene Stadt Baku als prioritäres Kriegsziel im Osten; die Produktion des künstlich hergestellten Benzins Buna durch die IG Farben).

Es gab und gibt den Autokrieg in den Städten und gegen urbane Strukturen mit Beton-Orgien und Plattmache-Wut. Stuttgart 21 ist nicht zuletzt das Projekt einer autogerechten Stadt. Und es gibt den täglichen Krieg auf den Straßen dieser Welt. Der Blutzoll, den das Auto seit seiner Existenz forderte, beträgt 40 Mio. Straßenverkehrsopfer (der Begriff, wonach es sich hier um Opfergaben handelt, die auf dem Altar einer bestimmten Mobilitätsform dargebracht werden, ist zutreffend). Jährlich sind es derzeit eine Million Straßenverkehrstote weltweit, in der EU rund 45.000. In Europa also in einem Jahrzehnt eine halbe Million Straßenverkehrstote. Der mit Öl und seinen Derivaten Benzin, Diesel und Kerosin geschmierte Kapitalismus hat eine Dynamik – eine ungezügelte Kraft, ja eine terroristische Gewalt – entwickelt, die es in der Geschichte gesellschaftlicher Produktion nie zuvor gegeben hat. Just so, wie dies ein Augsburger Dichter vorhergesagt hat:

Hier ist Öl! Öl ist hier! Das liegt hier
Was die Motoren laufen macht, was die Schiffe bewegt!
Das Kolben schmierende Öl liegt hier im Boden!
Das die Städte hell macht! Schnell!
Verwandelt Euch in Ölsucher, ihr Ziegenhirten! Schnell!
Schafft das Öl an die Oberfläche, tragt den Felsen ab, bohrt
Den Boden an, Bauern.

Aber da sind Ziegen, die auf dem Feld grasen!
Aber da stehen Wohnhäuser, die 100 Jahre alt sind!
Aber da sind Grundbücher und Besitztitel!

Schnell, schafft alles weg, was zwischen uns und dem Öl steht!
Weg mit den Ziegenhirten! Weg mit den Wohnhäusern!
Und weg mit den Grundbüchern und den Besitztiteln!
Hier ist Öl! Öl ist hier! Das kolbenschmierende Öl ist hier
Und das die Städte hell macht.

Soweit die Worte von Bertolt Brecht aus dem Jahr 1925.

Nun haben die Menschen – und durchaus auch die Sozialistinnen und Sozialisten, die vielfach besonders fortschrittsgläubig und technikblind waren – in den vergangenen knapp vier Jahrzehnten vier weitreichende Erkenntnisse gesammelt.

Erstens: Seit 1973 ist klar, dass Öl endlich und knapp ist – und, dass der Preis des Öls hochschnellen kann und die Ressource sich verteuern wird. Die Ölkrise 1973, die Ölkriege von 1974, 1980 bis 1988, 1990/91 und 2003 im Nahen und Mittleren Osten zeugen davon. Zweitens ist es seit Mitte der 1990er Jahre bekannt, dass es eine von Menschen gemachte Klimaveränderung gibt. Der Straßenverkehr und die Luftfahrt spielen hierbei eine wichtige Rolle. Sie sorgen für den fortgesetzten Anstieg der CO_2-Emissionen im Verkehrssektor, auch in Europa.

Drittens ist seit Anfang des 21. Jahrhunderts klar, dass nicht die absolute »Lebenszeit«, die Endlichkeit des Öls, sondern »peak oil« entscheidend für die Frage ist, wann der Ölpreis kaum kontrollierbar ansteigt. Wann ist das Maximum dessen erreicht, das an einem Tag oder binnen eines Jahres aus dem Planeten Erde an Öl herausgepumpt werden kann und wann wird – ab Erreichen dieses »peaks« – das dann nicht mehr steigerbare Angebot in Kombination mit einer weiter steigenden Nachfrage zu explodierenden und ökonomisch kaum zu verkraftenden Ölpreisen führen? Viertens schließlich lehrt uns die Deepwater Horizon-Katastrophe des Jahres 2010, wie verzweifelt und unbeherrschbar inzwischen die Suche nach Öl vorangetrieben wird.

Eben wie in der Versform formuliert:

Schafft das Öl an die Oberfläche, tragt den Felsen ab, bohrt
Den Boden an! (...)
Schnell! Schafft alles weg, was zwischen uns und dem Öl steht!

Diese wichtigen neuen Erkenntnisse haben in der Praxis bisher wenig bewirkt. Im Gegenteil – es gibt beunruhigende neue Tendenzen, die den auf Öl basierten Kapitalismus noch verstärken. In den letzten zwei Jahrzehnten hat sich eine globale, arbeitsteilige absurde Ökonomie herausgebildet, die durch einen gigantischen Transportsektor, ein gigantisches Transportvolumen und durch einen explosionsartig ansteigenden Verbrauch von heavy fuel oil, d.h. von Schweröl gekennzeichnet ist. Faktisch handelt es sich um eine flächendeckende Verbrennung von hochgiftigem Petrochemie-Sondermüll auf den Weltmeeren. In den vergangenen zwei Jahrzehnten hat sich der Weltflugverkehr verdoppelt – vor allem als Folge der Liberalisierung des Flugverkehrs und der massiv gesunkenen Flugverkehrspreise. Innerhalb Europas liegt inzwischen der Anteil des EU-Binnenflugverkehrs höher als der der Schiene.

Es gibt einen fortgesetzten Rückgang des Anteils der Schiene am gesamten Fernverkehr. Das trifft zu auf die Europäische Union allgemein, aber auch auf Deutschland und Frankreich als zwei Länder, die gewaltige Summen in den Aufbau eines Hochgeschwindigkeitsnetzes investiert haben. Im Straßen- und Luftverkehr sinken die real zu entrichtenden Preise für die Transportleistungen. Eine Tankfüllung »kostet« heute nur halb so viele Minuten an Arbeitszeit wie in den 1970er Jahren. Diese sinkenden Transportkosten stehen in diametralem Gegensatz zur Erkenntnis der externen Kosten im Verkehr, die insbesondere beim Luft- und beim Straßenverkehr eine drastische Erhöhung der Transportkosten rechtfertigen. Es gibt eine Massenmotorisierung in den noch wenig motorisierten Regionen der Welt, vor allem in den Schwellenländern, mit dem – aus rein technischer und strikt finanzieller Sicht – realistischen Ziel der Verdopplung der Pkw-Zahl in der Welt von aktuell 800 Mio. auf mehr als 1,6 Mrd. bis zum Jahr 2025, wenn nicht gar bereits bis 2020. Und es gibt ein »greenwashing« der Autogesellschaft, derzeit insbesondere mittels der Elemente Agrokraftstoffe und Elektroautos. Mit beidem soll die klassische Kritik am Auto relativiert werden. Objektiv wird das Ziel verfolgt, »peak oil« hinauszuzögern und ein paar zusätzliche Jährchen für den Tanz auf der Titanic zu gewinnen.

Den Dichter paraphrasierend:

Kraftstoff ist hier.
Der Maschinen und Düsen antreibende Kraftstoff ist hier.
Und der die Wirtschaft rund macht.

Es gibt zwei Faktoren, die erklären, warum das solange und immer wieder »funktioniert«. Erstens gibt es – parallel zur tayloristischen Arbeitsteilung und fordistischen Produktion – eine Art fordistisches Integrationsmodell. Es handelt sich um eine zunehmend atomisierte Gesellschaft, in der der individuelle Besitz eines Autos – möglichst verbunden mit einem Eigenheim – im Zentrum steht. Die ausgebeuteten, aber durchaus besser bezahlten arbeitenden Klassen werden als »neue Mittelschicht« definiert. Sie erleben auch einen gewissen materiellen Wohlstand und werden mit Gütern wie einem Auto, modernen Kommunikationsmitteln, Mobiltelefonen, Flachbildschirmen und Billigflügen versorgt. Zweitens existiert eine gewaltige Macht- und Kapitalkonzentration um die Gruppe Öl-Auto-Flugzeug. Innerhalb der 500 größten Unternehmen der Welt, der »Global 500«, ist diese genannte Kapitalgruppe die stärkste. Sie konzentriert rund ein Drittel des addierten Umsatzes bzw. der addierten Profitsumme dieser Global 500 auf sich.

Diese Faktoren können am Beispiel Stuttgart 21 konkretisiert werden. Dass am Teilabriss des Bonatz-Baus der Finanzbürgermeister der Stadt Stuttgart mitverdiente, mag in der gesamten Geschichte dieses zerstörerischen Großprojekts eher eine Fußnote, wenn auch eine bezeichnende, sein. Beim Projekt als solchem ist eine Lobbygruppe beteiligt, die ökonomisch und politisch bedeutsamen Einfluss hat. Dazu gehören der weltweit größte Tunnelbauer, Martin Herrenknecht (der im Fall des Stopps von Stuttgart 21 explizit damit droht, sein Unternehmen mitsamt den Arbeitsplätzen in die Schweiz zu transferieren), der größte Motorsägenhersteller der Welt, Stihl (der sein großes Geld mit der Rodung der Regenwälder, wo auf den gerodeten Flächen dann Agrokraftstoffe angebaut werden, verdient), Europas größter Projektbetreiber, ECE (der auf dem Stuttgart 21-Gelände das größte Einkaufscenter der Region bauen will), die Südwestdeutsche Medien-Holding, eines der mächtigsten regionalen Printmedienmonopole (Stuttgarter Zeitung, Stuttgarter Nachrichten, Schwarzwälder Bote und Süddeutsche Zeitung) sowie eine eng vernetzte Gruppe von Politikern wie Matthias Wissmann, Günther Oettinger, Wolfgang Tiefensee und drei ehemalige und aktuelle Bahnchefs (Heinz Dürr 1990-1997, Hartmut Mehdorn 1999-2009 und Rüdiger Grube seit 2009), die alle zuvor hochrangige Daimler- und Airbus-Manager waren.

Diese enge Vernetzung von Wirtschaft, Politik und Medien bei einem städtebaulichen Großprojekt ist ungewöhnlich und für deutsche Verhältnisse womöglich einmalig. Sie ist auf regionaler Ebene vergleichbar mit der Interessenslobby, die Bradford C. Snell auf Ebene der USA im Fall der Zerstörung der amerikanischen Eisenbahnen dokumentiert hat. Es war in den USA ein Schock von außerhalb, die Ölkrise 1973, die den US-Senat veranlasste, den damals jungen Soziologen Snell mit dieser Studie zu beauftragen, durch die das brisante Ergebnis ans Tageslicht befördert wurde, wonach der Niedergang der Eisenbahnen in Nordamerika in erheblichem Maß das Ergebnis einer organisierten Verschwörung, durchgeführt von den Konzernen General Motors, Ford, Chrysler und Firestone, war. In Stuttgart war es auch ein Schock von außen, die Bewegung gegen Stuttgart 21, die die Zusammenhänge zwischen Stuttgart 21 und spezifischen Kapitalinteressen enthüllte, was dazu führte, dass einflussreiche Medien das Thema aufgriffen, wodurch diese Zusammenhänge in das gesellschaftliche Bewusstsein dringen konnten.

Es stellt sich die Frage: Wie lange kann das Modell der Autogesellschaft funktionieren? Gibt es hier keine objektiven und politischen Grenzen? In diesem Zusammenhang wird oft auf die Grenzen des fordistischen Modells verwiesen – unter anderem auf die Stagnation der Löhne, auf die umfassenden Überkapazitäten, auf die Finanzkrise und ihre immer neuen Ausformungen, so die Euro-Krise. Auch wird argumentiert, der »peak oil« sei nah oder bereits erreicht und die negativen Folgen der Klimaerwärmung heute

bereits für viele Hunderte Millionen von Menschen spürbar. Das ist alles zutreffend. Andererseits gibt es aber auch gewaltige neue Märkte und immer noch absurdere und doch real existierende Motorisierungsgrade.
In den USA kommen inzwischen 750 Pkw auf 1.000 Menschen. Es gibt erste Städte, in denen mehr Pkw als Menschen – immer Säuglinge und Seniorinnen und Senioren inbegriffen – registriert sind. In Europa liegt der Motorisierungsgrad erst bei 525 Pkw je 1.000 Einwohner bzw. Einwohnerinnen. Hier sind Länder wie Bulgarien und Rumänien mit rund 250 Pkw je 1.000 EinwohnerInnen bereits eingeschlossen. Um Europa »nur« auf den Motorisierungsstand der USA zu bringen, ist eine zusätzliche Flotte von 150 Mio. Pkw (oder ein Fünftel des gegenwärtigen weltweiten Bestands an Pkw) erforderlich. Und warum sollte Europa nicht das Niveau der USA erreichen (wobei es dann immer heißen wird, die Autos in Europa seien um rund ein Drittel »sparsamer« als diejenigen in den USA)?
Dabei liegen die größten Wachstumsmärkte in Schwellenländern wie Brasilien, Russland, Indien und insbesondere China. Ein deutlicher Vergleich: Auch im Jahr 2010 sind in den Bundesländern Baden-Württemberg, Bayern, Nordrhein-Westfalen, Sachsen und Hessen mit 32 Mio. Pkw mehr Autos registriert als in ganz China. In den genannten fünf Bundesländern leben rund 52 Mio. EinwohnerInnen. Das heißt, die Menschen dort besitzen mehr Autos als die 1,2 Mrd. Menschen, die in China leben. Es liegt auf der Hand, dass bei solchen Vergleichen die Herren Dieter Zetsche von Daimler, Norbert Reithofer von BMW, Ferdinand Piech von VW, Carlos Ghosn von Renault-Nissan oder Sergio Marcchione von Fiat/Chrysler von »gewaltigen neuen Marktchancen« sprechen.
Der Planet Erde mag begrenzt sein. Die Menschen auf diesem Planeten mögen in ihrer Mehrheit auch in 50 Jahren nicht die Kaufkraft zum Erwerb eines Pkw haben. Es stimmt sogar, dass die Armut eines großen Teils der Menschheit in dem Maße wächst, wie sich die Autogesellschaft verallgemeinert (Stichwort: Agrokraftstoffe). All das ändert nichts daran, dass rein betriebswirtschaftlich gesehen sich der Autoindustrie gerade in diesen Zeiten der Debatten über »peak oil« und Klimaveränderung gewaltige neue Märkte eröffnen. Letzten Endes sprechen wir beim Kapitalismus von einem System, das auch noch die Barbarei als eine interessante Anlage an die Börse bringen wird. Den Dichter paraphrasierend:

Schafft alles weg, was zwischen uns und dem Öl steht
Weg mit den Sandstränden.
Weg mit den Regenwäldern.
Und weg mit den Eisbergen und den Polkappen.

Das alles soll kein Plädoyer für Defätismus sein. Natürlich muss eine weitere Fortsetzung des Autowahns bekämpft werden. Der Weg in die Barbarei kann und muss gestoppt werden. Dies ist jedoch kein objektiver Prozess. Es wäre falsch, aus »peak oil« auf ein weitgehend automatisches Ende der Automobilität zu schließen. Es geht hier vor allem um Politik, um gesellschaftliches Engagement und um die Frage, wie für unsere Zielsetzungen gesellschaftliche Bewegungen ausgelöst werden können. Dazu bedarf es insbesondere einer Einbeziehung der Umweltbewegung und der ansprechbaren Teile der Gewerkschaften.

Beispielhaft für Letztere mag der Kongress der International Transport Federation (ITF) im August 2010 in Mexico D.F. stehen. Hier erklärte erstmals ein großer Gewerkschaftsverband, dass die Klimakrise Thema der Gewerkschaften sein muss und dass der Umbau der Wirtschaft im Allgemeinen und des Transportsektors im Besonderen in Richtung Nachhaltigkeit auch Arbeitsplätze in traditionellen Sektoren der »eigenen« gewerkschaftlichen Arbeit kosten wird. Das auf diesem Kongress beschlossene Dokument ist richtungsweisend, auch wenn es im Verband des ITF noch eher zögerlich in eine Praxis umgesetzt wird. Auch die Konferenz »Auto.Mobil. Krise.« im Oktober 2010 war ein Baustein dazu, eine Bewegung zu initiieren, die sich die notwendige Transformation des Verkehrssektors – und damit ein anderes Verständnis von Mobilität – zum Ziel setzt. Grundsätzlich handelt es sich hierbei aber um eine Aufgabe, die einiges an Kleinarbeit und Bündnisstrategie erfordert.

Die Bewegung gegen Stuttgart 21 ist hierfür beispielhaft. Es ist kein Zufall, dass ein Großprojekt dieser Art gerade in der Stadt Stuttgart möglicherweise gestoppt wird. Voraussetzungen dafür waren und sind die nun mehr als fünfzehnjährige intensive Kleinarbeit von Gruppen wie »Leben in Stuttgart – Kein Stuttgart 21«, das über viele Jahre hinweg erfolgte Ansammeln von Kompetenz und sehr spezifischem Wissen auf Seiten der Stuttgart 21-Gegnerinnen und -Gegner, die zwei in die Breite gehenden Kampagnen für ein Bürgerbegehren 1996 und 2007, die Entwicklung von Alternativmodellen und nicht zuletzt all das verbunden mit Witz, Kreativität und Kultur.

Natürlich wird es insbesondere bei den Beschäftigten in der Autoindustrie und in den gewerkschaftlichen Strukturen, die mit diesen eng verbunden sind, Vorbehalte und Widerstand gegen die notwendige Transformation der Autoindustrie geben. Es stimmt auch, dass es in der IG Metall in den 1980er Jahren bereits einmal mehr Offenheit für diese Thematik – und Debatten zur Konversion – gab. Wir sollten aber auch ehrlich sein und sagen, dass diese Initiativen damals auch in starkem Maß von außen (Anti-AKW-Bewegung, grüne Bewegung) und von oben kamen. Heute wiederum gibt es bei vielen Menschen in den Betrieben und in den Büros durchaus ein weiter verbreitetes Wissen oder Ahnen um die Klima- und Umweltproblematik und teilweise auch eine neue Offenheit, sich diesen Fragen zu stellen. Ich habe beispielsweise am 16. Juni 2010 in Fürth auf einer IG Metall-Konferenz, die sich primär mit dem Elektroauto befasste, vor Betriebsräten aus der Autoindustrie und von Autozulieferern ein Referat gehalten, in dem ich eine grundsätzliche Transformation der Autoindustrie forderte. Dabei hatte ich in keiner Weise den Eindruck, dass meine Position als ein Frontalangriff auf die Arbeitsplätze in der Autoindustrie verstanden oder auf völliges Unverständnis und Kopfschütteln stoßen würde. Richtig ist jedoch, dass die Skizze einer Alternative und ein Aufzeigen, wo man wie in Richtung Alternative aktiv werden kann, notwendig ist.

Die Menschen in Stuttgart kennen die Losungen, mit denen ich schließen will. Es sind Losungen, die nicht nur auf Stuttgart, sondern auf die hier angeschnittene Problematik insgesamt zutreffen.

Wessen Bahnhof? Unser Bahnhof!
Wessen Straßen? Unsere Straßen!
Wessen Stadt? Unsere Stadt!
Wessen Welt? UNSERE WELT!

Globale Expansion und Arbeiterbewegung

Valter Sanchez
Brasilien – Expansion von Produktion und Löhnen

In Brasilien gab es eine andere Entwicklung in der großen Wirtschaftskrise als in der übrigen Welt. Brasilien ist als eines der letzten Länder in die Krise hineingeraten und hat sie als eines der ersten überwunden. Der Grund dafür ist, dass Entwicklung und Produktionswachstum im Land zum großen Teil vom Binnenmarkt und nicht vom Export getragen sind. Als die Krise Brasilien erreichte, wurde sie von den rechten Medien aufgebauscht, um sie als politische Alarmglocke gegen die Regierung einzusetzen. Wir als Gewerkschaftsbewegung haben schnell damit begonnen, Druck auf die Unternehmen und die Banken, die die Kredite zurückhielten, sowie auf die Regierung aufzubauen, damit sie Maßnahmen zur Überbrückung der Krise ergreift. Die Unternehmen, die mit ihren Reaktionen die Krise verstärkten, waren gerade die von der vorherigen Regierung privatisierten großen multinationalen Konzerne wie Embraer, Vale oder auch Gerdau. Vale ist der zweitgrößte Bergbaukonzern der Welt, Embraer ist einer der größten Flugzeughersteller. Als erstes haben sie im großen Stil entlassen. Aber wir konnten erfolgreich Proteste gegen die Unternehmen und die Regierung organisieren, sind in diverse Verhandlungen eingetreten und konnten Vereinbarungen abschließen, mit denen die Krise überbrückt und die Mehrzahl der Arbeitsplätze erhalten werden konnte.

Bei uns sind nicht so viele Arbeitsplätze verloren gegangen wie in den meisten Ländern. Bereits im zweiten Halbjahr 2009 erreichte die Produktion wieder den Stand, den sie vor der Krise hatte. Zum Jahresende wurde sogar noch ein Rekord in Produktion und Absatz erzielt. Für 2010 wird mit 3,6 Mio. produzierten Fahrzeugen ein neuer Rekord erwartet. Der brasilianische Binnenmarkt wird der viertgrößte der Welt sein – vor einigen Jahren war er noch der sechstgrößte – und er entwickelt sich ausgezeichnet. Wie wir mit so vielen Autos in den Städten umgehen sollen, ist eine andere Frage.

In der kurzen Krise verloren wir in der Automobilbranche 35.000 von insgesamt gut 500.000 Arbeitsplätzen, wovon etwa 130.000 in der Montage und 380.000 in der Autoteileproduktion angesiedelt waren. 2010 liegen die Beschäftigungszahlen in diesem Sektor bereits 13% über dem Vorkrisenniveau. Die meisten Unternehmen tätigen neue Investitionen. Hyundai und Toyota bauen neue Produktionsanlagen und bestehende Anlagen werden ausgebaut. Seit September 2009 wurden in Brasilien insgesamt 1,8 Mio. Arbeitsplätze geschaffen. Vor acht Jahren lag die Arbeitslosenquote bei 14%, heute liegt sie bei 6%. In den meisten Sektoren ist es sogar schwierig geworden, qualifizierte Arbeitskräfte zu finden. Wir können diese Situation also zu unserem Vorteil nutzen.

In Brasilien war die ökonomische Lage nie so günstig für den Kampf um günstige Lohnabschlüsse. Es gab einige Versuche seitens des Kongresses, gesetzlich die Durchsetzung prekärer Arbeitsbedingungen zu erleichtern, doch das konnten wir abwehren und die Verträge sichern, die wir in den vorangegangenen Jahren ausgehandelt hatten. Es gab ordentliche Lohnsteigerungen, die letzte in Höhe von 11% bei einer Inflation von 4,5%. Das war also ein gewaltiger Zuwachs. Inflationsbereinigt hatten wir in den letzten sechs Jahren insgesamt eine Lohnsteigerung von 27%. Möglich wurde das durch die ökonomisch günstige Lage und die Verhandlungsoffenheit der Regierung. In der Krise hat die Regierung die von uns geforderten Maßnahmen zur Überwindung der schlechten Wirtschaftslage und zur Erhaltung und Steigerung der Zahl der Arbeitsplätze umgesetzt, und jetzt haben wir eine Situation, in der Beschäftigungszahlen und Löhne steigen. Die größte Herausforderung ist für uns, die tägliche Gewerkschaftsarbeit mit dem politischen Kampf zu verbinden.

Aus dem Englischen von Daniel Fastner

Winfried Wolf[1]
Volksmotorisierung in Indien

Im Jahr 2001 wurden noch 41 Mio. aller auf der Welt produzierten Kfz in den USA, in der EU und in Japan hergestellt. Das entsprach 73% der weltweiten Fertigung. 2009 wurden noch 29 Mio. Kraftfahrzeuge in diesen Ländern hergestellt, was nur noch 47% der Welt-Kfz-Produktion entspricht. Da fast alle traditionellen Hersteller aus Nordamerika, Japan und der EU ihre Produktionsstandorte in Schwellenländer verlagern, entspricht diese Standortverlagerung nicht (oder nur zu einem kleinen Teil) einem entsprechenden Aufstieg neuer Hersteller aus Regionen wie China, Indien oder Russland.

Indien ist in dreierlei Hinsicht charakteristisch für die aktuelle Umstrukturierung des Verkehrssektors in Schwellenländern. Wir haben erstens eine staatlich vorangetriebene Infrastrukturpolitik, bei der der Ausbau des Straßennetzes im Zentrum steht. Es gibt zweitens eine junge Autoindustrie vor Ort – mit starken Einflüssen des Staates und internationaler Autokonzerne. Drittens gibt es das Projekt einer Volksmotorisierung – mit Anleihen bei der klassischen Volksmotorisierung, wie sie in den USA in den 1920er Jahren und in Italien und Deutschland im Faschismus propagiert und nach dem Zweiten Weltkrieg verwirklicht wurden.

Die im Mai 2009 wiedergewählte Regierung unter Premierminister Manmohan Singh verkündete im Juli desselben Jahres ein gewaltiges Programm zur Erweiterung des bereits 71.000 km langen Autobahnnetzes um 12.000 km. Der neue Minister für Straßenbau und Transport, Kamal Nath, bekennt, er zähle den Tag nicht mehr nach Stunden, sondern nach gebauten Autobahnkilometern – um 20 km am Tag müsse das indische Autobahnnetz verlängert werden. Die dafür im Zeitraum 2007 bis 2012 aufzuwendenden 80 Mrd. US-Dollar sollen zu rund einem Drittel durch privates Kapital aufgebracht werden. Dieses wiederum soll mit Public-Private-Partnership-Projekten erreicht werden. Ein Teil des Autobahnnetzes wird mautpflichtig, womit der Rückfluss der Gelder an die Investoren gewährleistet wird. Ende 2009 verkündete Nath vor internationalen Investoren in London: »Wir werden bestimmte Regeln so verändern, dass ein gutes Investitionsklima entsteht.« Gemeint war ein neues Gesetz, das »den Erwerb von Land für Infrasstruk-

---

[1] Zuletzt erschien zum Thema weltweite Autoindustrie von Winfried Wolf: »Weltwirtschaftskrise und Krise der Autoindustrie«, *Lunapark 21*, Extra 02, Oktober 2009.

turprojekte erleichtert«. (Financial Times, 16.12.2009) Die Möglichkeiten von Enteignungen wurden drastisch verbessert. Damit werden die materiellen Voraussetzungen dafür geschaffen, dass die Vervielfachung des Pkw- und Lkw-Bestands nicht in einem kompletten Stillstand auf allen Straßen mündet (und damit unattraktiv wird).

VW bläst zum Angriff

Die indische Autoindustrie wird seit einem Vierteljahrhundert von Maruti bestimmt, einem Unternehmen, an dem Suzuki, der viertgrößte japanische Autohersteller, inzwischen eine knappe Mehrheit und der indische Staaten 49% der Stimmanteile hält. Maruti-Suzuki kommt auf mehr als 50% aller Pkw-Verkäufe in Indien. Auf Rang zwei liegt der südkoreanische Hersteller Hyundai, der in Indien produziert. Auf den folgenden Rängen tummeln sich Tata (Indien), Toyota (Japan), Honda (Japan) und Mahindra (Indien). Maruti wird in Indien als indisches Unternehmen präsentiert. Tatsächlich war diese Autofirma lange Zeit mehrheitlich im Besitz des indischen Bundesstaats. Doch seit einigen Jahren ist Maruti voll in den japanischen Autokonzern integriert. Der Staat ist nur noch Minderheitsaktionär und hält sich aus dem operativen Geschäft heraus. Damit kontrollieren die japanischen Konzerne Suzuki, Toyota und Honda rund zwei Drittel der indischen Autoproduktion.

VW will nach eigener Zielsetzung in den nächsten Jahren Toyota von Platz eins ablösen und der weltweit größte Pkw-Hersteller werden. Diesen Wettkampf gewinnt VW nur, wenn das Unternehmen in den Schwellenländern führender Hersteller wird. In China ist das seit längerer Zeit der Fall. In Indien gab es bis vor kurzem keine Chance für eine vergleichbare Position. VW verkaufte mit allen seinen in Indien vertretenen Marken (VW, Audi, Skoda und Porsche) bisher nur einige zehntausend Pkw im Jahr.

Ende 2009/Anfang 2010 allerdings gab es einen Doppelschlag: VW eröffnete in der indischen Stadt Pune ein neues, relativ großes Werk zur Herstellung kompletter Pkw. Die Jahresfertigung soll zunächst bei 110.000 Pkw liegen. Fast gleichzeitig gab VW das Projekt einer Überkreuzbeteiligung zwischen VW und Suzuki bekannt. Addiert liegt der weltweite Kfz-Output der beiden Hersteller – VW mit 6,3 Mio. Einheiten und Suzuki mit 2,3 Mio. – mit 8,6 Millionen nahe am Niveau des Weltmarktführers Toyota (2008: 9,2 Mio. Einheiten). Auch die regionale Aufstellung der beiden Unternehmen ist strategisch interessant. VW ist stark in Europa, China und Südamerika; Suzuki in Südostasien und vor allem in Indien. Natürlich ist völlig offen, ob es dem VW-Management gelingt, die aktuelle 20%-Position bei Suzuki auszubauen.

Volksmotorisierung

Bis vor einem Jahr kostete ein preiswerter Pkw in Indien das Fünf- bis Sechsfache eines Jahresgehalts eines Beschäftigten. Auf dieser Basis kann sich eine Massenmotorisierung erst in Jahrzehnten durchsetzen. Anfang 2009 kündigte Ratan Tata, Boss des indischen Mischkonzerns (Bau, IT, Stahl, und Auto), den Bau eines Pkw-Modells für 2.000 US-Dollar (100.000 Rupien; 1.650 Euro) an. Das liegt bei rund einem Drittel des bisher preiswertesten Pkw-Modells in Indien. Die Vorgehensweise – radikal niedriger Preis, Vorfinanzierung durch Anzahlungen, populistische Kampagne – ähnelt derjenigen, wie der »Kraft-durch-Freude-Wagen« in der NS-Zeit vermarktet wurde. Ratan Tata in der *Bild*-Zeitung (26.2.2009):»Ich sah einmal eine vierköpfige Familie auf einem Moped bei Regen durch die Nacht fahren und dachte mir, es muss eine komfortablere Art geben zu reisen. Ich will ein bezahlbares Auto für Familien schaffen, das bei jedem Wetter gefahren werden kann.« Der Start des Nano verlief holprig. Das fertige Werk in der Nähe Kalkuttas musste wegen Protesten von Bauern abgebaut und tausende Kilometer entfernt, in Gujarat, nahe der pakistanischen Grenze, neu errichtet werden. Seit 2010 wird das Modell in größeren Stückzahlen ausgeliefert.

Inzwischen zieht die Konkurrenz nach. VW und Suzuki wollen ihrerseits einen »Kleinstwagens« für umgerechnet 2.900 Euro auf den Markt bringen. Renault will mit seiner japanischen Tochter Nissan und im Bündnis mit dem indischen Motorradhersteller Bajaj noch 2012 einen Billigst-Pkw präsentieren, der den Nano-Preis sogar unterbietet. Auf diese Weise ist das Ziel einer Volksmotorisierung – rein »technisch« und finanziell gesehen – realistisch. Unrealistisch ist, dass damit die Menschen in Indien mobil sein würden und dass die Umwelt und das Klima diese Art Massenmotorisierung – die schließlich weltweit betrieben wird – verkraften könnten.

Gautam Mody
Auto, Prekarität und Organisierung in Indien

Das indische Entwicklungs- und Wachstumsmodell ist definiert durch technologische Abhängigkeit und Rohstoffabbau und -export an Produzenten im Globalen Norden, aber auch in China. Sowohl im Automobilsektor als auch in der übrigen Industrie sind die Beschäftigungsbedingungen extrem stratifiziert. Es gibt eine kleine Minderheit von etwa 20% der ArbeiterInnen mit Gewerkschaftsrechten und Lohnverträgen, die deutlich über dem Mindestlohn liegen und an Kaufkraft etwa mit dem mittleren Segment westeuropäischer FabrikarbeiterInnen vergleichbar sind. 80% dagegen arbeiten irregulär. Vor allem das hat sich in den vergangenen 20 Jahren verändert. Die Verwandlung regulärer Jobs in irreguläre begann bei den Reinigungsdiensten, dem Catering, den Sicherheitsdiensten und der Logistik. Doch mittlerweile sind die irregulären Jobs in den Fabrikhallen angelangt. Mit viel Glück erhält ein oder eine irregulärer ArbeiterIn den Mindestlohn, aber auch das stimmt nicht ganz, weil er oder sie (in der Metallindustrie und besonders in der Automobilbranche arbeiten fast keine Frauen) 12 Stunden am Tag arbeitet, sodass er oder sie genau genommen nicht mal den Mindestlohn, sondern nur die Hälfte davon bekommt. Außerdem haben irreguläre ArbeiterInnen keine Verträge, sodass sie sehr leicht entlassen werden können.

Obwohl Indien von der Krise kaum betroffen war – das Wachstum sank bloß um 2%, die aber bereits wiederhergestellt sind –, wurde eine große Zahl irregulärer ArbeiterInnen, die an der Schwelle zur gewerkschaftlichen Organisierung standen, entlassen. Das andere Problem ist, dass irreguläre ArbeiterInnen keine Gesundheitsversorgung oder Rentenansprüche erhalten. Die Herausforderung bei der Organisierung illegaler ArbeiterInnen ist, dass es im engsten Sinne des Wortes illegal ist, einfach weil das indische Leih- und Zeitarbeitsgesetz es nicht erlaubt, in regulären Jobs Leih- oder ZeitarbeiterInnen zu beschäftigen. Das ist nur auf Baustellen, in der Wartung und bei zeitlich begrenzten Arbeiten möglich. Doch die größte Zahl der Beschäftigten sind heute irreguläre ArbeiterInnen. In diesem Sinne stehen sie jenseits des Gesetzes. So weitgehend ist das Recht untergraben.

Eine Herausforderung bei ihrer gewerkschaftlichen Organisierung ist die Sicherung ihrer Arbeitsplätze, was sehr viel ArbeiterInnensolidarität verlangt, insbesondere von den in derselben Fabrik regulär Beschäftigten. Die Organisierung gelingt nur, wenn die Gewerkschaft und die regulären ArbeiterInnen den Kampf unterstützen, was nicht immer geschieht. In Indien gibt es ein Gewerkschaftsproblem. Die Gewerkschaftslandschaft ist stark nach Schichten unterteilt; und die Mehrzahl der Gewerkschaften hat Verbindungen zu den politischen Parteien und ist froh, wenn die regulären ArbeiterInnen die Parteien finanziell unterstützen.

Es gibt eine zweite, noch größere Herausforderung: Häufig verläuft die Spaltung zwischen regulären und irregulären ArbeiterInnen entlang von Religions- und Kastenunterschieden. Reguläre ArbeiterInnen stammen gewöhnlich aus armen, aber aufwärts strebenden Gesellschaftsschichten, während irreguläre ArbeiterInnen entweder niedrigen Kasten, wie der Hinduismus sie definiert, entstammen oder Mitglieder der größten religiösen Minderheit, besonders in Nord- oder Westindien, sind, also Moslems. In Indien stellen sie eine Minderheit dar, aber mit 150 Mio. ist es eine Bevölkerung, die größer ist als die der meisten Länder. Es gibt also nicht nur die Herausforderung des Kampfs mit dem Kapital und die Herausforderung der Gewerkschaftspolitik, sondern auch eine sehr grundsätzliche soziale Herausforderung.

Aus dem Englischen von Daniel Fastner

Elaine Hui/Aulong Yu
Die Entstehung einer neuen Arbeiterklasse in China

Oberflächlich betrachtet konnte China die globale Wirtschaftskrise gut bewältigen. Das BIP wuchs 2009 um 8,7%, für 2010 wird ein Wachstum von 9,1% erwartet. Die chinesische Automobilindustrie erlebte eine beispiellose Expansion, die Verkäufe stiegen um 41,1%. China hat 2009 sogar die USA als weltgrößten Automobilmarkt abgelöst.

In China stammen die meisten Automobilimporte aus Deutschland, Japan, Südkorea, den USA und England, die meisten Automobilexporte gehen nach Ägypten, in die USA, nach Russland, Uruguay, Italien, in den Iran, nach Deutschland, Chile und Bangladesch. Die größten Anteile auf dem chinesischen Markt hatten zwischen Januar und April 2010 Shanghai General Motors, Shanghai Volkswagen, FAW Volkswagen, Build Your Dream, Beijing Hyundai, Dongfeng Nissan, Chery, Geely, FAW Toyota und Ford China.

Die chinesischen Marken versuchen nicht nur, den Binnenmarkt zu vergrößern, sondern zielen auch auf die ausländischen Märkte. Am 2. August 2010 übernahm Geely die Marke Volvo von Ford, die bisher größte Erwerbung eines ausländischen Automobilunternehmens durch eine chinesische Firma. Die internationale Entwicklung von Geely beinhaltete den Kauf des australischen Getriebeproduzenten Drivetrain System International und ein Joint Venture mit dem britischen Taxihersteller Manganese Bronze Holdings PLC.

Staatsgetriebene Expansion

Einer der Gründe für die Expansion der chinesischen Automobilindustrie nach Ausbruch der Krise sind die Bemühungen der chinesischen Regierung, Produktion und heimische Konsumtion zu stimulieren. Zunächst begann die Zentralregierung Ende 2008 damit, die Benzinsteuern zu senken, die Mautgebühren (yanglufei) abzuschaffen und die Mehrwertsteuer auf Autos mit einem Hubraum unter 1,6 Liter um 50% zu senken. Zweitens subventionierte die Regierung zwischen März und Dezember 2009 mit 5 Mrd. Yuan Landwirte, die ihre alten Lastendreiräder (sanlunqiche) oder niedrigtourigen Lastenwagen (disuhuoche) durch Kleinlaster (qingxingzaihuoche) oder Kleinbusse (weixingkeche) mit weniger als 1,3 Liter Hubraum ersetzten.

Neben der Unterstützung der traditionellen Automobilindustrie hat die chinesische Regierung große Anstrengungen zur Förderung von Elektroautos unternommen. Zu Beginn dieses Jahres hat sie einen Pionierplan vorgestellt, demzufolge der Kauf von Elektroautos in fünf Städten mit bis zu 60.000 Yuan pro KäuferIn subventioniert wird. Außerdem wurde ein Versuchsprogramm gestartet, nach dem schon 2010 eintausend Elektroautos in zehn Städten in Betrieb genommen werden sollen. Die Zahl soll in drei Jahren auf 10.000 gesteigert werden. Zudem strebt die Regierung den Bau von 500.000 Elektroautos innerhalb der kommenden drei Jahre an. Bis 2020 sollen Schätzungen zufolge die Hälfte der Autos in China Elektroautos sein, also etwa 65 Mio. Die Regierung hat auch die Subventionierung des Kaufs von Energiesparautos in Höhe von 3.000 Yuan angekündigt.

Die Expansion der Automobilindustrie einschließlich der traditionellen, elektrogetriebenen und energiesparenden Fahrzeuge gilt als strategisch bedeutsam für die chinesische Wirtschaft. Einerseits wird dadurch der Binnenkonsum angekurbelt, während die Exportindustrien durch den krisenbedingten Rückgang ausländischer Nachfrage schwer getroffen sind. Andererseits zieht die Automobilproduktion auch einen gesteigerten Stahlbedarf und Stahlproduktion nach sich. Ein Prozent Wachstum in der Automobilproduktion erhöht die Nachfrage nach Stahl um 0,23%.

Was die Expansion der Automobilindustrie für chinesische ArbeiterInnen bedeutet

Die rasante Expansion der chinesischen Automobilindustrie hat mindestens zwei tiefgreifende Folgen. Erstens werden die Binnen- und Auslandsinvestitionen in diesem Sektor aufgrund der riesigen Ausmaße des chinesischen Binnenmarkts weiter explodieren. Zum Beispiel haben General Motors USA und die China FAW Gruppe am 30.8.2009 in China gemeinsam die FAW-GM Light Duty Commercial Vehicle Company Limited mit einem Investitionsvolumen von 2 Mrd. Yuan gegründet. Zweitens stehen mit der sich verschärfenden Konkurrenz zwischen den Automobilkonzernen auch die Arbeitsbedingungen in der Automobilbranche unter Druck. Offizell liegt der durchschnittliche Stundenlohn für ArbeiterInnen in der Automobilindustrie bei 13,58 Yuan. Allerdings ist der Lohn der meisten ArbeiterInnen niedriger einzuschätzen, da in diese Erhebung auch die gewöhnlich höheren Löhne der Büroangestellten eingeflossen sind. Trotz des schnellen Wachstums der chinesischen Automobilindustrie wurde der Grundlohn der meisten ArbeiterInnen nicht angepasst. Im Gegenteil: Seit 15 Jahren nehmen die Löhne im Verhältnis zum BIP ab. In den frühen 1990er Jahren lag ihr Anteil zwischen 53% und 55%, heute liegt er bei 40% des BIP. Tatsächlich sind die Löhne so niedrig, dass sie kaum für die Reproduktion der Arbeitskraft reichen.

In den vergangenen zehn Jahren – wir wissen das vor allem aus Südchina – hat es eine ganze Reihe spontaner Streiks gegeben. Doch über sie wird selten berichtet, sodass sie nicht in den Statistiken auftauchen. Im Jahr 2000 wurden in China nur 2 Mio. Fahrzeuge hergestellt, während es im vergangenen Jahr bereits 14 Mio. waren. Wir sprechen also von einer gewaltigen Expansion.

Doch die Löhne steigen nur sehr langsam, die AutomobilarbeiterInnen in China verdienen nur etwa ein Zehntel dessen, was amerikanische Arbeiter verdienen, sogar noch weniger. Dennoch gibt es beträchtlich voneinander abweichende Lohnniveaus. Die Überstunden sind entsetzlich, häufig wird länger als 50 Stunden gearbeitet, aber es kommen auch 70 oder 100 Stunden pro Woche vor, was im Übrigen gesetzwidrig ist.

Stagnierende Löhne bei wachsender Arbeitsintensität erklärt die Streikwelle in der ersten Jahreshälfte von 2010. Der Streik bei Honda Auto Parts Manufacturing Co. Ltd. in Foshan, Guangzhou, ist ein bemerkenswertes Beispiel, das landesweit und international Aufsehen erregt hat. Der Streik begann am 17. Mai 2010 und dauerte 17 Tage. Über 1.800 Arbeiter waren daran beteiligt. Er brachte nicht nur in dieser Fabrik, sondern auch in drei weiteren Hondafabriken in anderen Teilen Chinas die Produktion zum Erliegen und verursachte dem Unternehmen täglich Einbußen von 240 Mio. Yuan. Die ArbeiterInnen forderten Lohnerhöhungen und eine Demokratisierung der Gewerkschaften, da die bestehenden Gewerkschaften ihre Interessen kaum vertraten. Bedeutsam war, dass die ArbeiterInnen am ersten Tag bereits sehr militant waren und am zweiten Tag eine Neuwahl der gewerkschaftlichen Arbeitervertretung forderten, was es zuvor nicht gegeben hatte, mit dem Erfolg, dass die Regierung die Neuwahl tatsächlich erwog.

Es war das erste Mal, dass die Regierung die Legitimität dieser Forderung anerkannte. Es hatte auch in der Vergangenheit Forderungen nach unabhängigen Gewerkschaften oder Neuwahlen gegeben, aber sie waren nie als legitim anerkannt worden. Aber natürlich handelt es sich nur um eine Neuwahl auf der Ebene der ArbeiterInnen, nicht auf höherer Ebene. Zunächst lehnte das Unternehmen jede Verhandlung mit den ArbeiterInnen ab, musste sich aber später dem Druck beugen und trat in Verhandlungen mit 30 direkt gewählten Arbeitervertretern. Beide Seiten einigten sich schließlich auf eine Lohnerhöhung um 32,4% auf 2.044 Yuan für ArbeiterInnen und um 70% auf 1.500 Yuan für Auszubildende.

Tabelle 1: Streiks in der chinesischen Automobilindustrie zwischen Mai und Juli 2010

Datum	Fabrik
17.5.2010	Die Honda Auto Parts Manufacturing Co., Ltd. in Foshan
28.5.2010	Ein Zulieferer von Hyundai in Peking
7.6.2010	Ein Auspuffhersteller in Foshan, Zulieferer von Honda
9.6.2010	Honda in Zhongshan, Schlösser- und Spiegelproduzent
15.6.2010	Eine Toyotafabrik in Tianjin
17.6.2010	Eine andere Toyotafabrik in Tianjin
14.7.2010	Atsumitec Co., ein Schalthebelhersteller in Foshan, Zulieferer von Honda
21.7.2010	Omron, ein Zulieferer von Honda, Ford und BMW in Guangzhou

Der Streik bei Honda ist nur die Spitze des Eisbergs. Während des Streiks waren die ArbeiterInnen in der Lage, die Produktion in vier weiteren angeschlossenen Honda-Fabriken zum Erliegen zu bringen. Zur selben Zeit streikten auch ArbeiterInnen bei einem Zulieferer von Hyundai in Peking für höhere Löhne. Und kurz nach dem Streik in Foshan streikten auch ArbeiterInnen in einer anderen Honda-Fabrik in Zhongshan für höhere Löhne und eine Reform ihrer Gewerkschaft. ArbeiterInnen in zwei Toyota-Fabriken in Tianjin, Atsumitec Co. (ein Zulieferer von Honda) und Ormon (ein Zulieferer von Honda, Ford und BMW), folgten im Juni und Juli ihrem Beispiel. Nach Berichten in verschiedenen Zeitschriften und Zeitungen – allerdings gibt es unterschiedliche Statistiken darüber – haben von Mai bis Juli mindestens acht Streiks in der chinesischen Automobilindustrie stattgefunden. In der gesamten Industrie der Provinz Guangdong fanden in 100 Fabriken Streiks statt.

Schon vor dem Streik bei Honda hatte es Streiks in Montagefabriken gegeben, über die aber nie berichtet wurde, sodass wir wenig über die Situation wissen. Die Streikwellen von Mai bis Juni waren ziemlich erfolgreich, auch wenn sie nicht lange anhielten, weil die Regierung schnell Zugeständnisse machte, und das ist wichtig (Tabelle 1).

Veränderte Arbeiterklasse

Wieso war die Streikwelle angesichts der Größe Chinas so klein? Chinesische ArbeiterInnen stellen ein Viertel der Industriearbeiter weltweit, im Dienstleistungssektor ist es ein Fünftel. Diese Streikwelle war also nicht groß genug, um den Parteistaat ernsthaft herauszufordern. Dennoch hat sie eine Bedeutung durch die daraus erwachsende Perspektive. Ihr Erfolg beruhte auf mehreren Elementen, die ich hier nicht im Detail darstellen kann. Vor allem zwei Elemente müssen berücksichtigt werden: Einerseits bildet sich eine neue Arbeiterklasse aus WanderarbeiterInnen vom Land. Sie sind jung, zwischen 15 und 20 Jahren alt, sie sind besser gebildet, obwohl sie aus ländlichen Gebieten kommen, und im Gegensatz zu ihren Vätern und Onkeln haben sie nie das Land bestellt. Sie fühlen sich also von Anfang an mit dem Stadtleben verbunden und haben deutlich andere Erwartungen als die ältere Generation der WanderarbeiterInnen, die in den 1970er Jahren geboren wurden und nach 20 Jahren Wanderarbeit in ihre Dörfer zurückkehren und kleine Geschäfte oder ähnliches betreiben wollen.

Die in den 1980er oder 1990er Jahren geborenen ArbeiterInnen dagegen wollen in den Städten bleiben. Das ist ein großer Unterschied, auf den viele ForscherInnen schon hingewiesen haben. Allerdings haben sie einen Punkt übersehen: den Grund, weshalb diese ArbeiterInnen die Forderung nach Neuwahl ihrer gewerkschaftlichen Vertretung stellen. In den Staatsunternehmen sind seit den 1990er Jahren 14 Mio. ArbeiterInnen entlassen worden, aber sie wagen selten, die Neuwahl ihrer Arbeitervertretungen zu fordern, weil die Niederschlagung der demokratischen Bewegung 1989 eine fürchterlich demoralisierende Wirkung auf sie hatte. Dieses Erbe ist in gewisser Hinsicht immer noch präsent, wenn die Nachwirkung auch langsam schwindet. Doch diese jüngere Generation, diese zwanzigjährigen Arbeiter haben von 1989 noch nicht mal gehört. Sie sind nicht mit dieser Art Demoralisierung belastet. Somit finden sie nichts dabei, diese Forderung zu stellen. Ihnen erscheint sie schlicht legitim.

Das zweite Element ist der allgemeinere politische Kontext. Weil über die vergangenen 20 Jahre die Arbeiterbewegung unterdrückt und die Löhnen niedrig gehalten wurden, gibt es eine gewaltige Unzufriedenheit in den Arbeiterklassen. Wenn es heute Auseinandersetzungen zwischen Arbeitgebern und Beschäftigten gibt, sympathisieren die Reporter und die Presse ganz selbstverständlich mit den ArbeiterInnen statt mit dem Management oder gar der Lokalregierung. In gewisser Hinsicht kehrt sich also die Furcht vor der Regierung langsam um. Die Arbeitskämpfe erhalten zunehmend größere Legitimität.

Diese Veränderung können wir auf der Ebene der Lokalregierungen beobachten. Zunächst griffen sie die ArbeiterInnen an, indem die offizielle örtliche Gewerkschaft 200 ArbeiterInnen vorbeischickte, damit sie die 60 ArbeiterInnen verprügeln. Doch sie erreichten eher das Gegenteil. Sofort startete der »Globalization Monitor« eine Kampagne und in der internationalen Presse wurde weithin über den Kampf berichtet. Die Lokalregierung wurde dann gleich von der Regionalregierung unter Druck gesetzt, solche Angriffe zu unterlassen. Dann fingen sie an, Zugeständnisse zu machen. Auch dieser Teil der Geschichte ist von Bedeutung. In dieser Hinsicht erwarte ich, dass, wenn auch sehr langsam, eine Arbeiterbewegung insbesondere in der Automobilindustrie entstehen wird. Der Parteistaat ist noch zu mächtig und zu stark für sie. Es wird Zeit brauchen, aber allmählich wird die Bewegung größer werden.

Die bisherige Entwicklung gibt Grund, skeptisch zu bleiben. Weitere Beachtung verdient das Problem, wie internationale Solidarität zwischen ArbeiterInnen in der Automobilindustrie ermöglicht werden kann. Das ist eine der aussichtsreichsten Lösungen, um im Zeitalter des globalen Kapitalismus aus der Abwärtsspirale der Konkurrenz herauszukommen.

Aus dem Englischen von Daniel Fastner

Antje Blöcker

Ungleichzeitigkeit von Krisen in der globalen Automobilindustrie – die »deutsche« Perspektive

Im März 2011 präsentierten die deutschen Automobilhersteller BMW, Daimler und VW mit den Jahresergebnissen für 2010 die ertragsreichsten Abschlüsse in ihren jeweiligen Bilanzen. Von Krise ist keine Rede mehr. Daimler zahlt 125 Mio. Euro an Sonderzahlungen, das sind 3.150 Euro für alle 164.000 Tarifbeschäftigten in Deutschland (weltweit 260.000 Beschäftigte). VW zahlt 3.000 Euro Bonus für jeden der 102.900 Beschäftigten (weltweit im Konzern 399.400) und die VW-Tochter Audi für ihre 45.400 Beschäftigten (von insgesamt 58.000) 5.000 Euro ebenso die Tochter Porsche.

Bei einem Jahresüberschuss von 7 Mrd. Euro etwa im VW-Konzern sind solche Sonderzahlungen nur ein mageres Tröpfchen für die, die noch zwei Jahre zuvor um ihre Arbeitsplätze bangten und für die sie große Konzessionen machten. Viele, die mit Einbruch der Krise seit Oktober 2008 entlassen wurden, gehen leer aus. Sie haben gezahlt für die Krise, die nicht ihre war.

Arbeiten in der deutschen Automobilindustrie heißt schon seit einigen Jahren, sich in einer Situation des immer schnelleren Feuerns und Heuerns zu bewegen. Die Zahl der direkt bei den Endherstellern Beschäftigten sank von Ende 2006 von 419.948 um 21.696 auf 398.252 (VDA 2010). In der Branchenzeitschrift *Automobil Produktion* (AP) prognostizieren Auto-Consultants für 2011 ein weiteres historisch bestes Jahr – »auch, weil Hersteller und Zulieferer noch von dem zum Teil enormen Einsparungen in 2009 profitieren« (AP 1/2011, 4).

Da wurde Arbeit eingespart. Schon aber werden Neueinstellungen angekündigt. Vor allem qualifizierte FacharbeiterInnen und AkademikerInnen sind für kommende Innovationen etwa im Leichtbau (Stahl-Kohlefaser-Strukturen) und für die Elektromobilität gefragt. Der Strukturwandel von Arbeit in den deutschen Fabriken nimmt an Fahrt auf.

Anders ist es mit Boom und Krise bei den beiden deutschen Konzernmarken Ford und insbesondere bei Opel als Teil von General Motors. Diese OEMs (Original Equipment Manufacturers) hatten in den Jahren 2006 und 2007 noch schwarze Zahlen geschrieben als ihre Muttergesellschaften in den USA bereits tief in der Krise steckten. Anfang 2011 ist von Absatz-

und Umsatzrekorden in Europa keine Rede. Bei Opel geht es um den Abbau von 8.000 Arbeitsplätzen bis zum Ende des Jahres. Vor allem Fertigungsbereiche, weniger die Entwicklung, sind betroffen. In allen deutschen Konzernmarken verfügen die Gewerkschaften noch über eine relativ große Organisationsmacht. Grundverschieden von den OEMs ist jedoch die Situation bei den Fabrikausrüstern, den Automobilzulieferern, den Autohändlern, KFZ-Werkstätten, den Ingenieurdienstleistern in Deutschland. Bei diesen vor- und nachgelagerten Bereichen der automobilen Wertschöpfungskette handelt es sich um eine sehr heterogene Gruppe von Unternehmen, die längst nicht mehr durch eine Pyramidenstruktur in Stufen von so genannten *1st-tier, 2nd-tier* und weiteren Sublieferanten zu kennzeichnen ist. Es gibt Einfacharbeit, Handwerks- und Servicearbeit, aber auch TechnikerInnen etc. – die Organisationsmacht ist hier allerdings sehr gering. Nachdem die Beschäftigtenzahl aufgrund von Wertschöpfungsverschiebungen von den OEMs auf die Zulieferer zwischen 2006 und 2008 um 17.554 auf knapp 300.000 gestiegen war, sank sie bis Ende 2010 auf 281.923.

Trotz Boom verweist die zurückgehende Direktbeschäftigung bei den OEMs und im Zulieferbereich auf die zentrale Fragestellung der Zukunft: Wie werden Arbeitsplätze gesichert, wie kann Arbeit umverteilt werden und wo können neue Arbeitsplätze entstehen – angesichts einer so großen Heterogenität innerhalb einer Branche? Sowohl zwischen den OEMs als auch den verschiedenen Zulieferern zeigen sich deutliche Ungleichzeitigkeiten in den Krisen- und Expansionsverläufen der letzten dreißig Jahre. Sie nehmen nun zu. Es wird auf die Zukunftsfrage wohl keine einheitliche Antwort geben – auch, weil die globale Automobilindustrie regionalisierter ist denn je. Aufgrund von Trends in den Produktmärkten, den Wertschöpfungsprozessen und den Ergebnissen der verhandelten Globalisierung stellt sich somit auch die Ausgangslage für einen Umbau der deutschen Automobilindustrie sehr unterschiedlich dar.

Expansion von Produktmärkten

Weltweite Überkapazitäten stellen *das* zentrale strukturelle Problem der globalen Automobilindustrie dar. Sie sind regional allerdings sehr ungleich verteilt. Überkapazitäten gibt es vor allem in Europa: im Westen und im Osten. Diese strukturelle Überproduktion gibt es bereits seit vielen Jahren, nicht erst seit der Krise, die in Deutschland ab Oktober 2008 zu wirken begann. Gewerkschaftliche und betriebliche Interessenvertretungen in Deutschland haben im Rahmen ihrer Beteiligung an Investitionsplanungen und in den Aufsichtsräten den Aufbau von zusätzlichen Produktionsstätten und jährlichen Produktivitätsvorgaben, die mehr Produktion mit weniger Arbeit bedeuten, mitgetragen.

Die regionale Differenzierung hat sich damit enorm beschleunigt. Zwar hat gerade die Ungleichzeitigkeit die Krisenwirkung an deutschen Standorten reduziert, eine europäische oder gar weltweite solidarische Koordination von Arbeit wird aber immer schwieriger.

In Ostdeutschland wurden neue Kapazitäten unter Nutzung neuer Produktionssysteme und unter Nutzung ostdeutscher Tarife ausgebaut. Hohe Anteile an Leiharbeit z.b. bei BMW in Leipzig waren die Folge. Mit der Übernahme der Automobilindustrie in Osteuropa und dem Aufbau neuer *greenfields* entstand ein neues *low end* der europäischen Automobilindustrie – auch hier aber sehr regionalisiert. In Polen wurde ein regelrechtes Nutzfahrzeug- und Motorencluster von VW, GM, Toyota etabliert. VW dominiert mit der Übernahme von Skoda in Tschechien, zusammen mit der Gemeinschaftsproduktion von Toyota und PSA. Hyundai gibt es dort gewerkschaftsfrei ebenso wie in der Slowakei, wo in Bratislava auch die Premiummodelle von VW, Audi und Porsche montiert werden. Audi hat gleich die gesamte Motorenproduktion nach Györ in Ungarn verlagert und Mercedes wird dort in Zukunft die unteren Modellreihen bauen. Im Süden (v.a. in Slowenien und Rumänien) hat sich Renault/Dacia festgesetzt.

All dies sind nur Beispiele für die Nutzung – im Rahmen einer Mischkalkulation – von kostengetriebener *high-* und *lowcost*-Produktion. In diesen Ländern sind wichtige Arbeitsplätze entstanden. Immer wieder konnten aber auch durch Streiks Lohnzuwächse erzielt werden. Das sind Erfolge. Jenseits von Skoda in Tschechien und teilweise Fiat in Polen, die seit Jahrzehnten Wertschöpfungsketten mit lokalen Anteilen von bis zu 70% etabliert hatten, hat sich jedoch keine eigene osteuropäische Automobilindustrie entwickelt; es ist größtenteils eine von der deutschen Autoindustrie abhängige Entwicklung.

Im Zuge der Integration in transnationale Plattform- und Beschaffungsstrategien ist die regionale Einbettung jedoch auch bei Skoda brüchig geworden. Die transnationale Nutzung einer z.B. gemeinsamen VW-Passat und Skoda-Octavia Plattform hat den lokalen Wertschöpfungsanteil auf 40% reduziert, und wegen der dadurch ausgelösten gegenseitigen konzerninternen Konkurrenz hat das VW-Management Skoda Anfang 2010 zum Downsizing im Sinne einer Abwertung der Grundausstattung der Skoda-Modelle gezwungen. Eine solche regionale Entbettung hat den Autonomiegrad deutlich reduziert. Die Anschlussfähigkeit an neue Technologietrends ist mehr denn je von zentralen Konzernentscheidungen abhängig und führt zu neuer regionaler Ungleichzeitigkeit in Europa. Die westlichen Hersteller in Osteuropa gaben erhöhte Kosten durch steigende Löhne direkt in Form von *Lost-cost*-Beschaffungsvorgaben an die Zulieferer weiter, sodass die Fertigung von arbeitsintensiven Teilen immer weiter nach Osten und in den Südosten jenseits der Grenzen der EU wanderte. Neue Wachstumsmärkte sind wegen fehlender Kaufkraft der Bevölkerung kaum entstanden. Die Automärkte in Osteuropa sind ganz überwiegend Gebrauchtwagenmärkte, die vom Westen aus bedient werden. Nach Jahren des Booms fand in den neuen Automobilregionen Osteuropas vor dem Hintergrund der Standort- und Beschäftigungssicherung in Deutschland in der Krise 2008 und 2009 erstmals seit Mitte der 1990er Jahre ein massiver Arbeitsplatzabbau statt. Lohnzuwächse sind nur noch die Ausnahme, in einigen Ländern wie Rumänien wurden die ohnehin geringen Mindestlöhne in der Krise drastisch reduziert. Fiat zieht Produktion aus Polen ab und verlagert sie nach Italien zurück. Die VW-Beschäftigten in Bratislava übernehmen in der Krise temporär Produktion von Skoda, weil das dortige Premium-Produktportfolio riesige Absatzprobleme hat. Auch große Zulieferer wie Bosch re-konzentrieren Entwicklungsbereiche auf die deutsche Zentrale und investieren vor allem in den neuen Wachstumsmärkten wie China und Indien. Ein *upgrading* der osteuropäischen Automobilindustrie ist unwahrscheinlicher geworden, hängt mehr denn je von der Entwicklung am russischen Markt ab. Die Mischkalkulation der deutschen Hersteller ist umgeschlagen in einen permanenten Standort- und Unterbietungswettbewerb innerhalb Europas.

Die deutschen OEMs investieren schon lange vor allem in die neuen Wachstumsmärkte der BRIC-Staaten – während der Krise jedoch verstärkt. Sie haben aber auch die USA wieder im Visier. In den USA wurden in den Jahren 2008 und 2009 Hunderte von Standorten in der Wertschöpfungskette geschlossen. Kapazitäten wurden massiv zurückgebaut. Große US-Zulieferer kauften zeitgleich in Europa alles auf, was zu haben war. Ungleichzeitigkeit in der Krise. Die US-Hersteller überlebten nur mithilfe massiver Staatsinterventionen. Nun eröffnet VW demnächst in Chattanooga eine Autofabrik, baut im mexikanischen Silao ein neues Motorenwerk. BMW und Daimler sind schon vor Ort, bekanntlich im gewerkschaftsfreien Süden. Um aus der Krise zu lernen, sollen in den USA zwar die Leasingverträge reduziert und stärker kontrolliert werden; die Verbraucher indes sind bei der Anschaffung eines neuen Autos offenbar überdurchschnittlich verschuldungsbereit. Autobanken boomen.

Hier zeigt sich ein weiteres weltweites Phänomen. Der Markt für die deutschen Premiumfahrzeuge boomt in den USA genau wie in Brasilien, Indien, China – und seit 2011 auch in Russland. VW startet 2011 die Produktion in den Werken Yizhenj und Foshan, das sind Werk 15 und 16 in China. Dass es vor allem Premiumfahrzeuge der deutschen Hersteller in diesen Ländern sind, zeigt, dass es sich keineswegs um eine neue Massennachfrage, sondern um automobile Klassengesellschaften mit stark polarisierter Einkommensverteilung handelt, in denen das Statussymbol Auto seine Bedeutung wieder oder gerade erst ausbaut. Die Premiumhersteller sind hier zentrale Treiber der Polarisierung. Sie haben in der letzten Dekade ihre Modellpaletten so breit aufgestellt, dass eine Einteilung in Volumen und Premium immer weniger greift. Auch wenn neue *global player* wie Hyundai, Geely, Tata u.ä. in der Weltautomobilindustrie an Bedeutung gewinnen werden, die Rosinen werden auch in Zukunft im Premiumsegment abgeschöpft.

Der Produktionsausbau auf diesen regionalen Märkten wird in den nächsten Jahren erheblichen Einfluss auf die bisherigen Exportstrategien der deutschen Hersteller haben. Obwohl die Auslandsproduktion kontinuierlich ausgebaut wurde, ist in den vergangenen Jahren die Exportabhängigkeit der Automobilindustrie stets gestiegen. Das industrielle Produktionsmodell basiert immer weniger auf einer Ausweitung der europäischen Binnennachfrage, obwohl der Export nach wie vor mehrheitlich innerhalb Europas stattfindet.

Doch auf den Käufermärkten zeigt sich ein Trend hin zum Ausbau nationaler Hersteller in nationalen Märkten. Das ist nicht neu, sondern Strukturmerkmal der Automärkte seit vielen Jahren. Deutsche Konzernmarken beherrschten 2009 zu über 65% den deutschen, französische Konzernmarken zu knapp 57% den französischen Markt und in Italien ist jedes dritte Auto ein Fiat.

Im Volumenbereich haben Abwrackprämie und Steuervergünstigungen den stetigen Abwärtstrend bei Neuzulassungen kurzfristig unterbrochen. Das ändert nichts an gesättigten Märkten bei sinkenden Einkommen der Haushalte. Anders als in den BRIC-Staaten mit ihrer hohen Erstmobilisierung verfügen 82% aller deutschen Haushalte über mindestens einen PKW, mit 508 Pkws pro 1.000 Einwohner sind die Grenzen der Ausweitung deutlich erreicht (Barthel u.a. 2010). Zudem waren in Deutschland die Anteile der Mobilitätkosten an den Lebenshaltungskosten von Haushalten über Jahre hinweg gesunken, seit Mitte der 2000er Jahre steigen sie deutlich an, vor allem die Kraftstoff- und Versicherungskosten. Nicht zuletzt deshalb übersteigt der Anteil der kredit- und leasingfinanzierten Neuwagen die 60%-Marke seit Jahren. Im Bereich des 5%igen-Drittauto-Anteils liegt eine Nische für reine Elektroautos, die sich aber auch zukünftig nur wenige Reiche leisten werden können.

So wird die langsame Verlagerung von europäischer Produktion in andere Regionen nicht nur den Standortwettbewerb durch Unterauslastung, sondern auch den Rabattwettbewerb der europäischen Hersteller auf den Käufermärkten verschärfen. Werden die Neuwagen um bis zu 30% reduziert angeboten, führen die sinkenden Margen zu erhöhtem Druck auf die Arbeit in den Fabriken. Mit dem Absenken der privaten Einkommen verlagert sich der Wettbewerb auf institutionelle Käufer – wieder eine Regionalisierung innerhalb Europas. Die europäische Unterauslastung wird vor allem auch massive Rückwirkungen auf die Beschäftigung im Zulieferbereich haben. Folgten insbesondere die Modullieferanten den OEMs bereits nach Ost- und Südeuropa, um *just-in-time* liefern zu können und um den *Low-cost*-Beschaffungsforderungen nachzukommen, haben große Zulieferer mittlerweile in China nachgezogen und bauen dort Fertigungskapazität aus. Für viele kleine und mittlere Unternehmen, die Mehrzahl im Zulieferbereich, sieht die Zukunft düster aus, wenn die Produktion in Europa weiter zurückgeht.

Beschleunigte Konzentration in der Wertschöpfungskette

Seit Mitte der 1990er Jahre hatte sich entlang der Wertschöpfungskette eine funktionale Neuordnung der automobilen Weltarbeitsteilung aufgrund der vertikalen Desintegration der OEMs herausgebildet. Managementstrategien wie die Konzentration auf die Kernkompetenz, die dann je nach Lage neu definiert wurde, führten zur Aufgabenübertragung an Zulieferer durch *outsourcing*, in deren Folge große System- und Modullieferanten entstanden. Die Krise hat diesen Konsolidierungsprozess hierarchischer Strukturen der Arbeitsteilung erheblich beschleunigt: Die Konzentration auf wenige Technologiespezialisten wie Bosch und Conti, die weltweit größten Zulieferer, sowie die Zahl der Übernahmen im Modulbereich durch z.B. Johnson Controls in Europa ist die eine Entwicklung. Das sind nur wenige an der Spitze. Die Mehrzahl der Zulieferbetriebe, von denen im Verlauf der Krise allein in Deutschland über 100 Insolvenz anmelden mussten, sind vollkommen von der Produktvergabe- und Preispraxis der OEMs abhängig. Zahlreiche Beschäftigte landen in Transfergesellschaften, die bisher nur ein kurzweiliger Parkplatz auf dem Weg in Hartz IV sind.

In der Krise hat sich das Verhältnis der Endhersteller zu den vor- und nachgelagerten Bereichen der globalen Wertschöpfungskette zugespitzt und ist nach wie vor strikt hierarchisch geprägt. Die OEMs kontrollieren die Kette, indem sie den Kostendruck in Form von *Low-cost*-Vorgaben an ihre Zulieferer weitergeben und Risiken auf sie abwälzen.

Viel spekuliert wurde infolge dieser Neuordnung der Arbeitsteilung über eine deutliche Machtverschiebung zugunsten der Zulieferer. Faktisch ist sie nicht eingetreten. Im Gegenteil. Die Endhersteller haben mit Gleichteil-Strategien, mit Plattformen und neuerdings mit skalierbaren Modulbaukästen und mit neuen Standardisierungsprozessen ihren Einfluss erheblich gefestigt. Seit Mitte der 2000er Jahre ist zudem der Trend zum *Outsourcing* von so genannten *Kann-Kompetenzen* gestoppt. Insourcingmaßnahmen haben für die OEMs an Bedeutung gewonnen. Für die Zulieferer stellen sie eine immense Bedrohung dar.

Mit der Auslagerung von Komponenten und damit verbundenen Prozessschritten ging den OEMs oft das entsprechende Know-how verloren, um eigene Innovationen zu generieren. Bereiche wie die Elektronik und die *automotive* Software lagen jenseits ihrer Kernkompetenz und mussten neu aufgebaut oder zugekauft werden. Überlegungen in Richtung Konversion können so nicht auf die Kernbelegschaften der OEMs beschränkt bleiben, sondern müssen die Ausgegrenzten in den Transfergesellschaften ebenso einbeziehen wie die Belegschaften entlang der gesamten Wertschöpfungskette.

Aufbau von Gegenmacht

Die Finanzmarktkrise hat eine strukturelle Überproduktionskrise mit einem größer werdenden Widerspruch zwischen der Aneignung der Produktionsgewinne durch die Shareholder und der Einkommensverteilung zuungunsten der Beschäftigten verschärft. Zwar konnte diese strukturelle Krise in den vergangenen Jahren durch positive Konjunkturen immer wieder überdeckt werden. Allen an Verhandlungen und Kämpfen Beteiligten in Deutschland ist jedoch klar, dass Rationalisierungstempo und ungleichzeitige Produktionsausweitung das Arbeitsvolumen entlang der automobilen Kette in Zukunft verringern werden – in Deutschland und in Europa.

Somit stellen auch die Vereinbarungen zur Standort- und Beschäftigungssicherung keine hinreichende Garantie für den Erhalt von Arbeitsplätzen dar. Die Automobilhersteller haben trotz Beschäftigungspakten seit Anfang der 1990er Jahre in Deutschland massiv Jobs abgebaut. Merkmale der Vereinbarungen sind detaillierte und auch langfristige Investitions- und Produktzusagen der Unternehmen sowie der Ausschluss betriebsbedingter Kündigungen. Durch die Verhandlungen werden Betriebsräte und auch Ge-

werkschaften stärker in die Bewältigung betrieblicher Probleme einbezogen
– z.B. die Regulation der Altersstruktur der Beschäftigten und die Zunahme
befristeter Beschäftigungsverhältnisse. BMW setzt 2011 wieder einmal auf
5.000 neue LeiharbeiterInnen. Vor der Krise arbeiteten in den BMW-Werken 10.000 befristet Beschäftigte. Sie waren die ersten, die in der Krise gehen mussten. Da müssen kollektive Haltelinien greifen! Häufig werden Vereinbarungen vor dem Hintergrund von Verlagerungsdrohungen geschlossen. Leiharbeit stellt aber auch eine Form der Verlagerung dar! Die Beschäftigten akzeptierten in der Vergangenheit immer mehr tarifpolitische Abstriche und empfanden zugleich mit jedem Eingeständnis an die Verschlechterung der Arbeitsstandards die Verhandlungsergebnisse als Produkte einer Erpressung. Im Zeitverlauf wurde die Legitimität der Beschäftigungspakte immer öfter infrage gestellt – nicht zuletzt, weil trotz längeren Laufzeiten die Verbindlichkeit der Pakte abnahm. Ausschließlich auf nationale Standorte ausgerichtete Beschäftigungspakte lösen zudem einen internationalen Unterbietungswettbewerb bei Löhnen, Arbeitszeiten und Arbeitsbedingungen aus. Die Auseinandersetzungen darüber werden sich verschärfen.

Auch wenn die Eurobetriebsräte der Automobilendhersteller im Vergleich zu anderen Branchen in vieler Hinsicht noch als Vorreiter fungieren (Hauser-Ditz u.a. 2010) – entlang der automobilen Wertschöpfungskette sind europäische oder gar weltweite Solidarität immer schwieriger zu mobilisieren. Die im Jahr 2003 begonnene Koordinierung aller Motorenstandorte von VW in Europa stellt eine Ausnahme dar. Hier konnten die Motorenbetriebsräte ein gegeneinander Ausspielen der Werke in Salzgitter, Chemnitz, Polkovice und Györ verhindern. Ziel der Koordinierung war eine faire Auslastung der Standorte. Der Betriebsrat in Salzgitter forderte die prozentuale Festschreibung der Auslastung mit Motoren für alle europäischen Werke, die für Salzgitter mit 30% des Europavolumens bereits erreicht werden konnte (Eckhardt 2010, 282).

Einerseits also gute Erfolge, andererseits verweist dies auf ein management-inszeniertes Strukturproblem europäischer Koordinierung, das insbesondere bei großen System- und Modulzulieferern zum Tragen kommt. Die Unternehmen werden in stark segmentierte Produktbereiche mit entsprechenden Vertretungsstrukturen aufgespalten. Es gilt Hunderte von Standorten in Europa in EBR-Gremien mit wenigen Sitzen zu koordinieren. In der Folge müssen Arbeitsgruppen unterhalb des EBRs gebildet werden, die die konkrete Arbeitsfähigkeit zwar erhöhen, die eine Gesamtkoordination jedoch erschweren. Eine stärkere Zusammenarbeit zwischen OEM und europäischen Zulieferunternehmen ist dringend erforderlich.

Eine »wirksame europäische Branchenkoordinierung der Tarifpolitik ist noch nicht einmal am Horizont erkennbar«, schreibt Thomas Haipeter (2009, 70). Solidarische Standortversprechen, wie sie noch im Zuge der Delta-Vereinbarung bei General Motors Europe vereinbart werden konnten, scheinen im Opel-Restrukturierungsprozess wie Seifenblasen geplatzt zu sein (Wannoeffel 2011). Die Delta-Gruppe, basierend auf der gleichnamigen GM-Plattform, koordinierte im Eurobetriebsrat seit 2005 die europäischen Parallelproduktionen in Bochum, Ellesmere Port/UK, Gliwice/Polen und Trollhättan/Schweden mittels einer Kontigentierung der Delta-Produktion und führte prozedurale solidarische Mindeststandards für die Verhandlungen im Restrukturierungsprozess ein. Mühsam aufgebautes transnationales Vertrauen als Grundlage von Solidarität ist brüchig geworden, droht an Egoismen nicht zuletzt der deutschen Standortinteressen auseinanderzufallen. Eine große Aufgabe für die Betriebsräte und IG Metall!

Ohne transnational koordinierte Debatten um Demokratisierung, über Renditeziele und deren Verteilung bleibt eine Gegenmacht im Einzelbetrieb notwendig marginal. Wie kann es gelingen, die Produktivität wieder auf die Tagesordnung zu setzen, jenseits der Wachstumseuphorie? Wo gibt es Widerstand gegen das immer stärkere gegeneinander Ausspielen von Standorten und von Belegschaften innerhalb der Konzerne und entlang der Wertschöpfungskette und welche Erfahrungen wurden gemacht? Dieser Dialog sollte jetzt starten, um vorbereiteter in die nächste Krise zu gehen. Denn diese kommt bestimmt.

Oft wird im Blick auf eine andere Industriepolitik auf Konzepte wie »Stuttgart – Problemregion der 1990er Jahre«, »Umsteuern, bevor es zu spät ist«, verwiesen. Im Letzteren steht: »Die Große Aufgabe, vor der wir stehen, ist der Übergang vom bisherigen Konkurrenzmodell zu einem Kooperationsmodell aller Verkehrsträger.« (IGM 1990) Ein transnationales Solidaritätsmodell in der Autoindustrie, das nicht nur die starken OEMs umfasst, ist eine wichtige Voraussetzung für eine solche Debatte. Ansonsten – und diese Gefahr besteht durchaus – überträgt sich der Unterbietungswettbewerb auf alternative Produktionsmodelle.

Literatur

Automobil Produktion, 2011: *Hopp oder Topp?* *Trends 2011*, Januar 2011

Barthel, Klaus, u.a., 2010: Zukunft der deutschen Automobilindustrie. Herausforderungen und Perspektiven für den Strukturwandel im Autosektor, *WISO-Diskurs* der Friedrich-Ebert-Stiftung, Bonn

Eckhardt, Andrea, 2010: *Qualifiziert diskutieren, weiter streiten, mehr mitgestalten! 40 Jahre Kampf um Arbeit im Volkswagen Werk Salzgitter*, aktualisierte Neuauflage (Erstausgabe 2003), Hamburg

Haipeter, Thomas, 2009: Erosion der industriellen Beziehungen? Die Folgen der Globalisierung für Tarifsystem und Mitbestimmung in der deutschen Automobilindustrie, in: Steffen Lehndorff (Hrsg.), *Abriss, Umbau, Renovierung?*, Hamburg, 47-80

Hauser-Ditz, Axel, u.a., 2010: *Transnationale Mitbestimmung? Zur Praxis Europäischer Betriebsräte in der Automobilindustrie*, Frankfurt a.m./New York

IGM Vorstand, 1990: *Umsteuern, bevor es zu spät ist*, Frankfurt a.m.

Wannoeffel, Manfred, 2011: Auch für »Old Opel« gilt: Europäische oder keine Lösung, in: Frank Gerlach u.a. (Hrsg.): *Solidarität über Grenzen*, Berlin, 95-107

VDA, 2010: *Daten zur Automobilwirtschaft* 2010, Berlin

Zwischen Krise, Expansion und Konversion

Hans-Jürgen Urban
Umbau statt Krise?
Gute Arbeit – Umwelt – Mobilität

Wir leben in einer paradoxen Situation: auf der einen Seite der krisenbedingte Einbruch in der Automobil- und Zulliefererindustrie, auf der anderen Seite ein von keinem prognostizierter rasanter Boom von Auftragseingängen. Doch nun besteht die enorme Gefahr, in eine business-as-usual-Falle zu tappen, dem weitverbreiteten Bedürfnis der Befriedigung eines aufgestauten Nachholbedarfs nachzugeben. Dieser Nachholbedarf wird empfunden von denjenigen, die Profite vermissen, die in der Krise auf der Strecke geblieben sind.

Aber dieser Nachholbedarf wird auch empfunden von unseren Kolleginnen und Kollegen, die hohe Einkommenseinbußen hatten in der Zeit der Krise – längst nicht überall ist die Kurzarbeit verbunden gewesen mit finanziellen Aufstockungsregelungen – und er wird auch empfunden mit Blick auf leer geräumte Zeitkonten. Nun aber einfach zur Tagesordnung überzugehen, wäre Problemverschleppung, gar Problemverschärfung. Die Spezifik des Problems ist, dass wir es mit sehr unterschiedlichen Dimensionen zu tun haben.

Problemdimensionen

Auch wenn der Begriff der Nachhaltigkeit ein bisschen abgegriffen ist, taugt er um einige wesentliche Elemente deutlich zu machen. Vier Nachhaltigkeitsdefizite des gegenwärtigen Entwicklungsmodells lassen sich identifizieren: das ökologische, das beschäftigungspolitische, das arbeitspolitische und das wettbewerbspolitische Thema.

a) Das ökologische Thema meint die Belastung der Biosphäre und des Klimas durch Emissionen, die ausgehen vom motorisierten Verkehr; weiter die endlichen fossilen Brennstoffe, Stichwort »Peak Oil«; und schließlich die Verstädterung und die damit einhergehende – nicht Ausweitung, sondern – Reduzierung von Mobilität. Der Begriff der Mobilitätsfiktion ist treffend und zeigt an, dass es in vielen Ballungsräumen keine Chance mehr gibt, das Mobilitätsversprechen des Automobils auch nur ansatzweise zu realisieren, weil das Ganze nicht nur ökologisch, sondern auch verkehrspolitisch in kollapsähnlichen Zuständen endet.

b) Das beschäftigungspolitische Thema hat ebenfalls viele Facetten: Trotz Abwrackprämie und einer äußerst erfolgreichen Beschäftigungssicherung in den Betrieben seitens insbesondere der Betriebsräte und der IG Metall mithilfe der Arbeitsverwaltung – ein Erfolg gewerkschaftlicher Interessenvertretung in der Krisenphase – ist der säkulare Prozess des Abbaus von Beschäftigung in der Automobilindustrie dadurch keineswegs gestoppt. Die Abwrackprämie war eine Ad-hoc-Maßnahme um die Beschäftigungskatastrophe zu verhindern, aber sie war keine Strukturinnovation, kein Element nachhaltiger ökologischer Impulse, sondern hat ein Stück Zeit erkauft. Doch wir erleben einen Prozess, der nicht nachlassen wird: Der Automobilsektor ist ein technologie- und produktivitätsgetriebener Sektor, der immer wieder zyklisch und strukturell mit dem Problem konfrontiert ist, dass die Produktivitätssteigerungen, das Produktionspotenzial schneller wächst, als die Absatzmöglichkeiten. Wie immer man zur Frage steht, ob der Absatz wachsen sollte oder nicht, das daraus entstehende Beschäftigungsproblem ist ein strukturelles.

c) Das Thema der arbeitspolitischen Nachhaltigkeit. Eine neuere Studie der EU zeigt, dass nicht nur, aber gerade auch im Automobil- und Zulieferersektor eine Welle von Restrukturierungen ansteht, die über Kostenreduzierungen ganz traditioneller Art Renditen erhöhen soll. Dies führt zu einer enormen Intensivierung von Arbeit, bis hin zu Elementen der längst überwunden geglaubten Überkopfarbeit und klassischen Elementen der Arbeitsverdichtung, was man als humanisierungspolitisches roll-back bezeichnen kann. Hinzu kommen neue Formen der Steuerung von Personaleinsatz, die ebenfalls darauf hinauslaufen, Arbeitskraft intensiver und umfassender zu vernutzen.

d) das wettbewerbspolitische Nachhaltigkeitsdefizit. Es ist kein Geheimnis, dass die Automobilindustrie weltweit mit strukturellen Überkapazitäten konfrontiert ist. Wie immer die Schätzungen ausfallen, ist an dieser Stelle nicht wichtig. Die Krise hat das Problem nicht gelöst und es ist absehbar, dass eine vehemente Verdrängungskonkurrenz um den Verbleib auf vorhandenen Märkten und eine wahnwitzige Erschließungskonkurrenz über die Präsenz auf neu entstehenden Märkten – insbesondere China, Indien, Brasilien, Russland – aufflammt. Wir sehen erste Vorläufer dieser Konflikte in der deutschen Automobilindustrie und mit Blick auf die extreme Exportorientierung zeigen sich jene Probleme, die damit im Zusammenhang des europäischen Wirtschaftsmodells entstanden sind.

Magisches Viereck einer Nachhaltigkeitsstrategie

Was bedeutet dies nun für ein politisches Herangehen? Wir haben es mit
zwei grundlegenden Problemen zu tun: der Komplexität des Themas, dem
Problem, das man nicht immer weiß, welche Folgen eine bestimmte Strategie haben wird, und dem Balanceproblem, weil Zielkonflikte vorprogrammiert sind, etwa zwischen ökologischer Nachhaltigkeit und Beschäftigung.
Es gibt ein Spannungsverhältnis zwischen der arbeitspolitischen Dimensi-
on und dem Wettbewerbsmodell. Die Zielkonflikte bewegen sich zwischen
den vier genannten Problemdimensionen.

Vorneweg gilt es, eine Entscheidung zu treffen: Soll der Prozess eines
Umbaus der Automobilindustrie marktgetrieben vorangetrieben werden –
wofür die gegenwärtige Hegemoniesituation spräche –, oder kann das Ganze nur als politisch gesteuerter Prozess erfolgreich sein? Und was würde
das bedeuten?

Dem Problemviereck entspricht das Lösungsviereck einer Nachhaltig-
keitsstrategie, einer Strategie mittlerer Reichweite. Es ist eine Strategie mit
dem Anspruch nicht in die *Business-as-usual*-Falle zu tappen. Es ist auch
eine Strategie, die nicht den Anspruch verfolgt, alle genannten Nachhaltigkeitsdefizite zu lösen. Sie ist aber angesichts der Kräfteverhältnisse noch
ambitioniert genug und realistisch.

1. Ökologische Nachhaltigkeit. Die Diskussionen sind vielfältig, reichen
von der Frage sanktionsbewehrter Grenzwerte für CO_2-Ausstoß bis hin zu
entwickelten Konzepten des Komplettrecyclings von Automobilen. Es war
gut, dass auch die Gewerkschaften und die Betriebsräte der Automobilindustrie europaweit eine Position entwickelt haben, dass eine Reduzierung
von CO_2-Emissionen nur mit sanktionsbewehrten verbindlichen Regeln erfolgt. In Konzepten bis hin zur hundertprozentigen Recyclingkapazität stecken wichtige Potenziale. In diesem Zusammenhang muss man auch über
Elektromobilität reden. Die Diskussion ist vielfältig – unterschiedliche An-
triebstechniken, die Vor- und Nachteile des Verbrennungsmotors, des Hy-
bridantriebs, des Brennstoffzellenantriebs und des Elektroantriebs. Richtig
spannend wird es erst bei der Kombination dieser Möglichkeiten. Es gibt
keinen Königsweg – zumindest jetzt nicht.

Doch die Priorisierung der Elektromobilität bringt drei Probleme: Die
Techniker sagen, es gebe immer noch eine hohe Anzahl technischer Probleme, von der Batterietechnik bis zur Frage der Infrastruktur. Der Übergang vom Verbrennungsmotor zum Elektroantrieb ist eine Entwicklung, die
technologisch und produktionstechnisch einer Revolution gleichkommt. Das
strukturiert nicht nur den gesamten Produktionsprozess um, sondern auch

den gesamten Zulieferprozess und alles, was damit zusammenhängt. Was bleibt, was fällt weg? Zu klären gilt besonders, wie eigentlich die CO_2-Bilanz der Elektromobilität aussieht.

Ich denke, dass sich in der Diskussion langsam durchsetzt, dass zur Lösung der CO_2-Problematik die Elektromobilität keine Lösung ist bzw. elementar davon abhängt, wie die Energie erzeugt wird. Auch deswegen ist diese Strategiefrage selbst in den Automobilkonzernetagen höchst umstritten. In jedem Fall wird der so genannte Marktdurchdringungsgrad in den nächsten 30 Jahren relativ gering sein, sodass die Wirkung relativ gering bleiben wird.

2. Das entscheidende Thema ist Mobilität. Ich möchte an eine Diskussion erinnern, die die IG-Metall mit der Studie *Auto, Umwelt und Verkehr* Anfang der 1990er Jahre begonnen hat. Die IG Metall war erstaunlich weit damals und die Frage drängt sich auf, warum wir soweit zurückgefallen sind. Die Perspektive eines nachhaltigen Automobilsektors liegt in einem neuen Mobilitätskonzept – keine wirklich neue Erkenntnis. Dazu gehört eine sichere, realistische Beschäftigungsperspektive für die Beschäftigten in der Automobilindustrie. Sie muss ein unverzichtbares Element jeglicher progressiver Konversionsstrategie sein. Keineswegs selten gehen beim Thema Konversion der Automobilindustrie Lösungskonzepte über das Thema der Beschäftigungssicherheit und der arbeitspolitischen Anforderungen hinweg. Es ist die Aufgabe der Gewerkschaften, das Thema in der Debatte zu halten. Es geht dabei um die Frage, welche industrie- und strukturpolitischen Maßnahmen getroffen werden müssen und wie Automobilkonzerne weiter zu Mobilitätskonzernen zu entwickeln sind. Das würde bedeuten, perspektivisch als strategische Frage zu formulieren: Wie kann es gelingen, weniger ein Produkt zu verkaufen, als vielmehr eine Mobilitätszusage zu machen und einzulösen? Das ginge einher mit der Entwicklung neuer Geschäfts- und Beschäftigungsfelder.

3. Die arbeitsmarktpolitische Flankierung ist ein wichtiges Thema. Wir können aus der Beschäftigungssicherung in der Krise lernen. Natürlich gehört die Diskussion um beschäftigungsförderliche Arbeitszeitregime mit hinein: Ich bin ein Anhänger der Arbeitszeitverkürzung. Meiner Auffassung nach gibt es keine andere Antwort auf die permanente Steigerung der Produktivität der Arbeit und der Produktivkraft insgesamt. Aber wer Gewerkschaftsarbeit vor Ort macht, weiß, dass eine Antwort auf zwei Probleme mitgeliefert werden muss: Wie kann man bei weiterer Verkürzung der Arbeitszeit das Thema der Verdichtung von Arbeitsprozessen und der zunehmend unzumutbar werdenden Leistungsabforderung in den Griff bekommen werden? Wie lassen sich Modelle der Verkürzung von Arbeitszeit mit

einem Zugewinn an Zeitsouveränität verbinden? Ohne die Regelung dieser zwei Fragen wird es keine große Unterstützung für arbeitszeitpolitische Initiativen in den Belegschaften geben. Und was ist mit dem Geld? Die Frage der Akzeptanz von Arbeitszeitverkürzung steht und fällt auch mit dem Erfolg in den Verteilungsauseinandersetzungen, die vor uns liegen.

Die Frage der Einflussnahme auf diesen Restrukturierungsprozess ist eine Schlüsselfrage. Dieser Prozess wird sich nicht aufhalten lassen. Die permanente Umwälzung der Produktionsmethoden gehört zum Kapitalismus wie der Profit. Die Frage ist, ob man Einfluss nehmen kann. Das Ganze läuft gegenwärtig unter der Überschrift: Ganzheitliche Produktionssysteme. Es ist entscheidend, ob es gelingt, die Gefährdungspotenziale dieser Produktionssysteme zu lokalisieren und Alternativkonzepte der Intervention in diesem Restrukturierungsprozess durchzusetzen. Das ist der Kern dessen, was wir als IG-Metall mit unseren Projekten Guter Arbeit zu realisieren versuchen. Dabei sind wir gut vorangekommen, stoßen jedoch immer wieder an Rentabilitätsgrenzen des gegenwärtigen Regimes und die in der Automobilindustrie nach wie vor dominierende Renditevorstellungen.

4. Schließlich geht es um die Verknüpfung von Arbeits-, Industrie- und Strukturpolitik. In den Betrieben wie in der Gewerkschaft insgesamt sind wir in diesem Punkt noch am wenigsten weit. Und es geht zudem um die Frage einer transnationalen, wirklich regulierenden Wettbewerbspolitik. Wie können wir das Problem der Überkapazitäten, das Problem der sich verschärfenden Verdrängungs- und Erschließungskonkurrenzen, in den Griff bekommen? Es gibt auf internationaler Ebene keinen Konsens darüber, dass es einer verbindlichen politischen Regulierung überhaupt bedarf. Die Kolleginnen und Kollegen in den Konzernen sind gut vorangekommen mit der Gründung von europäischen Betriebsräten, von Weltbetriebsräten oder von anderen Mitbestimmungsstrukturen, um zumindest die Kommunikationsflüsse zwischen den Standorten herzustellen. Das ist natürlich nur ein erster Schritt einer Infrastruktur, einer wettbewerbspolitischen Regulierung. In unseren Strategiedebatten sind wir bei diesem Thema noch nicht allzu weit. Es gibt Ansätze über den Rahmen einer globalen Strukturpolitik, es gibt Ansätze im internationalen Bund der Metallgewerkschaften, in den Strukturen der Konzerne. Aber es ist noch ein weiter Weg.

Die Machtfrage

Die entscheidende Stelle ist das Zentrum, das diese vier Dimensionen des Problems zusammenhält: die Machtfrage. Die konzeptionellen Modelle alleine nützen nicht viel. Sie kollidieren in der Umsetzung unmittelbar und schnell mit Macht- und Renditeinteressen. Eine Diskussion, wie man diese überwindet, ist noch nicht weit. Ich kenne nur eine Methode, die Interessen einer Mehrheit gegenüber den Interessen einer Minderheit zur Geltung zu bringen, und das ist Demokratie. Mit Blick auf Strategien der Durchsetzung ist dies die Schlüsselfrage: Demokratisierung ist integraler Bestandteil von Konversionskonzepten, von Beschäftigungssicherung, zur Überwindung dessen, was man die Orientierung der Unternehmen am Shareholder Value nennen muss. Schließlich braucht es die Herausbildung eines Akteurs, der sich diese schwierigen Transformationsprozesse vornimmt. Wer soll das alles tun?

Die Mosaiklinke

Der Gedanke der Mosaiklinken ist eigentlich ein ganz einfacher. Er geht davon aus, dass es in ausdifferenzierten und hochentwickelten kapitalistischen Gesellschaften keinen einzelnen Akteur gibt, der in der Lage wäre, Strukturprobleme zu bewältigen, die in so viele Politikfelder hineinreichen, wie z.b. die sozial-ökologische Transformation unseres Wirtschaftsmodells oder die Konversion der Automobilindustrie. Es bedarf einer neuen Form der Kooperation der Akteure aus unterschiedlichen Feldern, wenn man so etwas wie einen handlungsmächtigen Akteur formen will (vgl. Luxemburg Heft 1/2010).

Wer sind die potenziellen Mosaiksteine im Feld der Transformation der Automobilindustrie? Klar ist, dass die Schlüsselakteure (auch) die unmittelbaren Organisationen der Interessenvertretungen sein müssen, also die Gewerkschaften, die betrieblichen Interessenvertretungen und die Beschäftigten selbst. Klar ist auch, dass es der Kooperation mit den außerbetrieblichen sozialen Bewegungen bedarf, in ihren unterschiedlichsten Facetten. Und klar ist sicherlich auch, dass es der öffentlichen Förderung und der Fachwissenschaft bedarf, nicht nur der Technik, sondern auch der politischen Ökonomie, der Ökologie, der Soziologie, der Theorien von Macht und Profit. Aber, und das ist die wahrscheinlich schwierigste Frage, was ist mit den Unternehmen selbst? Nach einer Phase von drei Jahrzehnten Privatisierung von Forschung und Entwicklungskapazitäten verfügen öffentliche Institutionen alleine nicht mehr über das notwendige Know-how, um diese Vielfalt von technischen Fragen auch nur annäherungsweise bewältigen zu können. Es muss wohl oder übel auch darum gehen, die Unternehmen als einen wichtigen Akteur in diesem Veränderungsprozess zu gewinnen. Und dies zu sagen, bedeutet zu wissen, Konflikte sind vorprogrammiert. Stichwort überzogene Renditeorientierung als eine der zentralen Innovationsblockaden. Das zu Erwartende wäre mit dem Begriff von Müller-Jentzsch als Konfliktpartnerschaft noch milde umschrieben.

Thesen

1. Nach tiefer Krise und dem ungeahnten Auftragsboom droht die Business-as-usual-Falle: so weitermachen wie bisher.
2. Es gibt vier unterschiedliche Nachhaltigkeitsprobleme: das ökologische, das beschäftigungspolitische, das arbeitspolitische und das wettbewerbspolitische, die komplex miteinander verwoben sind.
3. Die Bewältigung des »magischen Nachhaltigkeitsvierecks« muss als Positivsummenspiel begriffen werden, in dem sich die einzelnen Strategien gegenseitig befördern oder scheitern: ökologischer Umbau, beschäftigungspolitische Flankierung, arbeitspolitische Initiativen und wettbewerbspolitische Regulierung.
4. Die Transformation des Automobilsektors kann nicht als marktgetriebener, sondern kann nur als politisch gesteuerter Prozess gelingen.
5. Die Demokratisierung wirtschaftlicher Entscheidungen sowohl in den Unternehmen als auch in der Politik ist ein Schlüssel für den Gesamtprozess.
6. Die Gewerkschaften, die Kolleginnen und Kollegen in den Betriebsräten und die Beschäftigen müssen Schlüsselakteure dieses Prozesses werden, sich aber selbst als Akteure in einem breiteren Handlungskontext definieren, den ich als Mosaiklinke bezeichnet habe (vgl. Luxemburg 1/2010).
7. Die Zukunft des Automobilsektors liegt in einem nachhaltigen, integrierten Mobilitätsmodell und einer umfassenden ökologisch-sozialen Transformation dieses Industriebereiches, aber nicht im Abschied von der industriellen Wertschöpfung selbst. Letzteres wäre ein naiver Anti-Industrialismus, eher Teil des Problems als Teil der Lösung. Der Stellenwert industrieller Wertschöpfung in einem alternativen sozial-ökologischen Entwicklungsmodell muss offensiv diskutiert werden. Es besteht hier die eine oder andere Illusion.

8. Alles das zu formulieren, bedeutet nicht, das Problem gelöst zu haben. Es geht darum, sich selbst eine Agenda zu setzen, die weiter reicht als das, was angesichts der Kräfteverhältnisse in dieser Gesellschaft auf absehbare Zeit realistisch erscheint. Es ist notwendig und unverzichtbar, über einen Wirklichkeitssinn zu verfügen – aber es wäre eine traurige Veranstaltung ohne das, was Robert Musil den Möglichkeitssinn nennt:»Wer ihn besitzt, diesen Möglichkeitssinn, der sagt beispielsweise nicht: Hier ist dies oder das geschehen, wird geschehen, muss geschehen. Sondern, er erfindet. Hier könnte, sollte oder müsste geschehen. Und wenn man ihm irgendetwas erklärt, dass es so sei, wie es sei, dann denkt er nun, es könnte wahrscheinlich auch anders sein. So ließe sich der Möglichkeitssinn geradezu als die Fähigkeit definieren, alles, was ebenso sein könnte, zu denken, und das, was ist, nicht wichtiger zu nehmen, als das, was nicht ist.« *(Der Mann ohne Eigenschaften)*

Hans-Jürgen Urban/Harald Schumann
Ökologische Konversion und Mosaik-Linke
Ein Streitgespräch zur Rolle der Gewerkschaften

Harald Schumann: Herr Urban, Ihre Thesen für eine sozial-ökologische Konversion der Automobilindustrie setzen vier Annahmen voraus, die man sich genauer anschauen muss: *Die erste Annahme ist, wir hätten Zeit,* wir könnten in aller Ruhe anfangen, zu planen, wie wir mithilfe von Wirtschaftsdemokratisierung und der Mosaik-Linken eine Allianz schmieden und langfristig auch das Management in den Konzernetagen überzeugen. Doch so viel Zeit bleibt uns nicht. Zwischen dem, was wir seit 2007 als Finanzkrise erlebt haben, und der Ölpreisentwicklung besteht ein direkter Zusammenhang, der häufig übersehen wird. Im Jahre 2007 stieg der Ölpreis pro Barrel zeitweilig auf über 130 US-Dollar – eine Art Vollbremsung für die Weltwirtschaft und besonders für die amerikanische Ökonomie, die nach wie vor 20% des Weltmarkts ausmacht. Der nächste Ölpreisschock wird kommen und damit die nächste Krise der Automobilindustrie. Keine zehn Jahre mehr und unsere Gesellschaft wird – völlig unabhängig davon, was wir tun – radikal anders aussehen, eben weil bestimmte Ressourcen nicht mehr zur Verfügung stehen werden. Das heißt, es ist alles extrem eilig.

Eine zweite implizite Annahme ist, man könnte tatsächlich mit Arbeitszeitverkürzung und arbeitsmarktpolitischen Begleitmaßnahmen eine Konversion der Automobilindustrie organisieren, ohne dass es zu großen Arbeitsplatzverlusten kommt. Eine andere Mobilität zu verfolgen, bedeutet vor allem den Öffentlichen Personennahverkehr sowie den Fernverkehr und den Gütertransport über die Schiene staatlich gefördert auszuweiten. Die ökologischen Alternativen im Verkehrssektor werden bereits seit 20 Jahren diskutiert. Wenn eine solche Umstellung gelingt, würden davon in erster Linie die in diesen Bereichen etablierten Unternehmen profitieren und ihre Beschäftigung aufstocken. Ob sie hierbei ehemalige Automobilbeschäftigte einstellen, ist fraglich. Wenn Sie sagen, man sollte die Automobilkonzerne zu Mobilitätsdienstleistern umbauen – angenommen, das würde staatlich gefördert –, richtet sich das gegen die schon heute in den alternativen Mobilitätssektoren tätigen Unternehmen. Eine politische Konzertierung eines solchen Vorhabens kann ich mir nur sehr schwer vorstellen. Hier gibt es widerstreitende Kapitalinteressen, die massiv in die Politik intervenieren werden.

Ihre dritte Annahme ist die einer globalen Kooperation über die staatliche Ebene hinaus, um den Umbau des Automobilsektors zu einer nachhaltigen und gesellschafts- wie umweltverträglichen Industrie zu realisieren. Die Beobachtungen der letzten Jahre deuten nicht in diese Richtung. Die globale Kooperation entwickelt sich rückläufig. Der Klimaverhandlungsprozess ist gescheitert, auch an anderen Fronten kommt die internationale Zusammenarbeit nicht voran. Die Interessenwidersprüche zwischen den Staaten werden eher größer und wir können froh sein, wenn wir die EU zusammenhalten können. Insofern muss man sich von der Hoffnung verabschieden, dass von dieser Ebene in nächster Zeit Impulse ausgehen werden.

Sie unterstellen viertens, die Gewerkschaften könnten langfristig aktive Akteure im Konversionsprozess sein. Dies würde ich mir dringend wünschen, doch meine Erfahrungen sind andere. Für die ökologische Frage und die daran anschließende, mittelfristig radikale Umgestaltung der Arbeitswelt ist es schwierig, im Gewerkschaftsmilieu Verbündete zu finden. Die Gewerkschaften vertreten die Interessen ihrer Klientel, deren Hauptinteresse die Wahrung des Status quo ist. Wenn man mit Leuten bei VW oder Daimler redet, dann trifft man auf eine kollektive Verdrängung des herannahenden großen Umbruchs. Auch in anderen Sektoren befinden sich die Gewerkschaften hier in einem Interessenkonflikt. Erst kürzlich sprach sich der ver.di-Vorsitzende Frank Bsirske vor 8.000 Braunkohlearbeiterinnen und -arbeitern in Berlin gegen den europäischen Emissionshandel und die Heraufsetzung der Preise für CO_2-Emissionen aus, weil dies in der Branche Arbeitsplatzverluste zur Folge hätte. Offensichtlich ist dieser Interessenkonflikt zu mächtig, als dass die Gewerkschaften der zentrale Akteur einer sich formierenden Mosaik-Linken sein könnten.

Hans-Jürgen Urban: Sie haben jetzt vier Bedenken genannt, und ich könnte mühelos noch vier weitere nennen. Die Frage ist, ob es strategische Konzepte gibt, diese Probleme zu überwinden. Die Gefahr, weiter eine Business-as-usual-Strategie zu fahren, ist auch in den eigenen Reihen groß. Doch das bedeutet nicht, dass es keine anderen Möglichkeiten gibt. Ich teile ihre Einschätzung nicht, dass die Beschäftigten im Automobilsektor die Probleme nur verdrängen. Der objektive Problemdruck ist viel zu groß. Die Kolleginnen und Kollegen wissen, dass die Verfestigung des Status quo keine Perspektive bietet. Allein über das marktgesteuerte Aussortieren der Big Player auf dem globalen Automobilmarkt werden viele auf der Strecke bleiben, und keiner kann genau sagen, wen es trifft.

Es wurde mittlerweile viel Energie in die Entwicklung von Alternativen investiert. In den Automobilkonzernen sind die Impulse hierfür – auch wenn sie mit Sicherheit nicht hinreichend sind – von Seiten der Belegschaften, Betriebsräte und Gewerkschaften gekommen. Bei VW gibt es z.B. Ideen, das Know-how aus der Automobilproduktion und der modernen Antriebstechnik für andere Bereiche, wie etwa die häusliche Energiegewinnung, zu nutzen. Es könnten dezentrale Zuhausekraftwerke entwickelt werden, die einen hohen Anteil solarer Energie erzeugen – eine technisch ungeheuer anspruchsvolle Kombination aus Verbrennung von fossilen Rohstoffen und Hybrid-Energiequellennutzung. In dieser Technik steckt ein Potenzial, das weit über den Automobilbereich hinausreicht. Sie bietet Möglichkeiten einer nachhaltigen, solargestützten Energiegewinnung. Die Diskussion über neue Geschäfts- und Beschäftigungsfelder wird bereits geführt. Durch viele kleine Lösungen können wir Zeit für ein Umsteuern gewinnen.

Harald Schumann: Ich kenne die Kollegen bei VW, die dieses Minikraftwerksmodell betreiben. Allerdings ist es das einzige mir bekannte Projekt in der Metallindustrie. Deshalb muss ich hier nachfragen: Gibt es eine gemeinsame Position des IG-Metall-Vorstandes oder der Bezirksleiter zur Konversion der Automobilindustrie?

Hans-Jürgen Urban: Wir haben in den 1990er Jahren die Diskussion um Produktkonversion weit vorangebracht. Dies war möglich, weil in den Unternehmen unter dem Stichwort Produktdiversifizierung systematisch nach neuen Geschäftsfeldern gesucht wurde und eine gewisse Offenheit existierte, hier auch in eine ökologische Richtung zu gehen. Doch in den letzten zehn Jahren hat über das Hineinwirken der Spielregeln der Finanzmärkte in die Realökonomie eine Veränderung in den Unternehmensstrategien stattgefunden. Das Stichwort lautet nicht mehr Produktdiversifizierung, sondern Fokussierung auf das Kerngeschäft, und das Ziel sind quartalsorientierte, nachweisbare Renditesteigerungen. Der damit verbundene Druck hat uns in der Ökologie-Debatte weit zurückgeworfen, sodass wir jetzt einen neuen Anlauf nehmen müssen. Konzepte für die ökologische Konversion, etwa für eine Umsteuerung der Produktionskapazitäten in Richtung des Öffentlichen Personennahverkehrs, sind vorhanden. Sie sind jedoch noch nicht umsetzungsreif. Wir haben uns in der IG-Metall in einem langwierigen Prozess auf eine gemeinsame Position zur Frage der CO_2-Emissionen einigen können, in der wir harte, gesetzlich verbindliche Vorgaben fordern. Im letzten Jahr haben wir mehrere Fachtagungen unter Beteiligung der Automobilkolleginnen und -kollegen veranstaltet und mit ihnen die ökologische Produktkonversion diskutiert. Wir sind auf dem Weg, haben aber in der Tat einen großen Nachholbedarf. Doch was wäre die Alternative?

Harald Schumann: Ein fertiges Alternativkonzept habe ich natürlich auch nicht. Ich zweifle aber an der proaktiven Rolle der Gewerkschaften. Vielleicht täusche ich mich und es hat bereits ein Bewusstwerdungsprozess eingesetzt. Um umzusteuern, muss es gelingen, neue Mehrheiten in den Parlamenten herzustellen, die eine ökologische Verkehrspolitik propagieren und auch durchsetzen, und zwar sowohl auf Landes- als auch auf Bundes- und Kommunalebene. Es braucht eine drastische Ausweitung des gesamten Öffentlichen Nahverkehrs. Erfolgreiche Modelle gibt es bereits. In Karlsruhe haben sich durch die Umleitung öffentlicher Investitionsmittel die Personenkilometer im Öffentlichen Nahverkehr verzehnfacht, und der Autoverkehr hat drastisch abgenommen.

Die Ökologisierung des Verkehrssektors läuft darauf hinaus, dass weniger Autos gefahren und produziert werden. Dies mit den Interessen der Arbeiter in der Automobilindustrie und deren Gewerkschaften in Übereinstimmung zu bringen, bleibt konflikthaft. Ein zentraler Punkt hierbei ist die Wettbewerbspolitik: Sie fordern eine globale Kontingentierung beim Beschäftigungsabbau in der Automobilindustrie, um diesen abzufedern. Jedoch fehlen dazu auf globaler Ebene die Institutionen, in denen sich dies verhandeln ließe. Auf europäischer Ebene bliebe zwar die EU. Ihre Vorschläge laufen aber auf eine Einschränkung von Wettbewerb hinaus. Das wäre ein Bruch mit dem bisherigen wettbewerbsrechtlichen Fundament. Die Kontingentierung von Produktion ist in der europäischen Politik bisher nicht als Instrument vorgesehen. Doch auch ohne diese Hürde wäre die praktische Umsetzung problematisch. Wer sollte sie verhandeln, wer nach welchen Kriterien zuteilen? Wie können und sollen die aufstrebenden Industrieländer – China, Indien, Brasilien, Südafrika etc. – in einen solchen Prozess einbezogen werden? Sie sind es, die der nächste Öl-Schock wahrscheinlich am härtesten treffen wird, und ich weiß nicht, ob es dort Akteure gibt, die für solche Ideen und Vorstellungen, wie wir sie hier diskutieren, offen sind.

Hans-Jürgen Urban: Zu Ihrem Wunsch, dass sich doch in den Parlamenten neue radikale Mehrheiten bilden mögen, fallen mir sofort Einwände ein. Ich sehe nicht ein, warum es wahrscheinlicher sein sollte, dass im Parlament geschieht, was Sie für die Gesellschaft für unmöglich halten. Ihr Politikverständnis ist politizistisch: Es beginnt erst in den Parlamenten und vergisst, dass, was mit meinem Begriff der gesellschaftlichen Mosaik-Linken gemeint ist, die Politisierung der Gesellschaft vorausgehen muss. Dabei müssen die Gewerkschaften ein Schlüsselakteur sein. Dass dies enorm schwierig wird, ist bekannt, denn dieser Kapitalismus ist ein fossilistischer. Letztlich stehen Ihre Vorstellungen vor den gleichen Problemen wie meine. Wenn man genau hinschaut, werden aber Ansatzpunkte, auch auf europäischer Ebene, sichtbar. Zwar ist das Entwicklungsmodell der EU in erster Linie ein neoliberales, es ist ein Modell der Marktintegration. Der Verfassungsvertrag und alles, was es in der letzten Zeit an primärrechtlichen Veränderungen gegeben hat, weist in diese Richtung. Aber es existieren auch Formen einer europäischen Industrie- und Strukturpolitik. Ebenso gibt es Ansätze einer Demokratisierung des europäischen Gefüges, die man für eine Politisierung dieser Diskussion nutzen kann.

Alle denkbaren Alternativen stehen unter den gegebenen machtpolitischen Bedingungen vor wahnsinnigen Problemen. Die Frage ist, ob die Übermacht dieser Probleme in Passivität mündet oder ob es gelingt, die Hürden zu überwinden. Die Gewerkschaften müssen sich der ökologischen Frage ebenso intensiv annehmen wie dem sozial- und beschäftigungspolitischen Thema. Dies gilt umgekehrt für diejenigen, die sich Umweltschutz auf die Fahnen geschrieben haben. Wir werden nichts erreichen, wenn wir beide Lager gegeneinander in Stellung bringen. Das muss zusammengeführt werden. Zielkonflikte werden sich dabei nicht vermeiden lassen.

Harald Schumann: Wäre es dann nicht notwendig – der Begriff ist leider verbraucht, aber mir fällt auch kein besserer ein –, Räte zu bilden, an denen tatsächlich auch Manager aus der Automobilindustrie und aus anderen Verkehrssektoren, Gewerkschafter und Vertreter aus den Umweltorganisationen beteiligt sind. Ginge es nicht darum, alle sofort an einen Tisch zu bringen, um die dringend anstehenden Veränderungen in Angriff zu nehmen. Das Verblüffende ist doch, dass die Fakten allen bekannt sind, aber sich nichts regt. Wir haben gerade die Erfahrung einer Krise mit bis zu 70% Umsatzeinbruch in manchen Unternehmen gemacht. Jeder müsste eigentlich gewarnt sein: Unser Wirtschafts- und Gesellschaftsmodell ist extrem anfällig geworden. Deshalb müssen wir *jetzt* anfangen zu planen, was wir beim nächsten Mal machen, wenn die Staatskasse nicht mehr voll ist und wir uns eine »Durchsubventionierung« mit Abwrackprämie und Kurzarbeit nicht noch einmal leisten können. Woher kommt diese gespenstische Ruhe? Liegt es einfach daran, dass alle genauso kurzfristig denken wie die Aktionäre? Ist eigentlich die Mehrheit der Gesellschaft genauso borniert wie der *shareholder value*, den wir immer kritisieren? Ich habe dafür überhaupt keine Erklärung.

Hans-Jürgen Urban: Diese Passivität kommt daher, dass die Kolleginnen und Kollegen sich stark mit den Bedenken beschäftigen, die Sie genannt haben, und deren Übermacht spüren. Unter dem Druck der globalen Wettbewerbsbedingungen ist es schwierig, sich einen anderen Entwicklungspfad in dieser Industrie überhaupt vorzustellen. Das Gebot der Stunde ist daher, an Vorhandenem anzusetzen. Ausgehend von den Entwicklungsclustern der jeweiligen Regionen müssen wir unter Beteiligung potenzieller Akteure einer Mosaik-Linken Konzepte vor Ort entwickeln und dabei zugleich über die Region hinaus denken. Denn Transformationsprozesse dieser Art lassen sich nicht regional bewerkstelligen. Im Öffentlichen Nahverkehr und mit neuen Ansätzen für eine regionale Wirtschafts- und Strukturplanung muss jetzt begonnen werden. Man kann das durchaus auch Räte nennen. In der Satzung der IG-Metall heißt es, wir fordern die Einrichtung von Wirtschafts- und Sozialräten zur Vertretung der sozialen, kulturellen und wirtschaftlichen Interessen der abhängig Beschäftigten. Das ist etwas von der Agenda verschwunden, aber entspricht im Kern dem, was wir jetzt brauchen.

Hans Baur
Wenn man auf Stuttgart schaut ...

Aus Sicht der Stuttgarter Gewerkschaft ist natürlich eine Konferenz der Rosa-Luxemburg-Stiftung zum Thema Zukunft Automobil hier in Stuttgart sehr willkommen. Schließlich kann man mit Sicherheit sagen, Stuttgart ist das automobile Cluster Nr. 1 in Deutschland und wahrscheinlich eines der größten der Welt. Wenn man auf Stuttgart schaut, dann sagen viele: Wir bauen hier wenigstens sehr schöne Autos. Aber wir bauen die Autos vor allem im Bereich des Premiumsegments, von der Daimler S-Klasse – groß, bis hin zum Porsche-Turbo – schnell. Die Branche zeigt dabei einen großen Erfindungsreichtum bei den Produkten. Das jüngste Beispiel: Porsche entwickelt einen so genannten Porsche Spider mit 740 PS, allerdings mit drei Elektromotoren, die nur 3,4 l auf 100 km verbrauchen. Nur die Wenigsten werden das als ein Öko-Mobil betrachten.

Aber Spaß beiseite. Diese Region ist wie keine andere geprägt und auch abhängig vom Automobil. In der Region Stuttgart leben etwa eine Mio. Beschäftigte, davon sind 340.000 im so genannten verarbeitenden Gewerbe beschäftigt, d.h. wir befinden uns in einer klassischen Industrieregion. 180.000 Leute arbeiten direkt am Auto, vom KfZ-Endhersteller bis zum Entwicklungsdienstleister. Im Bereich der Metall- und Elektroindustrie, das ist die prägende Industrie, dominiert der Maschinenbau, aber auch er arbeitet zum großen Teil für die Automobilproduzenten.

Diese Region ist wie keine zweite monostrukturiert. Dennoch gab es enorme Umbrüche in der Beschäftigungsstruktur. In nur drei Jahren – zwischen 2004 und 2007 – haben wir nur im Stadtgebiet Stuttgart etwa 40.000 gewerbliche Arbeitsplätze verloren, allerdings ohne dass damit die Beschäftigung abnahm, weil wir gleichzeitig in der Region einen Aufschwung im Bereich automobiler Forschung und Entwicklung erlebt haben. Allein Stuttgart hat fünf große Entwicklungszentren in der Automobilindustrie und eine Vielzahl kleinerer. Es gibt keine Region in Deutschland, wo die Firmen auch nur ansatzweise derartige hohe Entwicklungsaufwendungen prozentual am Bruttoinlandsprodukt ausgeben wie hier. Die nächst größere Region ist München mit etwa der Hälfte der Aufwendungen.

In Stuttgart haben wir eine starke Tertialisierung des Arbeitsmarktes erlebt und diese Entwicklung setzt sich fort – aber nicht in Richtung einer postindustriellen Gesellschaft, denn wenn wir hier von einer Ausweitung des Dienstleistungssektors sprechen, handelt es sich um unternehmensnahe

Dienstleistungen. Salopp formuliert, hatten wir diese Arbeitsplätze auch vorher, allerdings zu deutlich besseren Tarifbedingungen innerhalb der Firmen der Metall- und Elektroindustrie. Daher bricht hier auch der Dienstleistungssektor ein, wenn die Automobilindustrie und der Maschinenbau in die Krise geraten. Der Dienstleistungssektor ist kein stabilisierender Faktor. Und wenn ich von Krise rede, waren wir hier seit 2008 Krisenregion Nr. 1. Wir hatten in Stuttgart nur einen Betrieb, der nicht zu massiver Kurzarbeit greifen musste, und der hat für die Bahn produziert. Alle anderen mussten auf Kurzarbeit ausweichen, weil die Firmen durchgängig Auftragseingangseinbrüche und Umsatzeinbrüche zwischen 50% und 70% verkraften mussten. So lange ich meine Beruf ausübe, das sind jetzt 42 Jahre, habe ich das in dieser Größenordnung noch nicht erlebt. Doch ich glaube, wir können selbstbewusst sagen, dass es der Stärke unserer Organisation, der IG Metall, zu verdanken ist, dass wir diese gigantischen Einbrüche ohne Entlassungen überstanden haben. Und ich glaube, darin liegt ein ganz wesentlicher Grund dafür, dass im Sog der Krise die Beschäftigung in Deutschland insgesamt nicht eingebrochen ist.

Ein letzter Punkt: Wir befinden uns hier in der mit wichtigsten Gewerkschaftsregion, was die Tariffähigkeit betrifft. Die Ergebnisse der Tarifverträge der letzten 20 Jahre wurden zum allergrößten Teil hier erstritten. Das heißt, die Tariffähigkeit der IG-Metall insgesamt hängt zum großen Teil an Baden-Württemberg, an der Region Stuttgart und an der Automobilindustrie. Das muss bedacht werden, wenn über die Zukunft des Autos debattiert wird. Es gibt hier viele Möglichkeiten, rund um das Auto, um Mobilität, um Krise zu diskutieren und strukturpolitische, technologische, industriepolitische Fragen zu stellen. Das ist auch der Grund, warum wir uns als IG-Metall in der Region Stuttgart bei der Konferenz der Rosa-Luxemburg-Stiftung engagiert und Sie ganz herzlich in Stuttgart willkommen geheißen haben.

Sybille Stamm
Möglichkeiten der Technik, Technikgläubigkeit und Zukunft

Ich begrüße euch sehr herzlich im Namen der Partei DIE LINKE in Baden-Württemberg in der Automobilstadt Stuttgart, einer Stadt, die bundesweit durch auffällig widerständiges Handeln gegen ein Milliarden-Projekt Schlagzeilen macht, an einem geschichtsträchtigen Ort mit sozialistischem Flair, dem Gewerkschaftshaus. Ich möchte an den ersten Kongress des Gewerkschaftsbundes Württemberg-Baden im September 1946 erinnern. In der Grundsatzentschließung heißt es: »Die Gewerkschaften kämpfen für die Überwindung der kapitalistischen Wirtschaft… Die Unternehmen der Grundstofferzeugung, des Bankwesens und die Großbetriebe mit monopolartigem Charakter müssen der privaten Kontrolle entzogen und vergesellschaftet werden.« – eine höchst aktuelle Forderung. Vielleicht ein heimliches Leitmotto für unsere Konferenz. Das Programm der Konferenz berührt die Eigentums- und Kapitalismusfrage mehrfach. Es geht um die Krisenanfälligkeit einer Region, in der jeder dritte Arbeitsplatz direkt und mittelbar von der Automobilindustrie abhängt. Es geht um drängende ökologische Fragen – wir leben hier in einer Stadt mit der nahezu höchsten bundesweiten Feinstaubbelastung. Es wird um die Analyse großer Techniklinien bei der Entwicklung des Automobils gehen. Es geht aber auch um Alternativen und die Kraft zu deren Durchsetzung. Franz Steinkühler formulierte auf der ersten großen Ingenieurskonferenz der IG Metall mit dem Titel »Einbahnstraße Technik« (Dokumentation 1983, 16):

»Die Möglichkeiten der Technik könnten – an sich betrachtet:
- die Arbeitszeit verkürzen – kapitalistisch angewandt verlängern sie den Arbeitstag;
- sie könnten die Arbeit erleichtern – kapitalistisch angewandt steigern sie die Arbeitsintensität;
- sie könnten den Reichtum der Produzenten vermehren – kapitalistisch angewandt wird die Kluft zwischen Kapitalanhäufung in den Händen Weniger und dem großen Heer derjenigen, die nur ihre Arbeitskraft besitzen, immer größer;
- sie könnten ein Sieg der Menschen über die Natur sein – kapitalistisch angewandt zerstört die Technik Lebens- und Arbeitschancen… und die Umwelt.«

Die technischen Grundlagen des Automobils waren Ende des 19. Jahrhunderts fast alle gelegt, erfunden zum großen Teil in Deutschland, vornehmlich in Baden-Württemberg, deshalb auch immer wieder gern als »Ursprungsland der Weltreligion Auto« benannt. Krise bei Daimler? Weit gefehlt! Die *Stuttgarter Zeitung* titelte am 29.10.2010 »mit Vollgas aus der Krise« und kündigt neue Milliardenprofite an. Große, teure und schnelle Autos sind gefragt, in den USA und China. Die Langzeitentwicklung des Autos – immer schneller, größer und schwerer – ist dem Irrglauben geschuldet, dass Energie und Ressourcen unendlich sind. Ich erinnere mich noch gut an die Aussagen eines Bosch Kollegen im Stuttgarter Ingenieurs-AK Mitte der 1980er Jahre: »Wie können wir es schaffen, dass statt durchschnittlich drei zukünftig 30 Elektromotoren pro Auto eingebaut werden?« Das ist ein verbreitetes Verständnis, mit der Folge, dass der Golf – wenn ich recht informiert bin – fast doppelt so schwer ist wie vor 15 Jahren.

Heute wissen wir: An unendliches Wachstum auf unserem Planeten glauben nur noch Verrückte und Ökonomen. Bezogen auf unsere Konferenz ist das Stichwort »Elektromobilität«, aber klein, leicht, leise, umweltverträglich und energiesparend, angesagt. Das wichtige Thema »Konversion« steht auf der Tagesordnung. Dabei könnte angeknüpft werden an alte Konversionsideen von Willi Hoss und Kollegen von Anfang der 1980er Jahre – es würde sich lohnen.

Der Chefingenieur von Lucas Aerospace Mike Cooley hat auf der schon zitierten Ingenieurs-Konferenz 1983 vor Technikgläubigkeit gewarnt und zum Handeln aufgefordert. Er mahnte: »Die Zukunft hat keine vorbestimmten Konturen und Formen. Sie muss vielmehr von Leuten wie uns gebaut werden und wir tragen die Verantwortung dafür, dass diese Zukunft menschlich wird. Wir brauchen eine klare politische … Sicht von dem, was wir von der Technik wollen und dann den Mut aufzustehen und etwas dafür zu tun.« (30) Oder mit den Worten unserer Schirmherrin Rosa Luxemburg, Marx paraphrasierend, ausgedrückt: »Freilich vollzieht sich der Gang der Geschichte nach eigenen… Gesetzen. Aber die Menschen sind dieser Gesetze Träger. Sie machen ihre Geschichte nicht aus freien Stücken, aber sie machen sie selbst.«

Wir machen sie.

Thomas Händel
Automobiler Systemwechsel?

Diese Tagung haben wir in der RLS 2008 erfunden und wir wussten von Beginn an: Wir gehen ein Risiko ein. Das Auto – das ist doch selbstverständlich! Wozu also eine Tagung? Auch für das Auto und den Automobilismus gelte doch, wie dereinst Madam Thatcher zu ihrer neoliberalen Politik meinte:»There is no Alternative.« Daher war auch aus Gewerkschaften und linken Kreisen – Kreisen der LINKEN – zu hören:»Verteufelt mir das Auto nicht!«

Doch wir haben von Beginn an diese Tagung mit der Frage der Krise verknüpft – und für uns ist diese Frage mit der aktuellen Entwicklung der Beschäftigungszahlen nicht erledigt.

- Wer fährt die Sonderschichten – und mit welchem Raubbau?
- Wie steht es um die Zeit- und Leiharbeit?
- Sind eigentlich die strukturellen Probleme, die zur Krise führten, etwa beseitigt?
- Was bedeutet die angestrebte Verdoppelung der PKW-Menge im Weltmaßstab bis 2020 bei abnehmender Effizienz und rapide wachsenden ökologischen Schäden?
- Was wird aus der Beschäftigung, wenn die seit 2004 stagnierenden Ölförderungen anfangen zu sinken?
- Wie soll die in unseren Augen strukturkonservative Politik der Krisenüberwindung mit den also absehbaren Grenzen dieses Modells Auto fertig werden?

Mobilität hat – wie wir bei den Auseinandersetzung um Stuttgart 21 überdeutlich sehen – immer mit Macht zu tun. Die Autoindustrie redet vom Systemwechsel, der kommen werde. Wir fragen: Wer hat das Sagen im neuen System? Mit dem Elektroauto, so sagen viele, sei der Weg in die ökologisch korrekte Zukunft doch schon lange vorgezeichnet. Aus dem automobilen Zeitalter werde das elektromobile Zeitalter. Doch die Autokultur der – nun immer häufiger grün gewaschenen – Kraftprotze soll genauso bleiben wie der Individualverkehr – alles möglichst nahe am alten Modell. Die Autoindustrie redet von Neuerfindung des Autos, dem Systemwechsel – damit die politische Ökonomie des Autos so bleibt, wie sie ist, ergänzt durch die Elektro-, Energie- und IT-Branche. Viel ist die Rede von langfristigen Planungen – gemeint ist damit die Zukunft des Geschäftsmodells, besser: des Kapitalverwertungsmodells. Über die Zukunft der Beschäftigung in diesem neuen Zeitalter redet sie nicht. Und sie ignoriert, was Stuttgart 21 für die ganze Republik sichtbar auf die Tagesordnung gesetzt hat: die Demokratiefrage und das Recht auf Stadt. Was wir aber brauchen, sind neue Prioritäten der Mobilität.

Wir haben Gäste und Diskutanten aus Mittel- und Lateinamerika, China, Indien, Südafrika, USA, England, Schweden eingeladen. Fast alle arbeiten in der Automobilproduktion. Ihre Botschaften sind auch die unseren:

- Wir brauchen Beschäftigungssicherung, also »soziale Sicherheit« durch Konversion.
- Wir wollen das »Öffentliche« stärken, auch den öffentlichen Personenverkehr, den Schienenverkehr und alternative Mobilität.
- Wir brauchen eine sozial gerechte Mobilität durch Übergänge, die niemanden benachteiligt, sondern soziale Ungleichheiten abbaut.
- Wir wollen die Stärkung einer ökologisch-sozialen Reformalternative durch Transformation.

Wenn wir unseren Kindern eine nachhaltige Welt hinterlassen wollen, brauchen wir einen Prozess, der nicht nur die Automobilwirtschaft transformiert, um sie wirtschaftlich, ökologisch und sozial nachhaltig zu machen. Wir brauchen ein Umsteuern in Richtung einer nachhaltigen Gesellschaft, die eine Wirtschaft konstituiert, die für menschenwürdige Arbeitsplätze und einen angemessenen Lebensunterhalt für alle sorgt. Konzepte eines gerechten Übergangs zu einer CO_2-armen Wirtschaft gibt es. Sie politisch durchzusetzen, ist die Aufgabe.

Auch darum geht es in dieser Tagung – um eine demokratische und solidarische, sozial gerechte Mobilität und um eine andere Ökonomie. Wir brauchen eine Debatte über Auswege, die zugleich zu nachhaltigen Strukturveränderungen des Kapitalismus führen, damit wir nicht in den gleichen Krisenschlamassel kommen wie in den Jahren seit 2008. Wir brauchen Wege der Konversion und Transformation zu anderen Mobilitätskonzepten und -wirklichkeiten und zu sozialen Garantien und Sicherheiten für die Beschäftigten in den Automobil- und Zuliefererbetrieben. Die Linke hat hier noch viel Arbeit vor sich. Die Tagung Auto.Mobil.Krise kann einen Impuls geben für die Entwicklung von etwas, was es noch nicht gibt: eine, auch internationale, dauerhafte Zusammenarbeit derjenigen, die, um einen Artikel zur E-Mobility der Frankfurter Allgemeinen Sonntagszeitung (17.10.2010) zu zitieren, »nicht nur eine Produktvariante…, sondern ein völlig neues Produkt und einen Systemwechsel« wollen.

Uwe Meinhardt
Braucht die Welt das wirklich?
Perspektiven für die Beschäftigten der Automobilindustrie

Die Welt braucht weder Mercedes- noch Porsche-Automobile. Vielleicht wäre die Welt sogar besser ohne! Doch wir haben die Situation, dass die soziale Kraft, die Veränderungen vorantreiben kann, die Beschäftigten in der Automobilindustrie sind, die auf der stofflichen Grundlage von Mercedes und Porsche ihr materielles Auskommen haben. Das ist der Widerspruch. Ein erheblicher Teil der Handlungsfähigkeit der Linken in dieser Republik basiert auf den über 120.000 IG-Metall-Mitgliedern in dieser Region. Ohne sie hätten wir keinen 1984er Streik gehabt, keine 35-Stunden-Woche, keine Altersteilzeit. Die Daimler- und IG-Metall-Kolleginnen und -kollegen aus dieser Region waren die Einzigen bundesweit, die letztes Jahr im Mai einen politischen Streik in Form von Kundgebungen während der Arbeitszeit gegen das Krisenmanagement der Bundesregierung durchgeführt haben. Und wir gehen mit den Metallerinnen und Metallern aus dieser Region tarifpolitisch gegen den großen Skandal der Leiharbeit an. Das geht aber nur, wenn wir die stoffliche Struktur der Arbeitsplätze nicht einfach ignorieren.

Aber betrachten wir die strukturelle Entwicklung in dieser Region. Sie hat sich immer gefeiert und wir haben als IG-Metaller etwas unkritisch mitgefeiert: die Wettbewerbsfähigkeit und die Exportorientierung. Wir haben auf hohem Niveau Tarifverträge abgeschlossen, als wir plötzlich festgestellt haben, dass die vermeintliche Stärke ein Problem ist. Im Sommer 2008 hatten wir in der Industrieregion Stuttgart noch Vollbeschäftigung, Facharbeitermangel, Ausfuhrrekorde, Produktionsrekorde der Daimlers. Ein Jahr später, in der Krise, war dann bei ganz vielen der Tenor: Lasst uns doch mit allen Mitteln durch diese Krise durchtauchen – mit Kurzarbeit, Beschäftigungssicherungstarifvertrag, sonstiger Arbeitszeitabsenkungen und allerlei Verzichtsvereinbarungen. Und dann tauchen wir wieder auf und irgendwann ist die Welt wieder so schön wie 2008. Die Botschaft, dass wir es nicht mit einer konjunkturellen, sondern mit einer strukturellen Krise des Produkts zu tun haben, war schwer zu vermitteln.

Nun, seit Sommer 2010 ist es für viele Kolleginnen und Kollegen wieder wie im Sommer 2008. Sogar besser: Die Automobilindustrie exportiert wie verrückt, in China verkauft sich die S-Klasse phänomenal, Sonderschichten sind nötig. In dieser Situation müsste man sagen:»Leute verlasst Euch nicht drauf, das sind nur chinesische und amerikanische Sondereffekte, das kann ganz schnell wieder weg sein, dann haben wir ein Problem.« Das ist aber schwierig zu vermitteln, da mit der Krisenwahrnehmung nicht mehr Unterauslastung, sondern Arbeitsüberlastung verbunden wird.

Dennoch werden wir fragen müssen: Welche Ansätze gibt es in der Region für die berühmte »green-technology«? Es gibt in den Bereichen Verkehrs-, Energie- und Produktionspolitik und Umwelttechnik ein großes Potenzial für grüne Technologien, die im Wesentlichen darauf zielen, Ressourcenverbrauch, Materialverbrauch und Schadstoffausstöße zu minimieren. Diese gilt es als Schwerpunkte zu entwickeln. Bei Daimler gibt es in Richtung einer etwas grüneren Entwicklung des Automobils zwei Bereiche, die infrage kommen: den Antriebsstrang und den Leichtbau, um dadurch das Gewicht und dadurch den Verbrauch zu reduzieren. Wir haben in der Auseinandersetzung um die Arbeitsplätze im Werk Sindelfingen durchgesetzt, dass der Leichtbau vorangetrieben wird und wir wollen in Untertürkheim bei Daimler weiter Druck machen, um zu einer Weiterentwicklung des Antriebsstrang zu kommen.

Wir müssen also versuchen, in einer Automobilregion zusammen mit den Beschäftigten die Weiterentwicklung des Produktes voranzutreiben, sodass dessen Schädlichkeit so stark wie möglich minimiert wird. Und wir müssen darüber hinaus an neuen Mobilitätskonzepten arbeiten. Wir machen als IG Metall seit fünf Jahren jedes Jahr einen Automobiltag und wollen uns beim nächsten Mal intensiv mit dem Thema Mobilitätskonzepte beschäftigen. Diese Prozesse muss man mit den Menschen zusammen anstoßen, das Auto weiter entwickeln, neu denken und auch andere Produkte denken. Will man die Produktion von Autos senken, muss eine Perspektive für diese Menschen entworfen werden, gemeinsam mit ihnen. Und das braucht Zeit und ist eine äußerst widersprüchliche Angelegenheit.

Ein Beispiel: Wir haben bei der Mercedes-Benz-Bank die Situation gehabt, dass die Hälfte der Belegschaft von 2.200 Menschen aufgrund von Unternehmensplanungen quer durch die Republik umziehen sollte. IG Metall und Daimler haben nach einer fünf Monate langen intensiven Auseinandersetzung vereinbart, dass denjenigen, für die im Laufe des Jahres 2012 die Arbeit wegfällt, von der Mercedes-Bank weiterhin bis zum Ende des Jahre 2017 jeden Monat ihr volles Gehalt bezahlt wird. Also sieben Jahre lang. Dies bietet den Betroffenen ausreichend Zeit, sich wirklich anders zu orientieren. Das wird nicht von den Steuerzahlerinnen und Steuerzahlern gezahlt, sondern aus den Profiten des Daimler Konzerns. Es geht darum, dass die Menschen die Luft haben, sich aus dem Arbeitsprozess heraus verändern zu können. Diese Auseinandersetzung haben wir mit den Kolleginnen und Kollegen natürlich nicht unter der Überschrift geführt: »Wir müssen das

Auto abschaffen!«, sondern unter der Überschrift: »Wir wollen für Euch vernünftige Bedingungen schaffen, wenn Ihr diesen Arbeitsplatz in der Automobilbranche, also bei der Mercedes-Benz-Bank, verliert.« Anders wird es nicht gehen, davon bin ich überzeugt.

Konversion?
Zur Kritik des E-Autos

Holm-Detlev Köhler
Elektromobilität – Politische Chancen und Gefahren des neuen Hype

Elektromobilität hat sich in kurzer Zeit zum neuen Hype der verkehrspolitischen Debatten in der motorisierten Welt entwickelt. Das batteriegespeiste Elektrofahrzeug hat dabei andere alternative Antriebsmodelle wie die Brennstoffzelle, den Biosprit oder den Gaskompressor abgelöst. Die Macht der beteiligten Akteure, die Dynamik des Diskurses und der anwachsende Problemdruck weisen darauf hin, dass dieser neue Hype in der verkehrspolitischen Debatte von längerer Dauer und nachhaltiger Wirkung sein wird als seine Vorgänger. Eine Analyse der Gefahren, aber auch der politischen Chancen der Elektromobilität erscheint unter diesem Gesichtspunkt dringend notwendig.

Die zweite Revolution in der Automobilindustrie

> »Wenn ich die Leute gefragt hätte, was sie wünschen,
> hätten sie geantwortet: ein schnelleres Pferd.«
> Henry Ford

Die Automobilindustrie war von Beginn an mehr als ein Wirtschaftssektor. Sie bestimmt unseren Lebensstil, unsere Arbeitsorganisation, unsere Kommunikations- und Konsummuster. Diese lebenstilprägende Industrie befindet sich derzeit in einem weltweiten grundlegenden Umbruch mit offenem Ausgang. Dies bedeutet ein erhöhtes Maß an Unsicherheit für alle Akteure, aber auch eine größere strategische Offenheit mit Möglichkeiten des politischen Eingreifens. Derzeit werden neue Koalitionen geschmiedet, Standards verhandelt, Technologien entwickelt und erprobt sowie Normen gesetzt, in einem politischen Machtkampf auf vielen Ebenen und mit vielen Beteiligten.

Das Ergebnis der ersten Automobilrevolution zu Beginn des 20. Jahrhunderts war die Massenmotorisierung der Industriestaaten auf der Basis des Individualverkehrs mit dem Verbrennungsmotor als technischem Standard. Dieses Ergebnis war schon damals angesichts der existierenden Alternativen ökonomisch, technologisch, ökologisch und sozial unvernünftig und suboptimal, hat jedoch in der Folge eine unsere Gesellschaften grundlegend prägende Gestaltungskraft entfaltet, die ein Jahrhundert lang alle aufkommenden Alternativen leicht und schnell aus dem Weg räumte. Inzwischen haben sich aber die negativen Folgen dieses Entwicklungsmodells zu einem unausweichlichen Problemdruck angehäuft, der uns in eine zweite Automobilrevolution führt. Auch in dieser wird sich weder die wirtschafts- und umweltpolitische Vernunft noch die technische Rationalität durchsetzen, sondern eine sich formierende machtpolitische Koalition im Rahmen kapitalistischer Gesellschaftsstrukturen. Die neue hegemoniale Kombination aus technischen Standards, politischen Prioritäten, wirtschaftlichen Geschäftsmodellen, Konsumkultur und geopolitischen Kräfteverhältnisse ist jedoch noch keineswegs fertig geschmiedet, was der derzeitigen Situation einen hohen Grad an Offenheit verleiht, wie wir ihn seit hundert Jahren nicht kannten.

Die Automobilindustrie erlebt derzeit einen epochalen Umbruch mit einer globalen Restrukturierung der Märkte, einer Neuordnung der Segmente und Fahrzeugtypen und einer Erneuerung ihrer technologischen Basis. Die traditionellen Massenmärkte Westeuropas, Japans und Nordamerikas werden allenfalls langsam wachsen, sich auf abgasarme Fahrzeuge umstellen und Weltmarktanteile verlieren. Dem steht das rasante Wachstum sich neu motorisierender Massenmärkte mit den BRIC-Staaten an der Spitze gegenüber. Die sich neu motorisierenden Schwellenländer streben zudem eine Rolle als potente *global player* mit selbst entwickelten Technologien, eigenen transnationalen Konzernen und Mitwirkung bei der internationalen Standardsetzung an.

Die geopolitische Machtverschiebung und der Kampf um neue Standards wirbelt auch das unternehmerische Gefüge des Sektors durcheinander. Die Oligopolisierung unter den Endherstellern, bei denen sich wenige europäische, nordamerikanische, japanische und koreanische Unternehmen den Weltmarkt aufteilten, geht zu Ende. Die neuen Wachstumsmärkte öffnen Eintrittstore für Newcomer, die entweder mit neuen Technologien (E-Fahrzeuge, urbane Verkehrssysteme) oder mit Unterstützung neuer Wirtschaftsmächte (China, Indien und Russland fördern gezielt eigene Automobilunternehmen) auf den sich neu strukturierenden Weltmarkt drängen. Die Zulieferindustrie wird noch viel stärker umstrukturiert mit völlig neuen Antriebs-, Batterie- und Elektroniklieferanten und vielfältigen transsektorialen Allianzen (z.B. mit Energie- und IT-Unternehmen).

Elektromobilität

In diesem Kontext einer zweiten Revolution in der Automobilindustrie ist
erneut das Elektroauto als alternatives Zukunftsmodell aufgetaucht. Die tatsächliche Problemlösungskapazität der Elektromobilität muss jedoch zumindest solange angezweifelt werden, solange sie nicht von grundlegenden
energie-, verkehrs- und sozialpolitischen Umorientierungen begleitet wird.
Zum einen wirft die Umstellung auf Elektrofahrzeuge eine ganze Reihe
neuer und noch lange nicht gelöster Probleme und Risiken auf. Zum anderen kann eine schlichte Umstellung auf Elektroautos weder die verkehrspolitischen Engpässe noch die Umweltschäden des Individualverkehrs be-
heben. E-Autos stehen genauso im Stau, benötigen denselben versiegelten
Park- und Straßenraum und verlagern die umweltbelastenden Emissionen
lediglich vom Auspuff zum Kraftwerksschlot.

Trotzdem deutet im Moment alles darauf hin, dass Elektromobilität ein
wesentliches Element der zweiten Revolution in der Automobilindustrie
sein wird. In den letzten Jahren haben sich die Bewegungen und der Druck
zur Förderung und massenhaften Einführung des Elektrofahrzeugs enorm
verstärkt. Alle großen Staaten Nordamerikas und Westeuropas haben mittelfristige Subventions- und Förderprogramme zur Elektromobilität aufgelegt, die Europäische Union hat eine entsprechende Richtlinie erlassen[1] und
auch Japan sowie der größte und in vieler Hinsicht tonangebende Automobilmarkt der Zukunft in China haben den massiven Ausbau der Elektrola-
destationen und -fahrzeuge in Angriff genommen. Auch viele Städte und regionale Regierungen sind auf den Elektrozug aufgesprungen und selbst der
Papst möchte in Zukunft in einem Elektro-Papamobil an den Massen vorbei-
gefahren werden. Im Jahr 2011 ist mit dem Nissan Leaf zum ersten Mal ein
Elektroauto zum Europäischen Auto des Jahres gekürt worden.[2] Die Wahrscheinlichkeit, dass der Anteil der Elektrofahrzeuge in Zukunft stark ansteigen wird, ist somit hoch und das Thema Elektromobilität wird die verkehrs-
und umweltpolitischen Debatten auf absehbare Zeit prägen.

---

[1] Richtlinie 2009/33/EG des Europäischen Parlaments und des Rates über die
Förderung sauberer und energieeffizienter Straßenfahrzeuge.

[2] Immerhin scheinen die Hersteller der ersten E-Serienautos der Sicherheit große
Bedeutung zu geben, denn bei den üblichen Crashtests der Automobilverbände
schneiden die Hochvolt-Fahrzeuge (neben dem Leaf auch der Mitsubishi i-Miev,
der Citroën C-Zero und der Peugeot iOn) durchweg gut ab. Der Preis dieser Fahrzeuge liegt bei 35.000 Euro.

Tabelle 1: Alternative Fahrzeugtypen

Fahrzeugtyp	Akronym	Nutzung des Stromnetzes	Charakteristika
Elektrofahrzeug	BEV (Battery Electric Vehicle)	100%	■ Elektromotor mit am Netz aufladbarer Batterie ■ Personenkraftwagen, aber auch Zweiräder ■ Hohes Potenzial zur CO_2-Reduktion durch Nutzung erneuerbarer Energien
Elektrofahrzeuge mit Reichweitenverlängerung	REEV (Range Extended Electric Vehicle)	teilweise, abhängig von Batteriereichweite und Nutzung	■ Elektromotor mit am Netz aufladbarer Batterie ■ Modifizierter Verbrennungsmotor kleiner Leistung oder Brennstoffzelle
Plug-In-Hybridfahrzeug	PHEV (Plug-In Hybrid Electric Vehicle)	teilweise, abhängig von Batteriereichweite und Nutzung	■ Elektromotor mit am Netz aufladbarer Batterie ■ Kombination von klassischem Verbrennungs- u. Elektromotor ■ PKW und auch Nutzfahrzeuge (z.B. Lieferverkehr)
Hybridfahrzeug	HEV (Hybrid Electric Vehicle)	Keine Netzanbindung	■ Klassischer Verbrennungsmotor plus Elektromotor ■ Ladung der Batterie durch Rückgewinnung v. Bremsenergie ■ PKW und Nutzfahrzeuge
Brennstoffzellenfahrzeug	FCHEV (Fuel Cell Hybrid Electric Vehicle)	Keine Netzanbindung	■ Elektromotor mit Brennstoffzelle zur Energieversorgung

Elektromobilität besitzt ohne Zweifel erhebliche Potenziale zur Bewältigung unserer Verkehrs- und Umweltprobleme. Lärm- und abgasfreie Städte allein wären schon eine Utopie, an die uns die Umrüstung auf Elektromobilität schnell annähern könnte. Kein Krach, kein Qualm, keine Ölflecken – eine ganze Reihe Lebensqualität steigender Effekte gehören zu den unmittelbaren positiven Eigenschaften der Elektrofahrzeuge. Andere Fortschritte wie die Umstellung des Stadtverkehrs auf kollektiv genutzte Fahrzeuge und die Beschränkung des privaten Individualverkehrs auf den inter- und außerstädtischen Mittelstreckenverkehr ließen sich leicht mit der Umstellung auf Elektromobilität verknüpfen. Die einfachere Technik ermöglicht auch ein weitergehendes Recycling der E-Fahrzeuge als bei herkömmlichen Autos.

Der zurzeit noch entscheidende technische Nachteil gegenüber dem Verbrennungsmotor liegt im Energiespeicher. Die Batterien sind schwer, teuer, erlauben nur begrenzte Reichweiten und benötigen lange Ladezeiten. Insbesondere im Winter bei kalten Außentemperaturen und zusätzlichem Energiebedarf (Heizung, Licht) sinkt der Radius batteriebetriebener Fahrzeuge drastisch. Hinzu kommen Probleme der Lebensdauer, Entsorgung und der Rohstoffe (Lithium). Ergänzt werden die batterietechnischen und wirtschaftlichen Probleme durch den Mangel einer Infrastruktur, die schnelles, energiesparendes, sicheres und bequemes Aufladen ermöglicht. Eine derartige Infrastruktur erfordert nicht nur enorme öffentliche Investitionen, sondern auch die Einigung auf Standards bei allen Schnittstellen zwischen Fahrzeug und Netz.

Auf der anderen Seite erzeugt die mögliche Umstellung auf Elektromobilität ganz neue Probleme, für die zurzeit noch keine befriedigenden Lösungen in Sicht sind. Selbst wenn die bestehenden technischen Probleme hinsichtlich Batteriekapazität und -preis, Reichweite und Ladeinfrastruktur gelöst würden, birgt Elektromobilität ganz neue Risiken wie z.b. die Sicherheit von Hochvolt-Fahrzeugen und einem öffentlich zugänglichen Netz von Aufladestationen unter Hochspannung. Die Berührung mit der hohen Gleichspannung in der Garage oder bei einem Unfall kann ebenso tödlich sein wie ein Batteriebrand. Die Ladestationen müssen gleichzeitig bedienerfreundlich, sicher und vandalismusgeschützt sein. Auch die logistischen Infrastrukturprobleme können gewaltig werden, wenn vor jedem städtischen Mehretagenwohnhaus alle Insassen ihre Autos aufladen wollen und damit ein Stecker- und Kabelgewirr erzeugen.

Ein ganz zentrales Problem unserer Gesellschaften wird unter den gegebenen Bedingungen überhaupt nicht gelöst, obwohl die Förderung der Elektrofahrzeuge gerade hieraus ihre wichtigste Legitimationsquelle bezieht. Die Senkung der CO_2 Emissionen wird selbst bei Erreichen der vorgegebenen Ziele, die sich die Regierungen überall setzen, nicht bewirkt. In den hochentwickelten Ländern würden E-Fahrzeuge zu zusätzlichen Zweit- und Stadtfahrzeugen neben den herkömmlichen Autos. Die dafür zusätzlich benötigte elektrische Energie käme zu einem erheblichen Teil aus umweltschädlichen Kraftwerken. In vielen sich neu motorisierenden Ländern wie China oder Russland wäre eine Massenmotorisierung auf Elektrobasis katastrophal, da die Hauptenergiequelle Kohlekraftwerke vergleichsweise mehr CO_2 ausstößt als Benzin- oder Dieselmotoren. Eine Senkung der Treibhausgase ist somit allein durch eine massive Umrüstung der Energieproduktion auf erneuerbare und abgasarme Energiequellen möglich. Die Möglichkeiten des E-Fahrzeuges, einen Beitrag zur Reduktion der Treibhausgasemissionen zu

Abbildung 1: CO_2-Ausstoß nach Fahrzeugtyp und Energiequelle

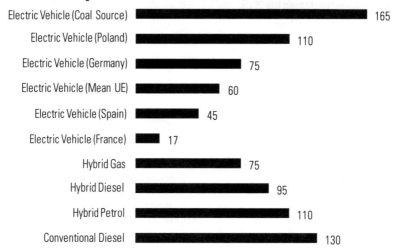

* »Well-to-Wheel« bezeichnet die gesamte Prozesskette von der Primärenergiegewinnung bis zum sich drehenden Rad.
Quelle: IFP Energies nouvelles und Iberdrola.

leisten, sind begrenzt und tendieren bei dem gegebenen Energiemix mit geringen Anteilen regenerativer und sauberer Energiequellen gen Null (Friedrich/Petersen 2009). Hinzu kommt, dass die Elektromobilität enorme Infrastruktur- und Energiesysteminvestitionen erfordert, d.h. es ist sowohl für den Einzelnen wie für die Allgemeinheit ein teurer Weg der Schadstoffbegrenzung, der Ressourcen für notwendige Investitionen in andere Umwelt- und Verkehrspolitiken abzieht (Abbildung 1).

Der große Antreiber in Richtung Elektromobilität ist dabei weder der Markt noch die Industrie, sondern die Politik. Elektromobilität ist zum Zentrum des politischen Diskurses auf allen Ebenen geworden. Städte, Regionen, Staaten und transnationale Institutionen suchen in ihr die Lösung der drängenden Verkehrs-, Umwelt- und Wirtschaftsprobleme und erzeugen so einen wachsenden Weltmarkt und ein universales Anreizsystem für die Forschung, Entwicklung und Herstellung von E-Mobilitätsprodukten. Die Kraft dieses Diskurses muss dabei den Widerstand überwinden, dass bislang kein Experte oder Manager der Industrie im Elektrofahrzeug eine vernünftige Alternative auf kurze oder mittlere Sicht sieht. Allein die üppigen Subventionserwartungen haben die Hersteller in den vergangenen zwei Jahren bewogen, voll und intensiv auf die Entwicklung von E-Fahrzeugen zu setzen (Abbildung 2).

Abbildung 2: Erwarteter Automobilabsatz für verschiedene Antriebstechnologien bis 2025

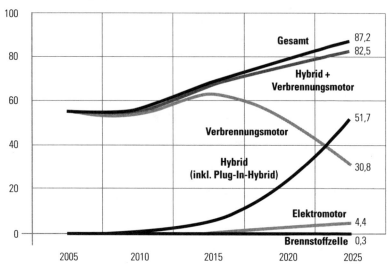

Quelle: Fraunhofer IAO, 2010: 85

Unter diesen Bedingungen haben die meisten Hersteller inzwischen E-Fahrzeuge bis zur Marktreife entwickelt und bieten eine breite Hybridpalette an. Generell suchen sie Partnerschaften mit Batterie- und Brennstoffzellenfabrikanten sowie Energie- und Elektronikunternehmen, um sich für das Zeitalter der Elektromobilität zu rüsten. Die meisten streben darüber hinaus strategische Allianzen mit anderen Herstellern an, und dies nicht nur aus technologischen und ökonomischen Erwägungen, sondern vor allem auch um politischen Einfluss zu gewinnen. So sind die französisch-japanischen Partnerschaften auf einen Einfluss auf die europäischen Regierungen gerichtet und auch Daimler und BMW haben sich angeschlossen (Daimler mit Renault-Nissan, BMW mit Peugeot-Mitsubishi). In Japan selbst haben Toyota, Nissan, Mitsubishi und Subaru zusammen mit der Tokyo Electic Power Company (TEPCO, dem Eigner des Katstrophen-Reaktors in Fukushima) eine Lobby zur Förderung einer einheitlichen Ladestation-Infrastruktur gegründet, die von dort aus weltweite Standards etablieren soll.

VW setzt auf die Entwicklung eines elektrischen »Volkswagens«, als kleines kostengünstiges Massenfahrzeug für die Kleinfamilie oder als Zweitwagen. Vorstandschef Martin Winterkorn verkündete das ehrgeizige Ziel, bis 2018 Weltmarktführer in Sachen Elektrofahrzeuge zu werden. Dazu gehört nicht nur die Antriebssystemkompetenz, sondern auch die Batterieproduktion und andere Bauteile, d.h. die gesamte Kompetenzstruktur des Konzerns soll auf neue Füße gestellt werden. Aus umwelt- und arbeitspolitischer Sicht besonders interessant ist das »LichtBlick«-Projekt. LichtBlick ist ein Energieunternehmen, das Strom aus erneuerbaren oder sehr umweltschonenden Quellen anbietet und ein Kooperationsprojekt mit dem Motorenwerk von VW gestartet hat. Im September 2009 unterzeichneten Volkswagen und Licht-Blick ihre weltweit exklusive Energie-Partnerschaft. Diese beinhaltet, dass Volkswagen hocheffiziente Blockheizkraftwerke produziert, die von modernen VW-Gasmotoren angetrieben werden. LichtBlick vertreibt die Anlagen als ZuhauseKraftwerke und setzt sie für ein neues, intelligentes Konzept der Wärme- und Stromversorgung ein. Das Zuhause-Kraftwerk nutzt die eingesetzte Energie bis zu 40% effizienter als die herkömmliche Wärme- und Stromerzeugung. Der CO_2-Ausstoß sinkt um bis zu 60%. Kunden sind die BesitzerInnen privater Ein- und Zweifamilienhäuser, kleine Unternehmen und die öffentliche Hand. LichtBlick betreibt bis zu 100.000 Zuhause-Kraftwerke zu einem Schwarm, der als dezentrales Großkraftwerk vor allem dann SchwarmStrom ins öffentliche Netz speist, wenn der Bedarf hoch ist. In diesen Zeiten wird auch der Wärmespeicher der Minikraftwerke aufgeladen, der das Gebäude auch dann zuverlässig mit Wärme versorgt, wenn das ZuhauseKraftwerk nicht läuft. Einer der Antreiber des Projektes war der Betriebsrat des VW-Motorenwerkes Salzgitter auf der Suche nach Alternativen zur Produktion von Verbrennungsmotoren und zum Atomstrom in einer Region voller AKWs.

Der relativ embryonale Entwicklungsstand der Elektrofahrzeuge, der Einfluss staatlich-politischer Interessen und die grundlegenden Unterschiede zu konventionellen Antriebstechnologien geben auch Newcomern eine Markteintrittschance. China fördert bspw. die Elektrofahrzeugentwicklung von BYD; Geely und SAIC, Indien tut dasselbe mit Reva und Tata. Aber auch in den USA (Tesla, Fisker, Think, Phoenix), Frankreich (Heuliez), Italien (Pininfarina) und Großbritanien (Lightning Car, Stevens EV)·sind Start-ups in der Entwicklung und Herstellung von E-Fahrzeugen aktiv. Sicherlich werden viele wieder verschwinden, einige von den großen OEMs geschluckt werden, doch vor allem chinesische und indische Firmen können in Zukunft zu potenten *global players* werden und den oligarchisierten Weltautomobilmarkt neu durchmischen helfen.

Vorausgesetzt, dass sich die allgemeine Förderung der Elektromobilität konsolidiert und die technische Entwicklung voranschreitet, kommt der städtischen Politik eine neue herausragende Bedeutung zu. Hier bündeln sich die Verkehrs-, Umwelt- und Infrastrukturprobleme in besonderer Art und im Stadtverkehr zeigen sich die Potenziale der Elektrofahrzeuge am deutlichsten. Immer mehr Städte in aller Welt sehen sich gezwungen, den herkömmlichen Individualverkehr zu beschränken und die nahe Zukunft wird viele Stadtzentren kennen, zu denen nur abgasfreie Fahrzeuge Zugang haben. In vielen Städten laufen schon Pilotprojekte zur Einführung von Elektromobilität und Installation entsprechender Infrastrukturen. Lokale Regierungen können zu Moderatoren von Allianzen aus Herstellern, Energieunternehmen und anderen beteiligten Konsortien werden.

Doch nicht nur große Städte, auch kleine Staaten erproben innovative Elektromobilitätssysteme. Der israelisch-amerikanische Unternehmer Shai Agassi hat in seinem kalifornischen Unternehmen *Better Place* ein innovatives System zur Einführung der Elektromobilität entwickelt und erprobt dieses zurzeit in Israel, dem Land mit dem größten Interesse, vom (arabischen) Öl unabhängig zu werden. Nicht das Aufladen, sondern der Batterieaustausch an entsprechenden »Tankstellen« in knapp einer Minute ist der Kern des Systems.

Der Kunde kauft das Fahrzeug ohne Batterie, wodurch das Elektroauto vergleichsweise billig wird, least dann die Batterie und bezahlt so die gefahrenen Kilometer. Der Batterieaustauschstellen-Betreiber Better Place übernimmt das Aufladen zu günstigen Nachtstromtarifen, was auch die bevorzugte Nutzung der Windenergie fördert. Better Place hat ein Kooperationsabkommen mit Nissan-Renault über die Einführung von E-Fahrzeugen und die Lieferung von Lithium-ion Batterien unterzeichnet. Auch Dänemark und Japan haben Interesse am Better Place-System geäußert und Chinas *Chery Automobile* will mit Agassi kooperieren.

Ein derartiges Batteriewechselsystem ist wahrscheinlich die technisch und ökonomisch beste Lösung unter derzeitigen Bedingungen, wird sich aber kaum gegen die Industrie und Politik durchsetzen können. Es erfordert eine große transnationale Kooperation zwischen Politik, Herstellern und Energiewirtschaft zur Vereinbarung von einheitlichen Standards nicht nur an den Schnittstellen (wie Stecker), sondern auch hinsichtlich der Batteriegröße, Platzierung in den Fahrzeugen und Batteriesteuerungstechnik etc. Um diese Probleme handhabbar zu machen, hat das saarländische Maschinenbauunternehmen Kitto eine kleinere, einfachere (vollkommen mechanische) und flexiblere (für unterschiedliche Batterietypen und -größen) Wechselstation entwickelt, die leicht und schnell montierbar und vor allem auch ungleich billiger ist als die vollautomatischen, computergesteuerten Better Place-Tankstellen.

Andere Akteure wie die Austrian Mobile Power Management GmbH & CoKG (AMP), Kernbetreiber des österreichischen Verbundes von »Mobile Power Regions« zur Einführung von Elektromobilität in Österreich, setzen nicht auf Batterietausch, sondern auf »Charge Everywhere«. Aufgeladen wird normaler Strom aus der Steckdose zu Hause, im Büro oder im Supermarkt und ein Informationssystem identifiziert das Fahrzeug, speichert den Verbrauch und rechnet ab.

Ob es wirklich das Bemühen um eine sauberere Umwelt und die Senkung der CO_2-Emissionen ist, was den Trend zur Elektromobilität fördert, kann getrost bezweifelt werden, aber es gibt andere starke eher macht- als umweltpolitische Motive. Die Massenmotorisierung der BRIC-Staaten ist mit Öl kaum und nur sehr teuer zu machen. Der steigende Ölpreis steht einem fallenden Batteriepreis und einer rasant steigenden Batterieeffizienz gegenüber. Die neue Großmacht China strebt zudem eine schnelle technologische und ökonomische Führung im Automobilsektor an und setzt dabei auf den Elektroantrieb, da hier die traditionellen Industrieländer nicht den großen Vorsprung wie beim Verbrennungsmotor haben. Immerhin kommt der größte E-Mobilhersteller nicht aus der Triade, sondern aus Indien. Der kleine Hersteller Reva hat weltweit schon mehrere Tausend elektrische Zweisitzer verkauft, die in Großbritannien unter dem Label »G-Wiz« vertrieben werden. Im Mai 2010 hat die große indische Automobilgruppe Mahindra & Mahindra einen 55%-Anteil an dem E-Fahrzeug Pionier für etwa 10 Mio. US-Dollar erworben, um ein viersitziges Massen-E-Fahrzeug zu entwickeln. Auch der russische Milliardär Michail Prochorow hat die Produktion eines elektrischen Kleinwagens angekündigt.

Strategische Schlussfolgerungen

Ob diese massenhafte Einführung des Elektrofahrzeuges umwelt- und sozialpolitisch sinnvoll ist, ist keineswegs gewährleistet und hängt vor allem an zwei grundlegenden Problemen. Erstens birgt die Elektromobiliät eine Reihe schwerwiegender und noch lange nicht gelöster technischer, ökonomischer und Sicherheitsprobleme. Zweitens sind die umweltpolitischen Ziele wie ein verminderter CO_2-Ausstoß nur in Verbindung mit einem grundlegenden Wandel in der Energiepolitik zu erreichen. Aus politischer Sicht ergeben sich daraus zwei mögliche Antworten. Die erste würde versuchen, die Potenziale der Elektrifizierung des Massenverkehrs für politische Strategien in Richtung erneuerbare Energien, intelligente und effiziente Energienutzungen, auf abgasfreien Kollektiv-Fahrzeugen beruhende urbane Verkehrssysteme und eine generelle Beschränkung des Individualverkehrs zu nutzen. Die zweite kritisiert demgegenüber grundsätzlich die Elektrifizierung als untauglich zur Senkung der Treibhausgasemissionen, als gigantische Verschleuderung von Steuergeldern und Subventionsgeschenkpaketen an die Industrie sowie Legitimierungsversuch des Individualverkehrs.

Beide Positionen können für sich ein hohes Maß an Rationalität beanspruchen und viele gute Gründe ins Feld führen. Dass hier zum Abschluss stärker auf die erste Alternative eingegangen wird, begründet sich vor allem aus einer Einschätzung der politischen Kräfteverhältnisse. Die zweite Alternative birgt die Gefahr, ein uraltes Dilemma zu reproduzieren, demzufolge die Linke immer Recht behalten, aber nie Recht bekommen hat. Gerade in Zeiten epochaler Umwälzungen wie der zweiten Revolution in der Automobilindustrie ist ein aktives politisches Eingreifen dringend erforderlich. Politische Forderungen rund um die Elektromobilität implizieren ein breites Spektrum regulatorischer Maßnahmen.

Energiepolitisch gebührt dem massiven Umstieg auf erneuerbare Energiequellen gepaart mit einer dauerhaften Steigerung der Energieeffizienz und einer intelligenten Nutzung der schwankenden Primärenergieerzeugung der absolute Vorrang. Umweltschonende Energiepolitik im Verkehr beschränkt sich bei weitem nicht auf das Endprodukt, sondern auf die gesamte Prozesskette. Subventionen sollten nicht nur an abgasreduzierende Antriebe, sondern auch an die energiesparende Herstellung aller Teile gebunden werden. Zum anderen sollten CO_2-Emissionsvorgaben segmentspezifisch und nicht herstellerspezifisch konzipiert werden. Für alle Fahrzeugtypen sind schrittweise angemessene Reduzierungen vorzuschreiben, die nicht ermöglichen, dass ein Elektroauto im Sortiment den Verkauf eines spritfressenden Luxus- oder Sportwagens kompensiert.

Elektrofahrzeuge sind unter den gegenwärtigen Bedingungen zuerst für den Stadt- und Kurzstreckenverkehr eine realistische Alternative. Dies ist angesichts der rasanten weltweiten Urbanisierung mit den wuchernden Megastädten in vielen Entwicklungsländern ein ganz zentrales und drängendes politisches Problemfeld. Alte linke Forderungen wie die autofreie Innenstadt und die kollektive Nutzung der Verkehrsmittel können hier zu neuem Leben erweckt werden. Der städtische Nahverkehr bietet ein ideales Erprobungsfeld für Elektrofahrzeuge vom E-Fahrrad, Taxi, Miet-, Polizei-, Kranken- und Dienstwagen, bis hin zum Busverkehr, da hier intelligente Steuerungs- und Ladesysteme gut installiert werden können. Flexible individuelle und bequeme Mobilitäts- und Flottenmanagementsysteme können das konventionelle Privatauto schnell überflüssig machen. Der »Paradigmenwechsel vom individuellen Eigentum des Fahrzeugs hin zum Konzept einer dienstleistungbasierten Mobilität« (FES 2010, 25) beginnt auf lokaler Ebene. Nicht zuletzt bietet urbane Mobilitätspolitik Chancen einer Demokratisierung lokaler Politik durch die Bildung partizipativer Kommissionen unter Beteiligung von Bürger- und Umweltverbänden, Gewerkschaften und Unternehmen. Eine massenhafte Umstellung auf Elektromobilität hat Folgen für die Arbeitsplätze. Allein in den traditionellen Motoren- und Antriebswerken sind Tausende von Arbeitsplätzen bedroht. 80% der Fahrzeuge stammen von den Zulieferketten und nach der Festlegung einheitlicher Standards für die Schnittstellen und der Konsolidierung dominanter Produktionsverfahren bietet das Elektrofahrzeug weitgehende Modularisierungs- und Outsourcing-Möglichkeiten und damit ein großes Rationalisierungspotenzial. Die vollständige Auftragsfertigung in Billiglohnländern oder die vollautomatisierte Zusammenführung von aus aller Welt angelieferten Fahrzeugmodulen könnte beim E-Fahrzeug Realität werden.

Konversion und Requalifizierung, aber auch die Mitwirkung bei neuen Ausbildungsberufen (E-Fahrzeugingenieur, Fahrzeugelektroniker, Mechatroniker, Hochspannungstechniker), werden in der zukünftigen Umrüstung der Industrie zu zentralen gewerkschaftspolitischen Aufgaben. Ein weiteres enormes Potenzial für nachhaltigere Mobilität liegt in der Förderung betrieblicher Zeit- und Mobilitätspläne. Ab einer festzulegenden Beschäftigtenzahl sollten Unternehmen und Gewerbezentren dazu verpflichtet werden, gemeinsam mit Betriebsräten und ansässigen öffentlichen Verkehrsgesellschaften Mobilitätspläne auszuarbeiten, um einen umweltschonenden Transport der Beschäftigten sowohl auf Dienstreisen wie bei den Fahrten zwischen Wohn- und Arbeitsplatz zu gewährleisten. Dies müsste die Arbeitszeitpolitik (Schicht- und Flexibilitätsmodelle) einbeziehen und würde darüber hinaus zu einer Optimierung des Angebots öffentlicher Verkehrsmittel beitragen.

Verkehrs- und Energiepolitik haben eine globale Entwicklungsdimension, wie zuletzt an der Problematik der Bioenergie und Biokraftstoffe deutlich wurde. Landwirtschaftlich produzierte Primärenergie kann zum Umweltschutz und zu Entwicklungsperspektiven der Bauern und LandarbeiterInnen in Entwicklungsländern oder zur Nahrungsmittelpreisspekulation und Hungersnöten beitragen. Es geht um die politische Gestaltung und dasselbe gilt für Elektromobilität. Eine frühzeitige Kooperation mit den sich motorisierenden Schwellenländern zur Einführung nachhaltiger, sauberer und kooperativer Mobilität auf Basis erneuerbarer Energiequellen ist die einzige Chance, sich abzeichnende Umwelt- und Klimakatastrophen abzuwenden.

Gerade in der Diskussion um Elektromobilität geht es wesentlich um Diskurspolitik und hier bieten sich durchaus interessante Potenziale im

»Kampf um die Köpfe«. Immerhin handelt es sich beim Automobil um diejenige Ware, die im Laufe des 20. Jahrhunderts am tiefsten und umfassendsten in unser Alltagsbewusstsein eingedrungen ist und unsere Glücks- und Freiheitsvorstellungen geprägt hat. Wenn es gelänge, die schrittweise Einführung der Elektromobilität mit einer kontinuierlichen Steigerung des Umweltbewusstseins zu verknüpfen und gleichzeitig das so lange und intensiv geliebte Auto zu de-emotionalisieren, hätte die ökologische Linke einen kaum zu überschätzenden Sieg errungen. Der private Pkw würde auf Ausnahmesituationen für Familienreisen, Einkäufe u.ä. beschränkt und von aller Potenz-, Macht- und Imponiersymbolik gereinigt. Der Routine-Alltag und der Stadtverkehr müssen völlig, der gesamte Nahverkehr weitestgehend, vom privaten Individualverkehr befreit werden. Ein/e AutofahrerIn in der Stadt ist wie ein/e RaucherIn in einem öffentlichen Gebäude und sollte entsprechend behandelt werden.

Schon der Begriff Elektromobilität eröffnet eine breitere und systemische Perspektive auf das, was bislang Verkehr hieß. Mobilität stellt die NutzerInnen und nicht das Mittel in den Vordergrund. Es geht nicht um den Ersatz von Verbrennungsmotor durch das Elektroauto, sondern um alternative Mobilitätssyteme zum Individualverkehr, bei denen variable Kombinationen von Fortbewegungsmitteln flexibel zum Einsatz kommen. Immerhin ist der gesamte Schienenverkehr schon seit Jahrzehnten elektrifiziert und erhält nun eine gestärkte Position gegenüber dem Auto.

Das Auto hat im vergangenen Jahrhundert wie kein anderes technisches Artefakt und keine andere Massenkonsumware eine symbolische Kraft entwickelt und akkumuliert, die seinen vollständigen Ersatz in kurzer Zeit unmöglich macht. Mentalitätsrevolutionen benötigen noch mehr Zeit als industrielle Revolutionen. Gleichwohl verbreiten sich urbane Lebensstile, Konsummuster und Identitäten, die das Ende der Automobilgesellschaft an den Horizont rücken. Gerade die Tatsache, dass das private Automobil das technisch, ökonomisch und ökologisch unsinnige Resultat eines politischen Machtkampfes vor hundert Jahren ist, sollte uns zu einem aktiv-gestaltenden Eingreifen motivieren.

Literatur

Donnelly, T., J. Begley u. C. Collis, 2009: *Alternative Propulsion in the Automotive Industry,* Paper presented at 17th GERPISA International Colloquium, Paris, 17.-19. Juni 2009

Eurofound (European Foundation for the Improvement of Living and Working Conditions), 2009: *Greening the European economy: Responses and initiatives by Member States and social partners,* Dublin

European Commission, 2007: *Adapting to climate change in Europe – Options for EU action, Green Paper 354,* Brüssel

European Commission, 2009: *Adapting to climate change in Europe: Towards a European framework for action, White Paper 147,* Brüssel

European Commission, *Expert Group on alternative Fuels, 2011: Alternative Kraftstoffe könnten fossile Kraftstoffe in Europa bis 2050 ersetzen,* Brüssel (IP/11/61)

Fraunhofer IAO, 2010: *Systemanalyse BWe mobil,* Wirtschaftsministerium Baden-Württemberg, Stuttgart

Freyssenet, M. (Hrsg.), 2009: *The Second Automobile Revolution,* Houndsmills

ders., 2010: The beginnings of a Second Automobile Revolution. Firms strategies and public policies, Convegno *«Sfide ed opportunità della filiera automobilistica»,* organizzato dalla rivista Economia e Politica Industriale, 17. Mai 2010, Mailand

Friedrich, A., u. R. Petersen, 2009: *Der Beitrag des Elektroautos zum Klimaschutz. Wunsch und Realität,* DIE LINKE im Europäischen Parlament

Friedrich Ebert Stiftung, 2010: *Zukunft der deutschen Automobilindustrie. Herausforderungen und Perspektiven für den Strukturwandel im Automobilsektor,* Berlin

Frost&Sullivan, 2011: *The Evolution of the Automotive Ecosystem – The emerging business models & stakeholders,* Präsentation auf dem Forum »The evolution of the supply chain in the automotive industry«, 9. Februar 2011, European Economic and Social Committee, Brüssel

Kalmbach, R., W. Bernhart, P. Grosse Kleimann u. M. Hoffmann, 2011: *Automotive landscape 2025,* Roland Berger Strategy Consultants

Kamp, B., 2009: *Automotive industry and blurring systemic borders: the role of regional policy measures,* Paper presented at 17th GERPISA International Colloquium, Paris, 17.-19. Juni 2009

Köhler, H.-D., 2004: *The TNC as a Transnational Political Complex: Research Questions Stemming from the DaimlerChrysler and BMW-Rover Deals,* Actes Du Gerpisa 36, 127-42

ders., 2010: Daimler. Neue Profitstrategien, in: *Luxemburg 3,* 2.Jg., 28-33

Midler, C., u. R. Beaume, 2008: *From Technology Competition to Reinventing Individual Mobility for a sustainable Future: Challenges for new Design Strategies for Electric Vehicle,* Paper presented at 16th GERPISA International Colloquium, Turin, Juni 2008

Pedersini, R., 2010a: *Social dialogue and recession in the automotive sector,* European Commission, Luxemburg

ders., 2010b: *Social dialogue and recession in the automotive sector: a global perspective,* Eurofound, Dublin

WWF Deutschland, 2009: *Auswirkungen von Elektroautos auf den Kraftwerkspark und die CO_2-Emissionen in Deutschland,* Frankfurt/M.

Oliver Schwedes
Das Elektroauto: Hoffnungsträger oder Feigenblatt?

»Im Verlaufe des kommenden Jahrzehnts wird sich im Stadtverkehr das Elektro-Automobil durchgesetzt haben. In einem weiteren Jahrzehnt wird sich dann das Kraftfahrzeug mit Brennstoffzellen dazugesellen, das hauptsächlich für den Überlandverkehr bestimmt sein wird.« [1]

Welche Rolle spielt der Elektroverkehr? Das Elektroauto erscheint in der veröffentlichten Meinung seit etwa zwei Jahren als die Speerspitze eines gesamtgesellschaftlichen Transformationswandels von der fossilen zu einer postfossilen Mobilitätskultur (vgl. Schindler u.a. 2009). Demnach bildet das Elektroauto, vorausgesetzt es soll einen Beitrag zu einer nachhaltigen Verkehrsentwicklung leisten, einen wichtigen Baustein für eine wachsende Nachfrage nach erneuerbaren Energien (vgl. Scheer 2010). Für viele BeobachterInnen ist es der Hoffnungsträger für eine Verkehrswende auf die sie schon seit Jahrzehnten erfolglos warten. Allerdings gibt es auch unter den BefürworterInnen einer energiepolitischen Wende hin zu einer stärkeren Förderung erneuerbarer Energien Menschen, die dem Elektroauto eher skeptisch gegenüberstehen (vgl. Petersen/Friedrich 2009). Sie geben zu bedenken, dass das Elektroauto im Rahmen einer nachhaltigen Verkehrsentwicklungsstrategie kurz- und mittelfristig voraussichtlich nur einen bescheidenen Beitrag leisten wird. Zugleich erinnern sie daran, dass es seit Jahrzehnten vielfältige Vorschläge zur kurzfristigen Reorganisation des Verkehrssektors im Sinne einer nachhaltigen Entwicklungsstrategie gibt, ohne dass diese bisher umgesetzt worden sind. Maßnahmen zur Geschwindigkeitsbegrenzung etwa würden zu einer positiven Umweltbilanz ein Vielfaches dessen beitragen, was auf absehbare Zeit durch das Elektroauto erreichbar ist (vgl. Petersen 2011). Das Elektroauto erscheint ihnen vor allem als Feigenblatt, um im öffentlichen Diskurs jene Maßnahmen in den Hintergrund zu drängen, die zwar substanzielle Effekte mit sich bringen würden, aber nicht den Interessen bestimmter Akteure im Politikfeld Verkehr entsprechen. Um zu einer

---

[1] Das Zitat ist aus dem Wochenmagazin Der Spiegel, Nr. 48 (21.11.1966): »Die Freizeit wird das große seelische Problem. Wie der Bundesbürger im Jahre 1975 leben wird.« Der Beitrag fasst die Erwartungen zur Verkehrsentwicklung in den 1970er Jahren in einer damals gerade erschienen Zukunftsstudie zusammen.

angemessenen Einschätzung des Elektroverkehrs im Rahmen einer nachhaltigen verkehrspolitischen Gesamtstrategie zu kommen, ist es daher hilfreich, sich genauer anzusehen, wer, mit welchen Interessen, wie über Elektroverkehr spricht und den öffentlichen Diskurs bestimmt.[2]

Der Diskurs um das Elektroauto und die Akteure

Das diskursive Agenda-Setting beginnt mit der Prägung von Begriffen, wobei die gesellschaftliche Machtposition der Akteure ihre jeweilige begriffliche Definitionsmacht beeinflusst (vgl. Howarth u.a. 2009). Der in der Debatte allenthalben verwendete Begriff der Elektro*mobilität* macht dies deutlich. Anstatt von Elektro*verkehr* zu sprechen, womit präzise bezeichnet würde, worum es geht, wird der Begriff der Mobilität verwendet, der im Gegensatz zum Verkehr durchweg positive Assoziationen hervorruft. Mobilität bezeichnet die individuelle Fähigkeit beweglich zu sein, ohne dass eine wachsende Mobilität notwendigerweise mit einem steigenden Verkehrsaufkommen einhergeht. In der aktuellen *e-mobility*-Debatte geht es aber in erster Linie darum, den Verbrennungs- durch einen Elektromotor zu ersetzen, um möglichst genauso wie zuvor verkehrlich unterwegs sein zu können. Mehr noch, es geht nicht nur um Elektroverkehr, sondern es geht um Elektroautos, wobei niemand ernsthaft behauptet, dass wir mit einem Elektroauto mobiler/beweglicher sind als mit einem Verbrenner. Wenn wir also über den Diskurs der Elektromobilität reden, sollten wir damit beginnen, statt von Elektromobilität, von Elektroverkehr bzw. Elektroautos zu sprechen.[3]

Neben der Einführung begrifflicher Trennschärfe, kann auch der Rückblick auf die Geschichte des Elektroautos zu einer Versachlichung des aktuellen Diskurses beitragen. So ist schon fast wieder vergessen, dass es Anfang der 1990er Jahre schon einmal einen vergleichbaren Diskurs gegeben hat.

Auch damals befand sich die Automobilbranche in eine Wirtschaftskrise und sah sich veranlasst, mit ihren Kritikern darüber zu diskutieren, ob sie sich von reinen Autobauern womöglich zu Mobilitätsdienstleistern entwi-

---

[2] Die Ausführungen basieren auf den Ergebnissen einer akteurszentrierten Diskurs- und Politikfeldanalyse, die vom Fachgebiet Integrierte Verkehrsplanung der TU Berlin im Rahmen des Berliner Pilotprojekts e-mobility IKT durchgeführt worden ist (vgl. www.verkehrsplanung.tu-berlin.de).

[3] Es ist daher auch nicht trivial, dass die Vertreter des Schienenverkehrs zunehmend gereizt darauf hinweisen, dass der Elektroverkehr hier schon auf eine hundertjährige Erfolgsgeschichte zurückblicken kann.

ckeln sollten (vgl. Schwedes 2011). Das Auto allein, so die seinerzeit weit verbreitete Meinung, habe keine Zukunft. Zeitgleich erreichte die Umweltbewegung einen ersten Höhepunkt, wobei insbesondere der Verkehrssektor in das Visier geriet. Ausgelöst durch das *Zero-Emission-Vehicle-Mandate* des US-Bundesstaates Kalifornien, der den Automobilherstellern vorschrieb, bis Ende der 1990er Jahre zwei Prozent emissionsfreie Autos zu produzieren und jene Konzerne vom eigenen Markt auszuschließen, die dieses Ziel nicht erreichten, begannen die Automobilkonzerne, weltweit in die Entwicklung von Elektroautos zu investieren.

Während General Motors den EV 1 entwickelte und über 1.000 Stück an PrivatkundInnen vermietete, beteiligte sich Ford an der Entwicklung des norwegischen Elektroautos *think*. In Deutschland wurde ein entsprechendes Projekt auf Rügen durchgeführt (vgl. Hoogma u.a. 2002). Allerdings hat die Automobilbranche parallel zu diesen Aktivitäten über ihren Weltverband gegen das Kalifornische Gesetz geklagt und 2003 vom obersten Gerichtshof der Vereinigten Staaten Recht bekommen. Nachdem das Gesetz des Bundesstaates gekippt worden war, sammelte General Motors alle EV 1 wieder ein und verschrottete sie. Ford zog sich aus der Beteiligung in Norwegen zurück und das Projekt auf Rügen wurde als gescheitert betrachtet und eingestellt.

Das historische Beispiel wurde hier nicht als Argument gegen Elektroautos angeführt. Es sollte vielmehr für die Einsicht sensibilisieren, dass der Elektroverkehr damals nicht etwa an technischen Grenzen gescheitert ist, sondern an spezifischen Interessen einzelner Gesellschaftsgruppen. Damals wie heute geht es um die Frage, welche Akteure sich mit welchen Interessen am Ende durchzusetzen vermögen. Mit ihrer Definitionsmacht werden sie den gesellschaftlichen Diskurs prägen und darüber entscheiden welche Entwicklung der Elektroverkehr nehmen wird, vorausgesetzt er wird nicht – wie Ende der 1990er Jahre – wieder abgebrochen.

Dabei ist die aktuelle Situation in vieler Hinsicht vergleichbar mit den 1990er Jahren. Auch diesmal bildete den Ausgangspunkt des *e-mobility*-Hype eine Finanz- bzw. Wirtschaftskrise, die sich im Jahr 2009 insbesondere auf die Automobilindustrie negativ ausgewirkt hat und die größte staatliche Konjunkturförderung der Nachkriegszeit provozierte. Zeitgleich erlebte mit Erscheinen des Berichts des Weltklimarats der Klimadiskurs einen ersten Höhepunkt und setzte u.a. die Automobilindustrie unter Legitimationsdruck. Handelt es sich beim Verkehr doch um den einzigen Sektor, in dem die CO_2-Emission bis heute steigen, während sie in den Sektoren Energie, Industrie und den privaten Haushalten stagnieren oder sogar rückläufig sind. Beide Ereignisse verbinden und verdichten sich mithin in der massiven finanziellen Förderung des Elektroverkehrs durch die öffentliche Hand. Die Politik wie die Automobil- und Energieindustrie können zeigen, dass sie etwas gegen den drohenden Klimawandel unternehmen und legitimieren sich auf diese Weise wechselseitig (vgl. Meyer 2007).

Vor dem Hintergrund der historischen Erfahrung der 1990er Jahre stellt sich freilich die Frage, was passiert mittel- und langfristig, wenn die Wirtschaftskrise überwunden ist und sich die Debatte um den Klimawandel abgekühlt hat. Wird dann auch der Elektroverkehr erneut von der Agenda genommen? Ein drittes Argument, dass neben der ökonomischen Förderung und den ökologischen Folgen für den Elektroverkehr ins Feld geführt wird, könnte dafür sprechen, dass das Thema diesmal, anders als in den 1990er Jahren, nicht wieder vollständig verschwinden wird: die Endlichkeit fossiler Rohstoffe. Eine genauere Betrachtung zeigt, dass dieses Argument gegenüber den anderen beiden an Bedeutung gewinnt. Während die deutsche Automobilindustrie, nachdem sie sich international neue Absatzmärkte erschlossen hat, wirtschaftlich mittlerweile wieder besser da steht als jemals zuvor und die Debatte um den Klimawandel im globalen Kontext so sehr an Überzeugungskraft verloren hat, dass auf nationaler Ebene zunehmend über Anpassungsstrategien an die Folgen des Klimawandels nachgedacht wird anstatt über dessen Verhinderung, bleibt als einziges starkes Argument, dass der Verkehrssektor zu über 90% von versiegenden Ölquellen abhängig ist. Das Argument ist deswegen so überzeugend, weil es das Überleben des kapitalistischen Wirtschaftssystems der entwickelten Industrieländer berührt, das in seiner aktuellen Verfassung ohne Verkehr nicht denkbar ist.

Aber selbst wenn es so kommt, dass der Elektroverkehr weitergetrieben wird, um mittel- und langfristig unabhängig vom Öl zu werden, erfolgt dies nicht zwangsläufig im Rahmen einer nachhaltigen Verkehrsentwicklungsstrategie. Vielmehr zeigt die aktuell einseitige Ausrichtung des Elektroverkehrsdiskurses auf das Elektro*auto*, dass der Elektroverkehr auch eine unter dem Gesichtspunkt Nachhaltigkeit problematische Entwicklung nehmen kann. Das soll im Folgenden am Beispiel des *e-mobility*-Pilotprojekts in Berlin demonstriert werden.

E-mobility in Berlin

Nachdem der Deutsche Städtetag (1971) Anfang der 1970er Jahre mit seiner Kampagne »Rettet unsere Städte jetzt!« u.a. auf die durch die Massenmotorisierung bedingten katastrophalen Verkehrsverhältnisse in den bundesdeutschen Städten hingewiesen hatte, bestand ein weitreichender Konsens, dass das Auto von allen Verkehrsmitteln für den Stadtverkehr am wenigsten geeignet ist (vgl. Klenke 2007). Als Reaktion darauf wurden damals die als Parkflächen genutzten Marktplätze von Autos befreit, Fußgängerzonen gebaut und der öffentliche Verkehr mit Unterstützung vom Bund finanziell gefördert, um die Innenstädte vom Autoverkehr zu entlasten. In jüngster Zeit wurde diese jahrzehntelange Strategie mit neuen Ansätzen wie der Förderung des Carsharing, der Parkraumbewirtschaftung, dem Fahrradverkehr bis hin zu neuen Freiraumkonzepten wie dem Shared Space, die darauf zielen, die Aufenthaltsqualität im urbanen Raum zu verbessern, fortgeschrieben.

Demgegenüber hat das Elektroauto in kürzester Zeit zu einer bemerkenswerten Diskursverschiebung beigetragen. Aufgrund seiner geringen Reichweite wird es als das ideale Stadtauto angepriesen, mit dem die relativ kurzen Strecken in urbanen Ballungszentren problemlos bewältigt werden können. Mit anderen Worten: Die Defizite eines technischen Artefakts werden als zentrales Argument angeführt, um das Auto als städtisches Verkehrsmittel zu rehabilitieren.[4] Nachdem die bundesdeutschen Kommunen in den letzten Jahrzehnten mehr oder weniger erfolgreich versucht haben, das Auto aus den Innenstädten herauszuhalten, reagieren viele StadtvertreterInnen skeptisch, wenn sie nun den städtischen Autoverkehr mit Elektroantrieb unterstützen sollen.

Das gilt auch für die Bundeshauptstadt Berlin, die mit dem *Stadtentwicklungsplan Verkehr* seit vielen Jahren eine integrierte Verkehrsstrategie verfolgt. Angestrebt wird eine nachhaltige Verkehrentwicklung unter Einbezug aller Verkehrsträger und mit Berücksichtigung ihrer spezifischen Vor- und Nachteile, wobei lange Zeit vernachlässigte Verkehrsmittel wie etwa das Fahrrad gegenüber dem Auto aufgewertet werden sollen. In dieser Situation trat 2009 der Energiekonzern RWE in Berlin an, um im Rahmen eines durch das Konjunkturprogramm II öffentlich geförderten Projekts eine flächendeckende Ladeinfrastruktur für private Elektroautos im öffentlichen Stadtraum zu etablieren. Dazu wurden öffentliche Flächen der allgemeinen Nutzung entzogen und für parkende bzw. landende Elektroautos reserviert. Auf diese Weise trat ein privater Investor als Konkurrent im öffentlichen Stadtraum auf und provozierte entsprechende Nutzungskonflikte. So entgehen den betroffenen Bezirken durch die Freigabe von Stellflächen für Elektroautos z.B. Einnahmen aus der Parkraumbewirtschaftung. Die von den Elektroautos beanspruchten Flächen blockieren aber auch andere Nutzungsformen, wie etwa öffentliche Stellplätze für Carsharing Au-

---

[4] Als weiteres Argument wird auf die geringe Lärmemission von Elektroautos hingewiesen.

tos, mit denen die private Nutzung von Autos in der Stadt reduziert werden soll. Die an Freiflächen knappen Berliner Innenstadtbezirke setzten zudem auf öffentliche Fahrradleihsysteme, für die ebenfalls Stellflächen freigehalten werden müssen. Aber auch für private Fahrräder fehlen Stellplätze im öffentlichen Stadtraum.[5] Schließlich steht der in Berlin in mehreren Bezirken durchgeführte Rückbau von Straßenflächen zugunsten von Fahrrad- und Fußgängerwegen grundsätzlich im Widerspruch zur Ausweisung von Stadtraum für Elektroautos.

Das Beispiel zeigt, dass die Entwicklung des Elektroverkehrs nicht mit einer nachhaltigen Stadt- und Verkehrsentwicklung gleichgesetzt werden kann. Vielmehr besteht die verkehrspolitische Herausforderung darin, den Elektroverkehr in eine integrierte Gesamtstrategie einzubinden. Andernfalls setzen sich mächtige gesellschaftliche Partikularinteressen durch, deren Geschäftsmodelle nachhaltige Stadt- und Verkehrsentwicklungskonzepte konterkarieren. Die Errichtung einer flächendeckenden Ladeinfrastruktur im öffentlichen Stadtraum durch den Energiekonzern RWE sollte daran erinnern, dass in der Vergangenheit einmal etablierte Verkehrsinfrastrukturen bestimmte Entwicklungspfade vorgezeichnet haben und sich zudem durch starke Beharrungskräfte auszeichnen, sodass bestimmte Entwicklungen bis heute nur schwer zu korrigieren sind.[6]

Bisher fehlt eine öffentliche Debatte über den Stellenwert des Elektroverkehrs im Rahmen einer nachhaltigen verkehrspolitischen Gesamtstrategie, in der auch die verschiedenen Geschäftsmodelle gegeneinander abgewogen werden können. Ein ganz anderer Entwicklungspfad für den Elektroverkehr könnte sich beispielsweise über den städtischen Wirtschaftsverkehr eröffnen.

---

[5] So gibt es in Berlin laut der Senatsverwaltung für Stadtentwicklung heute etwa 22.000 Fahrradabstellplätze, während tatsächlich 60.000 benötigt werden. Daher ist für 2011 die Herausgabe eines Masterplan bike+ride für Berlin geplant, der u.a. darauf zielt, diesen Missstand zu beseitigen. Gerade hochverdichtete Innenstadtbezirke, die nur über wenig freie öffentliche Flächen verfügen, müssen sich daher gut überlegen, welcher Nutzung sie den Vorzug geben.

[6] RWE errichtet bundesweit in mehreren Städten seine Ladeinfrastruktur und versucht damit Fakten zu schaffen. Ein Berliner Bezirk hat jetzt den Aufbau von Ladesäulen von einer Kaution abhängig gemacht, die der Energiekonzern zahlen soll, damit der Bezirk über die Mittel verfügt, um die Säulen ggf. kostenneutral wieder abbauen zu können. Auf diese Weise wird das Unternehmen dazu gezwungen, über die möglichen Konsequenzen des eigenen Handelns nachzudenken und die Verantwortung dafür zu übernehmen. Der Bezirk wiederum sichert sich Handlungsoptionen, indem er sich von der finanziellen Last einer einmal errichteten Ladeinfrastruktur befreit, die ihn ansonsten erpressbar machen könnte.

Zumal sich der Elektroantrieb in städtischen Gewerbeflotten zu Beginn des
20. Jahrhunderts schon einmal bewährt hat.[7] Dazu bedarf es freilich keiner
Ladeinfrastruktur im öffentlichen Raum.

Fazit

Die Ausgangsfrage lautete, ob es sich beim Elektroverkehr um den begrün-
deten Hoffnungsträger einer nachhaltigen Verkehrsentwicklung handelt
oder, ob er das Feigenblatt bildet, hinter dem sich einzelne Partikularinteressen verbergen. Die Beantwortung dieser Frage hängt davon ab, welche gesellschaftlichen Gruppen das Thema Elektroverkehr zukünftig tragen werden und in welche Richtung sie es treiben. Elektroverkehr ist nicht gut oder
schlecht! Er birgt langfristig zweifellos Potenzial für eine nachhaltige Verkehrsentwicklung auf Grundlage erneuerbarer Energien, die jedoch kaum
entwickelt werden von Energieunternehmen, die den Ausbau erneuerbarer
Energien bis heute nachweislich behindern (vgl. Becker 2010). Das gleiche
gilt für eine Autoindustrie, die Elektroverkehr nur als Elektroauto denken
kann, und sich dabei an dem traditionellen Leitbild der Rennreiselimousi-
ne orientiert. Da dieses Leitbild mit dem Elektroverkehr unter den gegebenen technischen Restriktionen nicht vereinbar ist, wirkt die Auto- im Gegensatz zur Energieindustrie als Bremser des Elektroverkehrs. Alle auch in
jüngster Zeit wieder angekündigten Ökoautos haben sich bisher als Sym-
bolpolitik erwiesen.

   Daher muss dem aktuellen *e-mobility*-Diskurs ein kritischer Elektro-
verkehrsdiskurs entgegen gesetzt werden, der aufzeigt, dass mit der aktuellen Elektromobilitätsstrategie nicht mehr Mobilität durch weniger Verkehr, wie es das Bundesverkehrsministerium im Sinne einer nachhaltigen
Verkehrsentwicklung offiziell anstrebt, sondern mehr Verkehr durch Elektroautos erreicht wird.

---

[7] In England wird die Milch in Vorstadtsiedlungen bis heute mit Elektrovehi-
keln ausgeliefert.

Literatur

Becker, Peter, 2010: *Aufstieg und Krise der deutschen Stromkonzerne,* Bochum

Hoogma, Rem, René Kemp, Johan Schot u. Bernhard Truffer, 2002: *Experimenting for Sustainable Transport. The approach of Strategic Niche Management,* London

Howarth, David, Aletta J. Norval u. Yannis Stvrakakis, 2009: *Discourse theory and political analysis. Identities, Hegemonies and Social Change,* Manchester

Klenke, Dietmar, 2007: Verkehrspolitiken, in: O. Schöller, W. Canzler u. A. Knie (Hrsg.): *Handbuch Verkehrspolitik,* Wiesbaden, 99-122

Meyer, Uli, 2007: Forschungsförderung, Verkehrspolitik und Legitimität, in: O.Schöller, W. Canzler u. A. Knie (Hrsg.): *Handbuch Verkehrspolitik,* Wiesbaden, 601-22

Petersen, Rudolf, 2011: Mobilität für morgen, in: O. Schwedes (Hrsg.): *Verkehrspolitik. Eine interdisziplinäre Einführung,* Wiesbaden

Petersen, Rudolf, u. Axel Friedrich, 2009: *Der Beitrag des Elektroautos zum Klimaschutz, Studie im Auftrag der Delegation Der Linke im Europäischen Parlament,* www.dielinke-europa.eu/article/6506.der-beitrag-des-elektroautos-zum-klimaschutz.html

Scheer, Hermann, 2010: *Der Energethische Imperativ. 100% jetzt: Wie der vollständige Wechsel zu erneuerbaren Energien zu realisieren ist,* München

Schindler, Jörg, u. Martin Held, 2009: *Postfossile Mobilität. Wegweiser für die Zeit nach dem Peak Oil,* Bad Homburg

Schwedes, Oliver, 2011: *The Field of Transport Policy: An Initial Approach,* in: German Policy Studies (i.E.)

Matthias Lieb
Elektromobilität: Wieviel und welche Bahn brauchen wir?

Die starken Preissteigerungen und -schwankungen bei Öl und Benzin zeigen uns immer wieder die Abhängigkeit des Verkehrssystems von diesem einen Rohstoff auf. Aber was wäre, wenn einmal überhaupt kein Öl oder Benzin für den Verkehrssektor zur Verfügung stünde? Welche Aufgaben kämen dann auf die »elektromobile« Bahn zu und könnte die Eisenbahn einen solchen Verkehrszuwachs überhaupt stemmen? Mehr Verkehr auf die Schiene war doch schon lange Jahre die politische Forderung fast aller Parteien – doch in den Schlagzeilen sind Streichungen von Zugverbindungen und steigende Preise hängen geblieben. Nach dem abgesagten Börsengang und der »Wetterfühligkeit« der Deutschen Bahn AG, stellt sich außerdem die Frage, was in den letzten Jahren schief gelaufen ist und wie die Zukunft der Bahn aussehen könnte.

Die Entwicklung der letzten Jahre – Fern- und Nahverkehr

Betrachtet man die Entwicklung der Fahrgastzahlen, so muss man zwischen Fern- und Nahverkehr differenzieren. Während der Fernverkehr eigenwirtschaftlich sich nur durch Fahrgeldeinnahmen finanzieren soll, sind im Nahverkehr die Bundesländer für den Umfang des Fahrplanangebotes verantwortlich und bestellen (und bezahlen) den Nahverkehr – die Fahrgeldeinnahmen decken dort weniger als die Hälfte der Kosten. Die Bundesländer haben zumeist die Gestaltungsmöglichkeiten durch die Regionalisierung seit 1993 genutzt. In Baden-Württemberg nutzten im Jahr 2009 41% mehr Fahrgäste das Angebot im Nahverkehr als noch 2002. Überall dort, wo das Angebot ausgebaut wurde, stiegen die Fahrgastzahlen überdurchschnittlich an, wie das Beispiel Stadtbahn Karlsruhe zeigt. Als die DB im Stunden- oder Zwei-Stundentakt mit langsamen Dieseltriebwagen die Strecke Karlsruhe-Bretten befuhr, wurden täglich 2.000 Fahrgäste gezählt. Nach Einführung der elektrischen Stadtbahn alle 20 Minuten mit mehr Haltepunkten und Direktverbindungen in die Karlsruher Innenstadt und einem einheitlichen Tarif wurden 16.000 Fahrgäste gezählt (plus 700%). Dies zeigt, welches Potenzial in attraktiven, fahrgastorientierten Nahverkehrslösungen besteht. Eine Folgerung aus diesem Potenzial müsste demnach sein: Kundenorientierte Angebote, bei denen Angebot und Preis stimmen, können die Fahrgastzahlen vervielfachen. Verkehr kann damit tatsächlich von der Straße auf die Schiene verlagert werden.

Anders ist die Entwicklung im Fernverkehr. Im Vergleich zu 1999 ist das Fahrplanangebot um 16% ausgedünnt worden. Entsprechend fahren im Jahr 2009 auch 16% weniger Personen mit dem DB-Fernverkehr. Die Anzahl der Sitzplätze wurde sogar um 24% reduziert. Einzig die zurückgelegten Personenkilometer blieben nahezu konstant. Mit anderen Worten: Immer weniger Fahrgäste fahren immer weiter – so ist die durchschnittliche Reiseweite in dieser Zeit von 238 auf 283 Kilometer angestiegen.

Was ist der Grund für diese völlig konträre Entwicklung? Laut DB-Statistik steht einem Zuwachs im Nahverkehr von 278 Mio. Fahrgästen bundesweit ein Rückgang um 23 Mio. Fahrgäste im Fernverkehr im gleichen Zeitraum gegenüber. Der Zuwachs im Nahverkehr ist tatsächlich noch größer – die Fahrgastzahlen der Wettbewerber sind in den o.g. Zahlen nicht enthalten. Im Bereich des Fernverkehrs ist jedoch die DB weiterhin ohne Konkurrenz auf der Schiene – und dort wurden, gemessen in zusätzlichen Fahrgästen, keine nennenswerten Erfolge erzielt.

Um die Entwicklung verstehen zu können, muss das Augenmerk auf die Investitionen des Bundes gelenkt werden. Der Bund finanziert die Neu- und Ausbaustrecken der Deutschen Bahn auf Basis des Bundesverkehrswegeplans (BVWP) und des Bundesschienenwegeausbaugesetzes (BSchwAG). Hierfür wendet der Bund pro Jahr rund 1 bis 1,2 Mrd. Euro auf. Nur 20% davon werden in Nahverkehrsprojekte investiert, die Mehrzahl in Projekte des Hochgeschwindigkeitsverkehrs (Tabelle 1).

Doch trotz Inbetriebnahme der Neubaustrecken Frankfurt-Köln und Ingolstadt-Nürnberg, sowie der Ausbaustrecken Hamburg-Berlin und Berlin-Leipzig mit jeweils deutlichen Fahrzeitverkürzungen und durchaus auch

Tabelle 1: Ausgewählte Eisenbahnausbaumaßnahmen 1998-2008

Strecke	Fahr-zeit 1998	Kürzeste Fahrzeit 2008	Investitions-kosten in Mio. EUR	Investitionskosten in Mio. EUR pro Minute Fahrzeitgewinn
Berlin-Leipzig	2:02	1:05	1.534	30
Berlin-Hamburg	2:22	1:33	2.638	54
Köln-Frankfurt	2:15	1:04	6.000	85
München-Nürnberg	1:53	1:02	3.205	63
Dresden-Nürnberg	5:55	4:17	959	10
Gesamt			**14.336**	

Steigerungen der Fahrgastzahlen, sind im Fernverkehr bundesweit keine Verkehrszuwächse eingetreten. Auf der Strecke Dresden-Nürnberg wurde der Fernverkehr trotz sogar signifikanter Fahrzeitverkürzungen komplett eingestellt. Dabei wurde die Fahrzeitverkürzung auf dieser Strecke besonders preiswert erzielt. Es ist nicht zu erkennen, dass sich diese Milliarden-Investitionen in höheren Fahrgastzahlen widerspiegeln. Im Gegensatz zur Entwicklung auf allen anderen Hochgeschwindigkeitsstrecken in Europa wurde das Fahrtenangebot zwischen Köln und Frankfurt seit der Eröffnung sogar eingeschränkt. Angesichts dieser Entwicklung muss die Frage gestellt werden, ob die Investitionen des Bundes tatsächlich sinnvoll erfolgen, oder ob nicht mit teurerem Geld ein minimales Marktsegment gefördert wird, während Investitionen in den Nahverkehr ungleich mehr Nutzen für die Bevölkerung und die Volkswirtschaft insgesamt erbringen würden. Und weiter ist die Frage zu stellen, ob ein Monopolanbieter im Fernverkehr die richtige Lösung ist oder was im Fernverkehr getan werden muss, um ähnliche Erfolge wie im Nahverkehr zu erzielen.

Das Netz

In Deutschland ist seit der Bahnreform 1993 die DB Netz AG in der Form einer privatwirtschaftlichen Aktiengesellschaft organisiert, wenngleich der Bund weiterhin zu 100% Eigentümer der Muttergesellschaft DB ist. Neben den Investitionen des Bundes in Aus- und Neubau finanziert der Bund auch das Bestandsnetz mit 2,5 Mrd. Euro pro Jahr – hierzu gibt es eine Leistungs- und Finanzierungsvereinbarung zwischen Bund und DB. Die Erwartung der Bahnreform 1993 war jedoch, dass sich das Netz selbst aus Nutzungsentgelten finanzieren könne. Doch diese Rechnung ging nicht auf. Zur Senkung der Kosten wurde das Streckennetz der DB von 1998 bis 2009 um 12% (um 4.405 km) reduziert, die Gleislänge um 8% (um 5.249 km). Durch die Verminderung der Zahl der Weichen und Kreuzungen um 36% (minus 37.257) wurden nicht nur die Kosten gesenkt, sondern gleichzeitig auch die Leistungsfähigkeit und Flexibilität im Netz drastisch vermindert. Die Privatgleisanschlüsse halbierten sich in der Zeit von 7.024 auf 3.726. Mit dem Wegfall vieler Weichen und Überholgleise wurde auf den nicht neu gebauten Strecken die Leistungsfähigkeit vermindert, sodass auch die schnellen ICE-Züge auf den Altstrecken ausgebremst werden und langsamer als noch vor Jahren unterwegs sind. Die Folge sind Anschlussverluste, verlängerte Reisezeiten und damit weniger Fahrgäste. Die ICE-Züge benötigten für die Strecke Hamburg-Frankfurt im Fahrplan 1997 drei Stunden und 25

Minuten – im Jahr 2011 sind die Züge elf Minuten langsamer (und trotzdem unpünktlicher).

Ein Blick in den Geschäftsbericht der DB zeigt, dass nicht ausreichend in den Bestandserhalt investiert wird. Das Durchschnittsalter der Anlagen steigt von Jahr zu Jahr – auf Basis der jährlichen Erneuerungen werden rechnerisch Schienen erst nach 18 Jahren, Weichen sogar erst nach über 50 Jahren ausgewechselt (Stand 2009).

Doch die tatsächliche Nutzungsdauer ist viel kürzer. Nur »Dank« zu geringer Investitionen ins Bestandsnetz können bilanzielle Gewinne ausgewiesen werden, die dann an die Holding abgeführt und für Firmenkäufe im Ausland verwendet werden. Dabei ist zu beachten, dass diese Gewinne überwiegend aus staatlich finanzierten Bereichen stammen, da die Trassenpreise des vertakteten, staatlich bestellten Nahverkehrs im Vergleich zum Fern- und Güterverkehr relativ hoch sind.

»Verschlankung« und Gewinnerzielung wurde in den letzten Jahren somit höher gewichtet als »Zuverlässigkeit« und »Leistungsfähigkeit«. Doch mehr Verkehr auf der Schiene ist nur möglich bei entsprechender Leistungsfähigkeit des Netzes. Dazu bedarf es Anreize für das Eisenbahninfrastrukturunternehmen, sich um mehr Verkehr auf dem bestehenden Netz zu kümmern und dafür auch gezielt Investitionen vorzunehmen. Während die Europäische Union entsprechende Regelungen einfordert, wird dies von DB und Bundesregierung blockiert. Deshalb stellt sich nach wie vor die Frage, ob die derzeitige Konstruktion einer privatwirtschaftlich organisierten Netzgesellschaft mit Gewinnabführungsvertrag an eine Muttergesellschaft, die andere Interessen als den Ausbau des Schienennetzes verfolgt, sinnvoll ist. Wäre nicht eine staatlich organisierte Netzorganisation, die sich aktiv um mehr Verkehr auf der Schiene kümmert und dafür Investitionen vornimmt, besser geeignet?

Die Diskussion um Staatsbahn oder Privatbahn ist so alt wie die Eisenbahn. Während in England, dem »Mutterland« der Eisenbahn, zunächst Bahnlinien mittels privater Investoren gebaut wurden, verlief die Entwicklung in Kontinentaleuropa gemischt: Staatsbahnen in Belgien, Braunschweig und Baden standen Privatbahnen wie z.B. die Nürnberg-Fürther-Eisenbahngesellschaft oder die Leipzig-Dresdener Fernbahn gegenüber. Doch rasch zeigte sich, dass für die Ausbildung eines sinnvollen Netzes »eine lenkende Hand« notwendig ist. Außerdem wurden regelmäßig die hohen Beförderungssätze bei den Privatbahnen im Vergleich zu den Staatsbahnen beklagt. Aufgrund des natürlichen Monopols des Schienenweges (der Bau einer Parallelstrecke ist aufgrund der hohen Anlagekosten nicht wirtschaftlich) stand auch immer der Vorwurf von Preisabsprachen zulasten der verla-

denden Wirtschaft im Raum, sodass es schon früh Überlegungen zur Preis-
regulierung gab.

Spätestens zum Zeitpunkt der Notwendigkeit von Ersatz- und Erneue-
rungsinvestitionen zeigte sich, dass die Infrastrukturkosten private Investoren überfordern. Die damalige Bereitschaft insbesondere des preußischen
Staates zur Übernahme wurde deshalb von den Aktionären der Privatbahnen
gerne angenommen. Denn einzelnen ertragreichen Bahnen standen viele Privatbahnen gegenüber, die nur noch geringe oder keine Dividenden zahlten.
Auch die Erfahrungen des ausgehenden 20. und beginnenden 21. Jahrhunderts mit dem Betrieb der Infrastruktur durch Private waren ernüchternd: In
allen Fällen wurde die Instandhaltung der Infrastruktur vernachlässigt, da
Investitionen in das Netz keine marktadäquate Rendite erzielen. Die Folge waren etwa in Neuseeland und Großbritannien, dass der Staat das Netz
wieder in seine Verantwortung übernahm und es mit Steuermitteln sanierte.
Aus der Entwicklung in Deutschland und den Erfahrungen des Auslandes
ergibt sich die Forderung, dass Gewinne des Netzes ins Netz investiert werden müssen und die Netzgesellschaft ihre Investitionspolitik an der Steigerung der Leistungsfähigkeit und Zuverlässigkeit des Netzes und nicht an
kurzfristigen Gewinnzielen ausrichten muss.

Das Beispiel Schweiz

Wie eine gezielte Investitionspolitik aussieht, zeigt das Beispiel Schweiz.
1982 wurde in der Schweiz der Integrale Taktfahrplan eingeführt: Die Züge
fahren im Stundentakt, in den Knotenbahnhöfen bestehen günstige Umsteige-
verbindungen. Schnell stiegen die Fahrgastzahlen an, die Schweizer stimm-
ten für den weiteren Ausbau mit dem Projekt »Bahn 2000«. Heute fahren die
IC-Züge auf den Hauptstrecken im 30-Minuten-Takt, teilweise sogar im 15-
Minuten-Takt. Während also in der Schweiz die IC-Züge mit zehn Doppel-
stockwagen im 30-Minuten-Takt verkehren, sollen zukünftig bei der DB in
Deutschland Doppelstock-IC-Züge aus fünf Wagen im Zwei-Stunden-Takt
unterwegs sein. Das bedeutet – vereinfacht ausgedrückt – eine vielfach höhere Nachfrage in der Schweiz im Vergleich zu Deutschland.

Dieser Eindruck wird auch durch die Statistik belegt. Die Schweizer sind
Europameister im Bahnfahren. Pro Jahr legt die/der SchweizerIn 49 Fahrten
mit zusammen 2.291 km per Bahn zurück. Die Vergleichszahlen für Deutschland stagnieren seit Jahren bei rund 23 Fahrten pro Jahr, immerhin stieg die
Zahl der zurückgelegten Kilometer von 2005 bis 2009 von 880 auf 933 Kilometer (plus 6%), allerdings nur bedingt durch den Zuwachs im Nahver-

kehr. Rechnerisch ergibt dies eine mehr als doppelt so intensive Nutzung des Bahnverkehrs in der Schweiz als in Deutschland.

Gerne wird erklärt, dass die Schweiz viel mehr Steuermittel für den Ausbau des Schienenverkehrs zur Verfügung stellt. Dies ist richtig. Doch durch die starke Nachfrage sind die Zuschüsse pro gefahrenen Personenkilometer viel geringer als in Deutschland. Damit ist letztendlich der Mitteleinsatz auch viel effizienter. Ein Grund hierfür ist die größere Flexibilität des Schweizer Bahnnetzes und damit verbunden die höhere Streckenauslastung. In keinem Eisenbahnnetz Europas fahren mehr Züge pro Strecke als in der Schweiz. Während in der Schweiz rund 130 Züge täglich pro Streckenkilometer unterwegs sind, liegt der Wert für die DB nur bei rund 80. Dennoch ist das deutsche Streckennetz oftmals bis an die Grenzen belastet – aufgrund der geringeren Zahl der Weichen sowie weniger Ausweich- und Überholgleisen und damit geringerer Streckenleistungsfähigkeit! Wollte man ähnliche Verkehrsleistungen pro Einwohner wie in der Schweiz erzielen, müsste das Eisenbahnnetz in Deutschland an den richtigen Stellen ausgebaut und bestehende Engpässe müssten beseitigt werden. Die neue Infrastruktur müsste perspektivisch eine Verdoppelung der Nachfrage verkraften.

Wie schafft die Schweiz eine solche starke Nutzung des Schienennetzes durch den Personen- als auch den Güterverkehr? Mit intelligenter Ausbauplanung. Zunächst wird ein »Zielfahrplan« entwickelt, der u.a. Vorgaben macht: Wie viele Züge sollen auf der Strecke fahren? Wo sollen diese halten? Welche Infrastruktur (Weichen, Gleise, Signale) ist dafür notwendig? In Abhängigkeit von den zur Verfügung stehenden Finanzmitteln werden dann ggf. verschiedene Iterationsschritte vorgenommen, um für einen Geldbetrag X einen bestimmten Fahrplan auf der auszubauenden Infrastruktur fahren zu können.

Die Planungen in Deutschland

Ganz anders die Planungsphilosophie in Deutschland. Hierzulande werden bislang für neue Bahnlinien keine konkreten Fahrpläne für die Planung der Strecke entworfen. Vielmehr werden nur theoretische Kapazitätsberechnungen auf Basis von mittleren Zugabständen vorgenommen. Konkrete Fahrpläne werden erst ein bis zwei Jahre vor Fertigstellung der Bahnstrecke ausgestellt. Häufig ergeben sich dann erst die Überraschungen, dass aufgrund fehlender Ausbauten an einer Stelle der gewünschte Fahrplan so nicht gefahren werden kann und dann Anschlüsse nicht funktionieren. Auch die Einbeziehung der regionalen Interessen führt nicht immer zu optimalen Lösungen, sondern eher zu Betriebsbeschränkungen, die das Gesamtsystem beeinträchtigen. Dies kann schön am Beispiel der Neubaustrecke Köln-Rhein/Main belegt werden: Mit sechs Mrd. Euro Baukosten die bislang teuerste Bahnstrecke in Deutschland, werden trotz 300 km/h Höchstgeschwindigkeit wegen der politisch vorgegebenen Unterwegsbahnhöfen keine wirklich hohen Reisegeschwindigkeiten erreicht. Für die 180 Kilometer lange Verbindung benötigen ICE-Züge je nach Anzahl der Zwischenhalte zwischen 63 und 83 Minuten (Reisegeschwindigkeit 171 bzw. 130 km/h). Zum Vergleich erzielt der ICE zwischen Hamburg und Berlin bei einer Höchstgeschwindigkeit von »nur« 230 km/h sogar eine Reisegeschwindigkeit von 173 km/h.

Der Fall Stuttgart 21

Ein weiteres aktuelles Beispiel für teure Fehlplanungen kann in Baden-Württemberg besichtigt werden. Im Februar 2010 begannen mit einem symbolischen Spatenstich die Bauarbeiten für das wohl umstrittenste Bauprojekt, für das die Deutsche Bahn AG die Verantwortung trägt. Erstmals 1994 vorgestellt, sollte mit der Tieferlegung und dem Umbau des Kopfbahnhofes in Stuttgart zu einem Durchgangsbahnhof mit halbierter Gleiszahl die Einbindung der Landeshauptstadt Baden-Württembergs sowie des Landesflughafens in das internationale Hochgeschwindigkeitsbahnnetz hergestellt werden – so die offiziellen Begründungen. Tatsächlich stand jedoch der Städtebau im Vordergrund der Planungen – sollten doch auf den bisherigen Gleisflächen neue Stadtteile entstehen und durch die Grundstückserlöse die »Tieferlegung« des Bahnhofs bezahlt werden.

Schon 1995 kritisierte der VCD das Projekt als »teuren Firlefanz ohne verkehrlichen Nutzen«. In den Folgejahren verabschiedete sich auch die DB angesichts der hohen Kosten von S21. Doch mit diversen »Geldgeschenken« wie dem Kauf der heute betriebsnotwendigen Grundstücke durch die Stadt Stuttgart im Jahr 2001 sowie dem Abschluss eines lang laufenden Verkehrsvertrages zur Erbringung der Nahverkehrsleistungen auf der Schiene in fast ganz Baden-Württemberg im Jahr 2003 für die DB, erkauften sich die Stadt Stuttgart und das Land Baden-Württemberg die Fortführung des Projektes durch die DB. Erst diese Zahlungen – aus Steuermitteln – ermöglichten der DB eine betriebswirtschaftlich positive Darstellung des Projektes. Dennoch war das Projekt »auf Kante genäht«: In der Schlichtung zu Stuttgart21 hat auch der Schlichter Heiner Geißler erkannt, dass das vordem als »bestgeplantes Bahnprojekt« bejubelte Konzept die selbst gesteckten Ziele verfehlt, nicht einmal die Leistungsfähigkeit des bestehenden Kopfbahnhofes erreicht und damit nicht zukunftssicher ausgelegt ist. Der Schlichter hat die Mängel, die die DB und das Land über zwei Jahre hinweg geheim zu halten versuchten, erkannt. Eigentlich hätte die Empfehlung des Schlichters deshalb lauten müssen, das Projekt zu beenden. Doch seitens DB und Landesregierung wäre kein Schlichterspruch akzeptiert worden, der einen Baustopp gefordert hätte. Somit blieb dem Schlichter nur übrig, massive Nachbesserungen zu fordern, u.a. zwei zusätzliche Bahnsteiggleise, Erhalt der Gäubahn und Anbindung an den Tiefbahnhof sowie ein – vom Verkehrsclub Deutschland schon im Sommer 2010 geforderter – Stresstest, der für den Tiefbahnhof eine um 30% höhere Leistungsfähigkeit im Vergleich zum bestehenden Kopfbahnhof nachweisen muss.

Da die DB auf der Hauptstrecke Stuttgart Hbf-Zuffenhausen schon in ihren Unterlagen zur Schlichtung in der Spitzenstunde keinen einzigen zusätzlichen Zug unterbringen konnte (im Vergleich zum aktuellen Fahrplan), wird der Nachweis von plus 30% durchaus ambitioniert sein und muss das Ergebnis dann auch kritisch geprüft werden. Werden rund um Stuttgart damit viele Milliarden Euro insbesondere für die Anbindung des Stuttgarter Flughafens ausgegeben werden, fehlen gleichzeitig im Land Baden-Württemberg die Finanzmittel zum weiteren Ausbau der Zugverbindungen. So wurden 2007 die Fahrpläne im Nahverkehr ausgedünnt, ohne dass dies bislang auf allen Strecken wieder ausgeglichen worden wäre.

Deutschland-Takt

Angesichts dieser Erfahrungen müsste eine Konzeption für mehr Bahn und mehr Verkehr auf der Schiene ganz anders aussehen. Damit zukünftig die Mittel für den Ausbau des Schienennetzes in sinnvollere Projekte fließen, wäre zunächst, ähnlich zur Konzeption in der Schweiz – und ähnlich zur früheren Autobahn-Planung – ein Ziel-Konzept für einen »Deutschland-Takt« zu definieren. Dieser Deutschland-Takt, der die Fahrzeiten und Halte zumindest im Fernverkehr für ein Zielnetz vorgibt, definiert sich über Knotenbahnhöfe, in denen systematische Verknüpfungen innerhalb der Fernverkehrsverbindungen sowie zum Regional- und Nahverkehr bestehen. Diese Knotenbahnhöfe sind jeweils im Abstand von knapp 30 oder knapp 60 Minuten (oder einem Vielfachen davon) angelegt. Mit diesen »Idealfahrzeiten« können in den Knotenbahnhöfen günstige Umsteigebeziehungen hergestellt werden.

An einem Beispiel kann das veranschaulicht werden: In Karlsruhe fahren die ICE-Züge nach Norden (Mannheim) und Süden (Freiburg-Basel) jeweils zur Minute Null ab. Entsprechend treffen die Regionalzüge kurz vor der vollen Stunde am Bahnhof ein und von allen Regionallinien werden Anschlüsse zum Fernverkehr hergestellt. Umgekehrt verlassen die Regionallinien kurz nach der vollen Stunde den Bahnhof, sodass Anschluss aus den ICE-Zügen zum Regionalverkehr besteht. Konkret sehen die Ankunftszeiten so aus: Ankunft 15:48 von Konstanz, IRE; Ankunft 15:53 von Heidelberg/Bruchsal, S3; Ankunft 15:53 von Stuttgart/Pforzheim, IRE; Ankunft 15:58 von Basel/Freiburg, ICE; Ankunft 15:58 von Berlin/Mannheim, ICE. Die Abfahrtszeiten sind die folgenden: Abfahrt 16:00 nach Freiburg/Basel, ICE; Abfahrt 16:00 nach Mannheim/Berlin, ICE; Abfahrt 16:05 nach Pforzheim/Stuttgart, IRE; Abfahrt 16:09 nach Konstanz, RE.

Würden sich die ICE-Züge nicht zur vollen Stunde im Knotenbahnhof Karlsruhe begegnen (idealer ITF-Knoten), sondern z.B. um zehn Minuten versetzt (Abfahrt nach Basel 15:55, Abfahrt nach Mannheim 16:05), so ist leicht ersichtlich, dass dann die Anschlüsse an die Regionalzüge nur noch »in eine Richtung« funktionieren würden und in die Gegenrichtung die Umsteigezeit deutlich länger wäre.

Eine Ausbauplanung für den »Deutschland-Takt« folgt dem Grundsatz »so schnell wie nötig« und nicht mehr der Idee »so schnell wie möglich«. Entscheidend ist für den Fahrgast nämlich die Gesamtreisezeit zwischen Start und Ziel und nicht nur auf einem Teilstück von A nach B. Wird nämlich nur die Fahrzeit verkürzt, ohne dass auch die Anschlüsse optimiert werden, wird die durch eine Neubaustrecke eingesparte Fahrzeit durch längere Umsteigezeiten wieder abgebummelt – der Nutzen der teuren Strecke tritt damit nicht ein. Dann hätte auch ein Ausbau auf eine etwas geringere Fahrzeitverkürzung gereicht und hätte das eingesparte Geld für eine weitere Ausbaustrecke verwendet werden können. Der volkswirtschaftliche Nutzen wäre bedeutend höher als bei der heutigen Planungskonzeption – zugunsten der Fahrgäste, der SteuerzahlerInnen, der Umwelt und der Eisenbahnunternehmen.

Sozial-ökologische Transformation

Rainer Rilling
Das Auto: keine Zukunft, nirgends?

Schon lange nicht mehr war so viel Zukunft wie heute. Mit Bankencrash, Fukushima und Deepwater Horizon sind unversehens die ökonomischen und technischen Großrisiken, die Katastrophen, Gefahren und Unsicherheiten in die Gegenwart einer Weltordnung zurückgekehrt, deren Protagonisten einst das »Ende der Geschichte« versprachen, womit sich kurzweg die Frage der Zukunft und ihrer Alternativen erledigte. Eine ideologische Figur also, mit der der Liberalismus versprach, sich in alle Ewigkeit zu verlängern. Die dramatischen Brüche zu Anfang und Ende der ersten Dekade des 21. Jahrhunderts haben diese Behauptung falsifiziert. Die Zukunftsfrage – wie es weitergeht – ist nun neu angestoßen: Wie aus der schwelenden Krise herauskommen? Wer ist Gewinner und wer Verlierer? Wie ändern sich die Kräftekonstellationen und damit auch womöglich die Trends, großen Projekte und Entwicklungspfade? Welche Interessen setzen sich durch? Welche Zukünfte werden geschrieben? Und: Wie steht es um den »Neo«Liberalismus?

Das neue Krisenbündel mit der unerwarteten Vielfachkrise hat die politische Fähigkeit neu auf die Tagesordnung gesetzt, Trends und Möglichkeitsmuster realistisch zu identifizieren und sie zu verbinden mit überzeugenden Zielen, Visionen und strategischen Leitorientierungen.

Auf den ersten Blick ist seit den 1960er und 1970er Jahren, als ein Schub der Prognosen, der »Zukunftsforschung« und der Planungs- und Steuerungskonzepte den Beginn des langen Endes des Fordismus begleitete, mit der nachfolgenden marktradikalen Zeit auch der Zugriff auf die Zukunft dem Markt und seinem *homo oeconomicus* übergeben worden. Ein genauerer Blick freilich zeigt, dass das nicht zutrifft. Seit Anfang der 1990er Jahre sind die strategischen Potenziale und Apparate der Zukunftsbearbeitung im Forschungssystem, den Konzernen und Staatsapparaten kontinuierlich und in der Bilanz massiv ausgebaut worden. Manche spezialisierte Think Tanks wie die *Prognos AG* blicken mittlerweile auf Jahrzehnte der »Zukunftsforschung« zurück. Strategische Forschung und neuerdings gar Transformationsforschung sind selbstverständliche Bestandteile politischer Apparate, wissenschaftlicher Großinstitute und Hochschulen wie auch der Orientierungs- und Planungsabteilungen der Unternehmen geworden. Gerade strategisches Wissen, das Trendkenntnisse, Problemkunde und komplexe Methodiken der Pfadidentifizierung verknüpft, ist politisch gefragt.

Zugriffe auf die Zukunft

Der Ausbau der strategischen Zugriffsapparate betrifft besonders deutlich die klassische Technik- und Produktivkraftforschung, die unter der »*foresight*«-Etikette intensiviert und internationalisiert wurde. Sie wird deutlich komplexer bearbeitet und die Schwerpunkte haben sich geändert. Die neue Prominenz der Umwelt- und Energiefragen etwa, die ein Großteil der komplexen technischen Ressourcen an sich ziehen, ist gut zu erkennen – ein Blick auf die Website des Bundesministeriums für Bildung und Forschung genügt. Auch Mobilität, Ernährung, Gesundheit und Stadt sind profitable Themen. Viele Anstöße zur strategischen Bearbeitung dieser »Felder« gehen auf die Umorientierungen zurück, die die Ab- und Rückbauten des Fordismus und die neuen marktradikalen Wendungen des Neoliberalismus seit Ende der 1970er Jahre mit sich brachten. Gerade in der Stadt- und Raumentwicklung haben sich substantielle Residuen der Planungskultur gehalten. Sie bilden neben den strategischen Apparaten des Militärs, der Ökologie, den einschlägigen Abteilungen der Wohlfahrtsökonomie und ein paar Dutzend global agierender Großkonzerne die stark durchsetzungsfähigen Visions-, Prognose- und Planungscluster des Gegenwartskapitalismus. Zunehmend werden auch die Felder Bildung und Gesundheit sowie – weiter gespannt – die allmählich kohärentere Care-Ökonomie von meist expansiven, mächtigen, mediennahen, stark verwissenschaftlichten und häufig staatlichen Apparaten repräsentiert, die an der Zukunftsfähigkeit des Kapitalismus arbeiten. Bis auf den Militär- und Sicherheitskomplex reflektieren sie übrigens durchaus unterschiedliche Interessen aus der Ober- und Mittelklasse.

Andere große Themen sind weit weniger evident als die strategische Technik- und Produktivkraftforschung – aber ihre Zukunftsrelevanz steht außer Frage. Die »Großrisiken-« und »Sicherheits- (Militär)forschung« und die Erfassung der globalen *Power Shifts* hat in der Elitenperspektive des Davoser *World Economic Forum* oder des US-*National Intellligence Council* (um nur zwei von zahllosen Beispielen zu nennen) rapide an Bedeutung gewonnen: Die Risiken des Kapitalismus werden abgetastet und um Entwicklungspfade wird gekämpft. Sicher: Von einem »Planungskapitalismus« zu sprechen, wie dies vor ein paar Jahrzehnten als Residuum einer Idee der gleichsam reformsozialistischen Transformation des Staatskapitalismus in der Linken recht verbreitet war, macht keinen Sinn. Das alte Modell der »Zukunftsforschung« und Unternehmens- bzw. Staatsplanung ist verschwunden – nicht aber der strategische Kampf um die Zukunft.

Die Zukunft wird anders

Die Spezialressourcen, die dafür eingesetzt werden, sind weitaus umfangreicher, elaborierter und professioneller als jene vor 50 Jahren. Sie werden immer stärker auf die Bewältigung des Schlüsselproblems konzentriert, das zu Beginn des zweiten Jahrzehnts des 21. Jahrhunderts endgültig in den Vordergrund gerückt ist: die Wende der stofflichen Reproduktionsdynamik des Kapitalismus, die symbolisiert wird von Fukushima und Deepwater Horizon. Der Untergang der Ölplattform Deepwater Horizon im Jahr 2010 führte zu einer der größten Ölkatastrophen in der Geschichte der Menschheit, übertroffen nur von der Ölpest am Persischen Golf im Gefolge des zweiten Golfkrieges. In drei Monaten flossen bis zu einer Million Tonnen Öl ins Meer.

Doch die Ölpolitik hat sich nur in einer Hinsicht verändert: Da die Ölfördermengen nicht mehr gesteigert werden können (»Peak Oil«) spitzt sich der Kampf um die profitable Verwertung des rapide zu Ende gehenden Vorrats drastisch zu. Parallel steigen die Kosten und ökologischen Risiken der finalen Ölextraktion nahezu unkontrolliert an. Auch in den Subtext des Krieges in Libyen ist diese Gewalt eingeschrieben. Die Großmächte des fossilen Kapitalismus kämpfen um Zeit, denn sie arbeiten daran, ihre *power* in ein neues Regime zu überführen. Sie waren und sind noch die Treiber einer globalen energiepolitischen Dynamik, hinter der ein strategischer Gedanke stand: nach dem »Peak Oil« ein »*Peak Atom*« anzusteuern. Die Jahrhundertpläne der Nuklearindustrie stehen dafür. Sie waren die zentrale strategische Option im Transformationskonzept des fossilen Kapitals – ob als »Brücke« oder nicht.

Doch mit Fukushima steht diese Technologie plötzlich und erneut als vollends entgrenzte und außer Kontrolle geratene Technologie im Raum. Jetzt steht die Frage, ob die Atomkatastrophe als das Endspiel der fossilistischen Energiewirtschaft in die Geschichte des Kapitalismus eingehen wird, denn ihre nicht erst neuerdings als »Brückentechnologie« in ein neues Profitregime gefeierte »after oil«-Energiequelle beginnt, politisch zu versagen. Die alte stoffliche Basis des globalen energiepolitischen Regimes gerät ins Rutschen, die das ganze wunderbare Geschäft buchstäblich befeuerte:»Laufende Atomkraftwerke«, skizzierte die Frankfurter Allgemeine Sonntagszeitung vom 13.3.2011, »sind praktisch wie Gelddruckmaschinen, sie werfen im Normalbetrieb gewaltige Gewinne ab. Was davor und danach Kosten verursacht, wird sozialisiert. Forschung und Endlager zahlt der Staat, die Folgen eines Unfalls trägt die Gesellschaft, weil keine Versicherungsgesellschaft der Welt dieses Risiko übernehmen würde«. Bliebe zu ergänzen, dass mit dem militärischen Staatsapparat im Zweifel ein treuer und zahlungskräftiger Kunde als *Backbone* bereitsteht.

Um Verlängerungen dieses »fabelhaften« Geschäftsmodells wird natürlich noch lange und zäh gekämpft werden. Noch haben seine Protagonisten und Herren Macht über die Gegenwart und versuchen, eine andere, postfossile Welt in das brüchig gewordene Prokrustesbett dieses Geschäftsmodells zu zwingen, das einem grünen Kapitalismus zugrunde liegen soll. Auch die nun weltweit neu legitimierte grüne Ökonomie soll nach den skizzierten Maximen einer Gelddruckmaschine arbeiten. Diese kaum zu überschätzende Transformation der energetischen (stofflichen) Grundlagen des Kapitalismus wurde seit 2007/08 von der Explosion der Finanzmarktkrise überlagert, die auf viele Wirtschaftsfelder übergriff und das neoliberale Wirtschaftsmodell (darunter das »Exportmodell Deutschland«) und seine Leitindustrien (wie die Automobilindustrie) erschütterte.

Eine beispiellose Politik der Staatsverschuldung brachte die Krise zwar wieder provisorisch unter Kontrolle, ohne jedoch Perspektiven für eine dauerhafte Stabilisierung zu eröffnen, da sie die Grundsituation der Überakkumulation nicht beseitigte und bisher keinen Weg zu einem Akkumulationsmodell eröffnete, das auf einer anderen stofflichen, nicht-fossilistischen Grundlage und einer Abkehr vom jahrzehntelangen Prozess der Vertiefung der ökonomischen und sozialen Ungleichheit beruhen müsste, der erst die Verlagerung der Kapitalanlagen auf die Finanzmärkte ermöglichte. Ein Um- und Rückbau der Finanzmarktindustrie sowie der Ökonomien des fossilen Kapitalismus und seiner Industrien ist die doppelte Aufgabe, der sich jede zukunftsfähige Wirtschafts-, Umwelt-, Finanz- und Sozialpolitik stellen muss.

Methodik der Zugriffe

Ob es hegemoniefähige Ansätze für eine solche Veränderung gibt, lässt sich am Beispiel der Automobilgesellschaft sehen, denn Verkehr und Mobilität spielen eine Schlüsselrolle bei der Politik des postfossilen Neoliberalismus. Das seit Ende des vorletzten Jahrhunderts entstandene, vom privaten Automobilismus getragene Modell ist nicht nachhaltig und nicht mehr bestandsfähig. Die Rede ist von einer »Endzeit des Automobilismus« oder von einer »zweiten Revolution des Automobils« (Freyssenet). Die erste große Krise des neoliberalen Kapitalismus hat die Bemühungen, die stoffliche Grundlage des fossilen Mobilitätssystems umzustellen, deutlich verstärkt. In den letzten Jahren sind eine Reihe von Road Maps, Trendanalysen, Szenarien,

Prognosen, Visionen, Weißbüchern usw. publiziert worden, die Zielvorstellungen und Wege zu einer veränderten Verkehrsordnung skizzieren.

Die methodischen Grundanlagen dieser Studien ähneln sich häufig. Vorhandene Entwicklungstendenzen der letzten Jahre (oder Jahrzehnte) werden trendanalytisch identifiziert und fortgeschrieben, wobei zumeist eine gute Handvoll »Megatrends« als Einflussgrößen herangezogen werden und eine Fülle von quantiativen Indikatoren in Ansatz kommt. Gängig ist die Rede von Demografie (»Demographic change is transforming the EU with inevitable consequences« – formuliert das Verkehrs-Weißbuch 2010), Wirtschaftswachstum, Ölpreisentwicklung, Technikentwicklung, Urbanisierung, Klimatrends, Ressourcenknappheit. Die daraus extrapolierten Zustände – in 2020, 2030 oder 2050 – werden normativ bewertet und als Referenzzustände zu strategisch gesetzten alternativen Zielvorstellungen (»strategic visioning«) in Bezug gesetzt.

Varianten dieser Zustände werden zu zentralen Leitideen von Szenarien verdichtet, an die Entwicklungspfade oder road maps gekoppelt werden. Die Szenarien prägen einzelne Merkmale und Trends (»Stagnation«, »Wachstum«, »Starkes Wachstum«) besonders aus – wobei »Rückgang« oder »Krise«, gar »(Trend-)Brüche« eher seltene Fälle sind – sie zu denken mag der Kapitalismus offenbar nicht. Zumeist gibt es dann politische Umsetzungsempfehlungen, die sich an einzelnen Szenarien oder Kombinationen von »Zukünften« orientieren.

Der begrenzte Konsens

Bemerkenswert ist, dass eine Reihe von Extrapolationen und Trendeinschätzungen (die von sehr unterschiedlichen Autoren und Institutionen kommen) ähnliche Ergebnisse erbringen und folgerichtig auch ein gewisser Grundbestand an Problemlösungen und Handlungsorientierungen Konsens ist – eine zentrale Voraussetzung für politische Durchsetzungsfähigkeit. Zu den übereinstimmenden Trendeinschätzungen unter den Bedingungen einer *Fortschreibung* der gegenwärtigen Entwicklungen gehören etwa:

■ Die zentrale Stellung der individuellen Automobilität bleibt zulasten der Ausdehnung der anderen Verkehrsarten;
■ mittelfristiges Wachstum der Durchschnittsmobilität;
■ Priorisierung von Hochgeschwindigkeitsnetzen;
■ zunehmende Altersmobilität;
■ Zunahme des Flächenverbrauchs;
■ Zunahme des Energieverbrauchs;

■ Kontinuierliches Wachstum der Transportkosten nicht zuletzt aufgrund wachsender Ölpreise;

■ starkes Anwachsen der CO_2-Emissionen;

■ Zunahme der Stau-, Lärm- und Unfallkosten;

■ Konzentration alternativer (Elektro-)Mobilität auf die großen Stadtzentren, wo der Motorisierungsgrad sinke;

■ Digitalisierung/Vernetzung der Mobilität;

■ Regionale und soziale Disparitäten nehmen zu;

■ Rasche Ausdehnung der Mauts und Nutzerabgaben für PKWs;

■ Das Verhältnis von Eigentum an PKWs und Nutzung verändert sich.

Trends werden auch hier in aller Regel als etwas gedacht, was sich verstärkt und ausdehnt. Verkehr und Mobilität zeichnen sich so durch »Wachstum« und Expansion dieser Faktoren aus. Damit aber beeinflussen sie in dieser Sicht zunehmend andere Schlüsselfaktoren: Energie, Klimawandel, Ressourcenentwicklung, Globalisierung, Landnutzung, Urbanisierung, Entwicklung des Kapitalstocks, Produktivitätsentwicklung etc. Eine Fortsetzung dieser kritischen und offenbar problematischen Entwicklungen würde negativ auf diese Faktoren einwirken und sich zu einem systemwirksamen Krisenfaktor entfalten. Binnen weniger Jahre haben die stoffliche bzw. ökologische (und die demgegenüber kaum genannte soziale) Krise das Bewusstsein gestärkt, »dass es so nicht weitergehen kann«. Eine Fortschreibung, Ausweitung und Vertiefung der skizzierten Trends wird immer weniger akzeptiert. Ein weitgehender Konsens ist entstanden, dass eine solche Zukunft der Mobilität nicht wünschenswert ist und »etwas getan werden muss«. Kein Konsens aber besteht darüber, *wie* die problematischen Entwicklungen gestoppt werden könnten und *was* an ihre Stelle treten muss. Ein radikales Plädoyer für einen Bruch ist noch die Ausnahme – und wie dieser zustande kommen könnte, darüber gibt es erst recht keine Einigkeit.

Die Politik der Global Player der Mobilität von der Ölindustrie und die »neuen« Energieunternehmen über die Auto- und Transportindustrie bis hin zu den Akteuren der Infrastruktur steht demgegenüber mittlerweile für die Kombination von »gleitendem Übergang« und »dynamischer Anpassung« (so die blumigen Namen zweier Mobilitätsszenarien des Bundesministeriums für Verkehr, Bau und Stadtentwicklung aus dem Jahr 2006): Sicherung des individuellen Automobilismus durch die Nutzung einer neuen Unterschiedlichkeit von Energieträgern und Antrieben.

Es scheint, als ob bei allem milliardenschweren Drum und Dran (»zweite Revolution«) immer noch der einfache Modellwechsel die Geschäftsidee ist: Veränderung (und ihren Schein) zu verkoppeln mit möglichst viel sozialer und kultureller Kontinuität. An der neuen Unterschiedlichkeit wird periodisch seit Jahrzehnten gearbeitet, mit der E-Mobilität im Zentrum. Die absoluten stofflichen Schranken des alten Modells, die ökonomische Krise des Exportmodells und der *power shift* auf dem globalen Mobilitätsmarkt zugunsten China, Indien und Russland hat vor allem in der Bundesrepublik, den USA und Frankreich die Orientierung auf diese Veränderung vorangetrieben.

Modellwechsel bedeutet natürlich, dass ein solches politisches Projekt komplex, konkurrent und kapitalmehrend sein muss. »Wettbewerbsfähige Verkehrssysteme sind entscheidend für Europas weltweite Konkurrenzfähigkeit«, formulierte der EU-Kommissar für Verkehr Siim Kallas den kapitalistischen Grundgedanken anlässlich der Vorlage des EU-Weißbuchs zum Verkehr am 28.3.2011 und die entsprechende Presseerklärung (IP/11/372 v. 28.3.2011) macht sich im neoliberalen Kauderwelsch für die Stärkung der privaten Generierung von Erträgen stark: »Umfassendere Anwendung des Prinzips der Kostentragung durch die Nutzer und Verursacher und größeres Engagement des Privatsektors zur Beseitigung von Verzerrungen, Generierung von Erträgen und Gewährleistung der Finanzierung künftiger Verkehrsinvestitionen.« Die Alternative hierzu ist eine Politik, die vieles – wenn nicht alles – ändern muss, damit es nicht so wird, wie es jetzt schon ist. Normative und politische Zielmarken einer solidarischen Mobilität, wie sie etwa jüngst im VIVER-Projekt umrissen wurden, schließen ein:

- die Stärkung des öffentlichen Verkehrs und einer multimodalen Mobilität mit dem zentralen Ziel einer sozial gerechten Mobilität;
- Um- und eben auch Rückbau der Produktion und materiellen Struktur der fossilen Mobilität (»Weniger Autos sind natürlich besser als mehr« – so der im Frühjahr 2011 zum baden-württembergischen Ministerpräsidenten gewählte Grüne Winfried Kretschmann) als Weg aus der Autogesellschaft;
- radikale – also an die Wurzeln gehende! – Einbeziehung ökologischer Imperative in die Ökonomie und den Stoffhaushalt des Verkehrs;
- eine veränderte Raumplanung, Arbeits- und Freizeitgestaltung zur Vermeidung von Wegen und Landverbrauch;
- massive Förderung von Nutzungszugang, Beteiligung, Teilen (»sharing«) und Einschluss zulasten der hierarchischen und ausschließenden Effekte privater und kommerzieller Mobilität – also die strategische Entwicklung der Mobilität als Commons;
- Umbau der Staatsabteilung »Verkehr« in ein breites Politikfeld demokratischer Mobilität;
- Entwicklung einer Kultur der Nachhaltigkeit, sozialen Gerechtigkeit, Urbanität, Multimodalität, der Entschleunigung und Regionalisierung.

Eine solche Wendung hin zu den *alternativen* Zukunftsperspektiven eines bestandsfesten sozial-ökologischen Umbaus – einer großen Transformation der Mobilität – ist ohne Rückbau und tiefe Konflikte um eine andere politische Ökonomie der Naturaneignung nicht zu bekommen.

Literatur

Berger, Roland, 2010: *Automotive landscape 2025: Opportunities and challenges ahead,* Februar 2011

Bundesministerium für Verkehr, Bau und Stadtentwicklung, 2006: *Mobilitätsentwicklung bis 2050,* Berlin

Deutsche Akademie der Technikwissenschaften, 2010: *Wie Deutschland zum Leitanbieter für Elektromobilität werden kann. Status Quo – Herausforderungen – Offene Fragen.* Reihe acatech Position Nr.6, Berlin-Heidelberg

Europäische Kommission, 2011: *WEISSBUCH Fahrplan zu einem einheitlichen europäischen Verkehrsraum – Hin zu einem wettbewerbsorientierten und ressourcenschonenden Verkehrssystem,* Brüssel 28.3.2011

Farla, Jacco, u.a., 2010: Analysis of barriers in the transition toward sustainable mobility in the Netherlands, in: *Technological Forecasting & Social Change* (77), 1260-69

Hamm, Bernd, 2010: The study of futures, and the analysis of power, in: *Futures* (42), 1007-18

Institut für Mobilitätsforschung der BMW Group (Hrsg.), *2010: Zukunft der Mobilität. Szenarien für das Jahr 2030, Zweite Fortschreibung,* München

Lohbeck, Wolfgang, 2010: *Mobilität im Jahr 2050: Small, Intelligent, Light, Efficien,* Gastbeitrag vom 31.8.2010 im Daimler-Mitarbeiter-Blog [http://blog.daimler.de/2010/08/31/gastbeitrag-mobilitaet-im-jahr-2050-small-intelligent-light-efficient/]

Moriarty, Patrick, u. Damon Honnery, 2008: Low-mobility: The future of transport, in: *Futures* (40), S. 865-872

National Intelligence Council, 2008: *Global Trends 2025: A Transformed World,* Washington

OECD International Transport Forum, 2010: *Transport Outlook 2010. The Potential for Innovation,* OECD/ITF

ScMI, o.J.: *Die Zukunft der Mobilität in Ballungsräumen,* http://www.scmi.de/de/referenzen/szenario-studien/zukunft-mobilitaet-in-ballungsraeumen

Wissenschaftlicher Beirat der Bundesregierung Globale Umweltveränderungen (WGBU), 2011: *Welt im Wandel. Gesellschaftsvertrag für eine Große Transformation,* Berlin 2011

Schade, Wolfgang, u.a., 2011: *VIVER. Vision für nachhaltigen Verkehr in Deutschland,* Fraunhofer ISI Working Paper Sustainability and Innovation, Nr. S 3/2011

World Business Council for Sustainable Development, 2010: *Vision 2050. The new agenda for business,* Genf

World Economic Forum, 2010: *Global Risks 2010. A Global Risk Network Report,* Genf

Jörg Schindler

Vom fossilen Verkehr zur postfossilen Mobilität
Die veränderte Rolle des Automobils nach dem Peak Oil

Der Lebensstil in den industrialisierten Ländern der Welt beruht auf der reichlichen und billigen Verfügbarkeit von Erdöl. Obwohl jeder weiß, dass Erdöl als eine fossile Energiequelle endlich ist (wie auch Kohle, Erdgas und Uran) wird gleichzeitig die Tatsache der Endlichkeit als rein theoretisch wahrgenommen, die keine praktischen Auswirkungen hat. Dies erweist sich mit dem jetzt erreichten Maximum der weltweiten Ölförderung (»Peak Oil«) als eine folgenreiche Fehleinschätzung. Dies hat zur Konsequenz, dass ein Wandel unseres Energiesystems nicht nur wünschenswert, sondern unausweichlich ist, weil er erzwungen werden wird. Besonders und zuerst wird der moderne, fossil getriebene Verkehr betroffen sein. Damit steht auch die Rolle des Automobils vor einem Wendepunkt.

»Peak Oil« ist jetzt

Gemeinhin wird versucht, eine Projektion der künftigen Entwicklung der Ölförderung auf die berichteten Ölreserven in den verschiedenen Regionen zu stützen. Diese Angaben sind jedoch unsicher. Zielführender sind die Beobachtung des historischen Verlaufs der Ölförderung und die Identifizierung typischer Muster. Dabei zeigt sich, dass jedes Ölfeld eine zuerst wachsende und nach dem Überschreiten eines Höhepunkts eine kontinuierlich abnehmende Förderung aufweist. Dieser Verlauf hat vor allem geologische Ursachen. Man sieht auch, dass in Regionen, in denen die Förderung nicht durch technische, ökonomische oder politische Restriktionen eingeschränkt ist und die ihr Fördermaximum überschritten haben, der folgende Förderrückgang irreversibel ist. Die Höhe der vermuteten verbleibenden Reserven hat dann auf die Projektion der künftigen Förderraten nur noch einen schwachen Einfluss.

Inzwischen haben 26 Regionen/Länder ihren jeweiligen »Peak« überschritten. Dazu zählt auch Saudi-Arabien mit dem »Peak« im Jahre 2005. Insgesamt haben diese Länder ihr gemeinsames Fördermaximum 1997 mit etwas über 42 Mb/Tag (Mio. Barrel pro Tag) erreicht. Seitdem ist die Förderung um fast 6 Mb/Tag zurückgegangen. Diese Gruppe ist sowohl zahlenmäßig als auch bezogen auf das gemeinsame Fördervolumen die größte Gruppe. Ihre Ölförderung wird in Zukunft stetig abnehmen. Weitere sieben Länder befinden sich auf einem Förderplateau mit einer gemeinsamen Förderung im Jahr 2009 von etwa 23 Mb/Tag. Es bleiben noch neun Länder mit einer gemeinsamen Förderung von etwa 12 Mb/Tag, die ihre Förderung vielleicht noch ausweiten können. Aber auch diese Länder werden bald ihr jeweiliges Fördermaximum erreichen. Tatsächlich hat die globale Förderung von konventionellem Öl seit Mitte 2004 ein Plateau erreicht (Abbildung 1).

Dies zeigen insbesondere die jährlichen Förderraten, die im Jahr 2005 ein Maximum erreicht haben. Seitdem ist die Förderung trotz einiger Schwankungen immer darunter geblieben und wurde nach den bisher vorliegenden Zahlen auch im Jahr 2010 nicht übertroffen. Dieses nunmehr bereits sechs Jahre andauernde Plateau ist für viele Beobachter umso überraschender, als genau in diesem Zeitraum die Ölpreise auf nie dagewesene Höhen gestiegen sind. Das Angebot konnte auch bei steigenden Preisen nicht mehr ausgeweitet werden, und das über viele Jahre hinweg. Diese Situation ist erstmalig in der Geschichte der Ölindustrie. Der »Peak« der weltweiten Ölförderung ist jetzt erreicht. Der Abstieg von dem jetzt erreichten Plateau kann jederzeit beginnen, jedoch wahrscheinlich spätestens 2012/2013. Dann wird sich bis zum Jahr 2030, also in einem Zeitraum von nur zwei Jahrzehnten, das weltweite Ölangebot etwa halbieren. Dies ist eine Entwicklung, die im Gegensatz zu allen offiziellen Szenarien steht und auf die (auch deshalb) niemand vorbereitet ist.

Abbildung 1: Weltweite Ölförderung (in Mio. Barrel/Tag) und Ölpreis 1994-2010

Quelle: US Energy Information Agency – EIA 2010, Darstellung Ludwig-Bölkow-Systemtechnik

Selbst die Internationale Energieagentur (IEA), die in ihren Projektionen immer noch von einem weiteren kontinuierlichen Wachstum aller fossilen Energieträger ausgeht, hat in ihrem neuesten World Energy Outlook 2010 festgestellt, dass die Förderung von konventionellem Öl bereits im Jahr 2006 ihren »Peak« bei 70 Mbd erreicht hat. Dies stellt eine Kehrtwendung in der Kommunikation der IEA dar, die aber merkwürdigerweise von der Öffentlichkeit praktisch nicht wahrgenommen wurde. Doch soll der von der IEA aufgezeigte dramatische Rückgang der gegenwärtig produzierenden Ölfelder durch die Erschließung von schon bekannten und vor allem auch von noch neu zu entdeckenden Ölfeldern ausgeglichen werden. Das mäßige Wachstum der Ölförderung insgesamt soll durch einen wachsenden Beitrag nichtkonventioneller Öle (und von Natural Gas Liquids) möglich sein. Insgesamt ein sehr unwahrscheinliches Szenario.

Eine verstärkte Nutzung von Erdgas und Kohle wird den künftigen Rückgang beim Erdöl nicht ausgleichen können – weder gemessen am Energiegehalt der Energieträger, noch was die unterschiedlichen Nutzungszwecke angeht. In der Konsequenz bedeutet dies, dass die Knappheiten bei allen fossilen Energieträgern nahezu gleichzeitig eintreten werden. Nuklearenergie wird aus einer Vielzahl von Gründen ebenfalls die Lücke nicht füllen können. Wir erleben jetzt den Beginn vom Ende des fossilen Zeitalters, der Auftakt dazu war das Erreichen von »Peak Oil« (Näheres dazu in *Zerta 2011*).

Folgen des Erfolgs und die Nichtnachhaltigkeit des fossilen Verkehrs

Industrialisierung und Entwicklung des modernen Verkehrs sind untrennbar miteinander verbunden. Die Nutzung der Kohle markiert den Beginn des fossilen Zeitalters und den Beginn der Beschleunigung: Die Kohle befeuerte die neuen Dampfmaschinen, die auch den Bau von Eisenbahnen und Dampfschiffen ermöglichten. Nur der Verkehr auf der Straße blieb noch lange Zeit präfossil: Fußgänger, Reiter und von Tieren gezogene Fuhrwerke. Das änderte sich erst mit der Erfindung des mit Benzin und Diesel angetriebenen Verbrennungsmotors.

Diese Kombination hat gegenüber Dampfmaschine und Kohle weit überlegene technische Eigenschaften bezüglich Wirkungsgrad, Gewicht, Volumen und Regelbarkeit des Antriebs, sowie Energiedichte und Handhabbarkeit des Kraftstoffs in den Verkehrsmitteln. Damit wurde es möglich, neue und leistungsfähige Fahrzeuge für die Straße zu bauen: Automobile, Autobusse, Lastkraftwagen und Motorräder. Auch der Bau von Motorflugzeugen wurde so möglich.

Öl ist der Treiber des modernen Verkehrs. Erdöl war seit Mitte des 19. Jahrhunderts in großen Mengen entdeckt worden und die steigende Nachfrage der neuen Verkehrsmittel im 20. Jahrhundert sorgte für einen wachsenden Erdölmarkt. Der moderne, mit Erdöl angetriebene Verkehr hat eine zunehmende Gravitation in Gang gesetzt. Autos, Busse und LKWs haben den Raumwiderstand reduziert (zeitlich, ökonomisch, emotional...). Der Aktionsradius ist laufend größer geworden: Wohnen und Arbeiten, Einkaufsorte, öffentliche Einrichtungen, Erholung und Urlaubsorte können immer entfernter sein. Weil das attraktiv ist, hat es sich auch immer weiter in diese Richtung entwickelt. Siedlungs- und Verkehrsinfrastrukturen sind rückgekoppelt und verstärken so diese Tendenzen.

All dies hat zu einer ständig steigenden Bedeutung der Straße im Personen- und Güterverkehr geführt. Der von Erdöl getriebene Verkehr wurde so zum dominanten Modell. Er wurde zu Voraussetzung, Folge und Symbol des westlichen Wohlstandsmodells und schließlich zum globalen Entwicklungsmodell.

Was wir gerade erleben, sind die Folgen des Erfolgs. Weil das westliche Entwicklungsmodell so attraktiv war und jetzt von einem größeren Teil der Welt kopiert wird, kommt es umso schneller an sein Ende. Mit »Peak Oil« werden die Grenzen des Wachstums des fossilen Verkehrs erreicht, die bisherige Dynamik der Verkehrsentwicklung kommt an ein Ende. Denn das Modell des fossilen Verkehrs ist nicht verallgemeinerbar. Es ist nicht übertragbar auf die ganze Welt und auch nicht fortsetzbar für künftige Generationen. Das ist trivial, hat aber weitreichende Folgen. Die Konsequenzen von »Peak Oil« für den Verkehr werden sofort spürbar, wie sich an der Krise der Automobilindustrie zeigt, die etwa im Jahr 2005 in den USA begonnen hat, und an den Turbulenzen der Airlines. Diese Krisen haben strukturelle Ursachen und werden sich – unabhängig von kurzfristigen konjunkturellen Schwankungen – in Zukunft weiter entfalten.

Die Transition vom fossilen Verkehr zur postfossilen Mobilität

»Peak Oil« markiert einerseits das Ende von *business as usual* (BAU) und ist andererseits der Beginn von etwas Neuem, nämlich einer epochalen Transition, einem Übergang in eine postfossile Welt. Dieser ist unvermeidlich und steht jetzt an. Was bestimmt die postfossile Welt, den postfossilen Verkehr? Wird die Zukunft sein wie die präfossile Zeit? Die postfossile Welt wird sich offensichtlich grundlegend von der präfossilen Welt unterscheiden. Grund dafür sind die Basisinnovationen des fossilen Zeitalters:

- die Nutzung der Elektrizität,
- die Nutzung des vollen Spektrums erneuerbarer Energien,
- die Technologien der Datenverarbeitung und der Kommunikation,
- das Fahrrad als erstes postfossiles Verkehrsmittel!

Was heißt das aber konkret für Verkehr und Mobilität in einem postfossilen Kontext? Dazu müssen wir zuerst den Blick erweitern. Der Aufstieg des modernen Verkehrs, seine Erfolgsgeschichte und seine Dominanz, haben auch die allgemeine Wahrnehmung geprägt. Vielfach wird Mobilität gleichgesetzt mit Verkehr, und Verkehr wiederum wird im Wesentlichen mit motorisiertem Verkehr gleichgesetzt. Wenn man von Verkehr spricht, dann ist der Blick auf (motorisierte) Verkehrsmittel und die dazugehörigen Infrastrukturen gerichtet: auf Automobile und Straßen, auf Züge und Schienenwege, auf Flugzeuge und Flughäfen sowie auf Schiffe und Häfen. So wie der moderne Verkehr fossil geprägt ist, so ist auch die Wahrnehmung von Verkehr – das *mental framing* – fossil geprägt: »Motorisiert ist besser als nichtmotorisiert«, »schneller ist besser als langsamer« und »weiter ist besser als näher«.

Diese Sicht verstellt jedoch das Wesentliche: Tatsächlich geht es um den Menschen und seine Bedürfnisse, die nur an anderen Orten erfüllbar sind. Daher ist Mobilität der grundlegendere Begriff, weil er vom Menschen ausgeht. Mobilität umfasst die Beweglichkeit (Potenzialität: Was könnte ich machen an mir erreichbaren anderen Orten), die Bewegung (die tatsächliche Ortsveränderung – den Verkehr) einschließlich des Ankommens (und Innehaltens) sowie das Bewegende (die Emotionen). Wie kann Mobilität für alle Menschen gesichert werden, wenn die bisher so billig und reichlich erscheinenden fossilen Energiequellen zur Neige gehen? Dazu müssen wir uns von der mentalen Landkarte des fossilen Verkehrs verabschieden. »Fossiles Denken schadet noch mehr als fossile Brennstoffe.« (Bank Sarasin)

Sieben Leitplanken postfossiler Mobilität

Die Zukunft ist prinzipiell offen und in vielfältiger Weise gestaltbar. In »vielfältiger Weise« heißt aber nicht beliebig. Es gibt naturgesetzliche Schranken, und es gibt Schranken, die durch nicht-nachhaltige Strukturen gesetzt werden. Wir schlagen daher einige »Leitplanken« vor, die für die anstehende Transition eine klare Richtung vorgeben.

1. Vielleicht die grundlegendste und weitreichendste Leitplanke für eine zukunftsfähige postfossile Welt findet sich im Prinzip der Verallgemeinerbarkeit. Damit ist gemeint, dass nur solche Strukturen zukunftsfähig sind, die im Prinzip von allen Menschen auf der Welt heute und in Zu-

kunft gleichermaßen gelebt werden können. Das gilt vor allem für den Energieverbrauch, den Flächenverbrauch und den Verbrauch von Rohstoffen und Materialien. Dieses Prinzip der Verallgemeinerbarkeit ist eine wesentliche Bedingung für Nachhaltigkeit.

2. Energie ist nicht mehr reichlich und billig, sondern knapp und teuer. Mit Energie muss wirtschaftlich umgegangen werden: Effizienz ist kein hohles Schlagwort mehr, sondern eine Notwendigkeit.

3. Fossile Energien müssen durch erneuerbare ersetzt werden. In den kommenden Jahrzehnten wird der Kraftstoff für den fossilen Verkehr deutlich weniger werden. Das Einphasen von erneuerbarer Energie in den motorisierten Verkehr wird nicht in der Geschwindigkeit möglich sein, dass die entstehenden Lücken vollständig gefüllt werden können. Auch erneuerbare Kraftstoffe werden knapp und teuer sein.

4. Da Energie in Zukunft knapp und teuer sein wird, wird der Raumwiderstand – nämlich der Aufwand für Ortsveränderungen – steigen. Ziel muss es daher sein, nicht nur Verkehrsmittel effizienter zu machen, sondern vor allem zu effizienten Raum- und Siedlungsstrukturen zu kommen, die den Verkehrsaufwand reduzieren. Dies erfordert eine neue Balance zwischen Nähe und Ferne (die Nähe rückt wieder näher und die Ferne rückt ferner) und eine neue Balance zwischen langsam und schnell. Die Erhöhung des Raumwiderstandes wirkt sich insbesondere auch auf den Wirtschaftsverkehr aus – auf den Seeverkehr und den Luftverkehr, aber besonders auf die Ferntransporte mit LKWs auf der Straße. Dies wird für die regionalen Austauschbeziehungen Konsequenzen haben.

5. Körperkraftmobilität für Gesundheit und Wohlbefinden. Der Mensch wurde in der Evolution zum Menschen durch den aufrechten Gang. Die Notwendigkeit zur Bewegung ist eine anthropologische Grundkonstante, die zur Erfüllung von Mobilitätsbedürfnissen zu nutzen ist. Bewegung aus eigener Kraft (*aktive Mobilität*) ist kein zu überwindendes Relikt aus präfossiler Zeit, sondern prägt wesentlich die postfossile Mobilität.

6. Die modernen Möglichkeiten der Informations- und Kommunikationtechnologien erweitern, bildlich gesprochen, den Mobilitätsraum der Menschen und ändern das Verhalten.

7. Die emotionalen Aspekte aller Formen der Mobilität sind ernst zu nehmen und zu nutzen. Nicht nur das Auto ist (durchaus zu Recht) emotional besetzt. Insbesondere geht es auch darum, die Attraktivität und Aufenthaltsqualität der öffentlichen Räume zu steigern.

Die veränderte Rolle des Automobils nach dem Peak Oil

Die dargestellten Szenarien der künftigen Energieversorgung sind ernst zu nehmen und müssen Grundlage der strategischen Planungen der Automobilindustrie sein. Ausgehend von der Tatsache, dass »Peak Oil« *jetzt* ist und angesichts der Tatsache, dass die bevorstehenden Strukturbrüche schon teilweise begonnen haben, ist keine Zeit zu verlieren. Bis etwa 2015 werden sich die Randbedingungen für die Automobilindustrie für alle erkennbar grundlegend geändert haben. »*Alle*« schließt hier auch die Kundschaft der Autoindustrie ein. Mit der Änderung des Weltbildes der KonsumentInnen (die quasi »über Nacht« erfolgen kann) wird sich auch ihr Kaufverhalten ändern, und sie werden feststellen, dass man in Zukunft andere Autos brauchen wird. Das wird dazu führen, dass sie die bisherigen Autos eher nicht mehr kaufen werden. Und solange es keine überzeugenden Alternativen gibt, werden sie die Autos, die sie bereits haben, erst einmal weiter betreiben. Damit steht der Branche ein Schock bevor (insbesondere auch weil die Anpassungszeiten der Industrie sehr viel länger sind).

Insgesamt wird sich die Rolle des privaten Autos wohl ändern. Es wird weniger dominant sein als heute. Effizientere Raumstrukturen und eine größere Rolle des Zufußgehens und des Fahrrads im Nahbereich werden neben anderen Faktoren zu diesem Ergebnis führen.

Aus den bisherigen Ausführungen lassen sich einige Handlungsfelder für die Autoindustrie ableiten, die für die Erreichung der Nachhaltigkeitsziele relevant sind.

■ *Auslegung der Automobile nach nachhaltigen Kriterien.* Heutige Automobile sind nicht wirklich optimiert im Hinblick auf die für den täglichen Gebrauch tatsächlich notwendigen Leistungsanforderungen. Im Allgemeinen sind die Fahrzeuge überdimensioniert in Bezug auf Gewicht, Motorleistung, Geschwindigkeit und Größe. Daher werden Fahrzeuge, die in Bezug auf nachhaltige Leistungsmerkmale optimiert sind, einen signifikant niedrigeren Energieverbrauch haben.

■ *Fahrzeuge optimiert für spezifische Anwendungen.* Das heute vorherrschende Allzweckauto muss ersetzt werden durch Automobile, die im Hinblick auf ihre jeweiligen Anwendungen optimiert sind. Diese Optimierungen sollten erfolgen in Abhängigkeit von regionalen Anforderungen (Nutzungsprofile, Fahrten in der Stadt oder auf dem Land, Straßenbeschaffenheiten) und Transportaufgaben (Personen, Güter, Nutzlasten).

■ *Erneuerbarer Strom ersetzt Benzin und Diesel als Kraftstoff.* Erneuerbarer Strom (aus Wasserkraft, Fotovoltaik, Wind, Geothermie) wird zunehmend die Hauptenergiequelle im 21. Jahrhundert sein. Die Biomassepotenziale sind demgegenüber sehr begrenzt. Die direkte Nutzung von Strom als »Kraftstoff« für den Verkehr weist die höchste Effizienz auf. Parallel dazu wird jedoch die Verwendung von Wasserstoff als Kraftstoff in all den Fällen nötig sein, in denen die Stromspeicherung in Batterien nicht anwendbar ist.

■ *Materialien und Technologien für den Leichtbau in Verbindung mit einer Reduktion der Stoffströme.* Eine der schwierigsten Aufgaben wird es wahrscheinlich sein, die Stoffströme zu reduzieren und die Recyclingrate der in den Automobilen verwendeten Materialien auf nahe 100% zu erhöhen. Der Wechsel von flüssigen fossilen Kraftstoffen zu Strom und Wasserstoff erfordert den Aufbau neuer Versorgungsinfrastrukturen. Diese Aufgabe wird dadurch erschwert, dass die Fahrzeugindustrie diesen Prozess nicht alleine bewirken kann und vielleicht auch nicht in der notwendigen Weise beeinflussen kann.

Alle angedeuteten Handlungsfelder sind von der Industrie durchaus erkannt und es wird vorgedacht und geforscht. Jetzt geht es aber darum, diesen Richtungswechsel auch in einer kurzen Zeit von vielleicht höchstens 10 bis 15 Jahren in Produkte umzusetzen. Dies ist aller Wahrscheinlichkeit nach eine Überlebensfrage für die Automobilindustrie. Diese Zeitspanne ist so kurz, weil in diesem Zeitraum ein dramatischer Rückgang des Ölangebots erfolgen wird und damit alte Geschäftsmodelle wegbrechen. Nur wer schnell genug auf das neue Umfeld reagieren kann, wird überleben.

Ein Blick auf vergangene technologische Umbrüche zeigt, wie schnell die Ablösung alter Technologien durch neue erfolgen kann. Beispiele sind der Ersatz der Röhre und des Relais durch Transistor und integrierte Schaltkreise, der Übergang vom Buchdruck zum Offsetdruck, der Ersatz der Kathodenröhren durch Flachbildschirme, die Verdrängung der klassischen Fotografie durch Digitalkameras. Diese technologiegetriebenen Beispiele zeigen, dass die meisten dieser Übergänge *radikal* waren (von den alten Technologien blieb im Markt fast nichts übrig) und dass sie auch *rasend schnell* erfolgt sind. Innovationen waren häufig mit tiefgreifenden Umbrüchen in der Industrielandschaft verbunden. Neue Unternehmen erobern die Märkte, alte verschwinden – und mögen die Unternehmen in der Vergangenheit noch so erfolgreich gewesen sein. Die deutsche Industriegeschichte seit den 1970er Jahren weist viele prominente Namen untergegangener Unternehmen auf. In Umbruchsituationen ist das Festhalten an alten Strukturen und Produkten kein Erfolgsrezept.

Noch eine abschließende Bemerkung. Global agierende Unternehmen müssen gerade in Umbruchzeiten, in denen sich die Nichtnachhaltigkeit vieler bestehender Strukturen erweist, daran interessiert sein, dass die Lebensverhältnisse in möglichst großen oder allen Teilen der Welt einer friedlichen Wirtschaftstätigkeit förderlich sind. Dazu gehört im Sinne der Übertragbarkeit der Lebensverhältnisse auf alle Menschen eine gerechtere Verteilung von Vermögen und Einkommen. Dies ist eine notwendige Voraussetzung, dass sich große Märkte auch langfristig entwickeln und bestehen können. Eine weitere notwendige Voraussetzung für nachhaltige Märkte ist eine friedliche Welt. Dies zeigt, dass diese sehr abstrakte Forderung der Verallgemeinerbarkeit, die mancher auf den ersten Blick vielleicht für ziemlich unverbindlich halten mag, in Wahrheit grundlegend und extrem weitreichend ist. Die Orientierung der Automobilindustrie an den Leitplanken für nachhaltigere Strukturen liegt in ihrem wohlverstandenen Eigeninteresse.

Literatur

Energy Watch Group (EWG), 2007: J. Schindler, W. Zittel, 2008: *Crude Oil – The Supply Outlook.* revised edition, www.energywatchgroup.org

International Energy Agency (IEA), *World Energy Outlook,* Paris, verschiedene Jahrgänge

Schindler, Jörg, 2011: *Öldämmerung – Deepwater Horizon und das Ende des Ölzeitalters,* München

ders., u. Michael Held, unter Mitarbeit von G. Würdemann, 2009: *Postfossile Mobilität – Wegweiser für die Zeit nach dem Peak Oil,* Bad Homburg

Zerta, M., W. Zittel, J. Schindler u. H. Yanagihara, 2011: *Aufbruch – Unser Energiesystem im Wandel,* München

Sabine Leidig
Umbauten: Solidarische Mobilität als Leitthema linker Politik

Der (buchstäblich schrittweise) Abschied von der Autogesellschaft könnte so schön sein: mit Ruhe und Gelassenheit in den Städten, in denen Kinder einfach draußen spielen, anstatt in eingezäunten Sonderzonen. Güterzüge rollen auf den Autobahnen und lärmen nicht durch die Dörfer; man müsste nicht unentwegt unterwegs sein... Es wäre eben eine andere Gesellschaft; eine, die nicht so dermaßen dem kapitalistischen Wachstumszwang unterworfen ist.

Der nicht nur Finanzmarkt getriebene, sondern auch Öl getriebene, fossilistische Kapitalismus, der auf der Jagd nach Kostenvorteilen und Marktanteilen die Waren (auch die Ware Arbeitskraft) immer schneller, höher, weiter transportiert, hat seinen »Globalisierungsglanz« längst verloren, weil Wohlstandsmehrung und Lebensqualität dabei zu häufig auf der Strecke bleiben. Die Kritik an dieser Wirtschaftsweise ist latent und eine große Mehrheit der BundesbürgerInnen will nicht »Wachstum um jeden Preis«. Es scheint, dass sich gesellschaftliche Mehrheiten herausbilden für einen wirtschafts- und gesellschaftspolitischen Kurs, der die dominierende Macht der Energiekonzerne, der Auto- und Beton-Industrie und den dazugehörigen Kapitalfraktionen zurückweist, anstatt sie zu bedienen. Das bringen auch die Massenproteste gegen Stuttgart21 und gegen Atomkraftwerke zum Ausdruck.

Es ist kein Zufall, dass diese wirkungsvollen Bewegungen um die Themen Energie, Bahn (Mobilität), Stadtentwicklung und Demokratie entstehen. Die Infrastruktur und die Angebote für Mobilität, Transport und Verkehr sind wesentliche Grundlagen und zugleich Ausdruck der Wirtschafts- und Lebensweise einer Gesellschaft. Es gibt eine Reihe von Widersprüchen, in deren Zentrum der (auto-)motorisierte Verkehr steht, und eine Reihe Gründe dafür, die Frage der Mobilität als strategisches Feld der gesellschaftspolitischen Auseinandersetzung von links zu besetzen.

Der »Peak-Oil« ist als Wendepunkt für die Entwicklung unserer fossilistischen, kapitalistischen (Wachstums-)Gesellschaft noch völlig unterbewertet. Die realistische Erwartung, dass der Öl- und Benzinpreis weiter erheblich steigen wird, erfordert zügige und zielgerichtete Umbauprozesse, um krisenhafte Zusammenbrüche und dramatische soziale Probleme zu vermeiden. Dabei ist, neben der Energiewirtschaft, der Transport- und Verkehrssektor ein Schlüsselthema. »Hinter der sozialen Frage steht eine zutiefst ökonomische... Wer nicht vom Öl wegkommt, wird davon ausgebremst. Die Ärmsten zuerst.«[1] Wie bei der Energieversorgung oder bei der Ernährung, setzt der Mainstream beim Verkehr auf technologische Innovation und freiwillige Verhaltensänderung. Entscheidend aber ist die Veränderung von gesellschaftlichen, ökonomischen und sozialen Strukturen.

Die Verkehrsstrukturen aber sind geprägt von den Interessen der Auto-, Flugzeug-, Logistik- und Ölkonzerne – mächtige *global player*, deren Einfluss auf die Regierungen und Parlamente groß und deren Fähigkeit zum »Umdenken« nicht existent ist. Die Flugverkehrsunternehmen zielen auf eine Verdreifachung der Kapazitäten, obwohl die klimaschädliche Wirkung enorm ist. Der Güterverkehr steigt seit Jahren mindestens doppelt so schnell wie das BIP, die Logistikbranche Deutschlands (größter Transportmarkt Europas) bedauert, dass bis 2025 nur 25% Zuwachs zu erwarten ist und drängt auf Straßenausbau. Die Autohersteller planen für die nächsten 20 Jahre eine Verdoppelung des PKW-Bestandes weltweit, obwohl das auf den planetaren Kollaps hinausläuft. Zwar verfügt das Verkehrsministerium über den größten Investitionsetat des Bundeshaushaltes und damit über beträchtliche Gestaltungsmacht; aber die herrschende Verkehrspolitik steckt in der Sackgasse. Sie ist im Wachstumswahn des globalisierten Kapitalismus und im Lobbyistengestrüpp verfangen. Sie betoniert einem Modell hinterher, das längst nicht mehr »Wohlstand für alle« verheißt, sondern die Wettbewerbsvorteile der auf Export/Transport orientierten Unternehmen sichern soll. Sie orientiert noch immer auf steigende *Verkehrsleistung*, wo es längst darum ginge, den *Verkehrsaufwand* zu reduzieren.

Es ist nötig, dieser Verkehrspolitik des letzten Jahrhunderts eine konkrete Utopie der solidarischen Mobilität entgegenzustellen. Dabei geht es um mindestens drei Dimensionen der Solidarität:

Erstens: Perspektive für Klimagerechtigkeit

Der Anteil des Verkehrs an den klimarelevanten CO_2-Emissionen ist in Deutschland auf etwa ein Fünftel der Gesamtemissionen angestiegen. Unter der bald unaufhaltsamen Veränderung der globalen Klimaverhältnisse leiden vor allem die BewohnerInnen des globalen Südens, während die Ursa-

---

[1] Aus »Ein gefährlicher Durst«, Kommentar von Michael Bauchmüller, Süddeutsche Zeitung, 4.3.2011.

che in der herrschenden Wirtschafts- und Lebensweise im globalen Norden liegt. Es ist also ein Gebot der wohlverstandenen internationalen Solidarität, dass wir unsere Mobilität so gestalten, dass Klimagerechtigkeit möglich wird. Das heißt, den CO_2-Ausstoß so reduzieren, dass jeder Mensch dieser Welt die gleiche Menge »verfahren« kann, ohne das Klima zu schädigen. Darüber hinaus hat Deutschland als führender Autoexporteur und bedeutende Wirtschaftsmacht für viele Länder eine Vorbildfunktion. Hier wurden die ersten Autos und die ersten Autobahnen gebaut. Hier wurde die autogerechte Stadt konzipiert – es wäre international bedeutsam, hier klimagerechte Alternativen durchzusetzen.

Zweitens: Partei ergreifen für die Schwachen

Schon heute leiden – auch hierzulande – Arme mehr unter dem Verkehr als Wohlhabende – obwohl sie weniger zur Belastung beitragen. An vielbefahrenen Straßen oder in den Einflugschneisen der Flughäfen leben vor allem die, die keine lärmfreie Wohnung bezahlen können. Von den 25% der bundesdeutschen Haushalte, die nicht über einen PKW verfügen, geben 70% finanzielle Gründe dafür an. Zugleich sind für viele Menschen mit kleinem Einkommen die Preise der Bahn und des ÖPNV zu hoch und/oder die Angebote unzureichend. Den sinnvollen Luxus, angenehm autofrei zu leben, leisten sich heutzutage immer mehr »BildungsbürgerInnen«, die den Wohnort frei wählen – aber dieser Luxus sollte allen möglich sein! Es ist also auch ein Gebot der Gerechtigkeit, gute und günstige öffentliche Mobilitätsangebote zu schaffen und AnwohnerInnen vor Verkehrsbelästigung zu schützen. Auch den Schwachen unter den VerkehrsteilnehmerInnen tut Unterstützung Not. Denen, die zu Fuß gehen, und den RadfahrerInnen ist Vorrang und Freiraum einzuräumen.

Drittens: Perspektiven für gute Arbeit

Das Institut für Transformation der Bundeswehr (Zukunftsanalyse) hat in seiner »Peak-Oil«-Studie im Jahr 2010 Szenarien skizziert. Die schlechteste Variante, die katastrophale wirtschaftliche Zusammenbrüche erwarten ließe, wäre weitermachen wie bisher und den Marktkräften freien Lauf lassen. Das hieße, dass gerade die Beschäftigten im Fahrzeugbau von Massenentlassungen, Arbeitslosigkeit und sozialen Abstieg betroffen wären. Dagegen wäre eine gestaltende, steuernde Politik nötig, die auf den planmäßigen Ausbau von Bahn und (Elektro-)ÖPNV, auf Stadtumbau, regionale Wirtschaftskreisläufe, Konversion, Stoffkreisläufe und Recycling-Konzepte setzt. Weil diese Alternativen arbeitsintensiver sind, als der sehr kapitalintensive Auto(bahn)bau, könnten mit einer Einheit Kapital aus dem gleichen Etat (öffentlicher Verkehrsetat, private Ausgaben für Verkehr) mehr (gesellschaftlich sinnvolle und gute) Arbeitsplätze geschaffen werden, als Jobs an anderer Stelle wegfallen. Solche mittelfristigen Umbrüche erfordern eine Arbeitsmarkt- und Arbeitszeitpolitik, die die Neuorientierung der Beschäftigten fördert und soziale Absicherung garantiert. Die Auto- und Flugzeugindustrie muss zurückgebaut werden.

Das Auto kann eine Zukunft haben – aber es muss sozial »neu erfunden« werden. Da geht es nicht um Technologie, nicht um kleinere, leichtere, sparsamere Modelle, mit denen der »grüne Kapitalismus« die Weltmarktführerschaft behalten oder erobern soll[2] und auch nicht um neue Antriebe oder Kraftstoffe. Auch durch Elektroantrieb und Biosprit wird der Autoverkehr nicht zukunftsfähig.[3] Beides ändert zu wenig am Auto selbst, bringt aber massive Zusatzprobleme: beim Elektroauto im Stromverbrauch und der Batterieentsorgung; beim Biosprit in der Landwirtschaft und der Umwelt. Das massenhafte Privatauto ist ein Auslaufmodell. Zukunft haben öffentliche Pkw als Bestandteil umweltverträglicher Beweglichkeit – kleiner, leichter, langsamer und vor allem viel weniger an der Zahl. Auch für Elektromobile gibt es eine sinnvolle Zukunft: öffentlich als Tram, O-Bus und Bahn. Und auch bei Zweirädern (Pedelecs machen das Fahrrad auch in Bergregionen und auf lange Distanzen attraktiv; Elektroscooter können lärmende, stinkende Mopeds ersetzen). Entscheidend ist, dass die öffentliche, kollektive, sparsame Mobilität so gefördert und entwickelt wird, dass niemand mehr das eigene Auto braucht. Und ebenso wichtig ist die Entmotorisierung der Städte, sodass die Leute nicht mehr Auto fahren wollen, weil sie auch anders »KönigInnen der Straße« sein können.

---

[2] Renate Künast im Interview mit der WELT, am 3.4.2011: »Ich registriere großes Interesse der Unternehmen an unseren Ideen für nachhaltige Mobilität. Sie wissen, dass sie andere, sparsamere Autos produzieren müssen, wenn sie auf den Weltmärkten bestehen wollen. ... Der Vorteil der Deutschen könnte darin bestehen, dass unsere Autos sicher sind, hohe Qualität bieten und die ökologischsten sind.«

[3] Deutlich wird das auch in einem Papier des Deutschen Städtetages. Dort heißt es: »Auch ein elektrisch angetriebenes Auto bleibt ein Gefährt mit vier Rädern. Als solches verbraucht es Flächen sowohl im ruhenden als auch im fließenden Verkehr und erhöht den ohnehin schon viel zu großen Kfz-Bestand in den Städten weiter.« (aus: Der Westen, Auto, 9.3.2011, David Schraven: Deutscher Städtetag sieht Elektroautos kritisch)

Menschengerechte Städte und eine andere Wirtschaftsweise

Mobilität kommt vom lateinischen »mobilitas« und meint »Beweglichkeit«. Um den Lebensmittelpunkt herum beweglich sein bedeutet *nicht*, zu viel und immer mehr Verkehrsaufwand (Zeit) und Kilometerkonsum gezwungen zu sein. Die Menschen fahren nicht einfach herum (von wenigen Ausnahmen abgesehen), sondern legen Wege zu bestimmten Zielen, aus bestimmten Gründen zurück (Verkehrsbedürfnisse): Wege zur Arbeit oder Ausbildung, Wege zum Einkaufen, Wege zu Kultur- und Freizeit, zum Urlaubsort, Begleitwege (mit Kindern, Kranken usw.). Eine gute, nachhaltige und solidarische Raum-und Verkehrsplanung sorgt dafür, dass die Menschen bei wenig Zeitaufwand, geringem Kilometerkonsum, wenig Öl- und Beton-Einsatz zu ihren Lebensorten kommen.

Die kapitalgetriebene Realität sieht aber ganz anders aus. Die Zerstörung kleiner Läden im Kiez und im Nahbereich hat den Einkaufsverkehr in einem halben Jahrhundert verzehnfacht – pro Person! Früher kaufte man um »die Ecke« (max. 500 m entfernt) ein, heute sind es oft 3,5 oder auch mal 10 km. Früher konnte man zu Fuß und per Rad einkaufen, heute oft nur per Pkw. Die Zerstörung der Städte – vor allem durch das Auto – führt dazu, dass man zur Erholung raus fährt; sodass der Freizeitverkehr (ohne Urlaub) inzwischen rund die Hälfte aller motorisierten Kilometer im Jahr ausmacht. Dabei ist es viel stressfreier, wenn große »Grüne Lungen« (wie z.b. der Englische Garten in München oder der Tiergarten in Berlin) die Städte so lebenswert machen, dass man nicht fliehen muss, um sich zu erholen.

Der Kampf um die Bäume im Stuttgarter Schlosspark zeigt, wie hoch dieses Gut geschätzt wird. Es wäre zeitgemäß, die Innenstadt der schwäbischen Metropole vom motorisierten Individualverkehr und LKW zu befreien – die sechsspurige Fahrbahn überflüssig zu machen und auf der Fläche neuen Lebensraum zu schaffen. Warum soll ein Bahnhof unter die Erde, wenn es um Stadtentwicklung geht? Damit der Mercedes-Stern die Oberhoheit behält?

Es mangelt nicht an Vorschlägen und Konzepten für Verkehrsvermeidung und umweltverträgliche Mobilität: Flächenbahnausbau mit neuen S-Bahnen, Regionalbahn- und InterRegiosystemen, barrierefreier Modernisierung und Wiederbelebung der mittleren und kleinen Bahnhöfe sowie dem Bau vieler neuer Haltepunkte. Differenzierte Bussysteme, die auch den ländlichen Raum anbinden. Städtebau und Stadtentwicklung der kurzen Wege, sodass Schule, Versorgungseinrichtungen und Kultur fußläufig erreichbar sind. Raumordnungspolitik, die Monostrukturen und Zersiedelung vermeidet und ÖPNV-Anschlüsse statt Parkplätze vorschreibt.

Eng verwoben, aber nicht identisch mit dem Individualverkehr ist der Güterverkehr. Auch der muss für »nachhaltiges Wirtschaften« radikal reduziert werden. Den verbleibenden Rest kann man weitgehend auf (elektrifizierte) Schienen und Binnenschiffe verlagern. (Der Rückzug der Güterbahnen aus der Fläche war ein Fiasko. Die Güterbahn muss auch im Nah- und Regionalbereich wieder leistungsfähig gemacht werden – und leise, damit die AnwohnerInnen nicht die Leidtragenden sind. Industrie- und Gewerbegebiete müssen wieder ans Schienennetz). Flugbenzin ist endlich zu besteuern und Gütertransporte auf der Straße müssen verteuert und verlangsamt werden, damit es sich nicht mehr lohnt, die Nordseekrabben in Marokko pulen zu lassen, um sie dann in Berlin zu verkaufen.

Aber eigentlich geht es darum, einen Paradigmenwechsel herbeizuführen, der das ganze Akkumulationsmodell und mit ihm das Konsummodell grundsätzlich in Frage stellt. Güterverkehr zu reduzieren ist nicht in erster Linie ein technologisches oder organisatorisches Problem, sondern eines der gesellschaftlichen Produktionsverhältnisse. Im Verkehrsbereich sind soziale und ökologische Fragen unauflöslich und anschaulich miteinander verbunden – vor Ort, im ganzen Land, europaweit und auch global. Ein mehr als exemplarisches Feld zur Entwicklung von Theorie und Praxis sozialökologischer Transformation. Für eine emanzipatorische, demokratische und zukunftsfähige linke Politik gibt es Handlungsfelder auf allen Ebenen: in den Kommunen, in den Ländern, im Bund und in Europa.[4]

Gut, dass bzgl. Mobilität schon verschiedentlich und punktuell »das Neue im Alten« verwirklicht wird, oder, dass es – positiv erinnerte – Realitäten gab und gibt: viele Eisenbahnverbindungen und Fabrikgleise, Urlaubsspaß ohne Billigflieger, Fahrradstädte wie Groningen, komfortable und unentgeltliche ÖPNV-Angebote, autofreie Sonntage (aktuell in Bogota), die Schweizer Bahn, oder die LKW-Maut in der Schweiz auf allen Straßen. Das alles ist mehr als graue bzw. rote Theorie, aber viel weniger als möglich und nötig ist. Eine Offensive für solidarische Mobilität, die es mit den Machtstrukturen der fossilen Kapitalfraktion aufnimmt, steht noch aus.

---

[4] »Verkehrswachstum entspricht den untersuchten Logiken der europäischen politischen Integration, dem Drang nach ökonomischer Produktivitätssteigerung und einer die meiste Zeit in zentralisierender Richtung verlaufenden Regionalentwicklung. ... Die derzeitigen Versuche, mit Verlagerungspolitiken, Verkehrsmanagement und über finanzielle Anreize eine Änderung herbeizuführen, können die Situation zwar mildern, aber nicht grundlegend für die Anrainerregionen verbessern. Unter dem Anspruch der Nachhaltigkeit auf globaler Ebene und im Interesse der Anrainer sind langfristige, grundlegendere Lösungen notwendig.« (Perlik, M., 2006: Europäische Integration und räumliche Differenzierung, Bolzano-Bozen)

Bernd Röttger

Betriebliche Konversion zwischen kapitalistischer Modernisierung und demokratisch-sozialistischer Transformation

»Wir leben immer noch im Zeitalter des Kapitalismus, die Versuche, den Sozialismus zu errichten, finden statt innerhalb der kapital. Welt, und scheitern zumeist an der Übermacht der gegenwärtigen Herrscher.«

Peter Weiss, Notizbücher 1971-1980, 163

1.

Relativ unvermittelt war es wieder da: das Problem der *Konversion*. Seitdem die objektiven Ursachen der jüngsten Krise des Kapitalismus sowohl vom akademischen Marxismus wie von der gewerkschaftlichen Wissenschaft in der neoliberalen Deregulierung, Privatisierung und Umverteilung erblickt wurden, schien die Forderung nach Konversion des ökonomischen Entwicklungsmodells sogar plötzlich die tagespolitische Agenda erklimmen zu können. Mehr noch: Angesichts massiver weltwirtschaftlicher Überkapazitäten in den Exportindustrien und anhaltender ökologischer Gefährdungen wurde Konversion in den Rang einer einzig Erfolg versprechenden Krisenüberwindung gehoben. Dass in ökonomischen Krisen des Kapitalismus quasi naturwüchsig entweder wirtschaftspolitische Alternativen auf die Tagesordnung katapultiert werden oder gar die politische Linke an die Macht gespült wird, gehört allerdings zu sehr alten, zugleich aber auch stets gepflegten Mythen nicht nur der marxistische Theorie- und Praxisgeschichte. Der Dichter Peter Rühmkorf spricht von einem »Kollektivproblem der veränderungsdurstigen Linken schlechthin«.

In das Zentrum dieser veränderungsdurstigen Debatten in der letzten Krise des Kapitalismus, die vor allem um die Doppelkrise von Ökonomie und Ökologie kreiste, wurde relativ schnell die Automobilindustrie gespült, in der sich exportgestütztes Wachstum, das mit der Implosion der kreditfinanzierten, privatisierten Nachfrage infolge des *Lehman-Crashs* einbrach, und ökologisch desaströse Lebensweise offensichtlich kreuzten.

Damit aber nicht genug. Mit Fragen der Konversion der Automobil*wirtschaft* sollten gleich mehrere Fliegen auf einen Schlag zu erlegen sein: die für den Umbau gesellschaftlicher Mobilität notwendigen industrie- und strukturpolitischen Interventionen, die eine neue Form der Investitionslenkung markieren würden, hätten neoliberalen Strategien der (grenzenlosen) Schaffung von neuen Anlagesphären für vagabundierendes Kapital den Garaus bereitet. Und die vormals eher getrennt schreitende »alte Arbeiterbewegung«, die in der Automobilindustrie immer noch ihre Hochburgen hat, und die »neue« ökologische Bewegung könnten sich im Umbau der Auto*gesellschaft* gar zu einem historischen Kompromiss von Wirtschaftsdemokratie und ökologischem Umbau vereinen.

Kaum hatte sich jedoch die Kurzarbeit in der Automobilindustrie und bei ihren Zulieferern mit dem Anspringen der Konjunktur im Sommer 2010 wieder in Sonderschichten für die Beschäftigten verwandelt, wurden Forderungen nach Konversion des sozio-ökonomischen Entwicklungspfades schnell zu Forderungen nach Konversion von Produktlinien eingedampft. In der nun geforderten Förderung von E-Mobilität und Energieeffizienz war die ursprüngliche Konversionsdebatte, in der immer auch wirtschaftsdemokratische Forderungen eingelagert waren, relativ zügig wieder auf dem Boden der kapitalistischen Realität aufgeschlagen: Sie nahm als Konzept ökologischer Modernisierung einer Branche Gestalt an, als grüne Umdekorierung des Kapitalismus. »Die politische Reaktion beginnt mit dem Umdekorieren«, notierte in einem anderen Zusammenhang lapidar einst Peter Rühmkorf.

Zudem konnte nicht mehr übersehen werden, dass in der makroökonomischen Regulierung inzwischen deutlich eine *restaurative* Krisenpolitik reüssierte, die darauf zielte, die Krise zu bearbeiten, indem sie den Zustand vor der Krise rekonstruierte. Sie organisierte den politischen Rahmen, in dem sich die Macht der gesellschaftlichen Kräfte, die durch die (von ihnen verursachte) Krise des Kapitalismus de-legitimiert schienen, erneuern konnte. Die zu Beginn der Krise temporär zu beobachtende »Rückkehr des Staates« in der Krisenregulierung und die faktische Verstaatlichung einiger Unternehmen und Banken – die den Mythos von einer Renaissance der *Mixed Economy* und damit sozialdemokratische Steuerungsillusionen nährten – erwies sich auf diesem Hintergrund faktisch als ein Prozess, in dem die Bourgeoisie nur die zentralen Bezugspunkte der Durchsetzung ihrer Interessen austauschte. Sie wechselte vom »Fluchtpunkt Ökonomie« (Elmar Altvater), mit dem sie sich im Gefolge der Weltwirtschaftskrise der 1970er Jahre aus den Fesseln des fordistischen Klassenkompromisses, der Gewerkschaftsmacht und den sozialstaatlichen Transferleistungen, befreien wollte, zum »Fluchtpunkt Staat«, der sie vor den eigenen Kräften der Selbstvernichtung schützen und die Kosten der Krise sozialisieren sollte. Der damalige Finanzminister Peer Steinbrück hat inzwischen – unfreiwillig – in seinem Buch *Unterm*

Strich genau beschrieben, wie und vor allem mit welchen Fraktionen des Kapitals, das staatliche Krisenmanagement seit dem Zusammenbruch von Lehman Brothers in der BRD zustande gekommen ist.

Die faktische Durchsetzung einer kapitalistischen Restauration im Krisenprozess zeigte erneut auf das deutlichste, dass mit dem von betrieblicher, gesellschaftlicher und politischer Linken vorgetragenen Verweis auf die *Notwendigkeit* des Umbaus eines wirtschaftlichen Entwicklungspfades nicht bereits »Blaupausen« wirkungsmächtiger Strategien vorliegen, aus denen sich Werkzeuge für eine demokratische Transformation kapitalistischer Entwicklung dann schon irgendwie zusammenstückeln lassen. Sie lehrte auch, dass eine Krise kapitalistischer Entwicklung nicht zwangsläufig auch einen Bruch mit der Macht der Kräfte bedeutet, die sie einst durchgesetzt haben – die Krise selbst und die ihr zugrunde liegenden Muster vorausgehender Prosperität.

Der »Weg zum Sozialismus« ist vor allem erst einmal »freizukämpfen«. So hat Wolfgang Abendroth (1982, 28) die Erfahrungen des Scheiterns der historischen Arbeiterbewegung auf den Punkt gebracht. Diese Erkenntnis gilt insbesondere in Zeiten ökonomischer Krisen. Im *18. Brumaire des Louis Bonaparte* notierte übrigens schon Marx, dass »die Menschen [zwar] ihre eigene Geschichte« machen, konstatierte aber, dass sie diese »nicht aus freien Stücken unter selbstgewählten« Umständen machen können, »sondern unter unmittelbar vorhandenen, gegebenen und überlieferten« (MEW 8, 115). Der Weg in eine bessere Zukunft müsse im »Reich der Notwendigkeiten« geebnet werden – unter Bedingungen also, die kaum für eine demokratisch-sozialistische Transformation hinreichend sind. In seiner Kritik des *Gothaer Programms* von 1875 schreibt Marx deshalb, dass die Tatsache, dass sich sozialistische Transformationsstrategien nicht »auf ihren eigenen Grundlagen« entwickeln können, sondern »aus der kapitalistischen Gesellschaft hervorgehen«, als eine der zentralen Herausforderungen für die Formulierung sozialistischer Politik (MEW 19, 13ff.) fungiert.

Die Mutation der Konversionsfrage – von einem aus der Defensive geborenen demokratischen Aneignungs- und Transformationskonzept zu einem (klassenkompromissgestützten) Modell ökologischer Modernisierung – ist das Ergebnis dessen, was aufgrund der Kräfteverhältnisse in der letzten Krise historisch im Bereich des Möglichen war. Ökonomische Krisen des Kapitalismus werden nämlich nur selten von einer Stärke der ihm oppositionellen Kräfte begleitet. Selbst wenn diese kurz vor der Krise noch vorhanden war, wie etwa betriebliche Kampffähigkeit und -bereitschaft gepaart mit institutionalisierter Gewerkschaftsmacht vor der Weltwirtschaftskrise 1974/75, bricht sie im Krisenprozess sukzessive ein oder wird geschleift. In der jüngsten

Krise der kapitalistischen Ökonomie verhielt es sich allerdings von Beginn an anders. Der Kapitalismus hatte sich in seine letzte (nicht zu verwechseln mit seiner finalen) Krise manövriert, ohne dass es einer »relativen Prosperität der Arbeiterklasse« bedurfte, die Marx – als *Möglichkeit* der Krise – vor Augen hatte, als er deren Kämpfe im zweiten Band des *Kapital* als »Sturmvogel der Krise« (MEW 24, 410) deutete. Das Gegenteil war der Fall. Die jüngste Periode kapitalistischen Wachstums setzte mit den neoliberalen Umbauprojekten seit Ende der 1970er Jahre sowohl die Schwächung der Gewerkschaftsbewegung voraus, wie sie sie gleichzeitig in den ermöglichten Globalisierungsprozessen der Ökonomie und der Privatisierungsorgien (der öffentlichen Güter, der sozialen Sicherung, der Verschuldung) verschärfte, um den »stummen Zwang« (Marx) der ökonomischen Verhältnisse ungezügelt walten lassen zu können. Angst vor dem Verlust des Arbeitsplatzes bildete den entscheidenden Rohstoff, den auch gewerkschaftliche Betriebspolitik nicht ignorieren konnte, wollten sie nicht ihre Mitglieder verprellen. Hier wurzelt der Stillstand, der in der Arbeitspolitik seit den 1990er Jahren festgestellt werden muss.

Der linke Krisenausgangsoptimismus auf Konversion hatte so aber kaum Grundlagen, auf denen er prozessieren konnte. Moralisch vorgetragene Forderungen – etwa an die Belegschaften der Werke von Opel –, sich statt um den Erhalt von Beschäftigung zu kämpfen, endlich die Frage der Konversion »anzupacken«, hatten nicht einmal lyrische Qualität. »Ist das nun schon Dichtung, oder nur unscharf beobachtet«, fragte Peter Rühmkorf in einem seiner Gedichte. Hier wurden *abstrakte* Konversionsforderungen von außen an Belegschaften und Betriebsräte herangetragen, die die betrieblichen Realitäten ignorierten – sie boten keinerlei Perspektive für die Belegschaften, auch in einem Jahr noch die Miete zahlen zu können. Das Dasein im nachsozialstaatlichen Kapitalismus ist nicht »unterkellert«, um noch einmal Peter Rühmkorf zu zitieren. Weil sich die strukturellen Widersprüche des Kapitalismus (die nach Konversion des ökonomischen Entwicklungsmodells tatsächlich förmlich schrien) nicht automatisch in geschichtlich wirkungsmächtige Konflikte übersetzen, blieb der durch die Struktur der Krise »systemimmanent gesetzte ›Plafond‹ der Möglichkeiten« (Otwin Massing) von Alternativen wieder einmal überschaubar.

Und trotzdem bewegte sich etwas. Im Esslinger Maschinenbau entstanden mit den massiven Auftragseinbrüchen Ingenieurarbeitskreise neu, die bei der örtlichen IG Metall Fragen »alternativer Produktion« diskutierten. Beim Hersteller moderner Vakuumpumpen, Sterling SiHi, im norddeutschen Itzehoe wurde 2009 im Rahmen der gewerkschaftlichen »besser-statt-billiger«-Strategie dem Unternehmen ein Innovationsprogramm abgerungen, in dem Belegschaft und Betriebsrat in Zusammenarbeit mit dem Management Vorschläge für neue Produkte, Arbeitsprozesse und Unternehmenskultur entwickeln. Aber auch in der Automobilindustrie entstanden zarte Sprossen einer eingeleiteten Produktinnovation. Der Tarifabschluss bei Volkswagen im Februar 2010 sicherte den Inlandsbeschäftigten nicht nur eine fünfjährige Beschäftigungsgarantie; es wurde auch die Errichtung eines zweiten, neben einem traditionell bestehenden Innovationsfonds vereinbart, der allein das Ziel hat, neue wettbewerbsfähige Beschäftigungsfelder zu erschließen. Über die Verwendung der Mittel entscheiden das Management und der Betriebsrat gemeinsam. Gerade starke Betriebsräte entwickeln auch bereits Konzepte für neue Produktlinien und setzen sie um – etwa die Produktion von Blockheizkraftwerken im VW-Motorenwerk in Salzgitter. Dort wurde im September 2009 eine »Energie-Partnerschaft« mit LichtBlick geschlossen. Im VW Motorenwerk wird auf der Grundlage der 2,0 Liter-Motoren aus Touran und Caddy das Zuhausekraftwerk EcoBlue gefertigt. Zu den ersten LichtBlick-Kunden gehört – neben privaten Immobilienbesitzern – die Hamburger Stadtreinigung (vgl. Urban/Schumann sowie Köhler in diesem Band).

2.

Mit ursprünglichen Ansätzen, Hoffnungen und Transformationsvorstellungen der Produktion hat das alles natürlich nur noch wenig gemein – nicht nur von den ideologischen Grundlagen aus, die ja die Formen sind, in denen die wirklichen Konflikte ausgetragen werden. Konversion als ökologische Modernisierung der Produktion kann sich faktisch nicht darauf verlassen, dass mit der Eroberung neuer Märkte durch neue Produkte der Klassenkompromiss auf der betrieblichen Ebene zu neuen Ehren kommt. Auch in den florierenden Unternehmen auf den »neuen Märkten« bleibt das forcierte Abpressen von Mehrarbeit die Regel. Mit ursprünglichen Konversionsforderungen verknüpfte Hoffnungen auf Wirtschaftsdemokratie bleiben so notwendig unabgegolten. Demokratische Konversion der Produktion bezeichnet nicht eine an Schreibtischen zu formulierende Lösung mit bereits festgezurrten Zielen, sondern einen voraussetzungsvollen betrieblichen und überbetrieblichen (und zivilgesellschaftlichen) Prozess, in dem sich demokratische Antworten erst herausbilden können und die kapitalistische Formbestimmung der Krisenpolitik abgestreift wird. Das ist die Lehre aus den (gescheiterten) Ansätzen zur Rüstungskonversion in den 1970er und 1980er Jahren.

Den entscheidenden Referenzfall für diese Konversionsdebatten markiert der Zulieferer der Luftfahrtindustrie Lucas Aerospace in Großbritannien. Als Pläne zum Beschäftigungsabbau im hochgradig von Rüstungsaufträgen abhängigen Unternehmen bekannt wurden, bildeten die (verschiedenen) Gewerkschaften im Unternehmen ein gemeinsames *shop stewards combine committee*, das 1976 einen Plan zum Umbau der Produktion – den *corporate plan* – entwickelte (für die Produktion von Wärmepumpen, Ultraschallgeräten, Hybridmotoren). Er verstand sich als Element eines Kampfes »für das Recht auf Arbeit an vernünftigen Produkten…, um die wirklichen Probleme der Menschen zu beseitigen statt sie zu erzeugen«. Erstmals wurde hier ein gewerkschaftlicher Kampf um den Erhalt von Arbeitsplätzen mit einem Kampf um die Entwicklung einer neuen Produktpalette verknüpft. Dafür wurden die Belegschaften intensiv beteiligt – und sogar individuelle Qualifizierungsprogramme entwickelt. Schnell wurde aber deutlich, dass diese Alternative nur umsetzbar war, wenn die betriebliche Dispositionsgewalt des Kapitals gebrochen würde. Die Protagonisten verstanden ihren Plan daher als Schritt »zu mehr industrieller Demokratie«. Sie waren überzeugt, dass sich »wirkliche industrielle Demokratie« nicht »auf Arbeiterrepräsentation im Aufsichtsrat beschränken« kann, »die Entscheidungen treffen, die längst vom oberen Management vorstrukturiert sind« (alle Zitate aus Albrecht 1979).

Lucas Aerospace bildete den Auftakt zu einer Vielzahl von betrieblichen Ansätzen zur Rüstungskonversion – auch in der BRD. Im Herbst 1981, als das Alternativprojekt bei Lucas Aerospace endgültig an der Borniertheit des Managements scheiterte, wurde durch IG Metall-Vertrauensleute bei Blohm & Voss in Hamburg der erste *Arbeitskreis Alternative Produktion* in der von der Werftenkrise geschüttelten Küstenregion gegründet. Bis Ende 1983 entstanden ca. 40 solcher betrieblichen Arbeitskreise, nicht nur im Schiffbau und in der Rüstungsindustrie. Sie wurden durch eine Innovationsberatungsstelle in der IG Metall Bezirksleitung Küste unterstützt. Der IG Metall Gewerkschaftstag im Oktober 1983 unterstrich deren »Forderung nach der Vorbereitung von Umstellungen auf andere Produkte auf der Basis hochentwickelter Technologie«. Zudem gründeten sich Arbeitskreise »Techniker, Ingenieure, Naturwissenschaftler« in der IG Metall.

Die Produktivkraftentwicklung sollte unter demokratische Kontrolle gebracht werden. Die in der Bundesrepublik entstandenen Ansätze basierten ähnlich der britischen Erfahrung auf einer Aktivierung der Belegschaften und Forderungen nach »erweiterter Mitbestimmung und Kontrolle« der Unternehmen. Die Arbeitskreise verstanden sich als betriebliche Ausformungen *gesellschaftlicher* Mitbestimmung. Sie verkörperten »einen Typ der Interessenvertretung mit allgemein-politischer Orientierung« (Schomaker/Wilke/Wulf 1987, 148). Die deutschen *Arbeitskreise Alternativer Produktion* gingen so über die britische Erfahrung hinaus. Da die Veränderung der betrieblichen Entscheidungsstrukturen von den Firmenleitungen oft vehement zurückgewiesen wurde, war den Arbeitskreisen schnell klar, dass ihre Ziele nicht allein auf der Betriebsebene durchsetzbar waren. Allein die Forderung nach Einrichtung einer paritätisch besetzten Kommission zur Diskussion und Auswertung von Produktvorschlägen des Arbeitskreises stieß auf ein kategorisches *Nein* der Geschäftsführungen – so beispielsweise bei VFW/MBB in Bremen (vgl. Duhm et al. 1983, 116). Alternative Produktion auf den Werften wurde gekoppelt mit der Forderung nach »regionalen und nationalen Beschäftigungsprogrammen«, demokratischen Entscheidungsstrukturen in der regionalen Wirtschaftspolitik und der Einführung von Branchenräten (Heseler/Kröger 1983, 193ff.). Verstaatlichungen wurden dagegen skeptisch beurteilt, da schon der Abwehrkampf der Belegschaft auf der Staatswerft HDW Hamburg den Staat als kapitalistischen Vorreiter desavouierte.

Obwohl gesellschaftlich getragen durch eine noch breite Friedens- und Ökologiebewegung und trotz vorliegender ausgefeilter makroökonomischer Konzepte qualitativen Wachstums (das Gutachten der Memorandumsgruppe *Alternativen der Wirtschaftspolitik* trug 1982 diesen Titel) konnten sich die Ansätze der Rüstungskonversion nicht durchsetzen. Geforderte betriebsübergreifende Arbeitskreise kamen nicht zustande – auch weil hierfür die Initiative einer Koordination der IG Metall ausblieb. Die Gewerkschaftsspitzen konzentrierten sich auf die Tradition konventioneller Tarif- und korporatistischer Krisenpolitik.

Insbesondere in der regionalen Strukturpolitik, der eine zentrale Bedeutung für die Entwicklung und den Umbau der Werfen zugeschrieben wurde, entstanden in den 1980er Jahren – wie schon in der Stahlkrise im Ruhrgebiet und im Saarland – korporatistische Krisenarrangements, die zwar die Gewerkschaftsspitzen einschlossen, die Konversionsinitiativen von unten aber zunehmend marginalisierten (vgl. Bettelhäuser 1989). Im Umbau der DDR-Wirtschaft nach 1989 konnte an diese demokratische Tradition schon nicht mehr angeknüpft werden. Als mit dem Ende der Systemkonfrontation eine »Friedens-Dividende« möglich schien und damit die Konversion der Rüstungsindustrie eine neue Renaissance erlebte, wurde Konversion auf den Ruinen demokratischer Umbauprojekte in regional- und strukturpolitischen Programmen mit EU-Unterstützung weitergeführt. Konversion degradierte weitgehend zur Unternehmensstrategie, die zwar die Einführung betrieblicher Konversionsrunden mit Vertretern von Management und Betriebsrat vorsah, diese runden Tische aber als Elemente betrieblichen Innovationsmanagements einsaugte und den einst vorhandenen demokratiepolitischen Gehalt absprengte (Elsner 1998).

3.

Nichts Neues unter der Sonne also. So scheint es zumindest. Konversions-*forderungen* gehen auf jeden Fall nicht mit Konversions*realitäten* konform. Wenn etwa die *Volkswagen AG* tarifpolitisch gezwungen wird, 20 Mio. Euro jährlich für die Entwicklung innovativer Produkte zur Verfügung zu stellen oder das Motorenwerk in Salzgitter inzwischen Blockheizkraftwerke baut, handelt es sich im Kern um Strategien unternehmerischer Produktdiversifizierung, nicht aber um Strategien demokratischer Organisation und Neuausrichtung der Produktion. Als Volkswagen in den 1980er Jahren die Triumph-Adler AG als Tochterunternehmen führte und somit – bis zur Übernahme durch Olivetti – auch Schreibmaschinen produzierte, redete niemand von »Konversion«. Die gegenwärtige Konversionsrhetorik scheint wesentlich voraussetzungsfreier zu sein – auf jeden Fall ihres betriebsdemokratischen Anspruchs komplett enthauptet.

Konversion hat es immer gegeben. Aufgrund ihrer Geschichte lassen sich Konversionsansätze anhand der sie auslösenden Prozesse typologisieren:

a) staatsgetriebene Formen der Konversion. Sie entstehen exemplarisch in Zeiten der Kriegsvorbereitung bei der Umstellung auf Rüstungswirtschaft, in geringerem Maße auch durch Umstellung auf Friedenswirtschaft.

b) weltwirtschaftlich getriebene Formen der Konversion. Sie bilden sich infolge der internationalen Durchsetzung »hegemonialer Produktions- und Tauschnormen« (Michel Aglietta), in der sich immer auch Branchenhierarchien verschieben. Die Entwicklung des finnischen *Nokia*-Konzerns von der Papierfabrik (organisierter Kapitalismus), über den Gummiproduzenten (Fordismus) zum Telekommunikationsdienstleiter (High-Tech-Kapitalismus) verdeutlicht diese Triebkraft.

c) wettbewerbskorporatistische Formen der Konversion. Sie entstehen als betriebliche Innovationsprozesse (oft unter Einschluss des unmittelbaren Produzentenwissens), um mit innovativen Produkten neue Märkte zu erschließen.

d) *demokratische Formen der Konversion*, die die Frage des *Was* der Produktion mit der Frage des *Wie* verknüpfen.

In der Konversionsdebatte der 1980er Jahre identifizierte die IG Metall in ihrer Erklärung auf der 8. nationalen Schiffbaukonferenz die Bestrebungen der autonomen *Arbeitskreise Alternative Produktion* als Bereitschaft der ArbeiterInnen, »aktiv an der Erarbeitung von Grundlagen der Unternehmenspolitik mitzuarbeiten« (zit. n. Heseler/Kröger 1983). Unternehmenspolitik aber konstituiert sich nicht allein durch korporatistische *Mit*-Entscheidungen über die Produktpalette, sondern auch durch *Verfügungsgewalten* über die Produktionsmittel. »Vor die Demokratie im Betrieb hat das bürgerliche Recht« bekanntlich »das Eigentum, das Arbeitsrecht die Kündigung gesetzt« (Thomas Blanke).

Der Gewerkschaftsaktivist Mike Cooley, der die Konversionsdebatte bei Lucas Aerospace maßgeblich prägte, musste die Gewalt dieser Verhältnisse schmerzlich erfahren, als er 1981 entlassen wurde und das Unternehmen zum »business-as-usual« zurückkehren konnte. Konversionsstrategien, die die Fragen der Konstitutionselemente der kapitalistischen Produktionsweise (Direktionsrecht am Arbeitsplatz, Verfügungsgewalt über die Produktionsmittel, Aneignung des Surplus) ausklammern, laufen Gefahr, entweder – wie viele Konzeptionen alternativer Produktion in den 1980er Jahren – schlicht an der Frage der Verfügungsgewalt zu scheitern, oder – wie in den 1990er Jahren (und heute) – in managerielle Strategien der Produktionsmodernisierung verwandelt zu werden und Demokratie am Arbeitsplatz in die Tonne treten müssen.

4.

Noch ist es nicht möglich, die demokratische Frage im Betrieb zu stellen. Auch wenn zum Beispiel der Autoriese General Motors in den USA in der Krise kurzerhand verstaatlicht wird, entstehen – im Gegensatz zu den klassischen Vorstellungen über die Funktionsweise des »organisierten Kapitalismus« – noch lange keine hinreichenden Bedingungen, Wirtschaftsdemokratie praktizieren zu können. Verstaatlichungen im Rahmen des »neuen Staatsinterventionismus« fungieren nicht als Momente auf dem Weg zur Wirtschaftsdemokratie, wie Fritz Naphtali noch annehmen konnte, sondern unter gegebenen Kräfteverhältnissen als politische Formen, in denen betriebliche Wettbewerbsfähigkeit restauriert werden kann, um erneut den Pfad in die Privatisierung via Börsengang zu ebnen. Weder Krise noch (labiler) Aufschwung der Weltautomobilindustrie haben strukturelle Überakkumulation der Branche und intensive Standortkonkurrenzen innerhalb der Konzerne überwunden oder haben dazu geführt, dass die Versuche des Kapitals, Standorte gegeneinander auszuspielen, eingedämmt wären. Das Gegenteil ist der Fall (vgl. Blöcker in diesem Band). Die fortschreitende Reorganisation aber bedeutet zugleich, dass infolge der so ins Werk gesetzten »stummen Zwänge« der ökonomischen Verhältnisse die Handlungskorridore für solidarische Lösungen schon auf Unternehmensebene, den Standorten, stark restringiert werden. Die ökonomische Konstellation macht erst recht Vorstellungen von solidarischen Perspektiven auf Branchenebene oder entlang der automobilen Wertschöpfungskette einen dicken Strich durch den Glauben.

Nicht vergessen werden sollte aber, dass auch die Ansätze zur Rüstungskonversion in den 1970/1980er Jahren in Situationen waltender Krisentendenzen in den Betrieben entstanden. Auch diese Entwürfe waren gezwungen, sich aus einer Position der Defensive zu entfalten. Um allerdings in den »brennenden Buden«, in denen in der Regel die *Rette-sich-wer-kann*-Losung gilt, wenigstens Zug in den Kamin einer alternativen Krisenlösung zu bekommen, muss nicht nur den *unmittelbaren* Interessen der Beschäftigten in einer solchen Situation Rechnung getragen, sondern auch Strategien entwickelt werden, diese Interessen selbst zu transformieren und in Konfliktfähigkeit zu überführen. Und hier konnten die (wenn man so weit gehen will) »Konzepte« zur Konversion der Automobilindustrie in der letzten prozessierenden Krise des Kapitalismus nie wirklich überzeugen – zumindest nicht die, die dort arbeiteten. Konzepte sozialistischer Transformation müssen sich »im Entwurf politisch-gesellschaftlicher Übergangsstadien« konkretisieren, versuchte Wolfgang Fritz Haug (2007, 25) der Kapitalismuskritik ins Gehirn zu schreiben.

Ein nach wie vor – sowohl in der Geschichte der sozialistischen Bewegung als auch in den Projekten ökonomischer Konversion – ungelöstes Problem: der aus dem waltenden »Reich der Notwendigkeiten« entspringenden begrenzten Gebärfreude des Schoßes der bürgerlichen Gesellschaft durch strategische Antworten in die »Wehen« zu helfen, damit Alternativen überhaupt in Perspektive kommen. Völlig verfehlt wäre es, die Zeitfrage infolge von »*Peak Oil*« oder »*Peak of All*« und somit als gering erachtete Zeitspannen des notwendigen Umbaus von Ökonomie und Gesellschaft in den Rang von politischen Leitlinien treten zu lassen. *Erstens nämlich* können ohnehin durch betriebliche »Reförmchen« diese als absolut gesetzten Horizonte erweitert werden (vgl. den Einwand von Urban in der Diskussion mit Schumann in diesem Band); *zweitens* (und das ist relevanter) verharren in Eile dahingeschmirgelte Alternativen zumeist in den *politischen Formen,* in denen auch vorherige »Wirtschaftsprogramme« exekutiert wurden. Sie können dann auch immer wieder beliebig von der versammelten Restauration in inzwischen »postdemokratischen« Verfahren (Colin Crouch) kassiert werden.

Aber auch der labile Aufschwung »nach der Krise« hat keineswegs die Notwendigkeit demokratischer Konversion erledigt. Die die Krise verursachenden Widersprüche automobiler Produktion bestehen nach wie vor fort. Das allein führt aber nicht zwingend zu ihrer Lösung – weder im Sinne der Interessen der Beschäftigten noch der Ökologie. Das *Weiter-so-wie-bisher* reproduziert allenfalls jene Bedingungen, in denen das Kapital seine nächste Selbstvernichtung systematisch vorbereiten kann. Wohl aber sind neue betriebliche Konflikte zwischen Management, Betriebsräten und Belegschaften absehbar (zwischen allen), und auch die Standortrivalitäten können unter dem Regime des globalen Verdrängungswettbewerbs nicht geringer werden. »Konzeptionelle Modelle allein nutzen nicht viel«, verlautet es immerhin aus dem Vorstand der IG Metall (vgl. Urban in diesem Band), um die Bedeutung der Machtfrage erneut ins Spiel zu bringen. Diese letztendlich entscheidende Frage aber kann wohl nur gestellt werden, wenn vorher die Bedingungen aus der Welt geschaffen werden, die das Stellen dieser Frage – nicht erst seit gestern – systematisch verhindern.

Ob man es nun gut findet oder nicht: Die zentrale Aufgabe besteht (wie seit der Ausbildung einer institutionellen Arbeiterbewegung Ende des 19. Jahrhunderts) nicht in der perfekten Formulierung von vermeintlich objektiv notwendigen Maximalforderungen, sondern in der Schaffung von Minimalbedingungen erweiterter Handlungsfähigkeit von Belegschaften, Betriebsräten, Gewerkschaften und parlamentarischer Linken, unter denen die Maximalforderungen, z.B. die Konversion des sozio-ökonomischen Entwicklungsmodells, überhaupt wieder geschichtsmächtig formulierbar sind. Es geht um die systemimmanenten »Plafonds« (Otwin Massing), die weder Gehirne noch Handlungen mehr deckeln, sondern einem sichtbaren Himmel der Befreiung weichen sollen. In diesem Prozess der Herstellung *erweiterter Handlungsfähigkeit* verortete schon Rosa Luxemburg die Unterscheidung zwischen »guter« und »schlechter« Reform: Die Politik der Arbeiterbewegung habe sich daran messen zu lassen, ob sie »über das Bestehende und das Neugeschaffene« hinausweist (GW 4, 158). Schlichter formuliert: Alle Konzepte und Strategien, die nicht den Weg in die Selbstbefähigung der Subalternen, vom »Massenarbeiter« in den betrieblichen Zusammenhängen bis zur Köchin in der »Staatskunst« (Lenin), ebnen (was man mal »sozialistische Demokratisierung« genannt hat), sind Mumpitz. Und schon gar nicht lassen sich gesellschaftlichen Stillstand produzierende Strategien des wie auch immer grün-inspirierten »Umdekorierens« (Rühmkorf) und eine Strategie, die – um mit Wolfgang Abendroth zu sprechen – sich als »*Prozess* verstandene Praxis« (1972, 392) begreift, wie »heiße und kalte Würstchen« (Rosa Luxemburg) auf einem historischen Büffet beliebig kombinieren. Das könnte die Konversionsdebatte aus der Geschichte, aus der sie eigentlich kommt, lernen. Und vielleicht ist sie dann in der nächsten Krise der Automobilindustrie weniger hilflos aufgestellt als in der letzten.

Literatur

Abendroth, Wolfgang, 1972: *Antagonistische Gesellschaft und Politische Demokratie,* Neuwied u. Berlin/West

ders., 1982: Die Bedeutung von Otto Bauer und Antonio Gramsci für die Diskussion der Eurolinken, in: ders. u.a., *Kapitalistische Krise und Strategien der Eurolinken. Fragen einer sozialistischen Politik in Westeuropa,* Berlin/West, 25-33

Albrecht, Ulrich, 1979: Alternative Produktion: Das Beispiel Lucas Aerospace, in: *Kritisches Gewerkschaftsjahrbuch 1978/79: Arbeiterinteressen gegen Sozialpartnerschaft,* Berlin/West, 204-216

Bettelhäuser, Fritz, 1989: Entwicklungsgesellschaft Werften – eine Idee von oben. Gespräch mit, dem Betriebsrat auf der Bremer Vulkan-Werft, in: E. Hildebrandt, E. Schmidt, H.J. Sperling (Hrsg.), *Kritisches Gewerkschaftsjahrbuch 1988/89: Zweidrittelgesellschaft – Eindrittelgewerkschaft,* Berlin/West, 46-53

Duhm, Rainer, u.a., 1983: Sozial nützlich und umweltverträglich – Initiativen gegen Produktions- und Arbeitskrise, in: *Kritisches Gewerkschaftsjahrbuch 1983/84: Wachstum alternativ,* Berlin/West, 111-24

Elsner, Wolfram, 1998: *Konversion als Innovation. Die bremische Konversionsförderung 1992 bis 1995.* Evaluierungsbericht, Bremer Schriften zur Konversion, Münster-Hamburg

Heseler, Heiner, u. Hans Jürgen Kröger, 1983: Alternativen zur gegenwärtigen Schiffbaupolitik, in: dies. (Hrsg.), *Stell' Dir vor, die Werften gehören uns...Krise des Schiffbaus oder Krise der Politik,* Hamburg, 186-201

Schomaker, Klaus, Peter Wilke u. Herbert Wulf, 1987: *Alternative Produktion statt Rüstung. Gewerkschaftliche Initiativen für sinnvolle Arbeit und nützliche Produkte,* Köln

Mario Candeias
Konversion – Einstieg in eine öko-sozialistische Reproduktionsökonomie

Die Autoindustrie ist ein zentrales Beispiel bzw. ein Kristallisationspunkt der gegenwärtigen multiplen Krisen (vgl. *Luxemburg* 3/2010). Ein Jahr nach den Absatzeinbrüchen von bis zu 50% scheint die Krise vorüber, die Verkaufszahlen der Automobilindustrie boomen. Und die Hersteller in Europa und Nordamerika planen die Verdopplung der Produktion und die weitere Steigerung der Exporte. Doch die notorischen Überkapazitäten werden nicht abgebaut, vielmehr wird der Konkurrenzdruck verstärkt. Der trifft in erster Linie die Beschäftigten. Zudem erwachsen machtvolle Konkurrenten in China und Indien.

Doch es sind genau diese *emerging markets*, in die die Autoproduzenten des Westens ihre Hoffnungen setzen. Und das, obwohl jeder weiß, dass das Kima kollabiert, wenn Länder wie China oder Indien ein dem Westen vergleichbares Niveau der Automobilisierung erreichen – eine Art ökologische »Überproduktionskrise«. Manche glauben allerdings, es gebe global betrachtet keine real-ökonomische Überproduktion, denn die wachsenden so genannten Mittelklassen im globalen Süden müssten doch alle mit Autos versorgt werden. Die Gesellschaft müsse bis in den hintersten Winkel der Erde nach dem Vorbild der automobilen Individualität entwickelt werden.

Bevor ein neues Niveau globaler Automobilisierung erreicht werden kann, werden Megastädte wie Mumbai, Shanghai oder Istanbul längst einen Verkehrsinfarkt erleiden und die Bevölkerungen unter Smog ächzen. Vor diesem Szenario entwirft nahezu jeder Autoproduzent Ökostrategien: *go green* – um doch nur den alten Weg individueller Mobilität zu verlängern, das gleiche Geschäftsmodell mit verändertem Antrieb fortzuführen. Das Elektroauto mag für Autoproduzenten ein dringend benötigtes Feld für Imagepflege und neue Akkumulationsperspektiven bieten – an den Problemen und Strukturen des Individualverkehrs, seiner erschreckend hohen Zahl von Toten und Verletzten, der exponentiell wachsenden Verkehrsdichte, der Versiegelung der Böden, des wachsenden Verbrauchs von zum Teil hochgiftigen und seltenen Ressourcen wie Lithium ändert es wenig. Und auch ein Elektroauto schützt nicht vor endlosem Stau und Verkehrsstillstand. Die Strategien der Autoproduzenten setzen auf steigende Produktionszahlen und zunehmenden Export, nicht auf ökologische Notwendigkeiten. Sie setzen auf

Verdrängung und damit Intensivierung der Konkurrenz, nicht auf Abbau der ökonomischen Ungleichgewichte.

Doch während neue Technologien hohe Kosten für Entwicklung und Infrastrukturen mit sich bringen, ist noch nicht abzusehen, welche Technologie, welcher Standard sich durchsetzen wird. Kaum ein Konzern kann es sich leisten, alle diese neuen Technologien zugleich zu entwickeln und mit jeder konkurrenzfähig am Markt zu werden. Einige *global player* wie Daimler oder VW können sich in der globalen Konkurrenz behaupten, doch »zuhause« bauen sie seit Jahrzehnten Beschäftigung ab. Neue Produktionsstätten entstehen in den neuen Märkten – nicht in Deutschland, den USA oder Frankreich. Angesichts der weiter steigenden, forcierten Produktivität bedeutet dies den Abbau von Arbeitsplätzen in den »alten« Automobilnationen. Standortkonkurrenzen und Versuche des Ausspielens von Beschäftigten an den jeweiligen Standorten werden weiter zunehmen. Das heißt, gewerkschaftliche Strategien eines »Wettbewerbskorporatismus« bieten keine Perspektive für die Zukunft.

Auch an den neuen Produktionsstandorten und bei Zulieferern in Osteuropa oder der Türkei hat die Krise verdeutlicht, dass sie in höchstem Maße abhängig von Entscheidungen in den Konzernzentralen des Westens sind und bleiben. Und wenn die Kosten – vor allem die Lohnkosten – steigen, ist das Kapital bereits auf dem Sprung zu anderen Produktionsstandorten in Asien, nahe der Wachstumsmärkte. Nötiger denn je sind neue und stärkere Formen transnationaler gewerkschaftlicher Organisierung in Kooperation mit sozial-ökologischen und anderen zivilgesellschaftlichen Gruppen, um Beschäftigung und Erhalt von Arbeitsrechten mit Initiativen für zahlreiche Alternativen zu verbinden.

»Jetzt geht es uns wieder gut. Deshalb müssen wir *jetzt* anfangen, Alternativen zu entwickeln, sonst droht uns in nicht allzu ferner Zukunft die ›harte Konversion‹«, beschreibt ein Porsche-Betriebsrat die Lage.[1] Doch zarte Ansätze einer Konversionsdebatte verkümmern angesichts des gegenwärtigen Auftragsbooms. Die IG Metall ist dabei nicht nur hinter den Stand ihrer progressiven Debatte der 1980er Jahre zurückgefallen, sie unternimmt (von wenigen Ausnahmen abgesehen) auch kaum Anstrengungen dies zu ändern. Linke Betriebsgruppen sind angesichts von heftigen Standortkonkurrenzen, massiver Arbeitsintensivierung, tariflicher Niederlagen und der Freude der KollegInnen über den Erhalt von Arbeitsplätzen in der Krise mit anderen Problemen konfrontiert. Sie sind zu schwach, um zu einem Umden-

---

[1] Zitat aus einer Diskussion bei der Konferenz »Auto.Mobil.Krise«, www.rosa-lux.de/documentation/41066/automobilkrise.html

ken zu motivieren. Und das Kapital versteht unter Konversion nur E-Auto: »Diese Unternehmen sind nicht fähig zur Konversion, nicht von sich aus«, so ein junger VW-Betriebsrat (ebd.). »Konversion ist Illusion«, so das resignierende Statement eines Betriebsrats des Zulieferers Bosch, die Kräfteverhältnisse sind nicht so (ebd.).

An den Grenzen des Wachstumsmodells

Doch nicht nur für die Automobilindustrie gilt: Die ökologischen wie ökonomischen Grenzen des gegenwärtigen »Wachstumsmodells« sind erreicht. Alle politischen Lager sind sich theoretisch darin einig, dass eine Orientierung auf ein nur quantitatives Wachstum des Bruttoinlandsproduktes längst unangemessen ist. Offizielle Kommissionen diskutieren ergänzende, qualitative Kriterien und Indikatoren zur Neubestimmung und Messung (ökonomischer) Entwicklung. Insbesondere im linken Feld besteht Übereinstimmung über die Notwendigkeit einer sozial-ökologischen Wende. Nachdem über Jahre hinweg Ökologie und Ökonomie als Gegensätze behandelt wurden, wird von vielen inzwischen – zumindest rhetorisch – eine ökologische Modernisierung als Chance für die ökonomische und damit soziale Entwicklung betrachtet. Natürlich bestehen enorme Differenzen über Wege und Zielrichtung einer sozial-ökologischen Wende: soziales oder qualitatives Wachstum, grünes Wachstum bzw. Green New Deal und stady-state-economy ohne Wachstum markieren einige der unterschiedlichen Ansätze. Sie alle bestimmen eine solche Wende als win-win-Situation. Alle sollen profitieren: die Wirtschaft mit neuen Wachstums- und Exportmärkten, die Lohnabhängigen mit neuen Jobs, der Staat mit zusätzlichen Steuereinnahmen und natürlich die Natur mit der Entkopplung einer grünen Wirtschaft vom wachsenden Ressourcen- und Energieverbrauch.

Dazu gegensätzlich argumentiert der Teil der Linken, der eine grundsätzliche Entkopplung von ökonomischem und stofflichem Wachstum bestreitet und daher eine Schrumpfung (DeGrowth) als notwendig erachtet. Die dramatische Zuspitzung der Übernutzung von Biosphäre und natürlichen Ressourcen zwinge zum Umdenken unter Zeitdruck. Die negative Botschaft wird bei einigen mit der Perspektive eines »Guten Lebens« (Buen Vivir) verbunden, die statt auf steigenden Warenkonsum auf Zeitwohlstand und den Reichtum menschlicher Beziehungen zielt (Bullard 2009, Larrea 2010). Bei den meisten schwingt ein moralischer Appell zu einem bescheideneren, weniger »materiellen« Leben im Einklang mit der Natur mit (z.B. Gudynas 2011). Der damit verbundene »Wertewandel« integriert Verzicht in eine Art

gerechte asketische Lebensweise. Oder wie Andrew Simms (2010), Direktor
der New Economics Foundation, es ausdrückt: Bei sozialer Gerechtigkeit
geht es in Zukunft um »das Problem der Verteilung von Opfern«.[2]

Die ungleiche Verteilung der Kosten einer sozial-ökologischen Wende
oder Transition kommt in beiden Varianten kaum zur Sprache. »Verlierer«
dieses Prozesses werden entnannt. Bei den einen sind alle Gewinner. Das jeweils einzelne Partikularinteresse geht hier unmittelbar im Allgemeininter-
esse auf. Bei den anderen müssen »Alle« den Gürtel enger schnallen (mal
mit, mal ohne Umverteilung), andere »Lebensstile« pflegen. Das einzelne
Partikularinteresse muss hinter den Allgemeininteressen zurücktreten. Wer
das nicht erkennt, ist offenbar uneinsichtig. Die Vermittlung von Partiku-
lar- und vermeintlichen Allgemeininteressen wird nur abstrakt von oben gedacht, nicht konkret.

Die Transformation wird ohne Übergang entwickelt bzw. fließend, d.h.
ohne Brüche oder Einschnitte. Dies ist neben der verinnerlichten konsumis-
tischen, »imperialen« Lebensweise (Brand) einer der wesentlichen Gründe,
warum die emphatisch beschworene und rhetorisch von großen Teilen der
Politik geteilte Einsicht in eine ökologische Wende blockiert bleibt. Im konkreten gesellschaftlichen Prozess brechen die Widersprüche auf, die ungleiche Verteilung der »Kosten« wird deutlich. Ohne ihre Thematisierung und
Bearbeitung wird es schwer, eine breite Zustimmung zu einem Einstieg in
den Umstieg zu gewinnen. Dann bleibt letzterer zwischen einer Klientelpoli-
tik der Gewerkschaften für ihre (schwindende) Basis von Kernbelegschaften
und einer Politik der gut abgesicherten Mittelklassen für eine »gute Natur«
für sich und ihre Kinder stecken.

»Just Transition« – gerechte Übergänge

Vor etwa 15 Jahren brachten kanadische und US-amerikanische Gewerk-
schaftsaktivisten wie Brian Kohler den Begriff »Just Transition« ins Spiel,[3]
um mit Bezug auf eine notwendige ökologische Restrukturierung der Wirtschaft einen *gerechten Übergang* einzuklagen.

---

[2] Bei Neoliberalen wie Meinhard Miegel bedeutet das bevorstehende Ende des
Wachstums schlicht, den Gürtel enger zu schnallen: »Die große Sause ist vorüber,
die Bar geschlossen... Für Durstige wie für Nichtdurstige steht auf dem Schild: ›Geschlossen‹« (2010, 165; vgl. Schmelzer).

[3] Für die Recherche zur Herkunft des Begriff danke ich Jana Flemming, vgl. meh-
ring1-blog: http://ifg.rosalux.de/2011/01/14/just-transition/

Die »gegenwärtigen Produktionsformen und Konsummuster werden sich aus ökologischen Gründen ändern müssen«. Dies wird sich auf die Beschäftigung auswirken.»Unternehmen werden sich (mithilfe staatlicher Subventionen) anpassen, gut bezahlte Manager werden mit ihren goldenen Rettungsschirmen sanft in neue Positionen hinüber gleiten und die Umweltsituation wird sich voraussichtlich verbessern zum Vorteil der gesamten Bevölkerung. Aber wer wird bezahlen? Wird dies dem sog. freien Markt überlassen, werden Arbeiter in den vom Strukturwandel betroffenen Industrien, die ihren Job verlieren, für den Vorteil aller leiden.« (2010, 1) Dieser Ansatz fordert die Gesellschaft auf,»in Betracht zu ziehen, wer von Maßnahmen zum Schutze der Umwelt profitiert und wer die Kosten zu tragen hat« (5).»Sehr vereinfacht ist Just Transition gleichbedeutend mit einer fairen Kompensation der betroffenen Arbeiter und Kommunen für ökonomische und andere Verluste aufgrund von Veränderungen der Produktion«, so Jenice View von der Just Transition Alliance (2002, 2).

Ausgangspunkt für dieses Konzept waren die Erfahrungen mit Strukturwandel und Konversion in anderen Bereichen, von der Rüstungsindustrie bis zum»ersten Umweltstreik« (Toni Mazzocchi) in den USA 1973 beim Ölkonzern Shell (vgl. Young 2003, 3).

Hier wurde erstmals ein Bündnis aus ArbeiterInnen und UmweltschützerInnen strategisch organisiert, um gegen die Gesundheitsgefährdung von Umwelt, Bevölkerung und ArbeiterInnen zu protestieren und Kompensationen für bereits Erkrankte durchzusetzen. Aus solchen gewerkschaftlichen und kommunal verankerten Initiativen entstand später die Just Transition Alliance, die sich als Teil des Climate Justice Movements (Klimagerechtigkeitsbewegung) engagiert. Sie setzen sich insbesondere für die so genannten Front-ArbeiterInnen ein und weisen auf rassistische Diskriminierungen hin, da es in den von Umweltverschmutzung und Klimawandel am stärksten betroffenen Gemeinden und bei gesundheitsgefährdenden Arbeiten meist um People of Color, Indigene und andere benachteiligte Gruppen geht.

»Our dependence on fossil fuels comes at a high rice to our health, our atmosphere, and our economic and political strength. Workers and community residents are contaminated, injured and killed in the processes of extracting and refining fossil fuels. Infact, more workers die in oil, gas and coal extraction than in all other industries combined. Low-income, people of color and Indigenous Peoples are affected even more than other populations by fossil fuel use.« (Just Transition Alliance o. J., 1) Just Transition bezieht sich also nicht nur auf von Arbeitsplatzverlust bedrohte ArbeiterInnen im globalen Norden, sondern auf alle Menschen, die von den Folgen des Klimawandels existenziell betroffen sein werden, so Stine Gry von Climate Justice Action.[4] Denn im globalen Süden ist die Verwundbarkeit der subalternen Klassen und Gruppen noch existenzieller als im industrialisierten Norden. Bei den Weltklimagipfeln in Kopenhagen 2009 und Cancún 2010 gelangte die Forderung nach einem gerechten Übergang bis in die Abschlussdokumente der Regierungen (vgl. Sweeney 2011). Doch droht der Begriff »Just Transition«, ähnlich wie schon die »Nachhaltige Entwicklung« oder »Klimagerechtigkeit« eine Leerformel zu bleiben, hinter der sich unterschiedlichste Gruppen versammeln können und reale Gegensätze übertüncht werden, so Jana Flemming zutreffend. Doch könne die »Rede von den Kosten ökologischer Transformation« auch eine Möglichkeit sein, auf »Widersprüche in der hegemonialen Bearbeitung der ökologischen Krise aufmerksam zu machen. Denn wo Kosten entstehen und einige durch diese benachteiligt werden, kann auf die strukturellen Ursachen dieser Ungleichverteilung hingewiesen werden.« (Flemming 2011)

Green Jobs

Immer wieder werden vor allem Gewerkschaften aufgefordert, ihren Mitgliedern »die Wahrheit zu sagen«, dass ihre Jobs angesichts des Klimawandels nicht zu halten sein werden (z.B. Schumann in diesem Band). Man werde nicht »verschweigen können, dass die notwendigen Veränderungen gravierende Auswirkungen« haben (Strohschneider 2011). Wie aber die Betroffenen für eine solche Veränderung gewinnen, wenn es für das Wohl Aller um ihren Verzicht, ihren Arbeitsplatzverlust, ihre Unsicherheit geht? Gewerkschaften und Beschäftigte in den besonders klimaschädlichen Industrien wie dem Automobilbau wird daher oft vorgeworfen, strukturkonservativ zu agieren und die notwendige sozial-ökologische Transformation zu blockieren – wie bei der Krisenpolitik zur Rettung der Automobilindustrie mit Abwrackprämie, Kurzarbeit oder umkämpfter Opel-Rettung. Zu Recht wird dies kritisiert. Wie können also konkrete Interessen so (re)formuliert werden, dass sie die Interessen der potenziellen Bündnispartner von vornherein mitdenken und Kämpfe miteinander verbunden werden? (Vgl. Candeias 2010, 11.) Die Internationale Transportarbeiter Föderation (2010) schlägt vor, Arbeitsplätze im Transportarbeitsgewerbe abzubauen und in anderen Sektoren dafür neue zu schaffen – ein bahnbrechender Schritt der Gewerkschaftsbewe-

---

[4] www.climate-justice-action.org/news/2009/10/19/climate-justice-movement-to-take-mass-action-during-un-climate-talks/

gung. Auch die Gewerkschaftsgruppe Kampagne gegen den Klimawandel (Campaign Against Climate Change 2011) plädiert für die Schaffung von einer Million grüner Jobs – jetzt! Außerdem fordert sie Garantien für neue Arbeitsplätze für Beschäftigte, die ihren Job verlieren werden. Wie der britische Trade Union Congress fordern alle gewerkschaftlichen Gruppen dabei, dass ein gerechter Übergang zu einer »low carbon economy« nicht »auf der vagen Hoffnung« gründen kann, »der Markt werde dafür sorgen« – Voraussetzung dafür sind vielmehr »Planung und proaktive Regierungspolitiken« (TUC 2008, 7).[5] Zur Auflösung von Zielkonflikten wird dabei fast immer auf ein nachhaltiges und soziales Wachstum gesetzt (17).

Diese Beispiele zeigen, wie ökologische Reformen mit Perspektiven sozialer und beschäftigungspolitischer Reformen verbunden werden können – verknüpft mit Vorstellungen eines gerechten Übergangs für jene, die unmittelbar am stärksten betroffen sein werden. Nichtsdestoweniger ergeben sich auch hier strategische Widersprüche, wenn solche Übergänge in der Praxis konkret organisiert werden sollen.

Strategische Widersprüche – Gewerkschaften im Dilemma

Abstrakt gesprochen sind der Schutz der Umwelt, ein sozialer Ausgleich und Gute Arbeit für Alle keine grundsätzlich gegensätzlichen Ziele. Unabhängig von den weitergehenden Vorstellungen der unterschiedlichen Gruppen der so genannten Mosaik-Linken sind sich alle einig, dass es um diese (Mindest)Anforderungen einer gesellschaftlichen Transformation geht. Bei der Umsetzung, den Einstiegen und Übergängen bestehen jedoch erhebliche Differenzen, strategische Widersprüche, gegensätzliche politische Taktiken, fallen kurz- und mittelfristige Perspektiven auseinander, entstehen Zielkonflikte. Im Ergebnis agieren die unterschiedlichen Gruppen getrennt voneinander.

Den Gewerkschaften fällt es seit Jahrzehnten schwer, kurz- und mittelfristige Ziele zu vereinbaren. Eine sozial-ökologische Transformation bedeutet, dass bestimmte Sektoren wie die Automobilindustrie notwendig schrumpfen müssen. Konversion oder ein tiefer Strukturwandel bedeuten, dass viele

---

[5] Dabei besteht Skepsis sowohl gegen Kapital- wie Regierungsentscheidungen: »um des Profits Willen verletzen Unternehmens- (und zu oft auch Regierungsinteressen) regelmäßig die Interessen von Arbeitern, Gemeinden und die Umwelt. Wir lehnen es ab, zwischen ökonomischer Sicherheit oder der Erhaltung von Umwelt und Gesundheit zu wählen, da wir beides beanspruchen.« (View 2002, 1)

Beschäftigte ihre gewohnte Arbeit verlieren werden. Unter ungünstigen gesellschaftlichen Kräfteverhältnissen und Krisenbedingungen fallen hier kurzfristige Anforderungen und langfristige Ziele auseinander. Für die aktuell in der Autoindustrie oder bestimmten Bereichen der Chemie- und Energiewirtschaft Beschäftigten bedeutet ein Strukturwandel hin zu »grünen Technologien« oder erneuerbaren Energien nicht, dass sie einfach von einer Branche in die andere wechseln werden, oder dass der Umbau des Automobilsektors auf E-Autos am selben Standort stattfindet, d.h. ohne Arbeitsplatzverluste und ohne Verlagerung der Produktion in andere Länder. Die widersprüchlichen Erfahrungen mit (immer kurzfristigeren) Beschäftigungsgarantien (auf Kosten längerer Arbeitszeiten, Kürzungen von Urlaubs- und Weihnachtsgeld, Arbeitsverdichtung etc.) und Beschäftigungsgesellschaften zur Requalifizierung der »freigesetzten« Arbeitskräfte bieten kaum eine Perspektive für die Einzelnen. Nur die wenigsten finden nach mehr oder weniger langer »Parkzeit« in so genannten Qualifizierungsmaßnahmen eine der alten Stellung vergleichbare Anstellung. Vielen droht Arbeitslosigkeit und nach kurzer Zeit Hartz IV. Fast immer sind Lohnverluste hinzunehmen, von Sinnverlusten und der Auflösung von Sozialkontakten ganz zu schweigen. Kurzfristig hilft die langfristige Verbesserung durch ein »grünes Wachstum« den Einzelnen also wenig. D.h. Gewerkschaften sind objektiv verpflichtet auch diesen unmittelbaren, kurzfristigen Interessen an Job*erhalt* nachzukommen – wenngleich dieser oft von kurzer Dauer sein mag.

Dabei führt »kein Weg an einer drastischen Arbeitszeitverkürzung vorbei«, so ein Opel-Betriebsrat.[6] Doch ist sie ein nur bedingt anerkanntes Mittel. Die Kurzarbeit hat in der Krise die Kernbelegschaften vor Arbeitsplatzverlusten bewahrt, während 800.000 Leiharbeiter entlassen wurden. Die somit gewonnene Zeit eröffnete jedoch kaum andere Perspektiven und war angesichts der unsicheren Zukunftsperspektiven angstbesetzt. Tarifliche Arbeitszeitverkürzung hat ebenfalls widersprüchliche Folgen: Entweder musste doch auf Lohnanteile verzichtet werden oder aber sie führte zu massiver Arbeitsverdichtung und weiterer Flexibilisierung. Also halten Beschäftigte notgedrungen am Altbewährten fest. Es ist auch keineswegs nur »Produzentenstolz«, der Automobilwerker wider besseres Wissen am Bau von ökologisch schädlichen Luxus-Karossen festhalten lässt. Vielmehr erlaubt die Produktion solcher Hightech-Produkte mehr Gruppenarbeit und etwas langsamere Taktzeiten – angesichts der verschärften Intensivierung

---

[6] Zitat aus einer Diskussion bei der Konferenz »Auto.Mobil.Krise.« (s.o.).

von Arbeit ein wichtiger Punkt, »wenn bis zur Rente durchgehalten werden soll«, so Susanne Nickel von der IG Metall Bremen (ebd.).

Hinzu kommt, dass sofern neue Branchen quantitativ die Jobverluste in den alten Branchen kompensieren, die Arbeitsverhältnisse und -bedingungen nicht vergleichbar sind. Im Bereich der erneuerbaren Energien sind (wie generell im Sektor der ökologisch orientierten Unternehmen) viele Betriebe weitgehend »gewerkschaftsfrei« – was nicht nur an den Schwächen der Gewerkschaft, neue Branchen zu organisieren, liegt, sondern an einer zum Teil offenen, mitunter aggressiven Ablehnung von Minimalstandards der Mitbestimmung, Tarifpolitik und Organisationsfreiheit durch das Management. Diese Situation ist vor allem bei vielen Klein- und mittleren Betrieben, die häufig auch keine Mitglieder in Unternehmensverbänden wie dem BDI sind, zu beobachten. Dem versucht die IG Metall gegenzusteuern: Mit internationaler Unterstützung hat die Gewerkschaft mit einem Organizing-Projekt in der Green-Tech-Branche begonnen. In diesem Bereich wird die Arbeit bislang in der Regel geringer entlohnt, tarifliche Standards existieren z.T. nicht.

Kurz: Der Verlust von Arbeitsplätzen in den alten Industrien wird auch durch einen quantitativ vergleichbaren Aufbau von neuen Arbeitsplätzen in den neuen Branchen nicht ausgeglichen. Zudem bedroht die Schrumpfung der alten Industrien den Kern der Organisationsmacht der Gewerkschaften: Die stark organisierten Großbetriebe mit hohen tariflichen Standards, die zugleich Orientierung für tarifliche Standards in anderen Betrieben, die machtpolitische Absicherung sozialer Errungenschaften (samt ihrer gesetzlichen Regelungen) sowie Voraussetzung für die Organisierung anderer Bereiche sein *sollen*. Auch der zu Recht geforderte Ausbau eines öffentlichen Dienstleistungs- und Infrastruktursektors wird unter den gegebenen Bedingungen nicht vergleichbar viele Arbeitsplätze mit so hohen Lohn- und Tarifstandards schaffen. Zudem wirkt in Deutschland die Konkurrenz zwischen den jeweils zuständigen Branchengewerkschaften. Entsprechend heißt es aus der IG Metall: Verständlich, dass ver.di den Ausbau des Öffentlichen fordert – durchaus unterstützt von der IG Metall. Für eine Metallgewerkschaft bietet dies aber keine Perspektive. Sie tritt für eine industriepolitische Wende und flankierende Maßnahmen ein, wie sie u.a. auch von Ulla Lötzer (2010) formuliert werden.

Doch auch der Umbau etwa von Automobilkonzernen zu integrierten Mobilitätsdienstleistern wird beim Weg über den Markt zu Konflikten mit konkurrierenden Strategien anderer Kapitalfraktionen wie der Energiebranche, den Bahnunternehmen oder kommunalen Verkehrsunternehmen führen, die sich Geschäftsfelder auf diesem Markt sichern wollen.

(Industrie)Gewerkschaften sind also keineswegs aus Uneinsichtigkeit strukturkonservativ. Ein schneller Strukturwandel kann zum Verlust ihrer Organisationsmacht führen. Verfolgen sie aber keine Transformationsstrategie, sind sie den Veränderungen durch Unternehmensentscheidungen (Verlagerung, Restrukturierung, Umbau), ökologische Reformen und Krisen ausgesetzt. Der Umgang mit solch einem Dilemma bedeutet strategische Weichenstellungen durch Orientierung auf einen gerechten Übergang (auch für die Gewerkschaft als Organisation selbst) zu organisieren – nicht passiv auf den kommenden Strukturwandel zu warten. Nicht weniger als die Neudefinition gewerkschaftlicher Aufgaben, des Selbstverständnisses sowie der Organisationskultur ist gefordert (vgl. Candeias/Röttger 2007): transformatives Organizing (Mann 2010b).

Doch fallen strategische Handlungsnotwendigkeiten und subjektive Handlungsmöglichkeiten der Organisation auseinander. Selbst wenn ein konsequenter Umbau und Organisierung potenziell die eigene Handlungsfähigkeit verbessern, kosten sie aber zugleich erhebliche Ressourcen und bergen Risiken, denn positive Ergebnisse zeitigen sich erst spät. Sie erfordern also einen langen Atem ohne eine Erfolgsgarantie. Vor diesem Hintergrund erscheint eine solche Strategie als riskant und der Spatz in der Hand sicherer als die Taube auf dem Dach. Das Risiko ist schwer kalkulierbar, die Angst, später schlechter dazustehen als vorher, verbunden mit der Hoffnung, die Gefahr ziehe vielleicht an »uns« vorüber, auch wenn sie unweigerlich andere trifft (die »Konkurrenz«), ist subjektiv im engen Organisationsinteresse begründet. Die (erhoffte) Rückkehr zur Normalität, zu den alten Orientierungen verleiht eine vermeintliche Sicherheit in der allgemeinen Verunsicherung (auch wenn das Unbehagen und stumme Wissen, es gehe nicht so weiter, wächst): »Wir sind doch im Vergleich, alles in allem, ganz gut gefahren bisher...«, so vielfach der Tenor.

Es fiel leicht, in der akuten Krisensituation auf die alten strategischen Verbindungen zum Staat zu setzen. Lange Zeit weitgehend ignoriert, wurden die Gewerkschaften seit 2008 von Staat und Kapital wieder als ernstzunehmender Partner gehört. Gelangen in den vergangenen Jahren auf betrieblicher oder tariflicher Ebene kaum noch wirkliche Fortschritte, konnte eine Verlängerung des Kurzarbeitergeldes, die Abwrackprämie, Konjunkturprogramme, Mitbestimmung in gewerkschaftsfeindlichen Unternehmen wie Schaeffler u.a. durchgesetzt werden. Diese strukturkonservativen Maßnahmen dieses Krisenkorporatismus stabilisierten die Lage bis die wieder ansteigende Nachfrage aus dem Ausland – nicht zuletzt aus China und Südost-Asien – wieder Entlastung und vermeintliche Perspektive versprach. Strategiewechsel und sozial-ökologische Transformation müssen warten

– zukünftige Jobs und Ökologie, also langfristige Interessen, müssen eben hinter die unmittelbaren, kurzfristigen Interessen zurücktreten. Das eine tun und das andere nicht lassen läge nahe, scheitert aber an der Überforderung der finanziellen, personellen und strategischen Ressourcen unter dem Druck kurzfristiger und sich widersprechender Anforderungen.

Strategische Widersprüche II – Ökologische Kurzschlüsse

Doch müssen nicht nur Gewerkschaften ökologischer werden, sondern ökologische Bewegungen auch stärker die Interessen von Beschäftigten berücksichtigen. Im Verlauf der 1990er Jahre wurden die soziale und die ökologische Frage zunehmend voneinander getrennt. Staatliche Umweltpolitik wurde unter neoliberaler Hegemonie institutionalisiert. Ambitionierte Global Governance Prozesse in der Folge der UN-Konferenz über Umwelt und Entwicklung 1992 in Rio bezogen zunehmend auch ökologisch orientierte NGOs ein. Während die parteipolitischen Repräsentanten im rot-grünen Projekt aufgingen, transformierten sich die aktiven Bewegungselemente in professionalisierte lobbypolitische NGOs. Beide reduzierten die sozial-ökologische Frage auf ökologische Modernisierungspolitik. Auf diese Weise wurden zwar Kräfte gebündelt und die mediale Darstellung von Forderungen und damit die Anerkennung der Bedeutung des Themas befördert, zugleich jedoch entscheidende Bedingungen für einen sozial-ökologischen Umbau vernachlässigt. Die ökologisch orientierten Teile der Arbeiterbewegung wurden marginalisiert, Interessen der Beschäftigten vernachlässigt, die Verbindung zur Arbeiterbewegung verloren. Fragen globaler sozialer Gerechtigkeit – globale wie innergesellschaftliche – wurden über Jahre kaum adressiert. Eine ökologische Transformation reduziert sich nicht auf eine technische Modernisierung, sondern berührt gesellschaftliche Ungleichheiten: klassenförmige Macht- und Herrschaftsverhältnisse, Geschlechter- und Produktionsverhältnisse sowie unsere konsumorientierte Lebensweise. Umweltpolitik selbst wirft immer wieder Gerechtigkeitsprobleme auf, da Folgen und Kosten sich ungleich verteilen. Von der propagierten Nettodividende einer ökologischen Transformation profitieren – wie bei jeder Dividende – vor allem bestimmte Gruppen und Klassen. Ausgeblendet wird, welche Branchen schrumpfen sollen, welche Bedürfnisse eingeschränkt werden und vor allem, wer betroffen ist. So bleibt ökologische Politik eine Ein-Punkt-Politik für gut situierte, urbane Mittelklassen und Konsumenten – teure E-Autos, Bio-Food, fair gehandelte Kleidung etc. Die Berücksichtigung von Interessen der unteren Klassen (bessere Umweltbedingungen und bewusster Konsum) oder von Beschäftigteninteressen (mehr Jobs) bleibt äußerlich. Von daher verwundert es nicht, dass die ökologische Bewegung seit 30 Jahren bei Gewerkschaften nur beschränkt als politischer Bündnispartner anerkannt wird und im Prekariat keine Rolle spielt.

Entsprechend setzen Green New Dealer eher auf Kompromisse mit (progressiven) Kapitalfraktionen oder auf die »Kreativität« der Unternehmen. Es gehe angesichts knapper werdender Rohstoffe um ein »effektives Ressourcenmanagement«, so Fücks und Steenbock von der Heinrich-Böll-Stiftung (2007). Wahrscheinlicher sind der bereits in Gang gekommene, intensivierte Kampf um Ressourcen und die Zunahme imperialer Politiken. Fücks und Steenbock hoffen, dass, »wer die ökologische Trendwende verpasst, von den Märkten bestraft« wird. Das trifft auf die privatisierten Energiekonzerne augenscheinlich nicht zu. Sie schöpfen dank Preiserhöhungen enorme Profite ab, setzten auf Verlängerung der Laufzeiten von Atomkraftwerken und weiter auf den Bau neuer Kohlekraftwerke bzw. gigantomanischer Projekte wie Desertec und Offshore-Windparks. Da helfen die hochmoralischen Hochglanzbroschüren einer neuen *Corporate Responsibility* ebenso wenig wie ökologische Alibi-Projekte von BP oder Shell. Und wie schon erwähnt: Auch die deutsche Autoindustrie setzt auf Expansion in die aufsteigenden Länder der globalen Peripherie und zwar nicht in erster Linie mit günstigen und ökologischen Kleinstwagen, sondern mit schweren Limousinen und SUVs für die Zurschaustellung neu erworbenen Reichtums einiger weniger. Zumindest haben vermeintliche Öko-Fonds an den Finanzmärkten gute Zukunftsaussichten und zumindest die großen Versicherungskonzerne sorgen sich um die Kosten der Klimakatastrophen. Doch das macht die Finanzmärkte noch nicht zu Verbündeten. Die Krise hat zur Absenkung sozialer und ökologischer Standards geführt. Der Zertifikatehandel stockt. Das »Wächtersystem« (ebd.) globaler zivilgesellschaftlicher Umweltorganisationen hat dem nichts entgegenzusetzen. Und doch soll gerade ihnen nach der »sozialen Zivilisierung des Kapitalismus« im 19. Jh. der Sprung in den ökologischen Kapitalismus gelingen. Das Soziale scheint erledigt. Dies hat letztlich auch zu unbefriedigenden Ergebnissen der Ökologisierung der Produktions- und Lebensweise geführt (vgl. Candeias 2008).

Es bleibt fraglich, ob eine Strategie der Zähmung und Einbindung des Kapitals durch eine ökologisch orientierte Fraktion der Mittelklasse ohne ein breites Mitte-Unten-Bündnis Erfolg haben kann. Zumal jede konsequente (sozial)ökologische Transformation mit einer massiven Kapitalvernichtung einhergeht. Letzteres betrifft die mächtigsten Kapitalfraktionen: die fossilistischen Konzerne vom Öl bis zum Auto. Was dies für die gesellschaftlichen Auseinandersetzungen, Kräfteverhältnisse, Krisen bedeutet, wird kaum thematisiert. Der Übergang wird von tiefen Krisen und heftigen Kämpfen geprägt sein. Dies gilt auch für die Strategie der Abfederung über Umverteilung. Ob DeGrowth oder qualitatives Wachstum und Green Jobs, alle (linken) Positionen plädieren für Umverteilung. Diese ist sicher unverzichtbar. Doch stellen sich damit bisher nicht gekannte Probleme. Zu Zeiten des Fordismus sicherten hohe Produktivität und hohes Wachstum, dass Löhne steigen und der Sozialstaat ausgebaut werden konnte, ohne dass dies zulasten der Profite ging, im Gegenteil. Die Verteilungsspielräume waren groß. Ansätze eines Green New Deal wollen diese Situation (global) wieder herstellen. Andere Ansätze setzen noch stärker auf den Ausbau des Öffentlichen, ein Bereich, der unter kapitalistischen Bedingungen aus dem Steueraufkommen, und letztlich vor allem aus den kapitalistisch organisierten Sektoren finanziert werden muss. Geht es gar um Schrumpfung der Wirtschaft, wird es »ganz eng« und Verteilungskämpfe werden wesentlich härter werden. Der Rückgang des Wachstums in der neoliberalen Periode gibt einen Vorgeschmack.

Ans Steuer der eigenen Geschichte kommen

Wer soll also für eine sozial-ökologische Transformation, für Konversion und gerechte Übergänge, Umverteilung und Green Jobs eintreten? Die Lohnabhängigen selbst werden bei den unterschiedlichen Projekten ökologischer Erneuerung vorwiegend nur als individuelle Konsumenten angesprochen, als diffuse Zivilgesellschaft, nicht als politische Subjekte. Die (Selbst)Anrufungen richten sich ansonsten an den Staat, das (Öko)Kapital und NGOs – vereinzelt auch an die Gewerkschaften. Doch auch letztere betrachten die Klasse (der mehr oder weniger prekären) Lohnabhängigen nicht wirklich als Akteure von Entscheidung und Bewegung. Die Betroffenen selbst müssen zu den Protagonisten der Veränderung werden.

Sozial-ökologische Transformation impliziert auch die Frage, wie wir die politische Praxis einer Mosaik-Linken begreifen (vgl. Luxemburg 1/2010): ausgehend von den unterschiedlichen Einzelinteressen eine Reartikulation der Interessen zu befördern, die gemeinsame Einstiegsprojekte und Perspektiven einer gesellschaftlichen Transformation möglich machen. Bislang agieren die unterschiedlichen Gruppen meist voneinander getrennt. Die IG Metall vertritt berechtigterweise die Interessen der in der Automobil- und Exportindustrie Beschäftigten und favorisierte in der Krise Maßnahmen einer schnellen, strukturkonservativen Stabilisierung der Industrie. ver.di tritt für den Ausbau der öffentlichen Dienste, des öffentlichen Nahverkehrs und der

Schiene ein. Ökoverbände kämpfen bspw. gegen die staatliche Subventionierung des Autoverkehrs und den Umweltschädling Nummer Eins – das Auto.
Feministische Gruppen kritisieren den Erhalt ökologisch schädlicher, männ-
licher Arbeitsplätze auf Kosten von Branchen mit in erster Linie Frauenar-
beitsplätzen (Einzelhandel wie bei Arcandor) und reproduktiver Bedürfnisse
der Gesellschaft (Kinderbetreuung, Bildung, Gesundheit). Arbeitsloseninni-
tiativen wiederum wissen nicht, warum sie die Interessen der privilegierten
Kernbelegschaften verteidigen sollen, Milliarden Euro für Banken und Autoindustrie mobilisiert werden, während bei Hartz-IV-EmpfängerInnen ein
ums andere Mal gestrichen wird. Es bedarf daher konkreter Projekte und
verbindender Perspektiven, die aus den unterschiedlichen Interessen Ge-
meinsamkeiten schaffen und Differenzen respektieren.

Am Beispiel der Automobilindustrie lässt sich dies verdeutlichen. Der bereits enorme Konkurrenzdruck angesichts weiter steigender globaler Überkapazitäten wird zunehmen, Zentralisierung befördern und immer wieder
Standorte und Arbeitsplätze gefährden. Die Bereitschaft und die Kräfteverhältnisse mögen aktuell nicht günstig sein, doch wäre es jetzt an der Zeit,
eine Diskussion über eine Konversion wieder aufzunehmen, Konzepte zu
entwickeln.

In der nächsten Krise wird wieder keine Zeit dafür sein, jahrzehntelang
Vernachlässigtes nachzuholen. Wenn es so weit ist, möglicherweise schon
in der kommenden Rezession in den nächsten Jahren (Candeias 2011), wären staatliche Kapitalhilfen an Konzepte alternativer Entwicklungswege und
die Beteiligung am Eigentum bzw. die volle Vergesellschaftung von Unternehmen zu knüpfen (ähnlich wie es die USA 2009 bei GM getan haben,
freilich ohne die Gelegenheit für den Einstieg in eine Konversion zu nutzen). Wer entscheidet, was produziert wird? Denn: »Porsche brauch ich gar
nicht«, so ein Betriebsrat aus eben jener Produktionsstätte der berühmten
Boliden. Öffentliche Beteiligung am Eigentum wäre mit erweiterter Partizipation von Beschäftigten, Gewerkschaften, Umweltverbänden und den
Menschen der Region zu verbinden, z.B. in regionalen Räten, die über konkrete Schritte einer Konversion des Automobilkonzerns in einen ökologisch
orientierten Dienstleister für öffentliche Mobilität entscheiden, d.h. hin zu
integrierten Mobilitätskonzepten. Damit könnte das Gewicht zwischen öf-
fentlichem und privatem Verkehr verschoben und Straßenbahnen, Bussen,
Fußgängern und (Elektro)Fahrrädern Vorrang vor dem Autoverkehr einge-
räumt werden (vgl. Luxemburg 3/2010). D.h. auch von Jobverlust bedrohte
Automobilwerker diskutieren, entwickeln und bestimmen in betrieblichen
und regionalen Räten, wie eine Konversion ihrer Industrien und ein gerechter
Übergang organisiert werden kann. Hier gibt es ein enormes Produktions-

wissen, das selten abgefragt wird (vgl. die Erfahrungen der Zukunftswerkstätten der IG Metall Esslingen). In einer solchen Perspektive lassen sich die unterschiedlichen Interessen leichter verbinden und verschiedene Gruppen übergreifend organisieren.

Eine derartige Konversion ist einzelbetrieblich nicht zu leisten. Sie erfordert einen tiefgreifenden Strukturwandel. Konversion heißt eben nicht, einfach nur Elektroautos zu bauen und den Weg individuellen Verkehrs fortzusetzen, um bestehende Beschäftigung zu sichern. Die gesamte Struktur der Städte und des Raumes muss verändert, Distanzen und Trennungen zwischen Arbeit und Wohnen müssen reduziert werden: zwischen Zuhause, Kinder in die Schule fahren, dann zur Arbeit fahren, nach der Arbeit mit dem Auto zum Supermarkt, lange Zeiten im alltäglichen Stau, spät Kochen, und schließlich erschöpft auf der Couch vor dem Fernseher einschlafen. Die Reduktion einer erzwungenen, ungewollten Mobilität ist notwendig. Es braucht dazu auch eine ganze Palette neuer Produkte, Technologien und gesellschaftlicher Bedürfnisse, neue Formen von Leben und Arbeiten, der Energienutzung, des Konsums etc. Solche neuen Mobilitätskonzepte und Lebensweisen können gesamtgesellschaftlich nur gemeinsam mit den Beschäftigten in der Automobilindustrie verwirklicht werden – nicht gegen sie. Zugleich müssten Marginalisierte, Arbeitslose definieren und (mit)entscheiden, wie ihre Perspektive in der Region realisiert werden kann.

Angesichts der Notwendigkeit zur Schrumpfung bestimmter Produktionen sind Strategien eines gerechten Übergangs zu entwickeln. Dabei kann an – gute wie schlechte – gewerkschaftliche und andere Erfahrungen mit strukturellem Wandel in Kohle- und Bergbauindustrien, in der Stahl-, Rüstungs- oder Schiffbauindustrie angeknüpft werden, an Erfahrungen von Beschäftigungs- und Qualifizierungsgesellschaften, wofür betriebliche wie staatliche Mittel bereitzustellen sind.

Aber auch an Debatten und betriebliche wie gesellschaftliche Initiativen für Arbeitszeitverkürzung ist anzuknüpfen (Krull 2011). Ein gerechter Übergang heißt auch, dass andere Bereiche zunächst wachsen müssen, bei relativer Entkopplung vom stofflichen Wachstum. Ein solches *qualitatives Wachstum ist übergangsweise nicht zuletzt aufgrund der Defizite in vielen Bereichen der Reproduktion notwendig* – dies gilt vor allem für Länder des globalen Südens.

Eingebettet in eine makroökonomische Orientierung würde Konversion darüber hinaus bedeuten, unsere wachstumsorientierte kapitalistische Ökonomie in eine »*Reproduktionsökonomie*« zu transformieren, die sich zu beschränken weiß und zugleich neuen Reichtum schafft. Reproduktion heißt hier zum einen, sich auf eine bedürfnisorientierte solidarische »Care Economy« zu konzentrieren: soziale Infrastrukturen öffentlicher Gesundheit, Erziehung und Bildung, Forschung, soziale Dienste, Ernährung(ssouverän ität), Pflege und Schutz der natürlichen Umwelten. Dies würde die Debatte um die Krise der Beschäftigung in der Automobilindustrie in einen breiteren Zusammenhang stellen. Denn das sind zentrale Bedürfnisse, bei denen alle seit Jahren Mangel beklagen. Und es sind die einzigen Bereiche, in denen die Beschäftigung in Ländern wie Deutschland, Frankreich, Schweden oder den USA wächst. Und auch in den neuen kapitalistischen Zentren wie China, Indien oder Brasilien handelt es sich dabei um rasch wachsende Sektoren – und es ist zentral, sie öffentlich zu halten und nicht dem Markt preiszugeben. Eine solche Reproduktionsökonomie bedeutet auch, dass sich Bedürfnisse und Ökonomie qualitativ entwickeln, aber nicht mehr quantitativ wachsen.

Vor allem im globalen Süden hieße das: Konzentration auf die grundlegenden Bedürfnisse der ländlichen und urbanen Armen. Also Stabilisierung ländlicher Gemeinden, indem sie selbst die Kontrolle über ihre spezifischen Produktions- und Lebensweisen übernehmen, so z.B. durch konsequente Landreformen für Ernährungssouveränität, sodass die ländliche Bevölkerung nicht länger gezwungen ist, in den Megastädten nach Überlebensmöglichkeiten zu suchen.

In den Megacities wäre entscheidend, stoffliche und soziale Infrastrukturen sowie angepasste Sozialversicherungssysteme zu entwickeln bzw. überhaupt erst einmal einzuführen. Mit Blick auf Mobilität hieße das, dass ein freier Zugang zu einem rasch expandierenden öffentlichen Verkehrssystem ermöglicht werden muss, anstatt in ungerechte und teure Infrastrukturen für Millionen privater Autos und entsprechender ökologischer und menschlicher Kosten zu investieren. Denn die so genannte wachsende Mittelklasse in Indien, China oder Brasilien – das Objekt der Begierde westlicher Autoproduzenten – wird auch in Zukunft nur ein kleiner Teil einer zunehmend polarisierten Bevölkerung bleiben. Nur auf ihre Kaufkraft zu setzen, kann keine linke Strategie sein. Diese Reorientierung auf reproduktive Bedürfnisse geht einher mit einer Orientierung auf Binnenmarkt und -produktion. Globale Produktionsketten wurden überdehnt, führen zur Verschwendung von Ressourcen. Der Transport, einer der Hauptverursacher von CO_2-Emissionen, muss verringert und die Produktion ökologisch reorganisiert werden – also kein »naiver Antiindustrialismus« (Urban), vielmehr eine alternative Produktion. Und es bedarf auch neuer, alternativer Produkte. Die Kooperation zwischen VW und dem Ökoenergieversorger LichtBlick beim Bau von kleinen Blockheizkraftwerken für den dezentralen privaten Einsatz ist tatsächlich nicht mehr als ein Lichtblick (vgl. Röttger 2010), aber doch vielleicht auch ein »Türöffner«, so Stephan Krull.[7] Eine Tendenz zu Deglobalisierung und Regionalisierung der Wirtschaft trägt auch zum Abbau der Leistungsbilanzungleichgewichte und der Exportfixierung bei. Mit dem (nicht-warenförmigen) Ausbau des Öffentlichen werden Märkte und Privatisierung zurückgedrängt. Es braucht also neben der Konversion einzelner Branchen wie der Autoindustrie zugleich auch eine Konversion unserer wachstums- und exportorientierten Wirtschaftsmodelle, es braucht ein linkes Staatsprojekt.

Dieser Prozess und die Notwendigkeit, schnelle strukturelle Veränderungen »unter Zeitdruck« (Schumann) herbeizuführen, macht Elemente partizipativer Planungsprozesse, consultas populares und peoples planning processes dezentraler demokratischer Räte erforderlich (regionale Räte waren in der Auseinandersetzung um die Krise in der Automobil- und Exportindustrie bereits in der Diskussion, vgl. IG-Metall Esslingen 2009, Lötzer 2010, Candeias/Röttger 2009). Insofern geht es auch um eine Verkürzung der Erwerbsarbeitszeit zugunsten reproduktiver Arbeit, auch weil politische Partizipation und Selbstorganisation Zeitressourcen erfordern. Es geht um eine radikale Demokratisierung von staatlichen wie ökonomischen Entscheidungen. Unabdingbar rasche Veränderungsprozesse wurden auch in der Vergangenheit mittels Planung vollbracht (z.B. in den USA in den 1930er und 1940er Jahren) – doch dieses Mal sollte es sich um partizipative Planung handeln (Williamson 2010). Die Auseinandersetzungen um Stuttgart 21 und die im Herbst 2010 beschlossene Verlängerung der Laufzeiten der Atomkraftwerke in Deutschland haben gezeigt, wie unüberhörbar die demokratische Partizipation von Seiten der Bevölkerung mittlerweile eingeklagt wird.

Letztlich wird damit die Frage aufgeworfen, wer über den Einsatz der Ressourcen in der Gesellschaft entscheidet und welche Arbeiten gesellschaftlich notwendig sind – nicht durch immer weitere Ausdehnung warenförmiger Lohnarbeit und Mehrwertproduktion, sondern durch Ausdehnung kollektiver und kooperativer Formen der Arbeit, orientiert an der Effizienz zum Beitrag menschlicher Entwicklung, zum Reichtum allseitiger menschlicher Beziehungen, der Verfügung über Zeit. Die Reproduktionsarbeit dabei im weiten Sinne ins Zentrum eines Transformationsprojektes zu stellen, ermöglicht eine Abkehr vom Fetisch Wachstum – und stellt damit zugleich mittelfristig die kapitalistische Produktionsweise infrage.

Protagonist eines solchen Prozesses der sozial-ökologischen bzw. öko-sozialistischen Transformation kann nur eine partizipativ orientierte Mosaik-

---

[7] Zitat aus einer Diskussion bei der Konferenz »Auto.Mobil.Krise.« (s.o.).

Linke sein, die die Einzelnen befähigt,»ans Steuer der eigenen Geschichte« (Mann 2010a, 103) zu kommen.

Literatur

Bullard, Nicola, 2009: Gut Leben. Abschied von der Machoökonomie, in: *Luxemburg,* H. 1, 1. Jg., 130-40

Campaign against Climate Change, 2011: Eine Million Klima-Jobs jetzt!, in: *Luxemburg,* H. 1, 3. Jg., 98-103

Candeias, Mario, 2011: Interregnum – Molekulare Verdichtung und organische Krise, in: A. Demirović u.a. (Hrsg.), *VielfachKrise,* Hamburg, 45-62

Ders., 2010: Von der fragmentierten Linken zum Mosaik, in: *Luxemburg,* H. 1, 2. Jg., 6-17

Ders., 2008: Die Natur beißt zurück. Kapitalismus, ökologische Marktwirtschaft und Krise, in: *Arranca* 38/sulserio 14, 7-10

Ders. u. Bernd Röttger, 2007:»Nicht widerstandslos enthaupten lassen!« Beteiligungsorientierte Betriebspolitik und lokale Arbeiterbewegung: Wege aus der gewerkschaftlichen Defensive?, in: *Standpunkte der RLS* 16, Berlin

Flemming, Jana, 2011: Just Transition, in: *mehring1-blog:* http://ifg.rosalux. de/2011/01/14/just-transition/

Fücks, Ralf, u. Kristina Steenbock, 2007: *Die Große Transformation. Kann die ökologische Wende des Kapitalismus gelingen?,* Berlin, www.boell.de/downloads/E-Digest07-03FuecksSteenbockEndf.pdf

Gudynas, Eduardo, 2011: Die Linke und die Ausbeutung der Natur, in: *Luxemburg,* H. 1, 3. Jg., 114-23

Internationale Transportarbeiter Föderation, 2010: Modaler Wechsel, in: *Auto.Mobil.Alternativen,* RLS-Standpunkte 30, www.rosalux.de/fileadmin/rls_uploads/ pdfs/Standpunkte/Standpunkte_30-2010.pdf

Just Transition Alliance, o.J.: *Frontline Workers and Fenceline Communities United for Justice,* http://www.stuffit.org/carbon/pdf-research/resistance-alternatives/climateenglish.pdf

Kohler, Brian, 2010: *Sustainability and Just Transition in the Energy Industries,* http://bildungsverein.kpoe-steiermark.at/download.php?f=64cae7b1985df6414 a9ea4b36016cf99

Krull, Stephan, Radikale Arbeitszeitverkürzung – Zwischen Traum und Albtraum, in: *Luxemburg,* H. 3, 2. Jg., 94-97

Larrea, Ana Maria, 2010: Buen Vivir als gegenhegemonialer Prozess, in: *Luxemburg,* H. 2, 2. Jg., 62-73

Lötzer, Ulla, 2010: Industriepolitische Offensive – Konversion, Zukunftsfonds, Wirtschaftsdemokratie, in: *Luxemburg,* H. 3, 2. Jg., 86-93

Luxemburg. Gesellschaftsanalyse und Linke Praxis, 2010: *Auto.Mobil.Krise.* H. 3, 2. Jg., www.zeitschrift-luxemburg.de/?p=921

Luxemburg. Gesellschaftsanalyse und Linke Praxis, 2011: *Gerechte Übergänge.* H.1, 3. Jg., www.zeitschrift-luxemburg.de/?p=1334

Mann, Eric, 2010a: Organizing in den Bussen von Los Angeles, in: *Luxemburg,* H. 3, 2. Jg., 98-103

Ders., 2010b: *The 7 Components of Transformative Organizing Theory,* Los Angeles

Miegel, Meinhard, 2010: *Exit. Wohlstand ohne Wachstum,* Berlin

Röttger, Bernd, 2010: Konversion!? Strategieprobleme beim Umbau kapitalistischer Produktion, in: *Luxemburg,* H. 3, 2. Jg., 70-79

Simms, Andrew, 2010: *The Art of Rapid Transition: An Environmental War Economy?,* London 2010

Strohschneider, Tom, 2011: Grenzen. Kritik der Grünen, Linken und SPD Wachstumspolitik, in: *Reihe Standpunkte der RLS.*

Sweeney, Sean, 2011: The Durban challenge. Gewerkschaften in den globalen Klimaverhandlungen, in: *Luxemburg,* H. 2, 3. Jg.

TUC – Trade Union Congress, 2008: *A Green and Fair Future. For a Just Transition to a Low Carbon Economy,* London, http://www.tuc.org.uk/economy/tuc-14922-f0.cfm?themeaa=touchstone&themeaa=touchstone&theme=touchstone

View, Jenice L., 2002: *Just Transition Alliance Frontline Workers and Fenceline Communities United for Justice,* Washington DC, www.ejrc.cau.edu/summit2/JustTransition.pdf

Young, Jim, 2003: Green-Collar Workers. Debating issues from arctic drilling to fuel economy, labor and environmentalists are often at odds. But a bold new plan could help reconcile the differences, in: *Sierra Magazine,* www.sierraclub.org/sierra/200307/labor_printable.asp#top

Die Autorinnen und Autoren

Hans Baur ist 1. Bevollmächtiger der IG Metall Stuttgart.

Antje Blöcker ist promovierte Politologin und arbeitet an der Gemeinsamen Arbeitsstelle RuhrUniversität/IG Metall in Bochum. Bis Ende 2010 war sie am Wissenschaftszentrum Berlin in der Forschungsgruppe »Wissen, Produktionssysteme und Arbeit« beschäftigt.

Mario Candeias ist promovierter Politologe und arbeitet als Referent für Kapitalismuskritik am Institut für Gesellschaftsanalyse der Rosa Luxemburg Stiftung (RLS).

Thomas Händel ist stellvertretender Vorstandsvorsitzender der RLS, Mitglied des europäischen Parlaments für DIE LINKE und 1. Bevollmächtigter der IG Metall in Fürth.

Elaine Hui arbeitete beim Globalization Monitor, Hongkong, mit Schwerpunkt Automobilindustrie.

Stephan Kaufmann ist Wirtschaftsjournalist bei der Berliner Zeitung und der Frankfurter Rundschau.

Holm-Detlef Köhler ist Professor für Soziologie in der Abteilung für Soziologie an der Fakultät für Wirtschaftswissenschaften der Universität von Oviedo.

Sabine Leidig ist Mitglied des Bundestags und verkehrspolitische Sprecherin der Fraktion DIE LINKE im Bundestag.

Matthias Lieb ist Diplom-Wirtschaftsmathematiker und Vorsitzender des Verkehrsclubs Deutschland (VCD), Landesverband Baden-Württemberg.

Uwe Meinhardt ist 2. Bevollmächtigter der IG Metall Stuttgart.

Gautam Mody ist Gewerkschaftssekretär der New Trade Union Initiative, Indien.

Heiner Mohnheim ist Professor für Angewandte Geographie/Raumentwicklung an der Universität Trier.

Rainer Rilling ist stellvertretender Direktor des Instituts für Gesellschaftsanalyse der Rosa Luxemburg Stiftung und apl. Prof. für Soziologie an der Uni Marburg.

Bernd Röttger ist promovierter Politologe, freiberuflicher Sozialwissenschaftler und Redakteur der Zeitschrift *Das Argument*.

Valter Sanchez arbeitet bei der Confederação Nacional dos Metalúrgicos, Mitgliedsgewerkschaft der Central Unica dos Trabalhadores (CNM-CUT) und ist Mitglied des Aufsichtsrats der Daimler AG.

Jörg Schindler war bis zu seiner Pensionierung 2008 Geschäftsführer der Ludwig-Bölkow-Systemtechnik GmbH und ist im Vorstand der Association for the Study of Peak Oil and Gas (ASPO) Deutschland.

Harald Schumann ist Autor u.a. von *Der letzte Countdown* (gemeinsam mit Christiane Gräfe) und Journalist beim Berliner Tagesspiegel.

Oliver Schwedes ist wissenschaftlicher Mitarbeiter am Fachgebiet Integrierte Verkehrsplanung des Instituts für Land- und Seeverkehr der TU Berlin.

Sybille Stamm ist Landessprecherin der LINKEN Baden-Württemberg, ehemalige Landesbezirksleiterin von ver.di Baden-Württemberg.

Stefan Thimmel ist Publizist und Journalist und arbeitet im Bereich Öffentlichkeitsarbeit der Rosa Luxemburg Stiftung.

Hans-Jürgen Urban ist geschäftsführendes Vorstandsmitglied der IG Metall.

Winfried Wolf ist Publizist und Verkehrsexperte und arbeitet als wissenschaftlicher Mitarbeiter bei der Fraktion DIE LINKE im Bundestag.

Aulong Yu arbeitet beim Globalization Monitor, Hongkong, mit Schwerpunkt Automobilindustrie.

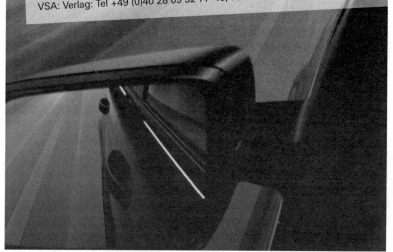

VSA: Analysen & Perspektiven

Alex Demirović/Julia Dück/
Florian Becker/Pauline Bader (Hrsg.)
VielfachKrise
Im finanzmarktdominierten Kapitalismus
In Kooperation mit dem Wissenschaftlichen Beirat von Attac
232 Seiten; € 16.80
ISBN 978-3-89965-404-2
Soll man über Krisen froh sein, weil sie Anlässe zur Veränderung sind? Soll man Krisen bekämpfen? Wenn ja, kann man sie so bekämpfen, dass die Überwindung der Verhältnisse gelingt, unter denen solche Krisen zustande kommen?

Hartmut Meine/Michael Schumann/
Hans-Jürgen Urban (Hrsg.)
Mehr Wirtschaftsdemokratie wagen!
216 Seiten; € 16.80
ISBN 978-3-89965-452-3
Eine Debatte über eine Demokratisierung der Wirtschaft – über neue Formen nachhaltiger Wirtschaftssteuerung und über den Ausbau sozialer Demokratie, die alte Machtstrukturen überwindet und Selbstbestimmung stärkt.

R. Detje/W. Menz/S. Nies/D. Sauer
Krise ohne Konflikt?
Interessen- und Handlungsorientierungen im Betrieb – die Sicht von Betroffenen
152 Seiten; € 12.80
ISBN 978-3-89965-453-0
Vertrauensleute und Betriebsräte aus der Metall- und Elektroindustrie reflektieren ihre Wahrnehmung der Krise, die betrieblichen Schattenseiten des »deutschen Beschäftigungswunders«, die Rolle von Gewerkschaften und Politik.

www.vsa-verlag.de